미국과 유럽연합의 관계

미국학총서 XII

미국과 유럽연합의 관계

역사와 쟁점

펴낸곳 서울대학교출판문화원
펴낸이 오연천
지은이 안병억 외

초판 1쇄 인쇄 2014년 5월 25일
초판 1쇄 발행 2014년 5월 30일
출판등록 제15-3호

주소 151-742 서울 관악구 관악로 1
대표전화 02-880-5252 **팩스** 02-888-4148
마케팅팀(주문상담) 02-889-4424, 02-880-7995
이메일 snubook@snu.ac.kr
홈페이지 www.snupress.com
영문홈페이지 eng.snupress.com

ISBN 978-89-521-1594-2 94340
978-89-521-1106-7 (세트)

이 저서는 2013학년도 서울대학교 미국학연구소 총서 사업의
지원을 받아 수행된 연구 결과물임.
This work was supported by Seoul National University
(American Studies Institute Publication Series).

미국학총서 XII

미국과 유럽연합의 관계

역사와 쟁점

안병억 외 지음

서울대학교출판문화원

Transatlantic Relations

Its History and Political Issues

PYEONGEOK AN et al.

Seoul National University Press

책머리에

미국이 독일, 프랑스, 스페인 등 유럽의 우방국들을 도청한 것으로 드러나면서 2013년 하반기엔 이 문제가 미국과 유럽연합(EU) 회원국들을 불편하게 만들었다. 2001년 9·11테러 이후 공고한 듯했던 미국과 EU 간의 결속이 2003년 이라크전쟁을 둘러싼 갈등, 기후변화 대응책 이견 등으로 느슨해지면서 균열이 더 커져왔다. 이런 마당에 터진 도청 스캔들은 어렵게 시작한 양자 간 자유무역협정(정식명칭은 대서양무역투자 동반자협정, TTIP)마저 타결 전망에 암운을 드리우고 있다. 그렇다면 미국과 EU 관계는 계속 갈등을 겪으면서 그 균열이 더 커지고 표류할 것인가? 이 책은 이 질문의 해답을 찾기 위해 저술되었다.

1, 2차 세계대전이라는 '내란'을 겪은 서유럽은 2차 세계대전 후 국제정치의 주역 자리를 미국에 내주며 미국의 안보 우산 아래 들어가 평화와 경제적 번영을 누릴 수 있었다. 20세기 전반기 국제 정치·경제의 가장 큰 변화가 유럽의 쇠퇴라면 20세기 후반기 이와 필적할 만한 변화는 중국의 부상이다. '주연'인 미국과 '조연' 유럽이 중심이 된 서구가 주도해온 국제 정치·경제 질서에 중국의 부상은 가장 큰 도전이다. 미국에서 발생한 2008년 경제위기는 서구가 이런 도전을 대처하는 데 더 많은 어려움을 안겨주었다. EU도 미국발 경제위기가 확산되면서 창설 이래 가장 큰 위기를 겪어왔다. 이런 설상가상의 상

황이 미국과 EU 간 자유무역협상 개시와 2년 내 타결 목표를 제시하는 데 자극제가 되었다. 냉전의 산물인 미국과 EU 관계(대서양관계)가 냉전 이후에도 지속될 수 있었던 것은 서로가 필요하기 때문이다. 폭주하는 기관차처럼 질주하는 세계화 속에서 국제사회가 직면한 공동문제를 해결하기 위해선 국가 간 긴밀한 협력이 필요하다. 미국과 EU는 공동문제에 대한 다양한 시각 차이에도 수십 년간 협력해오면서 쌓아온 제도와 규범을 공유하고 있다.

이 책은 미국과 EU 관계를 다룬 글들이 역사를 다소 경시하고 현재 진행되는 쟁점만을 표면적으로 분석하는 데 치중했다는 반성에서 출발한다. 양자관계에서 역사적 측면을 중시한 이유가 바로 여기에 있다. 미국과 EU 주요 국가들과의 관계, 이어 주요 이슈를 둘러싼 갈등의 측면에서 양자관계를 다루고 미국 주도의 국제질서에 반기를 들어온 프랑스와 미국과의 관계를 미국과 독일, 미국과 영국의 관계와 비교분석한다. 이어 2013년 미국과 EU가 자유무역협정을 개시하게 된 이유를 양자의 정치·경제 정책의 변화 속에서 추적해보고, 미국의 안보 우산에서 벗어나려는 EU와 미국 간의 안보 갈등, 기후변화, 유전자변형식품, 성장과 분배라는 경제정책의 상충된 목표를 둔 사회모델의 다양성을 해부한다. 각 장의 전개에 바탕이 되는 것은 역사적 맥락이다.

양자가 큰 시각 차이를 보이는 이슈를 중심으로 책의 각 장을 구성했다. 미국과 유럽연합은 선진 복지국가, 민주주의라는 많은 공통점을 갖고 있으나 공동 문제에 대해 시각 차이가 크다. 미국과 유럽 각국 간의 다른 역사와 제도, 정책 행위자들이 상호작용하여 이런 차이를 가져왔지만 양자는 계속하여 문제해결을 위해 노력해왔다. 이런 과정에 주목하는 것이 양자관계 이해와 앞으로의 협력 가능성을 전망하는 데도 더 유용하리라 생각했다. 중국의 부상이라는 거대한 세력변환의 21세기 국제 정치·경제가 우리에게 주는 정책적 의미도 결론에서 다룬다.

유럽을 연구한 학자들이 중심이 되어 결성한 유럽정치연구회에 저자는 영국에서 공부를 마치고 귀국한 2006년 가을부터 참여해오면서 많은 주제를 서로 논의하는 시간을 가졌다. 또 이런 토론에 참여하면서 국내에서 EU에 관한 관심이 미미하다는 사실이 안타까웠다. 2010년 그리스가 구제금융을 받으면서 국내 언론의 EU 관련 보도가 크게 늘었으나 대부분 경제 상황에만 치중되었다. 이런 보도는 유럽통합을 너무 경제적인 분야에만 치중하여 해석하고 통합의 역사적 맥락이나 정치·경제적 의미를 간과하는 경향이 있다. 그래서 이 책이 이런 시각을 조금이라도 교정하는 데 도움이 되었으면 한다.

여기 실린 글들은 2013년 8월 23일부터 이틀간 부산에서 열린 한국국제정치학회 패널에서 1차 발표되었고, 10월 26일 서울대학교 미국학연구소와 유럽정치연구회가 공동 주최한 세미나에서 2차 발표된 내용이다.

이 책의 저술이 가능하도록 기초학문진흥기금을 지원해주신 서울대학교 변창구 교육부총장님께 감사드리고, 이 책을 구상하고 저술하는 데 적극적인 도움과 격려를 준 이옥연 미국학연구소 소장님께 고마움을 전한다. 촉박한 시간이었지만 기한을 지켜 원고를 내고 세미나에 참여하여 발표해준 각 장의 필자들께 감사드린다.

2014년 5월
대구대학교 경산 캠퍼스에서
안병억

차례

표 차례

그림 차례

1부

미국과 주요 회원국과의 관계

1장

미국과 EU와의 관계: 안보공동체를 넘어[1]

안병억

1. 서론

2013년 7월 1일 발칸반도의 크로아티아가 유럽연합(European Union, EU)에 가입하여 EU는 28개 회원국으로 늘어났다.[2] 1990년대 냉전 붕괴 후 중·동유럽으로 동진하던 EU는 더디지만 계속하여 회원국을 받아들이고 있다. 28개 회원국은 1, 2차 세계대전에서 서로 적이 되어 총부리를 겨누었다. 독일이 영국과 프랑스를 상대로, 2차 세계대전 당시 독일의 속국이 된 루마니아도 영·프를 상대로 싸워야 했다. 그러나 현재 EU 회원국 간에 다시 전쟁이 발발하리라고 여기는 사람은 거의 없을 것이다. 그렇다면 안보공동체를 형성한 유럽 각국 간의 이런 평화를 어떻게 설명할 수 있을까?[3] 민족주의의 고장인 유럽은

1 이 글은 2013년 10월 26일 서울대학교 미국학연구소와 한국유럽정치연구회가 공동 주최한 세미나 〈미국과 유럽연합의 관계: 역사와 쟁점〉에서 발표되었다.

2 "Let Croatia lead the Balkans into the EU," *Financial Times* (July 1, 2013).

3 Karl Deutsch and Sidney A. Burrell, Robert A. Kann, Maurice Lee Jr. *Political Community and the North Atlantic Area: International Organization in the Light of Historical Experience* (Princeton: Princeton University Press, 1958); Emanuel Adler and Michael Barnett (eds.), *Security Communities* (Cambridge: Cambridge University Press, 1998).

민족주의 극단적 폐해를 자초하여 자기 파괴적인 세계대전을 두 차례나 겪었기 때문에 이 질문의 답을 찾는 것은 매우 중요하다.

저자는 2차 세계대전 후 세계 최강대국으로 부상한 미국이 하나의 '유럽세력(a European power)'이 되어 적극적으로 유럽의 질서 형성과 관리에 관여했기에 평화가 가능했다고 주장한다. 이런 주장을 뒷받침하기 위해 2차 세계대전 후 전개된 냉전 중에 구체화된 미국의 대전략(grand strategy)을 설명하려고 한다. 미국은 독일문제를 해결하기 위해 유럽통합을 적극 지지했고 북대서양조약기구(North Atlantic Treaty Organization, NATO)의 설립과 운영도 이끌었다. 냉전붕괴 후에도 미국과 EU 간의 갈등은 커졌지만 이 두 개 틀은 아직도 건재하며 대서양관계(Transatlantic relations)의 버팀목이 되었다. 그리고 이런 기구뿐만 아니라 정부 간, 시민사회 간, 정부와 시민사회 간의 중첩적인 다양한 관계망으로 구성된 이 대서양관계는 미국이 동아시아 등 다른 지역과 맺으려고 추진하는 관계에서 하나의 모델이 되었다.[4] 미국이 이 지역에 적극 관여하여 리더십을 행사하고 이 지역의 평화를 유

4 힐러리 클린턴 국무장관은 2011년 11월 미국 하와이대학교 동서센터 연설에서 미국이 아시아-태평양 국가들과 맺으려는 관계의 모델로 대서양관계를 꼽았다. 그는 이 연설에서 "대서양관계가 양자 간의 포괄적인 기구 및 (여러 차원에서) 다양한 관계의 네트워크를 형성했다"고 강조했다. 원문은 We have a model for what we and our partners in the region (Asia Pacific) are working to achieve. It is what the United States and our partners in Europe achieved together in the past 50 years. The 20th century saw the creation of a comprehensive transatlantic network of institutions and relationships. Its goals were to strengthen democracy, increase prosperity, and defend our collective security. And it has paid remarkable dividends, in Europe itself, in our thriving two-way trade and our investment, and in places like Libya and Afghanistan. It has also proven to be absolutely critical in dealing with countries like Iran. The transatlantic system is and always will be a central pillar of America's engagement with the world. Hilary Clinton, America's Pacific Century," Remarks at East-West Center, Honolulu, Hawaii, November 10, 2011, http://www.state.gov/secretary/rm/2011/11/176999.htm(검색일: 2013. 6. 1.) 참조.

지하여 안보공동체를 형성했기 때문이다.

이 장을 살펴보면 2절은 2차 세계대전 후 미국이 냉전 전개에 따라 유럽에 대한 대전략을 수립한 과정을 분석하고 1960년대 프랑스의 드골의 내세운 유럽의 '유럽'과 미국의 '유럽' 간의 대립을 다룬다. 3절은 냉전 붕괴 과정에서 미국이 당시 상황에 맞게 전략을 일부 수정하여 계속 유럽세력으로 남고 EU와의 관계를 제도화하는 내용에 초점이 맞추어져 있다. 4절은 2003년 이라크전쟁을 둘러싼 미국과 EU와의 갈등을 EU의 공동외교안보정책의 틀에서 조명하고 5절 결론으로 논의를 마무리한다.

미국과 EU와의 관계는 미국과 프랑스, 미국과 독일 등의 관계와 달리 단일 국가와 초국가 연합과의 관계라는 특징이 있다. 미국과 초국가 기구(EU 집행위원회, 유럽의회, 각료이사회)가 중심이 된 EU, 미국과 EU 회원국 간의 관계가 여러 수준에서 중첩되어 있다.[5] 그러나 미국이 유럽경제공동체(European Economic Community, EEC)를 경제뿐만 아니라 외교와 안보 분야에서도 하나의 주요 행위자로 인식하여 양자관계를 제도화한 것은 냉전이 붕괴된 1990년대에 이르러서이다. 따라서 이런 변화에 주목하여 냉전 동안 미국과 EU 주요 국가 중에서 미국의 유럽정책을 두고 갈등을 벌인 사례를 중심으로 큰 틀에서 분석하고 탈냉전시대에 양자관계의 제도화를 맥락화한 후 안보 이슈를 둘러싼 갈등(EU의 안보 정체성 형성 과정에서의 갈등, 2003년 이라크전쟁)을 다룬다.

미국과 EU 관계를 다룬 연구는 상당히 많다. 특히 양자가 갈등

---

5 유럽연합조약(마스트리히트조약)은 1993년 11월에 발효되어 엄밀하게 말하면 그 이전은 유럽공동체(EC)가 맞지만 1장에선 편의상 미국과 EU 관계로 총칭했다. 물론 1980년대의 관계를 다룰 때는 EC, 혹은 EEC가 등장한다.

관계를 보였을 때 많은 연구가 쏟아져나왔는데[6] 이 장에서는 이런 기존 연구를 비판적으로 검토, 조망하고, 세부내용은 각 장에서 다루려고 한다.

2. '미국이 만든 유럽'[7]

'독일문제'와 미국의 관여: '미국이 만든 유럽'과 이중봉쇄 전략

1871년 철혈재상 오토 폰 비스마르크(Otto von Bismarck)가 독일을 통일한 후 독일문제는 유럽정치의 핵심으로 부상했다.[8] 유럽대륙의 중

6 영국 왕립국제문제연구소(Royal Institute of International Affairs, RIIA)는 이라크전쟁 직후에 미국과 유럽의 전문가들을 초청해 대서양관계 세미나를 개최했다. 이 세미나 결과는 이 연구소의 학술지 *International Affairs* 80권 4호(2004년 7월)에 게재되었다. 또 영국 캠브리지대학교 출판사도 비슷한 시점에서 양자관계를 다룬 책을 출간했다. David Andrews, *The Atlantic Alliance Under Stress: US-European Relations after Iraq* (Cambridge: Cambridge University Press, 2005). 물론 냉전시대에도 양자가 갈등을 겪고 있을 때 많은 분석이 있었다. 대표적인 것으로 Lawrence Frideman, "The Atlantic Crisis," *International Affairs* 58-3 (Summer 1982), pp. 395-412 참조.

7 Josef Joffe, "Europe's American Pacifier," *Foreign Policy* 54 (Spring 1984), pp. 64-92; John Mearsheimer, "The Future of the American Pacifier," *Foreign Affairs* 80-5 (September/October 2001), pp. 46-61.

8 독일문제에 관한 가장 최근의 분석은 Brendan Simms, *Europe: The Struggle for Supremacy, from 1453 to the Present* (London: Allen Lane, 2013); David Calleo, *The German Problem Reconsidered: Germany and the World Order 1870 to the Present* (Cambridge: Cambridge University Press, 1980); Peter Katzenstein, *Tamed Power: Germany in Europe* (NY: Cornell University Press, 1998) 참조. 1958년 프랑스 제5공화국의 대통령으로 취임하여 드골주의를 외교정책의 기조로 확립한 샤를 드골도 회고록에서 "유럽 대륙과 그 대륙이 내포한 문제의 핵심은 독일이다. 독일문제가 해결되지 않고서는 유럽은 건설될 수 없다"라고 쓰고 있다. 자세한 내용은 Charles de Gaulle, *Mémoires D'Espoir*, 샤를 드골 지음, 심상필 옮김 『드골, 희망의 기억』(은행나무, 2013); William Wallace, "The Sharing of Sovereignty: The European Paradox," *Political Studies* 47 (1999), pp. 503-521. 독일과 2차 세계대전 후의 전승 4개국(미국, 소련, 영국, 프랑스 등)과의 관계를 독일문제의 시각에서 종합적으로 분석한 책 Dirk

앙에 위치하여 최대의 경제 및 군사대국으로 등극한 독일을 어떻게 제어할 수 있을까 하는 것이 독일문제의 핵심이었다. 외교정책에서 천재적인 자질을 발휘한 비스마르크가 1890년 퇴임할 때까지 독일은 이 문제를 잘 관리했다. 극도의 복수심을 가진 프랑스가 주도하는 독일 포위전략을 저지하기 위해 비스마르크는 오스트리아-헝가리 제국, 러시아 및 이탈리아 등을 끌어들여 자국이 중심이 되는 복잡한 동맹체제를 유지했다.[9] 그러나 대외교 전략가가 정치 일선에서 물러난 후 독일은 식민지 개척정책인 세계정책(Weltpolitik)을 지속했고 이는 1차 세계대전 발발의 한 원인이 되었다.[10] 1차 세계대전 후 성립된 베르사이유 체제도 20년의 불안정한 위기 끝에 2차 세계대전을 불러왔다. 베르사이유 강화회의에 영국 재무부의 대표로 참석했던 거장 존 메이너드 케인스(John M. Keynes)가 예견했듯이[11] 유럽 대륙의 최대 경제대국인 독일을 무력화하고 독일의 복수심을 키워준 이 조약은 20년 만에 더 큰 세계대전을 가져왔다.

2차 세계대전이 종결된 후 독일은 전승 4개국에 의해 두 지역으로 나누어 점령되었다. 당시 트루먼 미국 행정부는 소련이 중·동유럽

Verheyen, Christian Soe, Anthony Glees, Robert R. King, and Gian Enrico Rusconi, *The Germans and Their Neighbors* (NY: Westview Press, 1993) 참조.

9 비스마르크는 2차에 걸쳐(1873, 1881) 3제 협상(오스트리아-헝가리 제국과 러시아)을, 3국 동맹(오스트리아-헝가리 제국, 이탈리아)을 각각 체결하여 프랑스를 고립시켰다. 자세한 내용은 김용구 『세계외교사』(서울대학교, 2006), pp. 143-168 참조. 독일의 정치학자인 요제프 요페(Josef Joffe)는 대전략을 영국식 및 비스마르크식으로 대별했다. 영국식은 역외 균형자(offshore balancer), 비스마르크식은 역내에서 동맹 운영의 주체가 되는 것이다. 자세한 내용은 Josef Joffe, ""Bismarck" or "Britain"? Toward an American Grand Strategy after Bipolarity," *International Security* 19-4 (1995), pp. 94-117 참조.

10 Fritz Stern, *Five Germanys I have Known* (NY: Columbia University Press, 2006), pp. 52-64; Gordon Craig, *Germany: 1866-1945* (Oxford: Clarendon Press, 1978), pp. 302-338.

11 John M. Keynes, *The Economic Consequences of Peace* (NY: Empire Books, 2013). 이 책은 1919년 출판 직후 베스트셀러가 되었다.

및 그리스 등에서 공산주의 정권을 지지하고 노골적인 적대정책을 드러내면서 점차 주적을 독일에서 소련으로 바꾸게 되었다. 당시 신설된 미 국무부의 정책기획실(Policy Planning Staff)을 이끌었으며 냉전 초기 봉쇄전략의 설계자였던 조지 케넌(George Kennan)은 1947년 상반기부터 독일과 일본을 유럽 및 아시아 지역에서 지역적 파워(regional power)로 키우는 전략이 필요하다고 역설했다. 유라시아에서 세력균형을 확보하고 소련의 팽창을 저지하기 위해선 유럽과 아시아에서 양국을 미국의 우방으로 만들어야만 했다.[12] 트루먼 행정부는 "독일의 경제적 부흥 없이 서유럽의 부흥은 없다"는 결론을 내렸고 이후 미국과 영국, 프랑스 점령지역에서 공장 및 산업시설 해체 정책을 중단했다. 분단된 서부지역(이후 서독이 됨)을 경제적으로 부흥시키고 우방국으로 만들어야 유럽의 안보가 확립되고 서유럽이 경제적으로 자립할 수 있다는 결론을 내렸다. 독일문제는 이처럼 단순한 전후 독일의 처리가 아니라 서유럽 안보와 번영을 어떻게 이뤄낼 수 있을 것인가라는 포괄적인 문제였다. 이 과정에서 1, 2차 세계대전의 최대 피해자의 하나인 프랑스는 미국에 안전보장을 요구했다. 당시 영국의 외무장관이던 어니스트 베빈(Ernest Bevin)은 1948년 말부터 미국이 서유럽의 안보에 가입하는 대서양조약(Atlantic Pact)을 요구하기 시작했다. 이에 앞서 영국과 프랑스, 베네룩스 3국은 독일을 가상 적국으로 하는 브뤼셀조약(Brussels Treaty)을 체결하여 서유럽 차원의 안보동

---

12 PPS/13은 1947년 11월 초에 작성되었는데 이 문서는 '2차 세계대전 후 포괄적인 미국의 대전략을 최초로 입안한 글'이다. 자세한 내용은 John L. Gaddis, *George F. Kennan: An American Life* (NY: Penguin Press, 2011), pp. 285-288; Melvyn P. Leffler, "The emergence of an American grand strategy, 1945-1952," in Melvyn P. Leffler, and Odd Arne Westad (eds.), *The Cambridge History of the Cold War, Volume 1: Origins* (Cambridge: Cambridge University Press, 2010), pp. 67-89 참조.

맹을 만들었으나 독일과 소련이라는 압도적인 가상의 적과 대결하기 위해선 미국이 유럽대륙에 적극 관여해야 한다고 줄기차게 요구하게 되었다.[13] 1948년 5월부터 거의 1년간 지속된 베를린 봉쇄, 이 해부터 시작된 마샬 플랜(Marshall Plan)을 계기로 미국의 서유럽에 대한 대전략은 점차 구체화되었다. 이런 배경에서 1949년 5월 집단안전보장체제인 NATO가 설립되었다.[14]

마샬 플랜이나 NATO가 미 의회에서 쉽사리 비준된 것은 아니었다. 2차 세계대전 후에도 미국의 고립주의 외교 경향은 강했다. 1차 세계대전 후 미군이 유럽에서 철수한 것처럼 상당수의 미국인은 2차 세계대전 종료 후에도 미군이 점차 유럽에서 철군할 것으로 예상했다. 그러나 당시 주적이었던 소련과의 전후 협력이 갈등 및 대결로 변화하면서 미국은 사상 처음으로 대규모 군을 서유럽에 배치하게 되었다. 당시 야당인 공화당은 작은 정부와 감세를 지지했고 이런 맥락에서 1948-1951년간 마샬 플랜 지원액도 원래 트루먼 행정부가 요청했던 170억 달러를 삭감한 123억 달러만 지원되었다.[15]

미국이 2차 세계대전 이후 독일문제 해결에 결정적인 역할을 한 것은 소련과의 갈등이 커지면서 대응전략을 구상하면서였다. 미국은 지리적으로는 유럽의 역외세력이었지만 북대서양조약기구 및 유럽통합의 적극적 지지자로서 하나의 유럽세력이 되었다. 미국은 마샬 플랜을 시행하면서 그 조건으로 서유럽 국가 간의 통합을 내세웠으

13 Derek W. Urwin, *The Community of Europe: A History of European Integration since 1945*, 2nd edition (London: Longman, 1995), pp. 22-26.

14 2차 세계대전 후 미국의 대전략을 체계적으로 분석한 책 Christopher Layne, *The Peace of Illusions: American Grand Strategy from 1940 to the Present* (NY: Cornell University Press, 2007) 참조.

15 원래 서유럽 16개국은 193억 달러를 미국에 요청했고 미 행정부는 이를 삭감해 170억 달러를 의회에 요청했다. Melvyn P. Leffler (2010), pp. 172-174.

나 영국의 무관심 등으로 이런 연계조건은 느슨해졌다. 미국은 원래 마샬 플랜의 집행기구로 출범한 유럽경제협력개발기구(Organization for European Economic Cooperation, OEEC)가 단순한 정부 간 기구가 아니라 일종의 초국가 기구가 되기를 원했으나 OEEC는 정부 간 기구로 출범했다.

2차 세계대전이 한창이던 1944년 9월 당시 미국의 재무장관이던 헨리 모겐소(Henry Morgenthau)는 독일 중공업을 분해하고 핵심 중공업에 몰려 있던 루르(Ruhr) 산업지역의 산업 시설을 모두 철폐하여 농업지역으로 만드는 계획을 전후 독일정책으로 제안했다. 비록 이 계획은 국무부와의 협의 과정에서 약간 수정되었지만 최소한 1947년 말 미국의 독일정책이 변경될 때까지 부분적으로 시행되었다.[16] 이런 점을 생각해볼 때 미국의 서유럽 대전략은 이전의 전략에서 매우 큰 변화였다. 미국은 이처럼 소련의 실재 위협과 서독의 잠재적인 위협에 대응하기 위해 유럽세력이 되었다. 미국의 이런 전략은 '이중 봉쇄(double containment)'라고 불린다. 또 학자들은 2차 세계대전 후 미국이 서유럽에서 한 이런 역할을 (유럽) 지역의 평화촉진자(regional pacifier)라고 부른다.[17] 1871년 독일 통일 후 유럽의 패권세력으로 등장한 독일을 유럽 체제는 제대로 다룰 수가 없어 1, 2차 세계대전이 발발했다.[18] 힘의 우위정책을 펼친 압도적인 패권국가 미국의 유럽세

---

16 John Gillingham, *Coal, Steel, and the Rebirth of Europe, 1945-1955: The Germans and French from Ruhr Conflict to Economic Community* (Cambridge: Cambridge University Press, 1991), pp. 97-99.

17 Josef Joffe (1984); John Mearsheimer (2001).

18 Anton W. DePorte, *Europe between the Superpowers: The Enduring Balance*, 2nd edition (New Haven and London: Yale University Press, 1986), pp. 1-16. 드포르트는 1890년 비스마르크가 정치에서 물러난 후 독일의 식민지 개척정책이 시작되면서 유럽 국가체제가 변화하기 시작했고 전통적인 세력균형정책이 더 이상 작용하지 않았다고 분석했다.

력화는 이처럼 유럽의 '체제적인 전쟁 원인'을 제거했다.[19]

1950년 6월 25일에 발발한 한국전쟁은 당시 종이호랑이에 불과했던 북대서양조약기구를 군사동맹으로 신속하게 변화시키는 촉진제가 되었고, 미국은 이 전쟁을 계기로 서독의 재무장을 강력하게 요구하여 정책결정의 주도권을 쥐었다.[20] 프랑스는 1, 2차 세계대전의 대독일 강경보복정책이 이제는 유효하지 않음을 역사를 통해 배웠기 때문에 한 달 전에 서독의 기간산업인 석탄과 철강을 공동으로 관리하자는 슈만 선언을 주도했고 당시 관련 협상이 진행 중이었다. 서독의 재무장에 불안을 느낀 프랑스는 유럽방위공동체(European Defense Community, EDC) 설립을 제안해 재무장된 서독군을 유럽 차원에서 통제하려 했다. 결국, 이 제안이 프랑스 의회의 반대로 통과되지 못하자 미국은 격노했다. 1954년 8월 31일 프랑스 의회가 EDC 조약을 거부한 직후 존 포스터 덜레스(John Foster Dulles) 국무장관은 미국과 서유럽과의 관계를 재검토하겠다고 위협했다.[21] 서독의 실질적인 재무장 없이 유럽대륙을 소련의 위협에서 방어할 수 없는데 프랑스가 이를 질질 끌고 방해했기 때문이다. 결국 영국이 나서서 서독에 군을 주둔시키고 서독을 일단 서유럽동맹에 가입시킨 후 이듬해인 1955년 서

---

19 Josef Joffe (1984), p. 67.

20 NATO의 설립과 초기 운영에 관해서는 이수형, 『북대서양조약기구(NATO): 이론, 역사, 쟁점』(서강대학교출판부, 2012), 1장 참조. 최형식, 『한국전쟁이 서독 재무장의 원칙적인 결정에 있어서 서방 강대국들에게 미친 영향』, 『한국정치학회보』 30권 4호(1996), pp. 209-228. 이 글은 한국전쟁 발발 후 미국이 서독의 재무장 결정권을 주도했고 프랑스는 완강하게 반대, 영국은 관망적인 태도를 보였다고 분석한다.

21 "Statement by the US Secretary of State, John Foster Dulles, to the Press, 31 August 1954," in Peter Stirk and David Weigall (eds.), *The Origins and Development of European Integration* (London: Pinter, 1999), pp. 117-118. 냉전 전개와 EDC, 미국의 전략과 유럽 각국의 정책에 관해서는 황영주·이승근, 「초기 유럽통합과정과 냉전의 영향: NATO의 성립과 EDC의 실패를 중심으로」, 『대한정치학회보』 13권 1호(2005), pp. 121-144.

독은 NATO의 정식 회원국이 되었다. 이처럼 전후 10년 안에 서유럽 통합의 큰 그림 — 안보와 경제공동체 — 이 개략적으로 짜졌다. 이 과정에서 미국의 역할은 핵심적이었다. 독일문제 해법의 주요 당사국였던 프랑스는 장 모네(Jean Monnet)라는 유럽통합의 아버지를 통해 독일에게 동등한 권리를 주면서 이웃을 유럽 차원에서 제어하는 전략을 내놓았다. 이후 프랑스의 이런 독일문제 해법은 유럽통합 과정에서 되풀이되고 있다.

드골의 '유럽' 대 미국의 '유럽'

그러나 이런 미국의 대유럽 전략은 프랑스에서 1958년 샤를 드골(Charles de Gaulle)이 대통령에 취임한 후 크게 흔들렸다. 드골은 취임 전 제4공화국에서 진행해오던 핵무기 개발을 지속해 자국을 강대국의 반열에 올리려 했고 프랑스가 유럽의 지도자가 되어야 한다고 여겼다. 이런 맥락에서 당연히 미국 주도의 유럽질서를 비판했다. 이에 대해서는 미국과 프랑스와의 관계에서 자세히 살펴보기로 하고 여기서는 간단하게 정리하였다.

드골은 취임 이후 식민지 알제리 문제를 해결했고 경제재건 계획인 뤼에프 계획(Rueff Plan)을 통해 프랑스 경제도 어느 정도 굳건한 기반 위에 올려놓았다.[22] 이런 그에게 미국이라는 패권국에 자국의 안보를 의존할 수는 없었다. 그는 이를 '정치적 독립 문제'라고 여기며[23] 취임 이후부터 자국이 핵무기를 보유하는 한 NATO에서의 탈퇴를 시간문제라고 여겼다. 드골은 미국과 영국에 강대국이 삼두체제

---

22 Frances M. B. Lynch, "De Gaulle's First Veto: France, the Rueff Plan and the Free Trade Area," *Contemporary European History* 7-1 (2000), pp. 111-135.

23 Charles de Gaulle (2013), pp. 277-278.

(directoire)를 형성하여 국제 주요 문제를 협의하자는 제안을 했으나 거부당했다. 이후 그는 1961년 이런 외교정책의 협의체인 일종의 정치연맹을 유럽경제공동체(EEC) 회원국 차원에서 결성하고자 푸셰 플랜(Fouchet Plan)을 제안했다.[24] 회원국들이 국방과 외교 등의 국제문제를 상호 협의하여 공동입장을 취하고 EEC 집행위원회를 배제한 정부 간 협의를 골자로 한 이 계획은 그러나 대서양주의 입장을 견지한 베네룩스 3국과 이탈리아의 반대로 1962년 4월 좌초했다.[25] 드골은 이 계획이 좌절되자 영국의 EEC 가입을 거부했고[26] 서독과의 우

---

24 이 시기 드골 대통령의 대서양관계와 푸셰 플랜에 관한 자세한 설명은 Jacques Giauque, "The United States and The Political Union of Western Europe, 1958-1963," *Contemporary European History* 9-1 (2000), pp. 91-116; 안병억, 「1960년대 초 대서양주의와 유럽주의: 드골의 '유럽' 대 미국의 '유럽'」, 『유럽연구』 26권 1호(2008), pp. 101-123, 특히 107-111 참조. 푸셰 플랜 I, II와 프랑스를 제외한 협상 5개 당사국이 프랑스의 초안에 반대하여 합동 작성한 문건은 각각 "Draft Treaty-Fouchet Plan I" (November 2, 1961), "Draft Treaty-Fouchet Plan II" (January 18, 1962), "Alternative Treaty drawn up by France's Five Partners" (January 20, 1962) 참조, http://www.cvce.eu/obj/the_fouchet_plans-en-c7c2b3f9-cf51-4a8e-874a-d6c3eda5125a.html (2013. 6. 15. 검색).

25 드골은 서독이 프랑스의 입장을 지지했다고 적고 있다. Charles de Gaulle (2013), pp. 303-306.

26 드골은 표면적으로 영국의 농업보조금 지원정책이 EEC의 공동농업정책(CAP)과 맞지 않고 영국이 섬나라라는 이유로 영국의 EEC 가입을 거부했다. 그러나 그는 영국이 EEC에 가입할 경우 '트로이 목마'가 되어 자국의 유럽 지도자 지위를 위협할 것을 우려했다. 자세한 내용은 Stephen George, *Awkward Partner: Britain in the EU* (Oxford: Oxford University Press, 1998), pp. 34-35 참조. 반면에 앤드류 모라비칙은 이런 지정학적인 설명을 비판하며 영국의 가입으로 프랑스의 경제적 이익이 침해당할 것을 우려했기에(CAP 때문에) 드골이 영국의 가입을 거부했다는 경제 우선주의를 제시했다. Andrew Moravcsik, *The Choice for Europe: Social Purpose and State Power From Messina to Maastricht* (Ithaca, NY: Cornell University Press, 1998), pp. 188-190. 이를 다룬 그의 관련 장의 책 "Grain and Grandeur: Consolidating the Common Market, 1958-1969," pp. 159-237 참조. 그의 이런 주장에 대해 몇몇 주도적인 학자들이 반론을 제기했다. 우선 스탠리 호프만은 드골이 공동농업정책에 우선순위를 둔 것은 국내의 강력한 농민단체의 압력을 받았기 때문이라고 주장만했지 증명하지 못했다고 지적했다. 즉 경제적 해석을 경제적 압력단체의 측면에서 해석하는 오류를 범하고 있다는 것이다. 존 킬러도 드골이 강력한 농민단체에 포획됐었다는 점을 과장하고 있다고 비판했다. 자세한 내용은 Stanley

호조약(엘리제조약)을 체결했다. 이 조약은 1870년의 프로이센-프랑스 전쟁, 1, 2차 세계대전을 겪어 불구대천의 원수가 되었던 두 나라가 주요 외교정책을 사전에 상호 협의한 것으로 정상회담 및 각료회담의 정례화, 청소년 분야의 교류 내용을 담고 있다. 드골은 자국이 서유럽의 지도자가 되어 미국의 패권에 도전장을 던졌고 여기에 서독을 끌어들였다. 그렇지만 2차 세계대전 후 미국의 산물이던 서독에선 이 조약을 격렬하게 반대했다. 당시 야당이던 사회민주당뿐만 아니라 여당이던 콘라드 아데나워(Konrad Adenauer)의 기독교민주당(기민당)과 연립정부를 구성한 기독교사회당(기사당)에서도 이 조약으로 미국과의 관계가 훼손당할까 하는 우려가 컸다. 결국 서독 연방하원은 격론 끝에 엘리제조약(Élyeé Treaty)이 미국과의 대서양관계와 NATO를 훼손하지 않는다는 내용을 조약 서문에 넣은 후에야 이를 비준했다. 드골은 핵심으로 여겼던 조약의 일부가 희석된 것에 크게 실망했다. 아데나워가 물러난 후 취임한 루드비히 에르하르트(Ludwig Erhard, 1963-1966) 총리 시절 독일과 프랑스 관계는 이 문제 때문에 악화되었다.[27]

당시 미국은 핵무기를 보유한 프랑스가 서독과의 이런 조약을 통하여 유럽 내 미국의 리더십을 약화시키려 한다며 저의를 매우 경계했다. 특히 미국은 서독이 프랑스의 전술에 말려들어 결국엔 유럽 주

Hoffmann, "Comment on Moravcsik," *Journal of Cold War Studies* 2-3 (Fall 2000), pp. 69-73; John Keeler, "A Response to Andrew Moravcsik," *Journal of Cold War Studies* 2-3 (Fall 2000), pp. 74-76 참조. 드골의 기자회견은 "President Charles de Gaulle, Press Conference, 14 January 1963," in Peter Stirk and David Weigall (eds.), *The Origins and Development of European Integration* (Pinter: London, 1999), pp. 170-172.

27 Guido Knopp, *Kanzler* (1999), 안병억(역), 『통일을 이룬 독일 총리들』(한울, 2000), 2장 참조.

둔 중인 미군의 철수 요구로 이어지지 않을까 우려했다.[28] 이 조약이 미국과의 관계를 손상시키지 않는다는 점을 설명하려고 미국의 케네디 대통령을 만났던 서독의 관리들은 "유럽이 원해서 우리가 유럽에 군을 주둔시키고 정책을 펴고 있는데 유럽(프랑스와 독일)이 이를 훼손하려 한다"는 분노와 힐난을 들어야 했다.[29]

프랑스가 서유럽에서의 미국 리더십에 도전했지만 서독은 프랑스와 미국과의 관계를 양자택일로 보지 않았다. 이탈리아와 베네룩스 3국은 대서양주의 입장을 견지하여 프랑스의 이런 정책을 지지하지 않았다. 이런 점을 감안할 때 1960년대 '유럽'은 통합 초기와 마찬가지로 여전히 미국이 만든 틀이 유지되었다. 프랑스의 '유럽'은 미국의 '유럽'에 도전했지만 그 여파가 크지 않았다.

경제중심의 유럽통합이 진전과 후퇴를 거듭하면서 통합 분야의 하나로 외교 분야도 추가되었다. EEC는 1970년부터 유럽정치협력(European Political Cooperation, EPC) 메커니즘을 도입했다.[30] 회원국들이 외교정책을 사전에 협의하는 기제로 회원국들은 국제정치 무대에서 공동체 차원으로 한 목소리를 내어 발언권을 제고하려 했다. EPC 출범은 프랑스가 제안하여 이루어졌지만 서독과 이탈리아 등 다른 5개

28 안병억(2008), pp. 114-115; Rainer A. Blasius, Michael Lindemann, and Ilse. D. Pautsch, *Akten zur Auswärtigen Politik Deutschland 1963,* Band I (Munich: R. Oldenburg, 1994), Dokumente No. 52, "Gespräch des Bundeskanzlers Adenauer mit dem amerikanischen Botschafter Dowling" (January 24, 1963), pp. 173-175 and No. 83, Staatssekretär Carstens, z. Z. Washington, an Bundesminster Schröder (February 6, 1963), pp. 273-276,

29 Rainer A. Blasius (1994), pp. 273-276.

30 1969년 12월 네덜란드 헤이그에서 개최된 유럽정상회담(유럽이사회, European Council은 1987년 비준된 단일유럽의정서에서 처음으로 언급되었고 1993년 유럽연합조약(마스트리히트조약)에서 정례화되었다)에서 EEC 예산의 도입, 통화 및 외교 분야의 협력 강화, 공동체 확대 등 세 가지가 합의되었다. EPC는 다비뇽 보고서에서 상세하게 제안되었고 회원국들은 이를 수용하여 EPC를 도입했다. 자세한 내용은 Simon J. Nuttall, *European Political Cooperation* (Oxford: Clarendon Press, 1996) 참조.

국들은 이 제안을 수용하는 대가로 영국의 EEC 가입을 관철시켰다.[31] EPC는 초기엔 각료이사회와 동떨어진 별도의 비공식 모임으로 초국가 기구인 집행위원회의 참여가 배제되었다. 그러나 점차 업무의 효율성 등을 감안하여 집행위원회도 관여하게 되었고 각료이사회에서 EPC 안건도 토론하게 되었다.[32] EEC는 1970년대의 유럽동맥경화증(Eurosclerosis)을 극복하고[33] 1992년까지 국경없는 단일시장 형성을 목표로 하는 단일유럽의정서(Single European Act, SEA)를 1987년 7월부터 시행에 들어갔다. 유럽공동체가 이처럼 경제분야의 통합을 강화하면서 미국의 대응책도 나왔다. 이런 와중에 1989년 11월 9일 베를린 장벽이 갑자기 붕괴되면서 당시 유럽은 냉전 전개 후 가장 큰 불확실성에 직면했다. 냉전은 유럽을 동서로 인위적으로 가르고 공산 독재 치하의 동유럽 시민들에게 많은 고통을 안겨주었으나 어쨌든 40년이 넘도록 유럽 대륙에서 평화를 유지했다. 그런데 이런 국제체제가 변화하여 유동적이 되었고 이런 체제의 상징이었던 베를린 장벽이 갑자기 붕괴되었다. 이런 대변혁의 시기에 미국은 2차 세계대전 후 대전략을 수립하여 유럽정책을 주도했듯이 기본적으로 대전략의 틀을 유지하면서 변화된 상황에 적응했다.

---

31 Simon J. Nuttall (1996), pp. 5-10.

32 Simon J. Nuttall (1996), pp. 30-35. 1981년 런던보고서(London Report)에서 회원국들은 집행위원회에 EPC 정책결정과정 입안부터 이행까지 참여를 보장하게 되었다.

33 유럽동맥경화증은 이 시기에 유럽의 경제성장률이 일본이나 미국과 비교해 매우 저조하고 유럽통합도 정체된 상황을 일컫는다. 유럽염세주의(Europessimism)라고도 한다. 자세한 내용은 Dennis Swan, "The Single Market and Beyond: an Overview," in Dennis Swan (ed.), *The Single European Market and Beyond: A Study of the Wider Implications of the Single European Act* (London: Routledge, 1992), pp. 3-25 참조.

3. 냉전 붕괴와 미국의 대전략: NATO의 중심성 유지와 양자관계의 제도화

NATO의 중심성 유지

냉전의 상징이었던 베를린 장벽의 붕괴에 대한 미국의 정책은 NATO의 틀을 유지하고 통일 독일이 NATO의 회원국으로 잔류한다는 전제에서 독일 통일을 적극 지지하는 것이었다. 냉전 초기에 미국의 대전략이 소련과 독일의 이중봉쇄였는데 냉전이 붕괴한다면 이 이중위협은 상당 부분 감소할 것으로 보였다. 그러나 미국은 계속 유럽세력으로 남아 국제사회에서 리더의 역할을 유지하고자 했다. 경제적 이익뿐만 아니라 민주주의와 법치주의 등 가치를 공유하는 유럽공동체 회원국들과 함께 국제문제를 협의해 다루는 것이 국익이라고 판단했다.

급류처럼 지나가는 독일 통일과정의 대외적 문제를 해결하는 구조로 전승 4개국과 동·서독이 참가하는 '2+4 회담'을 제안한 것은 미국이었다.[34] 미국은 이런 메커니즘을 만들어 독일 통일을 지지하고 이 과정에서 소련의 양보를 얻어내기 위해 NATO의 교리 및 전략 변화를 약속했다. 1990년 7월 런던에서 열린 NATO 정상회의에서 회원국들은 소련 및 중·동유럽 국가들에게도 NATO와의 관계 개설을 제안했다.[35] 미 국무부는 정상회담을 준비하면서 '독일 통일과 소련

---

34 Philip Zelikov and Condoleezza Rice, *Germany Unified and Europe Transformed: A Study in Statecraft* (Cambridge, MA: Harvard University Press, 1997), pp. 149-197.

35 이 제안은 이듬해 NATO의 전략개념 변화를 가져왔고 1994년 '평화를 위한 파트너십(Partnership for Peace: PfP)'으로 정착되었다. 소련 및 중·동유럽 국가들이 가입한 집단안전 보장 기구인 바르샤바 조약기구가 1991년 해체된 후 이 회원국들이 NATO와 PfP를 체결했다. 자세한 내용은 이수형(2012), pp. 120-150 참조.

청중'이라는 내부문서를 마련하여 NATO의 교리 변화와 전략 변화 약속이 독일 통일을 위해, 그리고 미국의 NATO 중심성 유지에 필수적인 요소임을 강조했다.[36] 또 미국은 경제 및 통화뿐만 아니라 외교 및 안보 분야에서 통합을 강화하는 유럽통합 과정에 적극 관여하기 위해 EU와의 관계 제도화를 요구했다.

냉전 붕괴의 와중에 새로운 대서양관계의 틀이 필요하다고 먼저 문제를 제기한 것은 미국이었다. 제임스 베이커(James Baker) 미 국무장관은 1989년 12월 베를린 연설에서 중·동유럽이 급변하는 시기에 미국과 유럽 간의 협력도 이에 적응해야 한다며 새로운 시대에 새로운 틀이 필요하다고 강조했다.[37] 그는 NATO라는 틀을 통해 미국이 유럽 안보와 연계되어 있었고 이것이 유럽의 평화를 오랫동안 유지했다며 이를 견지하면서 중·동유럽 국가들도 수용할 수 있는 틀이 필요하다고 말했다. 그는 또 점진적이고 평화적인 방법을 통하여 민족자결 원칙을 존중하는 독일 통일을 지지한다며 통일 독일이 NATO 회원국으로 잔류해야 하고 유럽통합의 틀 안에서 통일이 이루어져야 한다고 역설했다. 폴란드와 헝가리 등 동부유럽 국가들이 이미 다당제를 도입하고 자유선거를 치렀고 독일 통일도 가시화하는 시점에서 미국은 유럽과의 관계 제도화를 통해 정치·경제 분야에서의 비용 분담을 원했다. 당시 EEC는 동부유럽 국가에 이미 최대의 공여국이 되

---

36 Philip Zelikov and Condoleezza Rice (1997), pp. 320-322.

37 "Upheaval in the East; Excerpts From Baker's Speech on Berlin and US Role in Europe's Future," *The New York Times* (December 13, 1989). http://www.nytimes.com/ 1989/12/13/world/upheaval-east-excerpts-baker-s-speech-berlin-us-role-europe-s-future.html?pagewanted=all&src=pm (2013. 6. 19. 방문). 이 연설을 거대한 지정학적 변화의 시기에 미국의 대유럽 대전략의 측면에서 분석한 글 Mary E. Sarotte, *1989: The Struggle to Create Post-Cold War Europe* (Princeton, NJ: Princeton University Press, 2009), pp. 220-222 참조.

었고 이들이 시장경제로 전환하는 과정에서 EEC와 각 회원국의 경제적·법적 지원 등은 필수적이었다. 1989년 7월 서방선진 7개국 정상회담에서 미국은 미국과 서유럽 등이 헝가리와 폴란드에 경제지원을 하는 조정자로 유럽공동체 집행위원회에 이 일을 위임했다. 미국은 '1992년' 단일시장 완성 계획으로 통합을 가속화하던 유럽공동체에 역할을 주면서 적절한 비용분담을 추진했다.[38]

미국은 NATO의 중심성을 유지하기 위해 유럽공동체 회원국들의 경제통화 동맹 및 정치동맹 협상 과정에 깊숙하게 관여했다. 1990년 초 유럽공동체 회원국들은 독일 통일이 급물살을 타면서 원래 예정되었던 통화동맹 협상을 위한 '정부 간 회의(Intergovernmental Conference, IGC)' 이외에 정치동맹을 논의할 추가적인 정부 간 회의도 합의했었다.[39] 미국은 유럽공동체 회원국들이 협상 중인 유럽의 공동외교안보정책이 NATO 내 EC 회원국의 비공식회합(an internal caucus)이 되어서는 안 되며 NATO의 교리와 지휘구조를 손상해서도 안 된다고 선을 그었다. 미국은 NATO가 중심이 되고 EC의 공동외교안보정책이 이를 보완하는 구조를 원했고 이를 관철시켰다.[40] 1991년 2월 미 국무부의 유럽담당 국장이었던 레지놀드 바톨로뮤(Reginauld Bartholomew)는 EC 회원국에 메모를 보내 이런 입장을 명확하게 전달

---

38 Reinhardt Rummel, "Regional Integration in the Global Test," and "Beyond Maastricht: Alternatives Futures for a Political Union," in Reinhardt Rummel (ed.), *Toward Political Union: Planning a Common Foreign and Security Policy in the European Community* (Baden-Baden: Nomos, 1992), pp. 7-35. 미국이 EEC 집행위원회에 이 업무를 맡긴 배경과 집행위원회의 신속한 업무처리에 관해서는 Simon J. Nuttall (1992), pp. 74-82 참조.

39 유럽연합조약 체결에 이르는 두 정부 간 회의의 협상과정에 대한 심층분석은 Anthony Forster, *Britain and the Maastricht Negotiations* (London: Palgrave Macmillan, 1999) 참조.

40 Alistair Blair, *Dealing with Europe: Britain and the Negotiation of the Maastricht Treaty* (Aldershot: Ashgate, 1999), pp. 57-60.

했다. 영국은 미국과 이런 입장을 긴밀하게 조율했다. 독일과 프랑스는 서유럽동맹(Western European Union, WEU)을 점차 독자적인 EU의 안보 및 국방을 담당할 기구로 원했지만 협상 결과는 NATO와 WEU 간의 안보 및 국방분야 협력 강화로 귀결되었을 뿐이다.[41] 일부에서 제기되었던 유럽안보협력회의(Conference on Security and Cooperation in Europe, CSCE)의 범유럽적인 안보협력기구로의 전환이나 CSCE를 보완한 유럽협조체제는 성사되지 않았다.[42] CSCE, WEU, NATO 간의 '제도적 경쟁'에서 미국의 정책적 선호도가 가장 크게 반영된 NATO가 냉전 후에도 안보기구이자 미국의 유럽세력 유지 틀로써 중심적인 역할을 계속하여 수행하게 되었다.[43]

관계의 제도화: 대서양관계 선언 및 신대서양관계 어젠다

NATO의 중심성 유지와 함께 미국과 EU 간의 양자관계도 이 시기에 제도화되었다. 유럽공동체는 베이커 국무장관의 새로운 틀 제안을 수용해 1990년 중반 미국에 양자관계 제도화를 공식 제안했고 미국은 이를 곧바로 수락했다.[44] 미국과 유럽공동체 관계에 관한 선언(The Declaration on US-EC Relations, 대서양관계 선언으로 통칭함, The Transatlantic Declaration)은 1990년 11월 미국 워싱턴에서 서명되었다. 이 선언은 유

---

41 Anthony Forster (1999), pp. 74-102.

42 Charles A. Kupchan and Clifford A. Kupchan, "Concerts, Collective Security, and the Future of Europe," *International Security* 16-1 (Summer, 1991), pp. 114-161.

43 Kori Schake, "NATO after the Cold War, 1991-1995: Institutional Competition and the Collapse of the French Alternative," *Contemporary European History* 7-3 (November 1998), pp. 379-407. 이 글에서 저자는 당시 미국으로부터 독립된 유럽안보 틀을 구축하려 했던 프랑스의 정책적 대안이 실패한 이유를 분석했다.

44 Desmond Dinan, *Ever Closer Union: An Introduction to European Integration*, 3rd edition (Lynne Rienner Publisher: London, 2005), pp. 614-615.

럽통합이 경제와 통화 분야뿐만 아니라 외교와 안보 분야까지 가속화하고 있음에 주목하며 미국과 유럽공동체가 "공동이익을 지닌 중요한 문제를 통보하고 협의하여 양자의 독립적인 정책 재량권을 훼손하지 않으며 가능한 입장을 조율한다"라고 규정했다. 이 선언에 따라 양자는 1년에 두 번 정상회담을 개최했다. EU에서는 집행위원회 위원장과 유럽이사회 순회의장국이 정상회담에 참석했다. 이 선언은 그러나 구체적인 내용이 부족하여 과도기적인 조치라는 평가를 받았다.

1993년 1월 클린턴 행정부가 출범한 후 미국이 북미자유무역협정(North American Free Trade Agreement, NAFTA)을 체결하고 아태경제협력기구(Asia-Pacific Economic Cooperation, APEC)에서 무역자유화를 추진하자 EU 회원국들은 미국의 유럽 경시에 당황했다. 이때부터 EU 지도자들은 미국과 EU 간의 자유무역협정 필요성을 거론했으나 수사에 그쳤다.[45]

1990년 대서양관계 선언은 양자 간의 관계를 원론에서 확인한 수준에 그쳤다. 이를 좀 더 세분화하고 협력 확대를 도모한 것이 1995년 12월 서명된 신대서양관계 어젠다(New Transatlantic Agenda, NTA)이다. 어젠다는 환경과 테러리즘, 국제범죄와 같은 국제적 도전에 공동으로 대응하고 세계 무역의 확대와 긴밀한 경제관계의 촉진, 문화 및 교육 분야에서 양자 간의 간극을 메울 것을 명시했다. 그리고 1년에 2회 개최되는 정상회의를 준비하고 합의사항을 이행하는 '고위그룹(Senior-Level Group)'도 신설했다. 구체적인 행동 계획(Action Plan)을 마

---

45 John Peterson and Maria Cowles, "Clinton, Europe and Economic Diplomacy: What Makes the EU Different?" *Governance* 11-3 (1998), pp. 251-271; Brian Hocking and Steven McGuire, "Government-Business Strategies in EU-US Economic Relations: The Lessons of the Foreign Sales Corporations Issue," *Journal of Common Market Studies* 40-3 (2002), pp. 449-471.

련하여 공동경쟁 규칙과 표준의 합의도 목표로 했다. 당시 일각에서는 NTA가 양자 간의 FTA는 아니어도 미국-EU 경제지역(Transatlantic Economic Space) 구축에 초석이 될 수 있다는 기대도 있었다.

이 어젠다에서 새로 신설된 기구는 미국과 유럽연합 재계대화(Transatlantic Business Dialogue, TABD)다. 이 기구는 미국과 EU 회원국 주요 기업들 고위 임원들의 모임으로 양자 간 관세의 인하뿐만 아니라 표준과 실험, 인증 등의 규제 문제도 종합적으로 제기하고 해결을 촉구했다.[46] TABD는 무역 및 투자 관련 이슈를 종합적으로 다루는 민간 기구로 1995년부터 연례 모임을 시작했다. 1994년 12월 당시 론 브라운(Ron Brown) 미 상무장관은 브뤼셀 연설에서 기업들이 미국과 EU 간의 무역 자유화에 주도적인 역할을 하는 것이 필요하다며 기구 설립을 제안했다.[47] 이 연설 이후 미국의 포드와 유럽(독일)의 BASF 등 대기업 임원 등을 중심으로 조직이 마련되었다. 이 모임은 이듬해 정보통신(IT) 분야의 무관세 방안과 자동차 분야의 규제 조화, 몇몇 상품 분야에서의 상호인정을 제안했다. 이들이 주도해 성사시킨 주요 성과 중의 하나는 상호인정협약(Mutual Recognition Agreement, MRA)이다. 통신 장비와 정보기술 제품, 의료장비, 의약품 등의 상호인정을 규정한 이 협약은 1997년 미국과 EU가 서명했다. 이 협약은 6년 전에 제안되었지만, 그동안 성과가 없다가 TABD가 발족 후 이

---

46 TABD의 모체는 1985년 설립된 미 상공회의소 EU위원회(The EU Committee of AmCham, 이하 EU위원회)다. 당시 EEC에 투자한 미국 주요 기업들의 모임으로 유럽공동체 초국가기구(특히 집행위원회)와 수시로 접촉하여 단일시장과 정치통합을 지지했다. 이들은 유럽공동체 사용자단체인 UNICE(The Union of Industrial and Employer's Confederation)가 소속 국가의 이익을 대변하는 것과는 달리 유럽적 이익을 대변했다. 자세한 내용은 John Peterson and Maria Cowles (1998), pp. 256-257 참조. 1995년 말을 기준으로 EU 위원회는 회원사 33개, 소위원회 12개, 실무그룹 45개로 구성되어 있다.

47 John Peterson and Maria Cowles (1998), pp. 264-265.

를 적극 추진해 불과 18개월 만에 성과를 거두었다. 세계무역기구(World Trade Organization, WTO)가 1997년 체결한 기본 통신서비스협약도 미국과 EU가 TABD를 통해 합의하고 WTO 각료회의에 제시했기에 가능했다.[48] 이 기구의 지속적인 활동은 2013년 7월 첫 협상을 개시한 미국-EU FTA 협상에 발판이 되었다. 우리나라는 아직 TABD처럼 우리 기업 및 EU 기업과의 정례화된 모임이 없다. 미국은 '1992년 계획'에 대해 초기에 매우 부정적인 반응을 보였다. 당시 로널드 레이건(Ronald Reagan) 행정부나 1988년 취임한 조지 부시(George H. W. Bush) 행정부도 유럽의 단일시장이 비회원국 기업을 차별하는 '요새 유럽(fortress Europe)'을 구축하지 않을까 우려했다.[49] 그러나 1988년 후반부터 유럽공동체가 단일시장의 대외적 측면을 적극 홍보하고 EU위원회가 이의 필요성을 적극 알리면서도 미 정부도 이 과정에 적극 관여하여 통상확대에 활용하려 했다.

4. 이라크 침략과 대서양관계: 공동외교안보정책의 역량-기대의 격차, 양자의 안보협력 촉진 계기

2003년 3월 말 미국은 이라크를 전격 침공했다. 당시 부시 행정부는 이라크가 대량살상무기(weapons of mass destruction, WMD)를 보유했다며 침략의 명분을 내세웠지만 결국 이라크는 핵무기를 보유하지 않은 것으로 드러났다. 또 미국은 이라크에 대한 침략을 허용하는 유엔의 2차 결의안을 획득하지 않고 이라크에 진격하여 이 결정은 많은

48 John Peterson and Maria Cowles (1998), p. 266.

49 John Peterson and Maria Cowles (1998), pp. 251-271, 특히 pp. 257-259.

논란을 불러일으켰다. 당시 EU 회원국 가운데 영국은 이라크에 약 1만여 명의 군을 파견하여 미국 다음으로 많은 침략군을 보냈다. 이라크전쟁은 EU의 공동외교안보정책이 기대와 달리 매우 효과적이지 못함을 극명하게 드러냈기에 대서양관계에서 중요한 획을 그은 사건이다.[50] 그러나 이 전쟁은 표면적인 극한 대립이 잦아들면서 오히려 미국과 EU 간 안보 분야의 협력을 강화하는 계기가 되었다. 미국과 EU 주요 회원국 간에 이라크 침공을 둘러싼 입장 차이가 너무 컸기 때문에 이 논란은 필요 이상으로 비화되었다. 논란의 핵심은 국제분쟁의 해결 수단으로서 군사력의 사용 여부, 그리고 군사력 사용의 정당성 확보였다.

EU는 1993년 유럽연합조약(마스트리히트조약)으로 발효된 공동외교안보정책(Common Foreign and Security Policy, CFSP)을 통해 10여 년간 주요 국제문제에 대해 한 목소리를 내고 경제제재도 실행해왔다. EU 회원국들은 주요 국제문제에 대한 인식을 공유하는 공동입장(common position)을 채택하고 이에 근거하여 경제제재 등을 실행하는 공동행동(joint actions)을 점진적으로 실천해왔다.[51] 1999년 10월 EU의 공동외교안보정책 고위대표(High Representative for Common Foreign and Security Policy, '미스터 유럽')로 취임한 하비에르 솔라나(Javier Solana)는 필요한 조직을 정비하고 그의 국제적인 네트워크와 명망을 적극 활용해 국제무대에서 EU의 외교 및 안보정책의 존재감을 지속해서 제고하고

50 Elizabeth Pond, "The dynamics of the feud over Iraq," in David M. Andrews (ed.), *The Atlantic Alliance Under Stress: US – European Relations after Iraq* (Cambridge: Cambridge University Press, 2005), pp. 30-55, 특히 pp. 30-33.

51 EU의 공동외교안보정책과 안보국방정책에 관해서는 Nicola Casarini and Costanza Musu (eds.), *European Foreign Policy in an Evolving International System: The Road towards Convergence* (Basingstoke and NY: Palgrave Macmillan, 2007); Simon J. Nuttall, *European Foreign Policy* (Oxford: Oxford University Press, 2000) 참조.

있었다.[52] 그러나 이라크전쟁은 이런 EU의 공동외교안보정책이 전쟁이라는 국제정치의 핵심 이슈에 직면해 매우 빈약함을 적나라하게 드러냈다.

이라크전쟁을 둘러싸고 영국이 주도하며 이탈리아와 스페인이 동참한 대서양주의와 프랑스와 독일이 이끄는 유럽주의가 공개적으로 격렬하게 대립했다. 미국과의 '특별한 관계'를 중시하는 영국은 당시 가장 친유럽적으로 평가받던 노동당의 토니 블레어(Tony Blair)가 총리였음에도 결정적인 순간에 미국을 지지했다.[53] 프랑스는 1991년 걸프전 당시 평화적 해결을 촉구하다가 유엔의 무력 허용 결의안 이후 미국 주도의 연합군에 합류했다. 이라크전쟁을 둘러싸고도 프랑스가 막판에 미국의 침공에 합류할 가능성도 일부에서 제기되었으나 결국 프랑스는 드골주의 전통에 따라 미국정책을 비판하는 선봉장의 역할을 하게 되었다. 독일은 전통적으로 대서양주의 전통이 강한 회원국이었다. 그렇지만 당시 게르하르트 슈뢰더(Gerhard Schröder) 총리(사회민주당)는 프랑스와 함께 이라크전쟁을 반대했다. 슈뢰더 총리의 이런 반전정책은 2002년 9월 총선을 앞두고 이라크 침략을 압도적으로 반대하는 국내 여론을 의식한 표 얻기라는 분석이 많았다.[54] 그러

52 하비에르 솔라나는 고위대표에 취임하기 전 4년간(1995. 12-1999. 10) NATO 사무총장을 역임했고 이전(1992. 6-1995. 12) 그의 직책은 스페인 외무장관이었다.

53 John Peterson, "Europe, America and Iraq: worst ever and ever-worsening," The European Union: Annual Review, *Journal of Common Market Studies* 42-6 (2004), pp. 13-30. 수에즈 운하 침략 이후 가장 큰 외교적 실책이라는 비판을 받았다. 이라크전쟁에 참전한 정보가 과장되었다는 보도가 있어 블레어가 총리로 재직할 때 그의 참모들이 하원 청문회에 참석했다. 또 블레어가 총리에서 사임한 후 이라크전쟁 조사위원회(The Chilcot Inquiry)가 이어졌다. Christopher Hill, "Renationalizing or Regrouping? EU Foreign Policy Since 11 September 2001," *Journal of Common Market Studies* 42-1 (February 2004), pp. 154-156; Christian Schweiger, "British-German Relations in the European Union after the War on Iraq," *German Politics* 13-1 (March 2004), pp. 35-55.

54 안병억(2008), pp. 21-22.

나 슈뢰더 총리가 총선 승리 후에도 이런 정책을 변경하지 않았다는 것은 독일 내 뿌리 깊이 박힌 분쟁 해결 수단으로 무력사용의 필요성을 매우 혐오하는 국내 여론과 정서를 반영했다고 볼 수 있다.[55] 당시 EU의 신회원국으로 확정되었던 중·동유럽 8개국은 미국의 입장을 지지했다.[56] 이들의 정체성 형성에 가장 중요한 타자는 소련이었고 소련 붕괴 후 이들은 기본적으로 대서양주의를 외교정책의 기조로 선택했다. 이 밖에 당시 프랑스의 자크 시라크(Jacques Chirac) 대통령이 이들을 경멸하는 언행을 보인 것도 8개국으로 하여금 미국을 정치적으로 지지하게 만들었다.[57] 이러한 '신구유럽'의 대립은 그러나 다분히 표면적이었다. 이 문구를 만들어낸 장본인 도널드 럼스펠드(Donald Rumsfeld) 미 국방장관이 프랑스와 독일이 미국의 리더십을 따르지 않는 데에 대한 불만을 이런 식으로 과장해 표현했다.

미국은 예외주의의 입장에서 민주적 평화론에 입각해 이라크 침략의 정당성이 유엔의 2차 결의도 없이 충분하다고 여겼다. 반면에 프랑스와 독일은 설령 미국의 리더십을 인정하더라도 무력 사용에서 리더십을 행사하려면 정당성을 획득해야 한다는 입장이었다. 평화유지를 주임무로 하는 국제기구 유엔의 2차 결의가 이런 정당성을 부여하기에 적합하다고 이들은 주장했다.[58] 이런 시각 차이를 두고 로

55 John Peterson, "America as a European Power: The End of Empire by Integration," *International Affairs* 80-4 (2004), pp. 613-629.

56 중·동유럽 8개국과 키프로스, 몰타는 10개국은 국내 비준 절차를 마치고 2004년 5월 1일 EU의 정식 회원국이 되었다. 2003년 3월 당시 10개국은 EU와 가입조약을 체결했다.

57 당시 시라크 대통령은 2003년 3월 브뤼셀에서 개최된 유럽이사회에서 중·동유럽 8개국 수반에게 "이 문제를 우리와 먼저 상의해야 했다. 당신들은 입닥칠 기회를 잃었다"라고 비어 섞인 말을 퍼부었다. 자세한 내용은 안병억(2008), pp. 482-484 참조.

58 Erik Jones, "Debating the Transatlantic Relationship: Rhetoric and Reality," *International Affairs* 80-4 (2004), pp. 595-612, 특히 pp. 605-606.

버트 케이건(Robert Kagan) 같은 신현실주의 학자는 미국이 2차 세계대전 후 유럽의 안보를 보장해주어 유럽은 점차 군사력이 위축되었고 유럽통합은 군사력 사용을 더 혐오하게 만들었다고 분석했다. 그러나 유럽의 학자들은 군사력만이 유일한 혹은 가장 중요한 권력의 원천은 아니고 설령 유럽의 군사력이 위축되었다고 하더라도 유럽은 기후변화정책에서 리더십을 보여왔듯이 다른 권력의 원천을 개발하지 않은 것은 아니었다고 반박했다.[59] 특히 이들은 유럽과 미국이 직면한 테러리즘과 같은 공동문제는 무력뿐만 아니라 이의 근본원인을 제거해야 한다고 주장했다. EU는 1970년대 유럽정치협력을 도입한 이후 국제문제에서 수시로 미국의 정책을 비판했다. 그러나 처음에 미국의 일방주의를 비판하다가도 결국엔 미국의 정책을 따른 경우가 많았다. 반면에 이라크전쟁에서는 최소한 EU의 주요 회원국인 프랑스와 독일이 공개적으로 미국의 정책에 반기를 들었다. 미국은 군사적으론 이라크 침략을 혼자 감행해도 별로 문제가 없었지만 동맹국으로서 EU의 지지를 내심 기대했다. 그러나 EU는 예외주의에 입각한 미국의 일방주의적 정책을 불신하고 싫어하기까지에 이르렀다. 미국은 이라크 침공시 EU 회원국들을 분리지배하는 식으로 이용하는 듯 했지만 이런 전략은 효과적이지 못했다. 이라크전쟁을 두고 공개적인 분열을 겪은 EU는 각국의 전통적인 외교정책으로 회귀한 것이 아니라 공동외교안보정책을 진전시키려고 노력하게 되었다.

크리스토퍼 힐(Christopher Hill)이 적절하게 지적하듯이 이라크전쟁은 EU 외교정책이 직면한 기존의 도전에 추가적인 도전을 제기했다.[60] EU는 이라크전쟁 당시 네 가지 주요 EU 외교정책의 과제 — 9·11테

59 Erik Jones (2004), pp. 595-612, 특히 pp. 604-608.

60 Christopher Hill (2004), pp. 158-161.

러 이후 EU의 즉각적인 대응책, 아프가니스탄전쟁, 테러와의 전쟁, 이라크전쟁 — 와 함께 유럽안보방위정책(European Security and Defence Policy, ESDP), 유럽헌법조약, 중·동유럽으로의 확대를 동시에 직면했다. 1998년 영국과 프랑스가 생말로(St. Malo)에서 합의한 대로 유럽의 신속대응군 증파 등을 준비해야 했고 사상 최대 규모의 중·동유럽 확대를 앞두고 회원국 간의 외교정책의 이질성 우려도 더 커졌다. 이와 함께 당시 유럽의 미래에 관한 회의에선 EU의 외무장관직 신설이 활발하게 논의되고 있었다. 이런 여러 가지 과제를 해결하기 위한 수단으로 EU의 외교정책이 더 필요할 수밖에 없었다. 그리고 이라크전쟁을 두고 독일-프랑스와 영국-이탈리아-스페인 진영으로 양분되었지만 각 진영은 자신들의 논리를 자국의 입장에서가 아니라 EU에 유리하다는 수사를 구사했고 국제무대에서 장기적으로 EU의 역할을 증진하는 것이라고 주장했다. 9·11테러 그리고 이라크전쟁 이후 EU의 외교정책은 회원국의 목소리나 단독 행동이 커지면서 분절화됐지만 한편으론 협력을 증진하도록 지속적인 압력을 받았다. 이라크전쟁에 관련되어 EU의 외교정책이 매우 효과적이지 못했다고 비판하는 사람들은 CFSP에 대해 지나친 기대를 갖고 있었다. 즉 EU 회원국들은 주요 국제문제에 대해 일치된 의견을 갖고, 외교적 자원, 합의를 이행할 정책적 도구의 세 가지 측면에서 역량이 떨어진다. 그럼에도 비EU 회원국들은 CFSP의 역량을 너무 높게 평가하여 역량과 기대 간의 차이(The Capability-Expectations Gap)는 계속하여 벌어진다.[61] 역량과 기대 간의 차이라는 평가 기준에서 이라크전쟁을 둘러싼 EU 외교정책을 평가하면 비록 아쉽지만 표면적으로 보이듯이 그리 심각한

61 Christopher Hill, "The Capability-Expectations Gap, or Conceptualizing Europe's International Role," *Journal of Common Market Studies* 31-3 (1993), pp. 305-328.

것은 아니었다.

미국과 EU는 2003년 6월 워싱턴 DC에서 개최된 미국-EU 정상회담에서 이런 표면적인 분열을 봉합하고 안보 분야의 협력을 촉진할 계기를 만들었다. 이 회담에서 양자는 범죄 인도인 조약과 상호법적 원조 조약을 체결했다. 또 EU 회원국들은 그 해 11월 유럽연합의 안보전략(European Security Strategy, ESS)을 채택하여 테러와의 전쟁에서 적극 협력하고 CFSP를 지속해서 강화해 나가기로 합의했다. 1년 전 미국이 발표한 미 안보전략(National Security Strategy, NSS)이 선제 공격과 전통적인 안보에 중점을 두었다면 ESS는 예방외교와 안보문제를 포괄적인 시각에서 접근했다.[62] EU는 "테러리즘이 들끓는 늪의 물을 빼내야 한다"며 좀 더 포괄적인 해결책을 제시하며 비전통적 안보(기후변화, 에너지 안보, 글로벌 빈곤 등)에 더 역점을 두었다.[63] 또 ESS는 최대의 경제권에 걸맞게 국제사회에 기여하려면 EU의 역량을 강화하고 제1기둥-제3기둥 간 분산된 EU 외교정책을 좀 더 응집력 있게 실행할 필요가 있다고 강조했다.[64]

---

62 미 안보전략은 US State Department, The National Security Strategy (Washington, DC: 2002), 유럽의 안보전략은 Javier Solana, "A Secure Europe in a Better World: European Security Strategy" (Brussels: The Council of EU, 2003); Sven Biscop, Jan J. Andersson (eds.), *The EU and the European Security Strategy: Forging a Global Europe* (London: Routledge, 2007), 미국의 안보전략과 비교는 8장(pp. 139-166)을 참조.

63 John Peterson (2004), pp. 621-625.

64 유럽연합조약은 EU의 정책 권한의 초국가성에 따라 1기둥(EU가 정책 권한을 행사하는 통상정책 및 경쟁정책 등), EU와 회원국들이 정책 권한을 공유하는 2기둥(공동외교안보정책), 3기둥(법무 및 내무 분야의 협력)으로 나누었다.

5. 결론

서유럽은 2차 세계대전 후 '유럽세력'이 된 미국의 적극적인 지원아래 초국가적인 방향으로 유럽통합을 지속해서 추진해왔다. 냉전 붕괴 후 동진을 계속해온 EU는 이제 28개 회원국에 세계 최대의 단일시장이 되어 경제력에서 미국을 앞섰다. 또 EU는 경제분야뿐만 아니라 기후변화 등 국제사회가 공동으로 직면한 문제에 대해서 규범적 권력으로서 리더십을 행사해왔다.[65] 이런 점에서 미국의 유럽정책은 성공적이라고 평가할 수 있다. 2차 세계대전 후 동서냉전의 상황에서 미국은 대전략의 일환으로 서유럽에 NATO를 설립해 서유럽 국가들의 안전을 보장해주었고 이들의 통합을 지속해서 지지해왔다. 유럽의 경제력이 커지면서 양자 간의 무역 분쟁은 불가피했고 빈번하게 발생했지만 미국은 장기적·전략적으로 유럽통합을 후원해왔다. 미국은 냉전 붕괴 후에도 NATO를 개혁하여 이를 기반으로 계속 유럽세력으로 남아서 리더십을 행사해오고 있다.

안보공동체를 형성한 미국과 EU가 빈번한 갈등을 빚어온 것은 최소한 경제분야에선 힘의 불균형이 역전되었기 때문이다. 또 유럽통합도 양자의 갈등관계에 일조했다. 유럽통합은 필연적 과정의 하나로 '유럽'의 정책적 자율성 확보를 담고 있다. 초국가적 방향의 통합이라는 초유의 실험을 통해 '유럽'은 경제 및 외교분야 등에서 힘을 키워 국제무대에서 주요 행위자가 된다는 목적을 회원국 간의 정도의 차이는 있지만 어느 정도는 공유되었다. 이 장에서 주장하듯이 이런 전제를 적극적으로 내세우고 통합을 추진한 유럽주의자와 미국

---

65 Ian Manners, "Normative Power Europe: A Contradiction in Terms?" *Journal of Common Market Studies* 40-2 (June 2002), pp. 235-258.

의 리더십을 인정하고 미국과의 긴밀한 협력의 틀 안에서 통합을 진전시킨 대서양주의자 간의 갈등은 유럽통합 과정에서 계속되어왔다. 그리고 이런 갈등은 앞으로도 종종 드러날 것으로 보인다.

2장

미국-프랑스 관계와 유럽통합

박선희

1. 서론

단일 유럽에 대한 구상은 20세기에 갑자기 생겨난 것이 아니다.[1] 19세기 프랑스 문인이면서 당대 프랑스 최고의 지성인으로 손꼽히는 빅토르 위고(Victor Hugo)는 1849년 파리에서 열린 국제평화회의 개막 연설에서 유럽합중국(United States of Europe)에 대한 그의 이상을 피력했다. 20세기 초반에도 유럽의 아버지로 불리는 유럽공동체 창설을 위해 많은 노력을 기울였던 사람들이 있다.[2] 그중에서 오스트리아 백작 쿠덴호프칼레르기(Coudenhove-Kalergi)는 1923년 그의 저서 『범유럽』(*Paneuropa*)을 통해서 관세동맹을 포함한 유럽 단일화에 대한 구체

1 이 구상은 800년에 서유럽을 최초로 통일한 샤를마뉴(Charlemagne) 대제시절까지 거슬러 올라갈 수 있다. 14세기 초 프랑스 변호사면서 외교관인 피에르 뒤부아(Pierre Dubois)는 전쟁을 종결짓기 위해서는 '기독교 공화국'이 수립되어야 한다고 주장했다. 18세기 계몽주의 학자인 제레미 벤담(Jeremy Bentham)은 '보편적이고 영구적 평화를 위한 구상(A Plan for an Universal and Perpetual Peace, 1789)'을 통해서 그리고 이마누엘 칸트(Immanuel Kant)는 '영구 평화를 위하여(Thoughts on Perpetual Peace, 1795)'에서 영구적 평화를 일구기 위해 단일유럽이 필요하다고 주장했다.

2 통합유럽연구회, 『인물로 보는 유럽통합사』(책과함께, 2010).

적 구상을 발표하였다. 만약 그가 주창한 바대로 유럽공동체가 형성되었다면 지금과는 상당히 다른 유럽공동체가 형성되었을 것이다. 오스트리아가 중심이 된 유럽공동체는 중부유럽(Mitteleuropa)이 유럽의 명실상부한 중심축이 되는 형태를 띤 단일 유럽의 모습이 되었을 것이다. 이처럼 우리가 알고 있는 지금의 EU가 실제로 구체화되기 위해서는 형성을 돕는 뚜렷한 요인이 갖춰져야 했다. 약 70년 동안 세 번(보불전쟁, 1차 세계대전, 2차 세계대전)이나 전쟁의 참상을 겪은 것만으로는 지역기구 형성요인을 충족시킬 수 없었다. 왜냐하면 프랑스와 독일이 더 이상 전쟁을 피할 수 있는 방법을 간구할 수밖에 없는 상황에 내몰렸다 해도 이러한 대륙 내부의 평화에 대한 갈망 욕구만으로는 충분하지 않을 수도 있었다. 대외적인 형성배경으로서 미국의 적극적 지원이 중요한 이유가 여기 있다. 냉전이라는 시대적인 배경과 미국의 적극적인 지원이 있었기에 유럽공동체는 구상으로 그치지 않고 현실이 될 수 있었다.

대외적 요인으로 미국의 적극적 동조가 중요했다면 초기 유럽공동체 형성에 있어서 주도적 역할을 한 국가로는 단연 프랑스를 꼽게 된다. 유럽통합의 견인차 역할을 한 쌍두마차(tandem)로 비유되는 프랑스-독일 관계(혹은 독일-프랑스 관계)는 적어도 초기 유럽공동체 단계에서는 균등할 수 없었다. 단일유럽 구상안을 앞장서서 추진할 수 있는 국가는 전범국가로 국제무대에서 도덕적인 위상이 실추된 독일로서는 감당할 수 없는 부분이었다. 영국도 마찬가지였다. 1946년 취리히(Zürich)의 연설에서 윈스턴 처칠(Winston Churchill)이 분명히 밝혔듯이 영국은 대륙유럽의 단일유럽 구상에 동참할 의사가 없었다. 영국은 단일유럽 구상의 필요성에 대해서는 공감하지만 영연방국가와의 관계가 여전히 중요하기에 영국은 유럽 대륙국가의 단일화 구상에 대해 관망자적 입장을 취하고 있었다. 프랑스 외무장관인 슈만이 제안한 구상(Schuman Plan)을 토대로 첫 유럽공동체인 유럽석탄철강공동체가 탄생되었듯이 초기 유럽공동체 형성과정에서 독일도 영국도 주도적인 역할을 취할 수 없었다. 이처럼 유럽공동체 형성에서 프랑스와 미국의 역할은 다른 어떤 나라보다도 특별하다.

하지만 초기 유럽통합 구축에 있어 두 가지 팽배했던 견해 — 유럽주의(Europeanism)와 대서양주의(Atlanticism) — 에서 유럽적인 목소리에 힘을 실어야 하기에 미국으로부터 독립적인 유럽통합을 건설해야 한다는 견해를 갖고 있던 대표적인 사람이 프랑스의 드골(de Gaulle) 대통령이었다는 점은 대서양 저편에 있는 미국에 대해서 가장 상이한 이견을 내놓는 나라가 다름 아닌 프랑스라는 것을 보여준다. 오늘날 국제문제에 있어 대서양을 사이에 둔 양측의 분열은 특히 미국과 프랑스와의 관계에서 두드러진다. 2003년 이라크전쟁에 대한 여러 나라의 이견 또한 미국과 프랑스의 분명한 입장차로 좁혀져 설명되어지듯이 미국과 가장 구별되는 입장을 보여주는 나라는 프랑스였다. 그렇다면 미국과 프랑스가 서로에 대한 이해관계의 폭을 좁히지 못하고 이견을 보이는 이유는 무엇일까?

이 장에서는 오래된 우방국가로서의 미국-프랑스 양자관계의 중요성을 부각하면서 왜 미국-프랑스 관계가 비슷한 부분이 많으면서도 가장 다른 목소리를 내는 나라가 되었는지 그 원인을 설명하는 데 초점을 맞출 것이다. 우선 미국-프랑스 공히 보편주의적 가치 수호에 대한 소명의식을 지닌 나라로 상호 경쟁적으로 보편주의 가치를 수호하는 과정에서 충돌이 불가피하다는 점을 살펴볼 것이다. 1945년도 이후의 프랑스가 경제적·군사적 지표로 미국과 비교되지 않으면서도 국제문제의 중요한 사안에 대해서 미국과 다른 목소리로 프랑스적인 대안을 제시하는 것도 이러한 경쟁적 보편주의의 맥락에서 이해할 수 있다. 드골의 프랑스가 냉전시대에도 자주적 외교노선을 고수하려는 노력과 관세와 무역에 관한 일반협정(General Agrement on Tariffs and Trade, GATT)의 우루과이 라운드 협상 시 프랑스적 예외성을 내세워 미국식 문화의 세계화에 저항하는 선두에서 프랑스를 찾아볼 수 있었던 것은 위와 같은 맥락에서 고찰할 수 있다. 이 장은 단일유럽 형성에 핵심 축을 구축하는 미국-프랑스의 양자관계에 의해 유럽공동체의 행보가 어떤 영향을 받았는지를 살펴보고, 앞으로도 미묘하지만 특별한 미국-프랑스 관계가 EU의 향방에 중요한 역할을 담당할 수밖에 없음을 살펴볼 것이다.

2. 미국-프랑스 관계의 역사적 전개와 특징

미국-프랑스 관계의 기원

우호적이면서도 때로는 경쟁적 관계로 이어지는 미국과 프랑스와의 관계는 200년 전으로 거슬러 올라간다. 1778년 프랑스는 미국과 우호통상조약(Treaty of Friendship and Trade)을 체결하면서 미국을 공식적으로 인정하게 된다. 같은 해 프랑스는 미국독립전쟁에 가담하면서 미합중국 건설에 지대한 공헌을 세운다. 왕정체제인 프랑스가 젊은 공화국을 세우겠다는 미국을 지원한 동기는 이해가 가지 않는 부분이 있다. 하지만 루이(Louis) 16세가 미국 독립운동을 지원한 가장 큰 동기는 미국 대륙에 대한 영국의 영향력을 약화시키려는 의도가 있었다. 식민지 쟁탈전에서 영원한 경쟁자인 영국의 힘을 약화시키기 위해 프랑스는 미국 독립운동에 적극적인 지원을 아끼지 않았다. 그리고 실제로 미국 독립의 가장 결정적인 1781년 전투인 요크타운(Yorktown)에서 미국이 영국군을 무찌를 수 있었던 것은 프랑스가 결정적인 역할을 했기 때문이다. 요크타운에서 영국군은 프랑스 함대에 의해 보급선이 차단당한 상황에서 대규모 미국군과 접전을 벌여야만 했고, 결국 항복하고 말았다. 프랑스의 적극적 지원으로 가능했던 요크타운 승리는 프랑스-미국 우정의 대미[3]를 상징한다. 요크타운 승리로 인해 영국은 결국 파리조약(1783)에서 미국의 독립을 승인한다. 미국 독립이라는 대의명분을 위해 프랑스가 적극적 지원을 아끼지 않았으며 이러한 프랑스의 적극적 입장은 René de Castries(르네 드 카스트리)의 표현대로라면 미국의 독립전쟁을 원조하기 위해 파견된 '살과 피'[4]로 이뤄진 마르키 드 라파이에트(Marquis de La Fayette) 장군으로 육화될 수 있다. 이처럼 프랑스와 미국의 돈독한 관계를 상징하는 라파이에트의 초상화는 그의 막역한 친구이면서 미국의 초대 대통령인 조지 워싱턴(Geoge Washington)의 초상화와 함께 지금도 미 의회의 벽화를 좌우로 장식하고 있다.

한편 프랑스 혁명보다 20여 년 앞서 진행된 미국 독립운동은 프랑스 혁명에 상당한 영감을 제공하여 프랑스 혁명 정신을 진작하는 역할을 했다. 100년 후 미국은 1, 2차 세계대전에서 유럽대륙에 평화를 가져오는 데 지대한 공을 세운다. 미국 건국에 있어 혁혁한 공훈을 세운 프랑스 그리고 1, 2차 세계대전의 잔혹함 속에서 폐허가 된 프랑스의 구원자로 등장한 미국은 "힘든 시기에 도움을 줄 수 있는 동맹(Les français sont des amis de mouvais temps)"[5]임에는 틀림이 없었다.

하지만 국제무대에서 점점 더 강력해지는 미국에 대해서 때때로

---

3 Jean-Baptiste Duroselle, *France and the United States* (Chicago: The University of Chicago Press, 1978), p. 23.

4 Duc René de Castries, *La France et l'indépendence américaine* (Paris: librairie académique Perrin, 1975), p. 157.

5 이러한 표현은 대서양 양안에서 여러 차례 반복되었다. 미 의회의 프랑스 그룹 창립자인 Jim Oberstard와의 인터뷰(http://www.ambafrance-us.org/spip.php?rubrique100).

프랑스는 미국과 다른 자신의 목소리를 낸다. 1, 2차 세계대전을 거치고 난 냉전시대와 탈냉전시대에도 프랑스와 미국은 가장 돈독한 관계를 자랑하면서도 첨예한 대립상황을 표출하기도 한다. 이라크전쟁에 대한 양국의 신경전도 바로 그러한 맥락에서 이해될 수 있다. 하지만 사실상 이라크전쟁의 직접적 원인이 되는 9·11테러 발발 이전부터 프랑스의 미국에 대한 감정은 다른 유럽 국가에 비해서 부정적이었다. 이러한 부정적 감정은 냉전 이후 소련이라는 공동의 위협국가가 사라지고 나서 더 강화된 경향이 있는데, 2000년 7월 프랑스 통계기관인 소프레스(SOFRES)와 프랑스 미국 재단(French American Foundation)이 실시한 조사 결과를 보면 프랑스가 2001년 이전부터 미국에 대해서 매우 부정적인 이미지를 갖고 있음을 알 수 있다.[6] 경제적으로는 미국이 국제시장의 배후를 조작한다는 비난을 받았고, 정치적으로는 민주주의를 말살하고 흉내낼 뿐이라고 비난받았다. 또한 문화적으로는 미국이 영어 통용을 강요하고 대량생산문화를 강요한다는 비난을 받았다. 2002년에 시카고 외교협회(Chicago Council on Foreign relations)와 미국의 독일 마샬 재단(German Marshall Fund of the United States)은 공동으로 9·11테러와 미국 외교정책과의 상관관계에 대한 설문조사를 실시하였다. 이에 의하면 조사에 응한 영국, 프랑스, 독일, 이탈리아, 네덜란드 그리고 폴란드 여섯 개 국가 중에서 63%의 프랑스 사람이 미국 외교정책이 9·11테러를 초래했다고 응답했다.

이는 유럽 여섯 나라 중에서 프랑스가 미국 외교정책에 대해 가장 비판적인 입장을 견지한다는 것을 보여준다.[7] 그렇다면 역사적, 군사적 그리고 경제적으로 가장 돈독한 이 두 나라의 관계가 간혹 가

6 Jean Birnbaum "Enquête sur une détestation française," *Le Monde*, Novembre 25, 2001.
7 Joel Roberts, "Europe Polled on Why 9/11 happened," CBS news, August 28, 2002.

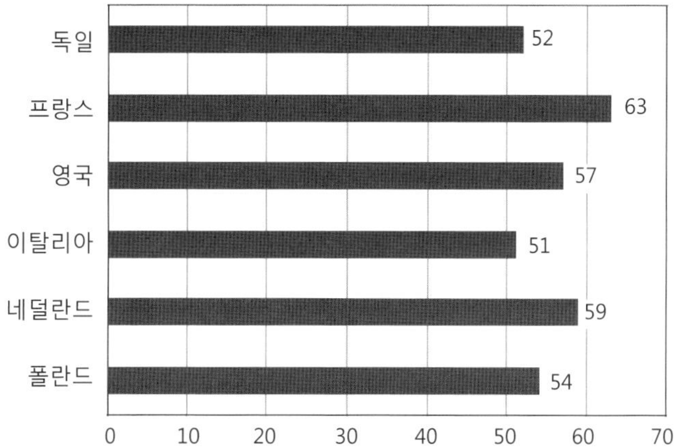

출처: http://www.thechicagocouncil.org/UserFiles/File/POS_Topline%20Reports/POS%202002/2002_Europe_Report.pdf, p. 25)

〈그림 2-1〉 9·11테러와 미 외교정책에 관한 설문(미국 외교정책이 9·11테러를 초래했다고 생각하는 사람의 비율)

장 첨예한 견해 차이로 치닫는 이유는 어디에 있는 걸까?

보편주의의 대결

이라크전쟁에 대한 프랑스와 미국의 입장 차가 극명하게 이견 차이를 보이는 시기인 2001년 당시 이뤄진 당시 하버드 대학 케네드 스쿨 학장이었던 조지프 나이(Joseph Nye)가 프랑스의 전임 대통령이었던 지스카르 데스텡(Giscard d'Estaing)을 접견한 자리에서 다음과 같은 말을 한 바 있다.

> 프랑스와 미국은 보편주의 문화를 지향한다는 점에서 매우 유사하다고 저는 생각합니다. 둘 다 계몽주의의 산물인데 계몽주의를 해

석하는 방식이 각기 달라서 가끔씩은 서로를 힘들게 만들죠.[8]

제3대 미국 대통령이자 미국 독립선언의 초안을 작성한 토마스 제퍼슨(Thomas Jefferson)은 미국 외교정책의 도덕적 우월성에 대해서 강한 신념을 갖고 있었다. 1801년 대통령 취임 연설문에서 그는 미국에게 좋은 것이 다른 나라에도 좋다는 믿음을 설파한다.

> 나는 그들이 우리 모범사례를 통해서 자유로운 정권이 가장 활기 넘친다는 것을 깨닫길 당신들과 함께 바라고 믿습니다. 우리 혁명과 혁명결과에 대한 많은 사람들의 열띤 질문이 이 지구상의 많은 지역 사람들의 삶의 조건을 향상시킬 것이라고 당신들과 함께 그렇게 바라고 믿는 바입니다.[9]

제퍼슨은 소명의식을 갖고 외교정책을 펼쳐나갔으며 이러한 믿음에 대한 미국의 신념이 시간이 지나면서 더 깊게 뿌리 내리면서 프랑스의 심기를 거스르기 시작했다. 프랑스는 프랑스 혁명에 의해 일궈낸 가치가 자국에만 국한된 가치일 수 없는 보편적인 것이라는 믿음을 지니고 있었다. 그뿐만 아니라 혁명정신 파급의 선두에 선 프랑스는 미국과 유사한 보편주의적 원칙 수호라는 소명의식을 갖게 되었다. 세계인권선언을 루즈벨트의 영부인 엘리아노 루즈벨트(Eleanor Roosevelt)와 프랑스 법률가이면서 1968년에 노벨평화상을 수상한 르네 카생(René Cassin)이 함께 초안을 작성한 것도 우연이 아니다. 하지

---

8 Karim E. Bitar, "France-Etats-Unis," *L'ENA hors les murs revue de l'Association des anciens élèves de l'ENA* No. 425 (October 2012), p. 3.

9 Gabriel Chinard, *Thomas Jefferson, the Apostle of Americanism* (Boston: Little Brown and Company, 1929), p. 397

만 유사한 가치를 표방한 두 나라는 그렇기 때문에 보편주의 가치를 수호하는 과정에서 충돌하게 된다. 프랑스가 다른 유럽 국가 중에서 미국정책에 대해 가장 비판적인 입장을 견지하는 이유도 이러한 경쟁적 보편주의에서 부분적으로 그 해답을 찾을 수 있을 것이다. 두 나라 간의 상호경쟁적 보편주의에 대해 스탠리 호프만(Stanley Hoffmann)은 "미국과 프랑스는 자신들의 가치가 보편적이라고 주장하는 유일한 국가다. 외교정책에 대한 두 나라의 이견은 대부분 이익 간의 분쟁이었지만 보편주의에 대한 경쟁의식은 때때로 격한 감정을 줬다"라고 지적했다.[10]

티에리 드 몽브리알(Thierry de Montbrial)은 반미주의(anti-Americanism)라는 용어가 반소련(anti-Sovietism)이라는 용어와 대칭적인 의미로 1948년에 생겨났지만 프랑스에서의 반미주의의 형성은 1870년대로 거슬러 올라갈 수 있다고 주장한다. 푸치니의 오페라 토스카의 작품으로 유명한 프랑스 극작가 빅토리앵 사르두(Victorien Sardou)는 1873년 "쌤 아저씨(l'oncle Sam)"라는 극작을 통해 미국 사회를 풍자했으며 이 작품은 대중적인 성공을 거두었다. 프랑수와 가이아르데(François Gaillardet)의 "미국의 귀족(Aristocratie en Amérique, 1883)"은 반미주의에 대해 조목조목 분석한 첫 번째 저서로 사적영역에 대한 지나친 간섭, 체재 순응주의, 일의 노예로 사는 모습 등 미국사회에 대해서 비판적인 입장을 담아냈다. 프랑스에서의 반미감정은 20세기 초 미국이 세계무대에서 강대국으로 부상하면서 즉 베르사이유조약 협상과정에서 놀랍게 부상한 미국의 입지와 함께 점점 더 두드러진다.

---

10 Stanley Hoffmann, "Deux universalismes en conflit," *La Revue Tocqueville* 21-1 (2000), p. 65.

3. 드골과 미국 그리고 그의 유럽관

1, 2차 세계대전에 군인으로 참전하여 프랑스 해방을 위해 혁혁한 공헌을 한 현대 프랑스사를 상징하는 드골은 프랑스가 냉전시대에도 자주적 외교노선을 펼치는 것을 가능하게 했다. 그가 강조했던 위대함의 정치와 그의 행보는 프랑스가 미국과 벌이는 보편주의에 대한 경쟁에서 이해될 수 있는 부분을 찾을 수 있다. 프랑스 사람들은 앙리 페탱(Henri Pétain) 원수가 프랑스가 독일에 패배했다는 연설을 듣게 된 바로 그 다음날 드골의 "1940년 6월 18일 호소문"을 접하게 된다. 드골은 BBC라디오 방송을 통해 프랑스가 자유와 영광을 되찾을 수 있다는 호소문을 전하게 된다. 그 호소문의 내용은 독일에 패한 현실을 받아들이지 않고 드골은 계속해서 싸워야 함을 호소하였고, 뿐만 아니라 해방을 준비하는 기간에도 그의 궁극적 목적은 프랑스가 해방을 맞이한 이후에 어떤 외국의 지배도 받지 않을 것을 다짐하는 것이었다. 그리고 이를 위해 드골이 도입한 전략은 "위대하게 되려면 커다란 싸움에도 굴하지 않고 맞서는 거다."[11] 드골의 뒤를 이은 골리스트(Gaullist)로 대변되는 그의 후계자들도 이러한 전략을 이어나갔는데 이는 특히 미국과의 관계에서 두드러졌다.

레이몽 아롱(Raymond Aron)이 설명하듯이 1945년 프랑스는 객관적 지표로서 강대국을 구성하는 요소를 지니지 못했다.[12] 하지만 실질적 보유능력에 비해서 막강한 영향력을 행사하고자 하는 정책을 폈다. 경제지표나 군사지표로 비교할 수 없는 미국에 맞서서 미국과

---

11 Charles de Gaulle, *Le fil de l'épée* (Genèva, Edito-Service, 1972).

12 Raymond Aron, *L'Age des Empires et l'avenir de la France* (Paris: Editions de la Defense nationale, 1946). pp. 346-347.

다른 프랑스의 목소리를 드러내는 정책은 바로 드골의 외교정책에서 두드러지게 엿볼 수 있었다. 드포르트(DePorte)[13]가 언급했듯이 불리한 입장에 있으면서도 상대적 약함을 인정하지 않으려는 것이 그의 전략이었다. 이러한 배경을 이해한다면 우리는 프랑스가 왜 해방자인 미국을 향해 자주적인 각을 내세울 수 있었는지 왜 내세우려고 했는지 알 수 있다.

그렇다면 왜 드골의 프랑스는 그토록 프랑스의 옛 영화를 되찾는 문제에 집착했을까? 미국의 부상과 유럽의 상대적 쇠퇴 경향에 대해 영국은 옛 영화에 대한 향수를 미국과의 특별한 관계를 유지하는 방법으로 달랬다면, 분단된 독일에게 있어 이는 우선순위가 아니었다. 드 몽브리알의 표현대로라면 1945년 '바그너적인 죽음'[14]을 맞이한 독일에게 있어 세계무대에서의 위상과 예전의 영화를 되찾는다는 열망은 적어도 독일이 통일을 이루기 전까지는 우선순위가 아니었다. 하지만 프랑스는 달랐다. 프랑스의 쇠퇴를 받아들일 수 없었던 드골의 프랑스는 사사건건 논쟁을 벌이고 이견을 드러내는 방식을 선택했다. 2차 세계대전 직후 프랑스는 폐허에서 재기할 수 있는 방법으로 식민제국만을 믿고 있었지만 식민지 독립에 대한 미국의 지지와 1956년 수에즈(Suez) 위기에서 보여준 미국의 행태는 프랑스의 힘과 영향력이 약화되었음을 인식하게 할 뿐 아니라 미국에 대한 감정도 악화되는 계기가 되었다. 이후 베를린 장벽위기(1961)와 쿠바미사일 사태(1962)에서는 미국을 지지하긴 했지만 1966년 프랑스가 북대서양조약기구(North Atlantic Treaty Organization, NATO)의 통합사령부에서

---

13 Anton W. DePorte, "Charles de Gaulle, observations d'outre-Atlantique, *Politique étrangère* 51-1 (1986), p. 96.

14 Thierry de Montbrial, "Franco-American relations: a historical-structural analysis," *Cambridge Review of International Affairs* 17-3 (2004).

탈퇴한 것을 포함해서 프랑스, 그중에서도 드골의 외교정책은 미국과의 거리두기, 미국의 행보와는 독자적인 정책을 선택했다.

1966년 9월 1일 프놈펜(Phnom Phen)에서 행한 드골의 유명한 연설은 이라크전쟁에서의 미국과 프랑스의 상이한 입장과 맥을 같이 한다. 미국의 도움으로 해방을 맞이한 지 20여 년밖에는 흐르지 않은 시점이지만 그리고 미국 원조인 마샬 플랜 덕분으로 프랑스 경제가 빠르게 재건될 수 있었지만 드골은 온전히 미국편에 서지 않는다. 냉전체제 아래 드골은 제3세계 비동맹과의 결속을 통해 독자노선을 피력한다. 자주적인 프랑스만이 미국과 소련이라는 강대국이 지배하는 양극시대에서 두 진영 간의 균형추의 역할을 할 수 있다고 생각했다. 그는 위대함(grandeur)의 정치를 끊임없이 꿈꿨다. 프놈펜의 연설에서 드골은 제3세계에 강대국의 지배에서 벗어날 수 있다고 독려하고 인도차이나 반도에 대한 미국 정책에 반대 입장을 분명히 밝힌다.

한편 드골은 "강한 유럽은 강한 프랑스를 만든다"는 신념 아래 유럽이 미국과 소련에 견줄 만한 '제3의 세력(troisième force)'의 역할을 감당할 수 있길 기대했다. 드골의 유럽관은 1965년 '공석정책(Empty chair Policy)'에서 보여주듯이 개별국가의 주권을 제한하는 초국가적인 성격이 강화되는 방향으로 심화되는 것을 원하지 않았다. 하지만 유럽을 통해서만이 위대한 프랑스의 옛 영광을 되찾을 수 있다고 믿었기 때문에 유럽공동체에 거는 기대는 매우 높았으며 이러한 드골의 신념은 오늘날의 프랑스까지 이어지고 있다.

4. 미국과 프랑스의 대결

프랑스의 문화전쟁

프랑스는 예전의 영화를 되찾는 방편으로 외교전략의 중심에 문화를 내세운다. 무력으로 목표한 바를 얻는 것이 아니라 남을 매료시키고 설득하는 힘으로 원하는 바를 얻어내는 '연성권력(soft power)'은 조지프 나이와 같은 학자에 의해서 널리 알려졌지만 처음으로 연성권력의 실효성에 대해서 고민하고 고안한 나라는 프랑스라고 할 수 있다. 19세기 말에 세워진 알리앙스 프랑세즈(Alliance Française)는 이러한 프랑스 전략의 첫 번째 시도라고 할 수 있다. 프랑스는 무력이 아닌 문화적인 힘으로 프랑스의 국가적 위엄과 자존심을 회복하는 방법을 간구했다. 앙드레 오노라(André Honnorat)는 1차 세계대전 이후의 프랑스가 인구 및 경제 측면에서 더 이상 강대국의 대열에 속하지 않는 것을 간파하고 프랑스가 강대국으로 남을 수 있는 길은 문화적인 광휘(rayonnement culturel)를 통해서 가능하다고 생각했다.[15] 프랑스는 세계 최초로 1945년부터 외무부에 문화사무국을 설치했는데 이는 문화부에서 세 번째 큰 조직이었다. 이는 프랑스가 얼마나 문화 사업에 중요성을 두는지 알 수 있으며, 독자적 정책을 펼칠 수 있는 힘을 실어준 것이다. 하지만 2차 세계대전 이후의 상황은 만만하지 않았다. 명실상부하게 패권국가가 된 미국은 새로운 위상에 힘입어 이전의 영국과 프랑스가 차지했던 문화의 중심부에 무서운 경쟁자가 되어 그들의 대중문화와 미국적인 방식을 수출했다. 나치를 승복시킨 2차 세계대전의 승전국가인 미국은 더 이상 서양문화의 변방이 아닌 중

15 김명섭, 「프랑스의 문화외교: 미테랑대통령 집권기를 중심으로」, 『한국정치학회보』 37권 2호(2003).

심에 우뚝서기를 원했다. 샌프란시스코 회담의 준비회의에서 프랑스 외무부장관인 조르쥬 비도(Georges Bidault)는 프랑스어가 영어와 동일한 위상을 차지해야 한다는 것을 강조해야만 했다. 훗날 유네스코의 설립에 있어서도 미국은 프랑스와 그 운영방식에 있어서 충돌할 수밖에 없었다.

한편 프랑스의 대미국 문화전략은 마샬 플랜을 받을 당시에는 분명한 목표 수정이 있었다. 미 의회로부터 경제적 지원을 승인받아야 하기 때문에 그리고 미국인들에게 프랑스에 대해 긍정적인 반향을 일으켜야 한다는 두 가지 목표를 갖고 있었기 때문에 프랑스문화권에 대한 호감을 높이는 것이 목표였다. 1947년 11월 뉴욕에 이어 시카고에서 열린 전시에 프랑스는 엄선된 200점의 태피스트리(tapestry)를 미국에 보냈는데 이는 여태까지 프랑스가 외국에 보낸 가장 예술적이고 훌륭한 작품이었다.[16] 2차 세계대전 직후 취한 프랑스의 대미국 문화정책은 프랑스에 대한 전반적인 호감도를 높이는 데 크게 일조를 했다.

하지만 1958년 드골의 출현과 함께 문화정책에 있어서도 변화가 생긴다. 프랑크 코스티글리오리아(Frank Costigliolia)가 지적했듯이 1950년대 미국 언론이 여성적인 프랑스의 모습을 부각시켰다면 드골 재임 이후에는 '부성적인 모습'이 이를 대체했다.[17] 드골은 세계 최초로 문화부장관직을 설립하여 앙드레 말로(Andre Malraux)로 하여금 초대 장관직을 수행하도록 했으며 그는 '지구적 문명(civilisation planétaire)'이라는 개념 아래 드골의 야심을 펼쳤다. 초대 문화부장관은 소위

16 "French to lend us a rare exhibit," *The New York Times* (October 17, 1947).

17 Frank Costigliola, "L'image de la France aux Etats-Unis," Images et Imaginaire dans les relations internationales depuis 1938, *Cahiers de l'IHTP* No. 28 (Juin 1994), p. 93.

'제3대륙(troisième continent)'이라 불리는 나라들(인도, 일본, 그리스, 이집트, 콩고, 차드, 가봉, 세네갈, 남미국가)과의 결속을 중요하게 여겼는데, 제3국가란 지리적 개념이 아니라 오랜 문명국가의 역사를 가진 나라들을 포함한다.[18] 드골이 냉전체제에서 제3세계에 대한 정치적 지지와 경제원조를 통해서 궁극적으로 프랑스의 위상과 영향력을 높이고자 했다면 말로와 드골의 정책은 일맥상통하는 것이 있다.

이처럼 문화를 통해 미국을 견제하려는 노력은 프랑스가 우루과이 협상이 진행되던 1986-1993년, '문화예외성(exception culturelle)' 또는 프랑스적 예외성(exception française)을 내세워 미국식 문화의 세계화에 저항하여 자유무역체제의 확대를 저지하기 위한 저항의 선두에 서는 것으로 이어진다.[19] "문화는 여타 다른 상품과 같이 취급될 수 없다고 주장"한 프랑스의 문화예외성 개념은 문화상품의 특수성을 처음으로 인정받을 수 있는 근거를 마련했다. 이는 미국 문화의 대량 유입에 위협의식을 느끼고 있던 다른 유럽 국가들과 협력하여 공동 대응정책을 추진했기 때문에 가능한 것이었다. 자유무역주의라는 기치 아래 미국 문화의 범람에 가장 강경한 입장을 표방한 프랑스는 자국뿐 아니라 EU 전체의 적극적 대응을 주도함으로써 효과적으로 대응할 수 있었던 것이다. 문화 분야와 영상산업을 개별국가 차원의 사안으로 취급해왔던 EU로 하여금 1980년대 말에 이들에 대한 보호와 지원을 EU 차원에서 공식적으로 결정할 수 있게 한 것이 대표적인 예이다. 드골이 냉전체제에서 유럽으로 하여금 미국과 소련에 견줄

---

18 Laurence Saint-Gilles, "La culture comme levier de la puissance: le cas de la politique culturelle de la France aux Etats-Unis pendant la Guerre-Froide," *Histoire, économie & société* 28-4 (2009), p. 107.

19 프랑스의 문화정책에 대해서는 다음의 논문을 참조할 수 있음. 박선희, 「유네스코 『문화다양성협약』과 프랑스의 전략」, 『한국정치학회보』 43권 3호(2009).

만한 '제3의 세력(troisième force)'의 역할을 감당할 수 있도록 기대했다면 프랑스는 프랑스가 주장하는 것을 EU라는 더 큰 장에서 관철시킴으로써 프랑스의 이익을 증진시킬 수 있는 중요한 장으로 활용했다는 것을 알 수 있다.

이라크전쟁: 미국 대 프랑스

9·11테러로 미국 본토가 공격당한 초유의 사태를 맞아 프랑스는 "우리 모두가 미국사람이다(Nous sommes tous Américains)"[20]라는 진심어린 연대감을 표현하는 데 인색하지 않았다. 이는 제2차 베를린 봉쇄위기 이후 베를린 시청 앞에서 행한 1963년 존 F. 케네디(John F. Kennedy) 대통령의 "나는 베를린 시민이다(Ich bin ein berliner)"의 연설을 떠오르게 한다. 냉전시대 서방세계를 위협하던 소련에 맞서 싸워야 했던 용감한 베를린 시민처럼 테러집단의 상상을 초월한 비대칭적 교전을 견뎌내고 앞으로도 싸워야 하는 미국인에 대한 연대감을 형성하기에 충분했다. 프랑스는 미국이 주도하는 반테러리스트 운동에 적극적인 동조를 아끼지 않았으며 9·11테러의 주동자인 알카에다(Al-Qaeda) 세력 소탕을 위해 2001년 10월 시작된 아프가니스탄전쟁에 대해서도 협력적이었다. 2001년 10월 조사에 의하면 65%의 프랑스 사람은 미국의 대아프가니스탄 공습에 대해서 찬성 입장을 표명했다.[21] 그뿐만 아니라 당시 안전보장이사회의 의장국이었던(2001년 12월 한 달) 프랑스는 1368 결의안을 이끌어내는 데 기여함으로써 미국이 알카에다와 탈리반(Taliban) 세력을 응징할 수 있는 정당성을 부여

---

20 Jean-Marie Colombani, "Nous sommes tous Américains," *Le Monde*, September 13, 2001.

21 Philippe Hubert, "Les deux-tiers des Français approuvent l'intervention militaire en Afghanistan," *Ipsos* October 15, 2001.

하기도 했다.

하지만 이라크 공습에 대한 이견으로 상황은 반전된다. 테러와의 전쟁을 수행하는 방식을 두고 미국과 프랑스의 이견이 감지되기 시작된 것은 부시가 행한 2002년 1월 연두연설의 "악의 축(Axis of Evil)" 발언 이후다. 당시 프랑스 외무장관인 위베르 베드린(Hubert Védrine)은 부시의 악의 축 발언을 두고 국제관계를 '단순하게' 이해하는 것이라는 반응을 보였다.[22] 2002년 중반 이후부터 미국은 딕 체니(Dick Cheney) 부통령과 도널드 럼스펠드(Donald Rumsfeld) 국방장관의 연설을 통해서 다자적 협력체인 유엔기구를 통한 해결방식보다는 선제공격에 무게를 두고 있음이 드러난다. 2002년 8월 20일 기자회견을 통해 럼스펠드 국방장관은 대량살상무기에 대한 증거를 입수하는 것을 기다릴 여지가 없다고 밝혔다.[23] 그는 이라크 공습에 대해 주저하는 나라들을 유태인 학살을 감행한 나치정권에 대한 개입에 대해서 미국과 우방국이 주저했던 경험에 빗대면서 이라크 공습이 매우 신속히 진행되어야 함을 호소했다. 한편 프랑스는 유엔기구의 중요성을 강조하면서 점차 미국의 대 이라크 정책에 대해서 미국과 가장 대립되는 입장을 피력하는 국가가 되었다. 더욱이 미국이 이라크의 대량살상무기 보유 실태에 대해서 설득력 있는 증거를 제시하는 데 실패하자 더 강경해졌다. 이라크에 군사 개입의 긴급함을 호소하는 미국에 반해 프랑스는 UN결의안을 통해 대량살상무기 존재 유무에 대한 사찰이 선행되어야 함을 재차 강조했다.

2003년 1월 22일 프랑스-독일의 우호조약인 엘리제조약 40주년

---

22 David Ignatius, "France's Constructive Critic," *The Washington Post,* February 22, 2002.

23 Julian Borger and Richard Norton-Taylor, "Rumsfeld Steps up Irak War Talk," *The Guardian*, August 21, 2002.

기념식에서 시라크는 이라크 위기에 대한 유일하고 정당한 해결책은 유엔을 통한 것이라고 하는 한편 '전쟁은 불가피한 것이 아니다'라고 말했다.[24] 시라크는 또한 독일 게르하르트 슈뢰더(Gerhard Schröeder) 수상과 함께 이라크 문제에 대한 해결을 위해 양국이 긴밀히 노력할 것을 천명했다. 이라크 선제공격에 대한 프랑스의 반대 입장은 이념적 당파를 초월했다. 수차례 장관직을 수행하였고 2002년 대통령 선거에 출마했던 좌파성향의 장 피에르 슈벤느망(Jean-Pierre Chevènement)은 이라크 군사개입 위험성을 알리기 위해 베트남전 개입의 위험성을 경고했던 드골의 프놈펜 연설문에 빗대기도 했다.

> 프랑스는 이 전쟁과 (베트남전쟁이) 조금이라도 혼돈되는 것을 분명히 거부하지만, 1966년 드골 장군의 선견지명적인 프놈펜 연설이 떠오른다. 미국이 다른 사람의 말을 귀담아 들었다면 진흙탕 같은 베트남전쟁을 피할 수 있었을 것이다.[25]

이라크전쟁은 헤게모니 국가 미국의 강제와 일방주의적 행동으로 인한 갈등을 대외적으로 분명하게 나타낸 국제분쟁이다. 미국의 일방주의적 외교정책 결정방식에 대한 제지 의지는 다른 나라에서도 나타나지만 프랑스는 이라크 공습을 반대하는 선봉에 서서 미국과 가장 첨예하게 대치하게 된다. 이렇듯 대척점을 이룬다는 점에서 프랑스는 미국의 대화상대자의 위치에 서게 된다. '상상속의 동등의식(imagined parity)'[26]의 발현으로 프랑스는 세계 제1의 패권국가인 미국

24 "Chirac: la guerre n'est pas inévitable," *Le Nouvel Observateur*, January 25, 2003.

25 Jean-Pierre Chevènement "Prendre date sur l'Irak," *Liberation*, October 16, 2002.

26 John Gaffney, "Highly emotional States: French-US relations and the Iraq War," *European Security* 13-3 (2004), p. 251.

과 다른 목소리를 내세움으로써 비로소 국제무대에서 존재감을 드러낸다. 2003년 3월 19일 안전보장이사회에서 행한 당시 도미니크 드 빌팽(Dominique de Villepin) 수상의 연설은 이라크에 대한 무력침공을 주장해왔던 미국과는 구분되는 이라크에 대한 해결방법을 제시한다.

> 저는 여기서 프랑스가 전쟁을 마지막 수단으로 보고 있다는 것을 다시 한번 말씀드리고 싶습니다. … 유엔이 지금보다도 더 필요한 시기는 없었다는 것을 우리는 분명히 인지하고 있습니다. 최대한 많은 지지를 얻어내서 도전에 맞서는 것이 이 기관이 감당해야 하는 몫입니다. 왜냐하면 국제연합은 바로 국제법과 정당성을 수립하는 곳이기 때문이고 이 기관이 사람들을 위해 존재하기 때문입니다.

이라크 공습 문제를 놓고 미국과 신경전을 벌이는 동안 프랑스는 내내 일관된 입장을 표방했는데 무력사용이 예외적으로 허용되는 것은 다자적 협력에 기반한 UN결의안을 통해서만 가능하다는 것이다. 이로 인해 프랑스는 국제법을 기반으로 한 다자주의 틀을 존중하고 강대국의 일방주의적 전횡을 경계한다는 입장을 분명히 밝힌 셈이다. 미국의 해법과 다른 프랑스의 대안은 미국이 제시하는 해법 이외에 다른 해결방법을 기다렸던 국가 사이에 결집력을 발동하기에 충분했다.

한편 미국의 부시 행정부는 유엔 안전보장이사회 결의안을 이끌어내지 못한 부시 행정부의 역량 부족에 대한 책임을 회피하기 위해 그 책임을 프랑스에게 떠넘기려는 경향을 볼 수 있다. 이라크 공습 반대국가의 대표축은 프랑스-독일-러시아이지만 당시 국가안보 고문이었던 콘돌리자 라이스(Condoleezza Rice)의 다음과 같은 반응은 미국이 유독 프랑스에 대해서 가장 격앙되어 있다는 것을 잘 보여준다.

"프랑스를 벌주고 독일은 신경쓰지 말고 러시아는 눈감아 주자(Punish France, Ignore Germany and Forgive Russia)."[27] 그렇다면 왜 프랑스에 대해서 미국은 가장 혹독한 비난을 하고 독일과 러시아에 대해서는 비교적 관대한 것일까?

적어도 정치권에서는 프랑스에게 책임을 돌리며 프랑스를 비난하는 것이 애국주의를 고취하는 다양한 방법 중 하나로 간주되었다. 이라크 공습에 대한 이견차가 심했던 2002-2003년 동안 미국을 겨냥한 프랑스의 비난이 전체의 미국에 대한 반대(anti-American) 입장보다는 부시정책을 겨냥한 반부시(anti-Bush)적인 성향이 강했다면, 미국의 경우는 시라크에 대한 비난이 아닌 프랑스 혐오주의(francophobie)가 깊어졌다는 것이 미국이 프랑스를 빌미로 애국주의를 고취했다는 것을 반증한다.[28] 2003년 3월에 미국이 유엔안전보장이사회의 결의안을 통과시키는 데 실패했다면, 먼저 부시 행정부의 외교전략에 문제가 있는지를 점검해야 했을 것이다. 하지만 그러지 않았고, 프랑스가 미국의 결정사항에 대해서 사사건건 반대했다고 책임을 전가하는 방식을 선택하였다. 미국의 민주당과 52%의 미국인들도 실질적으로는 UN 사찰시한 연장에 찬성하는 프랑스의 입장과 별반 다르지 않았지만 대부분의 미국인이 프랑스가 미국의 뒤통수를 쳤다고 생각했다고 조사되었다.[29]

이라크 공습에 대한 이견차가 심했던 2002-2003년 동안 미국의 프랑스 혐오주의는 급속도로 증가한다. 프랑스에 대해 우호적인 의

27 "France will be punished," *The Telegraph*, June 2, 2003.

28 Justin Vaïsse, "American Francophobia takes a new turn," *French Politics, Culture & Society* 21-2 (Summer 2003), p. 27.

29 Adam Nagourney and Janet Elder, "Threats and Responses: The Poll; More Americans now faulting UN on Iraq, Poll finds," *The New York Times* (March 11, 2003).

견이 2002년 2월 조사에 의하면 79%를 차지했다면 2003년 3월 절반 이하인 34%로 급격히 떨어졌다.[30] 공화당의 네오콘(Neocon) 중심의 특정 집단과 네오콘 성향의 언론인에 의해 조장된 프랑스 혐오주의는 부시 행정부 정책에 의해 상승작용을 보였다. 이러한 분위기에서 부시의 악의 축 발언을 두고 국제관계를 '단순하게' 이해하는 방식이라고 한 베드린의 발언에 대해 『워싱턴 포스트』(*The Washington Post*)의 칼럼니스트 켈리(Kelly)는 베드린의 논지를 반박하기보다는 프랑스에 대한 편견에 찬 글을 발표했다.

> 악한 정권이 죽이려 들고 노예처럼 부리고 항복하라고 종용하면서 악한 정권에 협력하라고 해서 전쟁을 선택하는 것을 물론 단순한 처사라고 할 수 있다. 왜냐하면 어떤 나라는 너무나 프랑스적인 방식으로 무기력한 채로 훨씬 더 안전하고 더 이로운 길을 선택할 수 있기 때문이다. 이럴 경우 정권의 새로운 수장이 요구할 때는 수용소에 유태인을 보낼 수도 있을 것이다.[31]

부시가 9·11테러 이후 자주 사용한 "당신이 우리와 함께하지 않는다면 우리와 싸우자는 것(You're either with us or against us)"이라는 표현은 부시가 선택한 테러와의 전쟁의 이분법적인 대처방식을 극명하게 보여준다. 이라크 공습에 대한 논쟁을 하는 동안 시라크와 부시는 상이한 보편적 가치를 내세웠으며(외교력에 의한 평화유지와 독재정권을 무너뜨리고 민주주의 수립) 실제로 여러 나라의 공감대를 형성할 수 있

---

30 David W. Moore, "Majority of Americans view France as Ally or Friend: Say 'Freedom fries' a silly idea," *Gallup News Service*, March 20, 2003.

31 Michael Kelly, "As good as Doctrine Gets," *The Washington Post*, February 13, 2002.

었다. 미국과 프랑스는 공히 보편주의 가치를 신봉하는 나라로 가장 유사성이 많은 나라였기에 어쩌면 부정적 편견 쌓기 경쟁으로 치달을 수밖에 없었을 수도 있었다. 한 나라의 장점은 다른 나라의 문제점을 들춰낼 때만 더 부각될 수 있기 때문에 그 안에서 차이점을 부각시킨 것으로 해석할 수 있다. 로버트 케이건(Robert Kagan)이 주장한 "화성에서 온 미국과 금성에서 온 유럽(Americans are from Mars and Europeans are from Venus)"[32]은 국제문제에 대한 미국과 유럽의 상반된 인식을 잘 드러낸다. 케이건은 "유럽과 미국이 서로 세계관이 같다거나 심지어 같은 세계에 살고 있다는 식으로 가장하는 행위는 중단할 때가 되었다"[33]고 한다. 하지만 대서양 양안에 있는 두 지역의 차이점을 강조하고 상호 이해의 폭이 점점 더 좁아지는 것을 당연하게 받아들이게 되면, 즉 미국과 유럽의 공조체제가 와해되면, 국제문제에 대한 해결력은 줄어들 수밖에 없다. 이라크전쟁에 대한 이견이 가장 첨예하게 대립된 2003년 그해 9월 칸쿤(Cancun)에서의 WTO 도하 라운드 결렬도 이와 같은 맥락에서 이해할 수 있다.

5. 대서양주의자 사르코지? 연속선상의 스타일 변화

2007년 프랑스 대통령에 당선된 니콜라 사르코지(Nicolas Sarkozy)는 대선후보 시절부터 '단절(rupture)'을 강조했다. 여기서 단절이란 구정치와의 단절, 앞선 세대와의 단절로 다른 대통령과 차별화되고자 하는 사르코지의 의중이 드러난다. 사르코지가 표방한 '단절'은 특별히

32 Robert Kagan, "Power and Weakness," *Policy Review* No. 113 (June/July 2002).

33 로버트 케이건, 『미국 vs 유럽: 갈등에 관한 보고서』, 세종연구원, 2003, p. 9.

외교정책에서는 두 가지로 요약될 수 있는데 그가 가장 우선 순위를 둔 것은 EU를 재가동시키는 것이고, 다른 하나는 미국과의 관계 강화이다. 2005년 프랑스와 네덜란드 국민투표에서 부결되어 비준에 실패한 유럽헌법조약 내용을 미니조약인 리스본조약으로 수정하여 추진하는 데 사르코지가 일조한 바가 컸다. 다른 하나는 이라크전쟁에 대한 이견으로 소원해질 대로 소원해진 미국과의 관계 강화다. 사르코지 외교정책 중에 이전 외교정책과의 단절과 변화가 가장 잘 드러난 부분은 대서양관계[34]로, 프랑스 제5공화국 역대 대통령과 사르코지와 가장 큰 차이점은 대미관계의 급선회라고 할 수 있다. 2007년 11월 6일 미 의회에서 사르코지가 한 다음과 같은 발언은 지난 몇 년 동안 으르렁거리던 대서양관계를 지워버릴 수 있었다.

> 프랑스는 미국의 친구, 우방 그리고 파트너가 되고 싶습니다. (Je veux être votre ami, votre allié, votre partenaire.)[35]

우파정당인 대중운동연합(Union pour le Mouvement Populaire, UMP)의 대통령 후보 시절부터 사르코지를 설명할 때 가장 눈에 띄는 것은 대서양주의자(Atlanticist), 친미주의자(Pro-American)라는 표현이다.[36] 그는 정치적 정적으로부터는 '미국사람 사르코지'란 비난도 받았다. 2012년 11월 드러난 위키리크스(Wikileaks)에 의해 밝혀진 미국정계가

---

34 Hervé de Charette, "Nicolas Sarkozy et la politique étrangère de la France," *La revue internationale et stratégique* No. 70 (été, 2008), p. 11.

35 Samuel Laurent, "Je veux être votre ami, votre allié, votre partenaire," *Le Figaro,* November 7, 2007.

36 Charlotte Lepri, "Le paradoxe américain du président Sarkozy," *Revue internationale et stratégique* 77-1 (2010), pp. 122-123; Nicolas Sarkozy, "Pro-American, Elected as France's New President," *Fox News,* May 7, 2007.

바라보는 사르코지에 대한 평은 '다른 프랑스 정치인과 달리 본능적인 친미주의자'로 친미적 성향이 확실한 프랑스 대통령임을 확인해준다. 더욱이 앞에서 밝힌 사르코지의 친미적 발언 이외에도 미국과의 관계 강화를 꾀하기 위한 그의 친미적 정책결정을 관찰할 수 있다. 그 예로 사르코지는 2008년 4월 루마니아 수도 부카레스트(Bucarest)에서 열린 NATO 정상회담에서 아프가니스탄에 프랑스 병력을 강화할 것을 약속했다. 뿐만 아니라 NATO 창설 50주년 기념행사식이 개최된 2009년 4월 프랑스가 1966년에 탈퇴한 NATO의 통합사령부로 프랑스가 다시 복귀할 의사가 있다고 선언했다. 프랑스의 독자적 정책 수호를 위한 상징처럼 여겨졌던 그리고 프랑스가 '미국과의 거리두기'의 대표적 상징처럼 여겨졌던 NATO의 통합사령부로의 복귀 의사는 드골의 가장 중요한 정책에 종지부를 찍는 것처럼 해석될 여지가 충분히 있다. 왜냐하면 NATO의 통합사령부로의 복귀는 미국에 대응하는 평형추로서의 역할을 사실상 포기하는 것으로 프랑스적 독자성을 포기하는 것이 아닌가라는 의구심을 자아내기에 충분했기 때문이다.

하지만 사르코지의 위와 같은 외교정책은 기존 세대와 그리고 골리스트적 접근방식과의 단절이라고 보기에는 문제가 있다는 평을 받는다. 그는 외교정책에 있어 새로운 바람을 일으켰지만 이는 프랑스의 전반적인 외교노선에 거스르는 바 없이 수사학적인 변화로 평가하는 것이 더 적절하다. 찰스 코건(Charles Cogan)에 의하면 사르코지가 표방한 기존 외교노선과의 '단절'이라는 정책이 너무 완벽해서 프랑스 외교노선의 내용 변화로 보이지만 모양새의 변화 즉 '스타일(style)'의 단절[37]로 보는 것이 더 적확하다고 했다.

---

37 Charles Cogan, "Les grands axes de la présidence Sarkozy à l'international," *Revue*

실제로 NATO군의 명령체제에 프랑스가 정식으로 복귀하는 것이 주는 실질적 영향력은 미미하다. 프랑스는 NATO의 통합사령부 이외에 두 위원회(방위전략과 핵전략 Defense Planning and Nuclear Planning)에만 소속되어 있지 않을 뿐으로 다른 모든 NATO의 활동에 참여해 왔었다. 뿐만 아니라 프랑스는 NATO에 군 파병 숫자를 놓고 보면 네 번째 국가이기도 하다. 따라서 NATO 통합사령부로의 복귀는 정치적 상징성이 크긴 하지만 실제로 현실적으로 느낄 수 있는 변화는 생각보다 크지 않을 것이다. 더욱이 시라크도 사르코지처럼 임기 초기인 1995-1997년에 프랑스의 NATO로의 전면적 복귀에 대해서 주장한 바가 있었다는 점을 상기하면 더욱더 그렇다.

사르코지는 미국에 아프가니스탄 추가 병력 파병을 약속하고 부시 대통령이 추진하고자 하는 대이란 제재에 동참할 의사를 밝힌 것에 대한 대가로 2007년 11월 방미 중에 미국으로부터 179대의 보급기 계약을 맺었다.[38] 이는 260억 유로 규모의 역사적 계약으로 위와 같은 특수한 프랑스와 미국과의 관계 속에서만 얻을 수 있는 수확이다. 이런 맥락에서 사르코지는 대서양주의자라기보다는 실용주의자로 표현하는 것이 더 적절할 것이다. 저스틴 바이스(Justin Vaïsse)는 사르코지를 골리스트가 아닌 대서양주의자로 분류하는 것은 '잘못 설정된 정체성(mistaken identity)'[39]이라고 했다.

---

internationale et stratégique 77-1 (2010), p. 88.

38 Hervé de Charette (2008), p. 15.

39 Justin Vaïsse, "A Gaullist by Any Other Name," *Survival* 50-3 (June/July 2008), p. 5.

6. 결론: 미국-프랑스 관계의 전망 그리고 EU의 미래

현실은 훨씬 더 복잡하지만 프랑스에서는 지도자의 외교정책 방향성을 논할 때 골리스트냐 대서양주의자로 나누는 경향이 있다. 이러한 구분은 프랑스의 외교정책 설정에 있어서 여전히 미국이 가장 중요한 변수가 된다는 것을 보여준다. 사르코지의 성향이 골리스트인가 아니면 전통노선으로부터의 이탈이라고 할 수 있는 대서양주의적인 대통령인가가 초미의 관심사였던 이유도 여기 있다. 바이스(Vaïsse), 코건(Cogan), 르프리(Lepri) 그리고 라코른느(Lacorne) 같은 학자들은 모두 사르코지의 신념은 드골 정신에 더 흡사하다고 한다. 드골처럼 사르코지는 프랑스가 국제무대에서 그 어떤 나라도 대신할 수 없는 중요한 역할을 해야 한다는 믿음을 갖고 있었다. 드골처럼 사르코지는 EU가 프랑스의 힘을 증폭시키는 힘의 근원이며 패권국가와 맞서는 방편을 제공한다고 생각했다. 사르코지가 스스로 대서양주의자라고 칭하는 것을 원했다면 아프가니스탄 문제, 테러리즘, 무기 확산을 포함한 21세기의 새로운 도전에 대응하기 위해 어느 때보다 미국-프랑스, 미국-유럽 파트너십이 강화될 필요성이 있기 때문으로 보인다. 유럽방위는 대서양방위와 맞물려 있기 때문에 NATO와의 화해가 필요하다고 사르코지가 NATO로의 재복귀 이유를 논했다면 그와 같은 맥락에서 프랑스는 미국과의 관계 강화만이 유럽이 더욱더 힘을 얻는다고 믿고 있다.

한편 EU 역내의 판도는 통일 독일을 품으면서 사뭇 달라졌으며 이는 EU 내의 프랑스의 위상변화와 직결된다. 전통적으로 EU 내에서 이뤄지는 모든 협상의 중심에는 프랑스와 독일의 협력이 작용해왔다. 과거 드골(de Gaulle)-아데나워(Adenauer), 슈미트(Schmidt)-지스카르 데스텡(Giscard d'Estaing), 미테랑(Mitterrand)-콜(Kohl)과의 긴밀한 관계는 사르코지(Sarkozy)-메르켈(Merkel)로 이어지는 듯 보인다. 하지만 표면적으로 매우 돈독한 메르코지(Merkozy)라 불리는 프랑스-독일 정상 간의 관계는 이전과 확실히 다른 양상을 보이는데 이는 감춰지지 않는 독일의 프랑스에 대한 힘의 우위다. 이 신조어는 독일 총리의 이름을 첫 음절의 머리에 놓고 그 뒤에 프랑스 대통령의 이름을 이어붙이는 방식을 선택했다. EU의 한 고위관료의 다음과 같은 언급은 현재의 프랑스-독일 관계의 현실태를 잘 드러내고 있다.

> 프랑스가 얼마나 취약한 지 가리기 위해 독일이 필요하고 독일은 자신이 강함을 드러내지 않기 위해 프랑스가 필요하다.[40]

전통적으로 양국은 EU 내의 문제에 대해서 어떻게든 타협점을 찾음으로써 EU의 추동세력의 역할을 담당했다. EU 정상회담이 열릴 때면 사전에 프랑스와 독일이 별도 회담을 가져왔었다. 하지만 프랑수아 올랑드(Francois Hollande)가 취임한 이후 최근에는 EU정상회담 사전에 프랑스와 독일이 입장을 조율하지 않는다. 유로존 위기가 심화되면서 통일 독일은 한층 더 해결사의 역할을 하게 됐고, 이로 유럽의 통솔자로서의 독일의 위상이 부각되기에 이른다. 프랑스와 독일 사이에 힘의 격차가 점점 더 분명해지고 경제적 이해 격차가 커지면서 양국 협력관계의 균열이 잦아지고 있다. 이렇듯 EU 내의 문제에 대한 주요 결정이 독일에 의해 사실상 좌우되는 최근 상황에서 독일과의 역학관계를 어떻게 풀어갈지가 프랑스가 역내에서 직면하고 있는 가장 큰 도전이다.

40 Gideon Rachman, "Welcome to Berlin, Europe's new capital," *Financial Times* (October 22, 2012).

3장

미국-독일 관계와 유럽통합: 미국과 프랑스 사이의 균형정책[1]

박채복

1. 서론

미국-독일 관계는 2차 세계대전 이후 형성된 미국 중심의 세계질서를 구축하는 과정에서 매우 중요한 축을 제공한다. 미국은 독일에게 EU 회원국을 제외하고 가장 가까운 동맹국으로서 독일 정치사의 주요 분기점마다 결정적인 영향을 끼쳤다. 2차 세계대전 이후 패전국으로서 분단과 점령국의 통치를 받아들여야 하는 상황에서 서독 정부의 선택은 대미관계의 공고화와 유럽통합을 통한 독일문제의 해결이었다.[2] 독일은 전후 미국과 프랑스와의 긴밀한 협력, 그리고 유럽통합과 북대서양조약기구(NATO)에 대한 적극적인 개입정책을 골자로 하는 균형정책을 통해 미국과 프랑스 사이의 중재자로서의 자신의 역할에 충실하고자 하였다.[3] 냉전시기 미국은 소련의 공산주의를 견

1 이 글은 「독일의 대미정책: 변화와 연속성」, 『유럽연구』, 31권 3호(2013년 겨울), pp. 75-102을 수정 및 재구성한 것임.

2 Lars Colschen, *Deutsche Außenpolitik* (Paderborn: UTB, 2010); Thomas Jäger, Alexander Höse, and Kai Oppermann (eds.), *Deutsche Außenpolitik* (Wiesbaden: VS Verlag für Sozialwissenschaft, 2011),

3 Laurent Leblond, *Frankreich und Deutschland. Chronik einer besonderen Beziehungen* (Leipzig:

제하고 독일의 잠재적인 위협을 유럽통합의 틀 속에서 해결하고자 하였다. 미국에게 소련의 팽창주의를 억제하고 유럽의 평화와 번영을 위해 '중부유럽(middle Europe)'에 있는 독일의 지지와 협력을 확보하는 것은 매우 중요한 사안이었기 때문이다. 이에 미국과 독일은 냉전시기의 양국 사이에 존재하는 인식 및 이해관계의 차이에도 긴밀한 동맹관계라는 틀을 유지하고 발전시킬 수 있었다.

냉전 종식과 함께 유럽에서 냉전 구조의 해체라는 국제정치의 역학관계 변화 속에서 미국-독일 관계는 양자관계를 유지하는 가장 중요한 축이라 할 수 있는 공산주의의 확대와 소련의 위협이 사라짐에 따라 패러다임 변화에 직면하고 있다. 독일의 재통일로 완전한 주권을 회복한 독일은 국제사회의 일원으로서 국제적 위상에 맞는 역할을 요구받고 있다. 이와 함께 유럽의 분단과 독일의 분단을 규정하던 이데올로기적 대립과 갈등이 사라짐에 따라 유럽통합 속에서 독일의 통일을 완수하려던 독일의 입지가 강해졌다. 더 나아가 유럽통합의 주역으로 자신의 영향력을 확대해가는 과정에서 내적 안정성과 외적 역동성을 통해 강력해진 독일은 유럽뿐만 아니라 글로벌 어젠다를 형성하고 이를 실행하는 데 더욱더 주도적인 역할을 하고 있다.[4]

미국과 독일은 국제안보, 경제협력, 테러와의 전쟁 등 다양한 글로벌 이슈를 둘러싸고 긴밀한 협력관계를 유지하고 있다. 하지만, 이들 관계가 과거와 같이 독일이 미국의 요구를 자동적으로 받아들이는 관계는 아니다. 특히 이라크전쟁 불참과정에서 미국과의 불협화음은 국제안보 면에서 통일 이후 정치대국으로서의 독일의 독자적

Leipzig Universität, 1999); Lars Colschen (2010), pp. 127-129.

4 Stephan Bierling and Ilona Steiler, "Die Deutsche Amerikapolitik," in Thomas Jäger, Alexander Höse, and Kai Oppermann (eds.), *Deutsche Außenpolitik* (Wiesbaden: VS Verlag für Sozialwissenschaft, 2011), pp. 630-631.

노선의 가능성을 보여주는 대표적인 사례가 될 것이다. 독일은 통일 이후 새로운 국제환경의 변화에 적합한 자신의 전략과 수단을 강구하고 자신의 영향력을 확대하려 노력하고 있다. 통일이전 독일이 미국과의 합의를 전제로 미국의 정책에 대한 지지자 및 조력자로서의 역할을 했다면, 이와 달리 통일된 독일은 '강대국으로서의 정치적 잠재력'을 통한 위상의 증대와 '중부유럽'이라는 지정학적 위치와 관련 '유럽의 중심세력'으로서 국제안보 및 군사정책면에서 행위능력 및 선택가능한 대안의 증대를 통해 이전과의 다른 미국관계를 만들어나가고 있다.[5]

이에 이 장에서는 미국-독일 양국관계를 체계적으로 분석해보고, 향후 미국-독일 관계에 대하여 전망해보고자 한다. 이와 같은 목적을 수행하는 과정에서 양국관계의 역사 및 쟁점뿐만 아니라 유럽통합과정에서 미국-독일 관계의 중요성 및 핵심문제에 대한 포괄적인 접근을 시도해보고자 한다. 이를 위해 2차 세계대전 이후 양국관계의 틀이 형성된 시기부터 1970년대 데탕트, 독일 통일 시기에 이르기까지 미국-독일 양국관계의 역사적 발전과정을 추적해보고자 한다. 또한 냉전 종식 이후 미국-독일 관계의 변화와 연속성을 살펴보기 위해 다자주의, 외교적 수단으로써 군사력의 사용, 이라크전쟁, NATO와 EU의 외교안보정책이라는 키워드들을 중심으로 살펴보고자 한다.

---

5 Dieter Dettke, *Germany Says No. The Iraq War and the Future of German Foreign and Security Policy* (Washington, DC: Johns Hopkins University Press, 2009), p. 160; 이규영, 「통일 이후 독일 외교정책의 변화: 패권국가 가능성을 중심으로」, 『정치·정보연구』 14권 1호(2011), p. 9.

2. 미국-독일 관계의 역사적 전개

대미관계의 공고화와 독일문제의 해결

세계적 차원에서의 두 차례의 전쟁의 결과 야기된 유럽의 분단과 냉전은 미국-독일 관계에 지대한 영향을 미치는 변수로 작용한다. 독일은 대미관계의 공고화를 통해 유럽에서의 미국의 역할과 지위를 인정하고, 미국과의 긴밀한 동맹관계를 통해 안보의 안정화를 도모함으로써 독일의 국익을 극대화하기 위한 현실정치를 적극적으로 수행해나가고자 하였다. 이에 대미관계의 공고화와 독일문제의 해결은 전후 미국-독일 관계의 형성과 발전에 가장 중요한 맥락을 제공하고 있다.

미국은 유럽의 재건과 서독의 서유럽 경제체제로의 통합을 구체화시켜 나갔다. 미국을 비롯한 연합국들은 1943년 테헤란에서 전후처리에 대비해 내린 결정을 얄타회담(1945년 2월 4-11일)에서 재확인하고 미국, 영국, 프랑스 3국의 분할 통치를 실시하였다. 이어 포츠담회의(1945년 7월 17-18일)의 결정에 따라 독일의 재무장, 탈군사화, 탈나치화, 국가산업의 분할 정책이 시행되었다. 1947년 12월 전시 연합국 외상회의에서 독일의 장래에 대한 합의도출 실패 이후, 미국은 1948년 4월 유럽복구계획, 일명 마샬 플랜을 마련하게 된다. 마샬 플랜은 전후 유럽의 심각한 경제적, 사회적 그리고 정치적 혼란 상태를 타개하기 위해 미국의 도움이 절대적으로 필요하다는 인식을 기반으로 한다. 이에 미국은 유럽 국가들이 공동계획을 마련하도록 제안하였다. 그동안 쌍무적으로 행해지던 유럽 국가들에 대한 원조를 집단원조로 바꾸고, 이를 조건으로 유럽 국가 간의 자발적인 협력을 요구하였던 것이다. 이는 두 가지 의미를 지니는데, 하나는 유럽문제에 대한 미국의 적극적인 개입을 의미하는 것이었으며, 다른 하나는 유럽통합에 부정적이었던 기존 미국의 입장의 변화를 의미하는 것이었다. 이에 대해 1948년 6월 러시아 측은 베를린 봉쇄로 맞섰다.[6]

마샬 플랜에 이어 1948년 5월 20일 단행된 화폐개혁의 성공으로 서독 점령지역의 정치노선이 결정되었다. 1949년 5월 23일 기본법(Grundgesetz)이 새로운 독일연방공화국의 헌법으로 선포되었으며, 9월에 초대 대통령으로 테오도르 호이스(Theordor Heuss)가, 총리에는 콘라드 아데나워(Konrad Adenauer)가 선출되었다. 동독에도 정부 수립의 모든 단계를 거쳐 동독 정부가 수립되었으며, 독일의 분단은 기정사실화되었다. 당시는 경제적·군사적·이데올로기적 측면에서 미국과 소련이라는 두 초강대국의 핵우산과 안전보장에 의한 평화만이 존재했으며, 양대 진영이 현존하는 경제와 세력권을 상호 인정하는 한도 내에서만 초강대국 사이의 불안정한 균형이 유지될 수 있었다. 두 개의 국가로 분할된 독일은 이러한 세계질서를 떠받치는 중요한 기둥이었으며, 분단된 두 독일의 주권은 제한될 수밖에 없었다.[7]

유럽에 개입 및 관여정책을 수행하는 과정에서 미국은 고립주의에서 탈피하여 소련이라는 실재적인 위협과 잠재적인 서독을 견제하기 위한 이중봉쇄(double containment)정책을 수행하고자 하였다.[8] 또한 미국은 미·소 냉전의 심화과정에서 유럽의 재건에 중요한 영향을 주었던 독일의 경제력과 봉쇄정책에서 독일이 가지는 전략적 중요성으로 인해 독일의 중요성과 영향력이 증대하고 있음을 간파하였다. 이에 미국은 독일과의 동맹관계를 통하여 우호협력관계를 증대하려 하

6 Wolfram F. Hanrieder, *Germany, America, Europe: Forty Years of German Foreign Policy* (New Haven and London: Yale Univ. Press, 1989); Stephan Bierling (2007), pp. 102-103.

7 Maria Händcke-Hopp and Erika Lieser-Triebnig (eds.), *40 Jahre innerdeutsche Beziehungen* (Berlin: Ullstein, 1990), pp. 42-54.

8 미국의 이중봉쇄정책의 배경 및 경위에 대한 자세한 내용은 이 책의 1장 참조.

였고, 이를 통해 독일이 소련의 팽창주의 및 공산주의의 이념의 확대를 막아내는 서방의 방파제 역할을 기대하였다.

아울러 미국은 서독을 정치·군사적으로 유럽에 편입시키려는 정책을 수행하였다. 냉전과 독일의 분단이 고착화되면서 서독이 유럽통합에 참여하게 되었는데, 이는 주변 국가들에게 독일문제의 위험성을 크게 완화시켜주는 데 기여하였다.[9] 미국은 베를린 봉쇄 이후 고립주의에서 탈피하여 대서양 양안을 포함하는 방위조직을 만들기로 결정했다. 이에 1949년 4월 미국과 유럽 국가 간에 북대서양조약기구(North Atlantic Treaty Organization, NATO)가 창설되어 서방세계를 공산주의에 대항한 군사블록으로 조직화하였으며, 결국 NATO의 형성은 트루먼 독트린과 마샬 플랜으로부터 시작된 미국 중심의 자유진영의 완성이라 할 수 있다.[10]

1949년 9월 수립된 서독 정부의 수장인 아데나워 총리(1949-1963)는 조건 없는 친서방정책을 추진하였다. 아데나워의 친서방정책의 목표는 독일 연방공화국을 가능한 빨리 서유럽 세계에 편입시켜 통합시키고 독일의 주권과 군사적 안정 그리고 행동의 자유를 다시 회복하는 것이었다. 일관성 있는 친서방정책을 통해 아데나워는 서방세계와의 신뢰를 구축하고 독일의 과거에 대한 불신을 불식시킴으로써 독일 통일을 독일 국민의 민족이익과 유럽 안전보장의 틀 속에서 해결하려 했던 것이다.[11]

---

9 Wilfried Loth, *Der Weg nach Europa* (Göttingen: Vandenhoeck & Ruprecht, 1996), p. 48.

10 Anton W. DePorte, *Europe Between the Superpower: The Enduring Balance* (New Haven: Yale University Press, 1979).

11 서독의 친서방정책에 대해서는 Waldemar Besson, *Die Außenpolitik der Bundesrepublik Deutschland* (München: Piper Verlag, 1982); Christian Hacke, *Weltmachbht wieder Willen: Die Aussenpolitik der Bundesrepublik Deutschland* (Stuttgart: Klett-Cotta, 1988); Wilfried Loth (1996) 참조.

동서 양 진영의 갈등이 증폭되고 소련의 위협이 커져감에 따라 미국을 위시한 유럽 국가들은 유럽의 재건에 독일의 기여가 불가피하다는 것을 인식하게 되었다. 미국은 독일 경제의 회복 없이는 유럽 경제의 회복이 힘들며, 더 나아가 미국 경제의 발전에도 문제가 있을 것이라 여겼기 때문이다. 유럽의 재건과 부흥을 통해 소련의 팽창 및 위협을 봉쇄하고 동시에 독일을 공산 진영과는 구분된 미국 진영에 포함시켜 소련에 대항할 수 있도록 독일문제의 해결과 유럽의 재건을 통해 하나로 통합된 유럽은 미국경제의 지속적인 성장을 위해 절대적으로 필요한 것으로 보았던 것이다.[12] 당시 조지 케난(George F. Kennan)과 윌리엄 클레이튼(William L. Clayton) 등 미국의 대외정책 입안자들에 따르면, 이와 같은 소련에 대항하는 자유진영의 결합은 미국의 핵 독점과 서방의 경제력 우위에 기초해야 했다. 이를 위해 서유럽 국가들은 통합되어야 하고, 미국은 이들 국가들을 위해 군사적, 재정적 그리고 경제적 지원과 더불어 지도자 역할을 해야 한다고 믿었다. 따라서 서유럽의 신속한 재건을 위해 유럽 중앙에 자리 잡은 잠재적인 산업경제대국 독일의 재건은 필수 불가결한 것으로 보였다.[13]

한국전쟁 발발을 계기로 안보적 측면에서의 협력 역시 가속화되었다. 유럽통합과정에서 독일과 프랑스의 역사적인 화해과정을 통해 1951년 유럽석탄철강공동체(European Coal and Steel Community, ECSC)가 성공하자 이에 힘입어 프랑스, 이탈리아, 베네룩스 3국 그리고 서

---

12 유럽통합의 시작은 석탄과 철강 생산을 공동화를 위한 슈만 플랜(Schuman Plan)을 통해 시작되었다. 이는 프랑스의 모네(Jean. Monnet)의 구상을 외무장관 슈만(Robert Schuman)이 수용한 것으로, 이를 통해 유럽에서 전쟁의 원인을 제공하였던 프랑스와 독일의 역사적인 화해가 이루어질 수 있었다. 또한 1951년 4월 18일 베네룩스 3국과 프랑스, 독일, 이탈리아 등 6개국이 참여한 초국가적 성격을 가진 유럽석탄철강공동체가 창설되었다.

13 Stephan Bierling (2007), p. 117.

독 등을 중심으로 유럽방위공동체(EDC)를 결성하고자 하는 움직임이 진행되었다. 그러나 초국가적 성격을 가지는 서유럽군사공동체의 결성은 당시의 유럽통합의 수준에 부합하지 않는 것이었다. 당시에는 서독의 재무장에 대한 합의가 부재한 상황이었기에 프랑스, 이탈리아, 베네룩스 3국 그리고 서독으로 구성된 초국가적 성격의 서유럽군사공동체인 유럽방위공동체를 결성하는 것이 하나의 대안으로 여겨졌다. 그러나 협상은 길고도 험난했으며, 협상에 참가한 모든 국가에서도 저항이 있었다. 결국 이는 프랑스의 주권을 너무 침해한다는 이유로 프랑스의 비준거부로 무산되었다.

유럽방위공동체의 무산으로 서독의 재무장 문제의 해결과 서유럽의 분열을 막는 일이 시급하였다. 이에 1954년 10월 미국을 비롯한 연합국은 독일에 대한 점령통치 종식 및 서독을 서유럽동맹(West European Union)과 NATO에 가입시키는 것을 주요 내용으로 하는 '파리조약'을 체결하였다. 그리고 1955년 독일의 NATO 가입이 결정되었다. NATO는 1949년 4월 4일 미국의 주도 아래 영국, 프랑스, 아일랜드, 노르웨이, 덴마크, 이탈리아, 포르투갈, 베네룩스 3국이 결성한 군사동맹체로, 서독의 NATO 가입은 안전보장을 의미할 뿐만 아니라 서방세력에 의해 이미 인정받은 주권을 다시 회복하는 것을 의미했다. 반면 미국은 서독의 NATO 가입을 통해 서독을 지원함으로써 민주주의를 정착시키고, 믿을 수 있고 예측 가능한 파트너로서 서독을 서유럽에 통합시켜 국가공동체로부터 배제시키지 않고 경제적·군사적·정치적 유대를 통해 미국의 통제 아래 두고자 하였다.[14]

서독의 NATO 가입 직후 동독은 바르샤바조약기구(WTO)의 가입국이 되었으며, 소련은 동독의 주권을 승인하였다. 이 과정에서

---

14 Stephan Bierling (2007), p. 121.

동·서독의 분단은 심화되었다. 서독 정부는 전 독일민족에 대한 단독 대표권을 요구하였다. 또한 할슈타인(Hallstein)원칙을 통해 동독을 국가로 인정하지 않는 것뿐만 아니라 동독과 외교 관계를 맺고 있는 제3국에 대해서도 외교관계를 단절하겠다고 천명하였다. 더 나아가 니키타 흐루시초프(Nikita Khrushchev)의 1958년 11월 베를린 최후통첩과 1961년 8월 베를린장벽 설치로 동·서독 분단이 고착화되기 시작하였다. 당시 케네디 행정부는 베를린문제에 대하여 세 가지 기본원칙을 제시하였다. 즉 주민의 자유, 서방 연합군의 지속적인 주둔, 그리고 공중, 수로, 철도, 고속도로를 통한 베를린 통로의 확보가 그것이었다. 그러나 베를린 장벽의 건설로 베를린이 가졌던 법적·정치적 지위에 대한 명백한 침범행위였음에도 연합국측은 전쟁을 감수하면서까지 이를 저지할 수는 없었다.[15]

동서데탕트와 동방정책, 그리고 미국

1962년 쿠바 위기가 평화적으로 해결됨에 따라 미국과 소련관계에 변화가 나타나기 시작하였다. 이와 함께 독일 및 미국의 국내정치의 변화도 나타났다. 아데나워의 시대가 끝나고 에르하르트 총리가 1965년 9월 19일 연방의회 선거에서 승리한 것이다. 또한 미·소 대결구조의 이완에 따른 국제관계 및 국제안보환경의 변화로 냉전에서 데탕트로의 전환과정에서 앤드루 존슨(Andrew Johnson) 대통령(1963-1969)의 등장은 에르하르트 총리 시기 미국-독일 관계의 변화에 영향을 끼쳤다.

에르하르트 총리는 대표적인 대서양주의자로 서독의 안보를 위해 미국과의 협력이 불가피하다고 여겼다. 그러나 소련에 대항하는

15 Christian Hacke(1988), pp. 138-140; Wilfried Loth(1996), p. 68.

미국의 가장 충실한 동맹국이었던 서독은 재통일과 독일의 단독대표권을 주장해왔기 때문에 이와 같은 서독의 강경한 입장은 새로운 긴장완화를 모색하는 이 시기에 와서는 점차 걸림돌이 되었다. 에르하르트 총리는 미국 방문을 통해 독일 통일에 대한 당위성에도 독일문제를 직접적으로 거론하지 않고자 한 존슨 행정부의 독일문제에 대한 관심을 이끌어내기 위해 NATO를 옹호하는 정책 및 미국의 베트남전을 지지하였다. 이와 병행하여 당시의 동서데탕트에 힘입어 동유럽 국가들과의 외교관계 개선에 유연성을 가지는 유연한 동방정책을 추진한 것도 중요한 특징 중 하나이다. 동유럽 국가에 대한 개방적 입장은 동유럽 국가에 대한 독일의 이해관계를 반영한 것이었다. 이와 같은 동유럽 국가들과의 관계와는 달리 아데나워 시기부터 계속되었던 동독에 대한 비승인 정책 및 동독에 대한 비타협적 정책은 지속되었다.[16]

유럽정세에도 커다란 변화가 나타났다. 특히 프랑스에서 드골의 집권으로 유럽에서의 독자적 노선을 추구하는 움직임이 강해짐에 따라 유럽의 독자적인 입장을 강조하는 유럽주의자(Europeanist)와 미국중심의 대서양주의자(Atlantist) 사이의 논쟁과 갈등이 고조되었다. 결국 유럽통합과정은 난관에 봉착하였다. 프랑스 드골대통령은 유럽공동체의 의사결정과정에서 만장일치제도를 고집하며 1965년 6월 30일부터 7개월 동안 불참하여 공동체의 정책결정과정을 마비시키는 결과를 초래하였다. 이는 1966년 1월 30일 룩셈부르크협정 체결로 해결되었지만, 급기야 1966년 프랑스의 NATO 탈퇴로까지 이어져

---

16 Gerhard Schröder, "Germany Looks at Eastern Europe," *Foreign Affairs* 44-1 (October 1965), pp. 15-25; Magrit Roth, *Zwei Staaten in Deutschland: Die sozialliberale Deutschlandpolitik und ihre Auswirkungen 1969-1978* (Opladen, Westdeutscher Verlag, 1981), pp. 24-25.

미국 중심의 대서양주의자에 대한 유럽의 독자성을 강조하는 유럽주의자 사이의 논쟁은 거세졌다.[17]

1966년 말에 이뤄진 대연정의 출범과 더불어 서독 정부는 기존의 입장과는 달리 동독의 주권을 인정하고 상호조약을 체결하는 등 동독과의 관계 개선을 시도하기 시작하였다. 쿠르트 키징거(Kurt G. Kiesinger)를 총리로 하는 기독교민주당·기독교사회연합과 사회민주당의 대연정은 1960년대 서독 경제의 후퇴에 대한 정치적 대안으로 수립되었다. 키징어·브란트 대연정 시기(1966-1969)는 3년 남짓 지속되었는데, 당시의 경기침체를 극복하고 새로운 경제정책을 통하여 경기상승을 촉진하는 등 경제적 측면에서 성공을 거두었다. 이 시기 독일문제 해결을 위한 '접근을 통한 변화'를 근간으로 한 서독의 긴장완화정책이 추진되었다.[18] 이에 따라 서독은 단독대표권의 포기와 홀스타인원칙의 폐기를 표명하였다. 이와 같은 전환은 동서독 간의 국가적 통합이 단시일 내에 이루어지는 것이 불가능하다는 것을 인정한 것으로, 상호 신뢰회복과 화해협력을 통해 변화를 추구하려는 시도로 평가되어진다. 또한 이 시기의 특징은 미국 일변도 정책에서 벗어나 프랑스와의 우호관계를 중시하였다는 점이다. 1966년 프랑스의 NATO 탈퇴와 영국의 유럽공동체 가입의 반대에도 프랑스와의 협력은 유지되었으며, 이 가운데 독일은 영국과 프랑스의 관계 강화를 통한 유럽통합을 모색하는 정책을 추진하였다.

빌리 브란트(Willy Brandt,1969-1974) 총리 시기는 미·소 긴장완화에 따라 동독과 동유럽 국가들을 인정하는 소위 동방정책을 추진하였다. 브란트의 동방정책은 서독과 동유럽 국가들 사이에 긴장을 완

---

17 독일문제에 대한 프랑스의 입장 및 미국과의 관계는 이 책의 2장 참조.

18 Christian Hacke (1988), p. 161; Magrit Roth (1981), pp. 28-29.

화하고, 양자의 관계를 정상화하는 것을 골자로 한다.[19] 소위 '작은 걸음마 정책(die Politik der kleinen Schritte)'을 통해 힘의 우위정책을 포기하고 독일 내 두 개 국가의 평화적 공존을 통해 분단의 고통을 덜어주고 민족의 동질성과 민족적 통일을 유지하는 문제가 점진적으로 진행되었다. 그 결과 1970년 동·서독 정상회담 개최 이후 데탕트를 양국의 정책 목적으로 인정하고, 두 개의 독일을 승인하는 '독·소조약(1970년 8월 12일)'에 서명하였고, '독·폴란드조약(1970년 12월 7일)'을 통해 오데로-나이세를 국경선으로 인정하였으며, '베를린 4국 협정(1971년 9월 3일)', '동·서독 통행조약(1972년 5월)', '동·서독 기본조약(1972년 12월 21일)' 등을 통해 동독 및 동유럽 국가들과의 관계를 정상화하였다. 그리고 1973년 두 독일은 동등한 자격으로 UN에 동시 가입하였다. 비록 양측이 기본조약에서 민족문제를 위시한 기본적 문제들에 대해 서로 다른 입장을 강조했지만, 이는 동서 긴장완화 과정을 적극적으로 활용하고자 한 시도였다고 할 수 있다.[20]

이와 같은 데탕트와 함께 시작된 독일의 동방정책은 헬무트 슈미트(Helmut Schmidt) 총리와 헬무트 콜(Helmut Kohl) 총리 시기까지 연계되어 독일 통일의 초석을 이루었다. 슈미트 총리(1974-1982) 시기 미국과의 관계는 첫째, 긴장완화라는 국제정치의 역학관계 속에서 미국의 정책을 지지하는 시기(1974-1976년), 둘째, 슈미트 총리와 카터 대통령의 상호 불신 시기(1977-1980년)로 미국 카터 행정부의 인권정책에 대한 비판과 미국의 중거리 미사일 배치에 반대과정에서 미국-독일 관계가 극도로 긴장된 시기, 셋째, 레이건 대통령 집권으로 양국

---

19 Magrit Roth (1981), pp. 29-39.

20 Boris Meissner (ed.), *Die Deutsche Ostpolitik 1961-1970: Kontinuität und Wandel – Dokumentation* (Köln: Verlag Wissenschaft und Politik, 1970), pp. 380-383.

관계의 개선이 기대되었던 시기(1980-1982년)로 구분될 수 있다.

슈미트 총리 시기는 기존의 친서방정책을 지속하면서 동시에 새로운 동방정책의 적절한 균형 속에서 서독의 독자적인 정책을 적극적으로 추진하고자 하였다. 또한 슈미트 총리는 1979년 소련의 아프가니스탄 침공 이후 미국의 군사조치에 대해 인정하면서도 소련과의 긴장완화를 위한 대화를 촉구하는 등 대외적으로 유럽의 긴장완화정책을 적극 지지하였다. 한편 미국과의 관계에서 군비통제와 핵정책과 관련 갈등을 빚기도 하였다.[21] 이와 같이 슈미트 총리 시기는 초기 미국의 긴장완화정책에 순응하며 미국의 정책을 지지하는 대미정책 순응시기를 거쳐 대미 의존적 관계보다 독일 외교적 자율성을 확대, 미·소에 대한 균형외교를 추구하는 방향으로 진행되었다. 그 결과 경제적 힘과 위상을 근간으로 경제대국 서독을 정치적으로도 세계적 수준으로 끌어올리는 성과를 거둘 수 있었다.

콜 총리(1982-1998) 시기는 초기 미국의 대소 강경정책에 회의적이었으나 신냉전을 맞아 레이건 행정부와의 관계 강화를 추구하였다. 브란트의 동방정책을 승계한 콜 정부는 미국과의 긴밀한 결속관계를 유지하는 것이 동방정책의 성공을 가져올 수 있다고 믿었다. 이에 미국과의 정책공조에 우선권을 부여하였다. 이에 콜 총리는 1981년 이후 미국의 대통령 레이건의 강력한 반공정책의 일환이었던 군비 확장정책을 지지하는 입장을 취하였다. 더 나아가 1983년에 발표

21 슈미트 총리의 미·소 균형외교 및 외교적 자율성 추구는 독일의 안보이익을 위한 것으로, 1970년대 말 신냉전의 발발로 한계를 노정하게 되었다. 그중 '이중결정'은 대표적인 예가 될 것이다. 소련의 SS-20 중거리 핵미사일(INF) 배치 문제와 관련하여 서방의 공동대응책을 마련하는 과정에서 슈미트 총리는 소련의 미사일 철수를 위한 협상을 추진, 소련의 SS-20 핵미사일 감축문제와 미국의 퍼싱-Ⅱ미사일의 독일 배치문제를 연계하여 추진하였다. 자세한 내용은 이 책의 7장 참조.

된 '별들의 전쟁'이라고 불린 전략방어 계획을 지지하는 입장을 취하였으며, NATO 내에서 서독의 지위를 높이기 위한 노력을 계속하였다. 또한 콜 총리는 미국과의 강화된 관계를 유지하는 가운데 경제대국으로 부상한 서독의 국제적 위상을 높이는 데 주력하였다. 그 결과 콜 정부는 독일정책에 있어서는 미국 및 서방동맹국으로부터 자율성을 확보할 수 있었다. 미국과의 우호적인 관계의 지속과 함께 콜 총리는 프랑스와의 관계개선도 적극적으로 추진하였다. 동시에 소련과의 긴장완화정책을 촉구하였다.

독일의 통일과 미국

독일의 통일은 미국-독일 관계의 변화를 가늠해 보는 데 중요하다. 미국의 도움과 안전보장이 없었다면 전후 독일의 재건 및 유럽으로의 통합은 가능하지 않았을 것이다. 한편 독일 통일은 독일의 지정학적 위치, 경제규모의 증대, 유럽공동체 내 독일의 역할 등을 고려해볼 때 독일의 영향력이 증대될 것이라는 점과 EU 회원국들로 하여금 독일이 행사할 수 있는 패권적 영향력에 대한 우려를 낳게 하였다. 다른 한편, 독일 통일 이후 국내문제에 집중할 경우 유럽통합의 정체에 대한 우려 또한 제기되었다. 왜냐하면 통일과 함께 완전한 주권의 회복을 얻어낸 독일은 자신의 경제력에 맞는 정치적 영향력을 행사할 수 있는 위치로 부상했기 때문이다.

독일은 미국, 소련, 영국, 프랑스가 참여한 '2+4회담'에서 독일의 경제적·정치적·법적 통일문제를 논의했으며, 이 과정에서 통일 이후 독일의 위상과 역할과 관련 민감한 사안들, 예를 들면 독일 군대의 지위문제라든지 독일 주변 국가들의 안전보장 문제들이 포괄적으로 토의되었다. 1989년 11월 28일 콜 총리는 10가지 독일 통일계획을 공표하였으며, 1990년 2월 1일 동·서독은 화폐 통합 협정을 체결하였다. 1990년 10월 3일 독일의 역사적인 통일이 이루어졌다. NATO의 파트너이자 유럽통합의 주역으로서 독일은 전후 민주주의와 지속 가능한 발전 속에서 통일을 이뤄낼 수 있었다. 독일은 독일 통일이 동독으로의 서독의 확대를 의미할 뿐만 아니라 EU의 확대를 의미하는 것임을 강조하였다. 이를 통해 주변 국가들의 독일에 대한 우려를 없애고 통일독일의 EU와의 관련을 명백히 했으며, 이 과정에서 전통적으로 미국을 배제하는 유럽주의 노선을 추구해온 프랑스와의 보다 긴밀한 협력관계를 기반으로 유럽통합을 적극적으로 추진하겠다는 의지를 분명히 하였다.[22]

통일독일은 강력한 경제력을 기반으로 그리고 지정학적으로도 동서유럽을 연결하는 교량역할을 하는 유리한 입장에 있어 중·동유럽 국가들에 대한 영향력은 증대되었다. 독일은 확대된 EU를 중·동유럽에서의 자신의 기득권과 영향력을 확보하는 데 주변 국가의 우려나 불신을 불러일으키지 않고도 가능하게 하는 효과적인 공간으로 보았다. 따라서 독일은 EU의 중·동유럽 국가로의 확대에 적극적이었으며, 유럽통합의 심화와 동시에 확대를 강력하게 추진하고자 하였다. 독일의 경제적·군사적 헤게모니에 대한 두려움과 독일의 거대세력화에 대한 우려에도 미국은 독일 통일을 적극적으로 지지하였다. 그 이유는 앞서 살펴본 바와 같이 독일이 독일의 유럽화를 통한 유럽통합의 심화와 확대에 헌신할 것을 거듭 밝혔기 때문이다.

통일된 독일은 더 이상 유럽평화를 위협하는 국가가 아닌 유럽통합의 주축으로서 경제적으로나 인구통계학적인 면에서 강력해진 통일독일로 급부상하였다. 무엇보다도 주변 정세변화에 능동적으로 대

---

22 Hagen Schulze, *Kleine Deutsche Geschichte* (München: C. H. Beck, 1996); Lars Colschen (2001), pp. 222-231.

처하면서 주변 국가들의 우려를 종식시키고, 친서방정책과 동방정책을 균형 있게 추진하면서 평화적으로 독일의 통일을 이루고자 했던 콜 총리의 정치력이 긍정적으로 작용하였다. 콜 총리는 친서방정책의 일환으로 미국에 대해서는 그동안 축적해놓았던 신뢰를 적극적으로 활용하였다. 전후 계속되었던 미국과의 긴밀한 관계의 지속과 통일독일이 NATO에 잔류한다는 미국의 정치적 조건을 충족시켜 통일 이후 미국과의 관계에 급격한 변화가 없음을 분명히 하였다. 또한 유럽통합을 통한 독일문제의 해결이라는 기존의 입장을 통일된 독일이 유럽통합에 적극적으로 참여한다는 약속을 통해 프랑스와 영국의 불안을 상쇄하고자 하였다. 이는 EU 내의 독일의 위상을 높임으로써 외교적 자율성을 확보하고, 유럽통합의 일원으로서 독일의 통일을 유럽통합의 심화와 확대의 연장선에서 달성한다는 지향점을 지닌다. 또한 적극적인 동방정책을 추진하여 러시아에 대해서는 자본을 제공하며 독일의 통일에 반대하지 않도록 하는 데 주력하였다. 이와 함께 폴란드와의 관계 개선을 위해 통일 이후 오데로-나이세 국경선을 재확인하는 등 독일 통일은 주변 국가들의 반대를 무릅쓰고 이루어낸 것이 아니라 독일 역사상 처음으로 그들의 동의를 받아 하나의 독일로 합쳐지게 되었다는 점에서 그 의의를 찾을 수 있다.[23]

이와 같이 콜 총리 시기는 친서방정책과 동방정책의 균형 잡기를 통해 아데나워 총리 시기 이래 계속되어왔던 미국과의 긴밀한 협력관계를 통한 긴밀한 대미관계의 구축과 유럽통합의 심화와 확대라는 독일의 정책기조는 일관성 있게 유지될 수 있었다. 콜 총리는 유럽통

23 Karl-Rudolf Korte, *Geschichte der deutschen Einheit. Deutschlandpolitik in Helmut Kohls Kanzlerschaft: Regierungsstil und Entscheidungen 1982-1989* (München: Deutsche Verlag-Anstalt, 1998), pp. 219-221; 장준호, 「현실정치 패러다임과 독일외교정책: 슈뢰더 정부의 외교정책과 조기총선 이후 전망」, 『국제지역연구』 10권 1호(2006), pp. 321-354.

합의 진전뿐만 아니라 소련을 비롯하여 동유럽 국가들과의 관계 정상화에 힘을 썼으며, 이 과정에서 독일의 국제적 영향력을 강화하는 데 주력하였다. 이에 독일은 통일과정과 통일 이후 미국과 유럽을 중개하는 등거리 외교정책을 통해 미국과의 공개적인 마찰은 피하면서 강한 경제력을 바탕으로 완전한 주권을 회복하고 유럽의 중심세력으로서 자신의 영향력을 강화하는 정책을 수행할 수 있다. 유럽 차원에서 독일은 프랑스와 함께 마스트리히트조약(1993)을 통해 EU의 창설과정을 적극적으로 주도하였다.[24] 경제적 통합을 넘어서 정치적 통합을 지향하는 과정에서 독일은 유로화(Euro)의 도입과 공동의 외교 및 안보정책를 통한 유럽안보의 유럽화 등 유럽통합의 심화와 확대과정에서 발생하는 여러 문제의 해결방안을 공동체 차원에서 협력하여 모색하고자 하였다.

3. 탈냉전시대 미국-독일 관계의 변화와 연속성

냉전 종식 이후 새롭게 규정된 미국-독일 관계를 조망하기 위해서는 다양한 정치영역에서 작동하는 역학관계와 서로 다른 요소와 관계들을 고려해야 한다. 이에 탈냉전시대 미국-독일 관계의 변화와 연속성을 알아보기 위해 다자주의, 외교적 수단으로써 군사력의 사용, 이라크전쟁, NATO와 EU의 외교안보정책을 통해 좀 더 구체적으로 살펴보고자 한다.

---

24 Simone Weske, *Deutschland und Frankreich. Motor einer Europäischen Sicherheits- und Verteidigungspolitik?* (Baden-Baden: Nomos, 2006).

다자주의적 협력의 의미에 대한 인식의 차이

베를린 장벽붕괴로 촉발된 독일 통일 및 유럽에서의 냉전 종식은 기존 유럽의 안보질서에 커다란 변화를 가져왔다. 또한 소련의 붕괴와 중·동유럽 국가들의 유럽으로의 회귀에 따른 급격한 변화로 인한 새로운 불안정과 불확실성에 대처하는 과정에서 미국과 통일독일 사이에 전통적인 협력관계를 저해하는 수준은 아니지만 안보전략에 대한 견해 차이가 보이기 시작하였다. 기존의 NATO와 바르샤바조약기구로 대표되는 이원화된 대립적 안보질서의 틀이 깨어지고, 미국이 주도하는 NATO가 새로운 유럽안보질서의 중심축으로 등장하였다. 다른 한편, 코소보 사태 이후 절대적으로 미국에 의존했던 유럽안보시스템은 독자적인 안보와 유럽적 가치의 안보전략화의 필요성을 인식하고 역내 분쟁의 평화적인 해결을 위한 독자적인 위기대응능력이 필요하다는 공감대가 형성되었다.[25]

국제사회에서 미국과 독일 자신의 역할과 위상의 변화, 그리고 양국의 서로에 대한 인식의 차이는 무엇보다도 다자주의적 협력의 의미에 대한 인식의 차이를 불러일으켰다. 다자주의적 협력과 관련, 이념적·지정학적 패권경쟁과 군사적 대결의 종식은 국제평화와 안전유지를 위한 국가 간의 새로운 협력이 불가피하다는 인식을 확산시키는 데 충분하였다. 이와 함께 세계화, 인간안보의 대두, 인도적 개입과 국가주권의 충돌, 테러와의 전쟁, 생태계의 상호의존 등 새로운 안보이슈의 등장은 국제법과 국제기구의 존중 및 다자간 합의를 통한 해결을 중시하는 새로운 양상의 다자주의적 국제협력체제에 대한 필요성을 증가시켰다.

---

25 박채복, 「탈냉전시대 유럽안보질서의 변화와 전망」, 『세계지역학회보』 19권(2002), pp. 139-155 참조.

다자주의적 협력은 독일에게는 국제적 문제를 해결하는 데 필수불가결한 정당한 방법이라고 인식되었다. 독일은 국제테러, 대량살상무기확산, 지역분쟁, 환경파괴, 마약 및 국제범죄문제, 인권침해 등 글로벌 안보문제의 해결을 위해 NATO, EU, UN, 유럽안보협력기구(Organization for Security and Cooperation in Europe) 등 국제기구와 다자주의적 협력관계를 유지하는 실용주의적 외교정책을 강조해왔다.[26] 또한 국제기구와의 연계정치를 통해 인접 국가들과의 상호의존 관계 및 협력을 적극적으로 추진하고 있다. 1990년 이후에도 '적극적인 다자주의'를 통해 제도화된 국제적 협력을 추진하고 있으며, 더욱 강화된 통일독일에 대한 주변 국가들의 우려를 없애는 데 목표를 두고 있다.[27]

이와 같은 다자주의적 협력의 핵심에 EU와의 관계가 존재한다. 소련으로부터 발생하는 안보위협이 사라진 가운데 NATO와 EU의 확대에 따른 유럽의 안보지형의 변화와 유럽과 러시아의 관계의 발전과 진전에 따라 미국과 독일 사이에 인식 차이가 발생하였다. 이 과정에서 미국이 주도하는 NATO 중심의 유럽안보질서 구축 노력과 프랑스와 독일을 주축으로 미국과 유럽 사이의 불평등한 안보관계에서 벗어나 유럽 중심의 유럽독자방위체제를 구축하고자 하는 움직임

---

26 Rainer Baumann, "Multilateralismus: Die Wandelung eines vereintlichen Kontinuitätselements der deutschen Außenpolitik," in Thomas Jäger, Alexander Höse, and Kai Oppermann (eds.), *Deutsche Außenpolitik* (Wiesbaden: VS Verlag für Sozialwissenschaft, 2011), pp. 468-487.

27 다자주의에 대한 독일의 정책 및 입장은 John J. Mearsheimer, "Back to the Future: Instability in Europe after the Cold War," *International Security* 15-1 (1990), pp. 5-56; Volker Ritterberg, "Nach der Vereinigung-Deutschlands Stellung in der Welt," *Leviathan* 20-2 (1992), pp. 207-229; Stephan Bierling, "Sicherheitspolitik," in Werner Widenfeld, and Karl-Rudolf Korte (eds.), *Handbuch zur Deutschen Einheit* (Frankfurt am Main: Campus Verlag, 1996) 참조.

사이에 괴리가 가시화되기에 이르렀다. EU의 안보 및 방위정책은 역설적으로 유럽안보의 근간으로 작동해왔던 NATO에 미칠 영향력을 둘러싸고 대서양주의자와 유럽주의자 간에 주기적이고 지속적인 안보 딜레마 논쟁을 야기하는 촉진제가 되었다.[28]

새로운 안보환경의 변화와 외교안보에 영향을 미칠 수 있는 국내외 위험요소의 등장과 함께 독일의 힘과 위상도 변화하였다. 중부유럽에 위치한 통일독일은 완전한 주권국가로서 인구, 영토, 경제력 등 모든 면에서 유럽의 강국으로 유럽통합을 이끄는 행위자이며, 유럽의 안보에 큰 영향력을 행사할 수 있는 행위자로 부상하였다. 이에 따라 독일의 역할과 위상에 대한 재조명이 필요하다는 주장이 제기되었다.[29] 독일의 힘과 위상의 변화에 따라 과거보다 독자적인 외교안보정책이 필요하다는 입장에서 보면, 기존의 전통적인 유럽통합, 대서양동맹 등 독일의 기본정책도 분명한 손익계산에 따라 재검토되어야 한다는 것이다. 따라서 가치공동체와 같은 막연한 진영 소속감이 더 이상 외교정책 실행의 결정적인 동기가 되어서는 안 된다는 점을 강조한다. 동맹국과의 전통적인 협력을 최대한 활동하되 독일의 이익을 확대하기 위해 최대한 활용할 수 있는 방안을 모색해야 한다는 것이다.[30]

독일군의 역외파병문제와 외교적 수단으로써 군사력의 사용문제

다자주의적 협력뿐만 아니라 외교적 수단으로써 군사력의 사용문제

28 이수형, 「유럽연합의 안보정책과 동맹 딜레마」, 『국제관계연구』 16권 2호(2011), p. 77.

29 Gregor Schöllgen, *Angst vor der Macht. Die Deutschen und ihre Außenpolitik* (Berlin: Ullstein, 1997), p. 26.

30 Karl-Rudolf Korte (1998), p. 10; 고상두, 「통일 이후 독일의 국제적 역할변화: 논쟁과 실천」, 『국제정치논총』 44권 2호(2004), pp. 76-77.

는 새로운 대서양 동맹관계를 설정하는 과정에서 변화와 연속성을 살펴볼 수 있는 중요한 이슈이다. 특히 독일군의 역외파병문제와 군사력을 외교적 수단으로 사용하는 문제에서 독일과 미국의 입장 및 인식의 차이를 엿볼 수 있다. 독일군의 역외파병문제는 미국과의 동맹관계를 가늠하는 중요한 척도로 작용하면서 국제환경 속에서 미국과 독일의 동맹관계가 과거 냉전시대의 대서양관계와 달리 각국의 이해관계에 따른 독자적인 판단의 가능성이 강화되었다는 점도 간과해서는 안 될 것이다.

미국과의 관계에서 독일군의 역외파병문제는 걸프전을 통해 그리고 코소보전쟁과 이라크전쟁을 통해 가시화되었다.[31] 먼저 1990년 8월 이라크의 쿠웨이트 침략으로 시작된 걸프전이 발발하자 미국은 동맹국인 독일의 지지와 참전을 기대하였다. 영국과 프랑스가 참전을 결정한 반면 미국의 기대와는 달리 독일은 병참과 전비만을 지원하였다. 그 이유는 방어 이외의 목적으로 군사력을 사용한 적이 없는 상황에서 독일군의 해외파병에 대한 정치적 명분을 찾기가 매우 어려웠기 때문이다. 걸프전은 UN의 임무가 아니라 UN의 승인을 받은 미국의 임무였기 때문에, 콜 정부로서는 군사력은 UN의 위임을 받아 행사해야 하며 역외지역 밖의 파병은 기본법에 위배된다는 입장을 가진 참전을 반대하는 국민의 여론과 야당인 사민당의 합의를 끌어내기에 역부족이었다. 또한 국내정치 상황으로, 당시 독일은 통일 이후 동·서독 간 통일조약이 협상 중이었으며, 서독과 소련은 동독지역에 주둔하고 있는 소련군의 철수문제를 논의하고 있었다는 점도

31 Ernst-Otto Czempiel, *Wohin mit der Bundeswehr?* (Frankfurt a. M. Hessische Stiftung Friedens- und Konfliktforschung, 1996); Sven B. Gareis, "Militärische Auslandeinsaetze und die Transformation der Bundeswehr," in Thomas Jäger, Alexander Höse, and Kai Oppermann (eds.), *Deutsche Außenpolitik* (Wiesbaden: VS Verlag für Sozialwissenschaft, 2011), pp. 148-170.

그 이유로 꼽을 수 있다.[32]

걸프전을 계기로 독일군의 역외파병문제는 독일 내 격렬한 논쟁을 불러일으켰다. 그러나 1994년 독일 헌법재판소의 독일군 해외파병합헌 결정으로 독일은 국제평화의 증진과 분쟁의 평화적 해결을 목적으로 UN, EU의 외교안보정책, 그리고 NATO와의 협력관계 속에서 평화유지 및 활동에 독일군의 해외파병을 추진하고 있다.[33] 1992년 유고슬라비아 사태 당시 콜 정부는 NATO와 WEU의 공동행동이라는 틀 속에서 세르비아와 몬테네그로에 대한 UN 안전보장이사회의 금수조치를 감시하는 임무에 독일함정과 해군기를 파견하였다. 1993년 UN안전보장이사회의 보스니아-헤르체고비아 비행금지결정을 감시하기 위한 NATO의 위임임무에 독일군이 투입되었으며, UN안전보장이사회의 소말리아에 대한 인도주의적 지원 결의안에 입각하여 1993년 4월 21일 1,700명의 독일군이 UN군의 일원으로 인도적 임무에 참여하였다.

그러나 1999년 코소보전쟁에서의 전투부대의 해외파병은 이상에서 살펴본 국제평화의 증진과 분쟁의 평화적 해결을 위한 해외파병의 사례와는 다른 성격을 띠고 있다. 미국은 코소보전쟁을 통해 군사력 사용을 위임한다는 내용이 없는 UN 안보리 결의안을 관철시키기 위해 세르비아 공습을 감행하였다. 독일은 UN을 배제하고 공습에 반대하던 러시아와 중국을 무력화시켰으며 유럽의 독자적인 안보 움직임을 견제하고 유럽에서의 미국의 헤게모니를 지속하는 데 관건이었던 미국의 결정을 지지하였다. 이에 독일은 1999년 3월부터 6월까

---

32 Nina Philippi, *Bundeswehr Auslandseinsätze als Außen– und Sicherheitspolitisches Problem des geeinten Deutschland* (Frankfurt/M, Berlin, Bern, NY: Peter Lang, 1997).

33 Sven B. Gareis (2011), p. 158.

지 NATO의 세르비아 공습에 참여하였고 세르비아의 코소보 철군 이후 관할지역의 치안 유지를 위해 약 8,500명의 전투부대를 파병하였다. 코소보 파병은 사회민주당과 녹색당의 적녹 대연정 아래 국제사회에서 독일의 책임을 강조하며 군사적 개입이 추진된 것이었다. 이에 코소보 파병은 최초로 독일이 해외지역에 전투 병력을 파병한 예라는 점과 무력사용을 외교안보정책의 수단으로 허용하는 조치였다는 점에서 그 의의를 찾을 수 있다. 또한 슈뢰더 정부는 2002년 아프가니스탄에도 독일군을 파병하게 된다.[34]

이와 같이 코소보전쟁은 유엔 안전보장이사회의 승인 없이 이루어진 인도주의적 개입의 사례로, 독일군의 해외파병은 외교적 수단으로써 군사력 사용의 정당성 문제, 즉 국제정치에서 군사력 사용에 대해 인도주의적 개입이라는 명분으로 정당화될 수 있는가라는 논쟁을 불러일으켰다. 독일은 1994년 기본법을 수정하여 독일군의 해외전투지역 파병의 길을 열었을 뿐만 아니라 후에 테러와의 전쟁수행 과정에서 이라크전쟁에는 반대를 취하지만 아프가니스탄 파병에는 적극적으로 나서는 차별화 전략을 취하고 있다.[35] 독일은 현재 수단(Unmis), 그루지아(Unoming), 에티오피아(Unmee), 레바논(Unifil), 코소보(Kfor), 아프가니스탄(Isaf) 등지에서 EU와 국제사회가 규정한 국제법과 인권의 준수를 위해 군사작전 내지는 그에 준한 군사활동을 수행하고 있다. 이와 같은 움직임은 독일 외교정책의 변화 속에서 독일군의 해외파병 및 국제평화유지 및 안전보장을 목적으로 하는 대외

---

34 군사력 동원이라는 외교정책적 수단을 활용하기 위해 독일 정부는 현재 2001년에서 2015년까지 1,100억 유로를 투자하여 첨단무기와 수송시설을 구축하려는 군사력 증강 프로그램을 진행하고 있다. 장준호(2006), p. 341.

35 Bundesministerium der Verteidigung, *Weißbuch 2006 zur Sicherheitspolitik Deutschland und zur Zukunft der Bundeswehr* (Berlin: Bundesministerium der Verteidigung, 2006).

군사작전이 독일의 국가이익과 어떤 상관관계가 있는가에 대한 질문에 대한 정확한 답을 요구하고 있다.[36] 과거 미국과의 긴밀한 동맹이라는 관계를 중심으로 정책의 우선순위가 이루어졌던 것과는 달리 독일의 국가이익과 국내정치적 영향력이 더 중요하게 부각되고 있는 점은 달라진 독일의 국제적 위상과 함께 미국과의 관계에서 변화된 양상이라 할 수 있는 부분이다.

이라크전쟁: 미국의 일방주의에 대한 비판과 독자적 외교의 시도

미국의 이라크전쟁은 9·11테러 이후 미국의 테러와의 전쟁을 수행하는 과정에서 국제분쟁의 조정자의 입장에서 갈등을 조장하고 위기를 촉발시키며 때로는 자신의 일방적인 판단대로 문제해결을 도모하는 해결사로 미국을 인식하게 하는 계기로 작용하였다. 이라크전쟁의 대표적인 당위성은 이라크가 갖고 있는 대량살상무기의 존재 때문에 선제공격을 통해 자위권을 행사해야 한다는 것이었다. 그러나 독일 정부는 유엔 안전보장이사회의 결의안과 대량살상무기의 증거라는 두 가지 조건이 갖춰지지 않은 상태에서 참전에 반대하는 국민의 여론에 반하는 결정을 내리기 어려웠다. 따라서 독일의 입장은 국제분쟁의 해결과정에서 드러난 미국의 일방주의에 대한 비판적인 입장을 보였다. 또한 독일 국민의 대다수는 이라크전쟁의 명분과 관련 독일 국민 다수가 정당한 전쟁이 아니라는 인식이 커져갔다. 다시 말해, 이라크전쟁을 석유자원의 안정적인 확보와 중동지역에서의 친미 블록

36 Stefan Fröhlich, "Deutsche Außen- und Sicherheitspolitik im Rahmen der EU," *Aus Politik und Zeitgeschichte* 43 (2008), p. 16; Franco Algieri, "Deutsche Außen- und Sicherheitspolitik im europäischen Kontext: Das abnehmende Strahlen der Integrationsleuchttuerme," in Thomas Jäger, Alexander Höse, and Kai Oppermann (eds.), *Deutsche Außenpolitik* (Wiesbaden: VS Verlag für Sozialwissenschaft, 2011), pp. 126-147.

구축 및 중동지역 정치구도 재편 등을 위한 전쟁이라 생각했으며, 독일의 참전에 반대의사를 가지고 있었다.

이와 같은 이유로 냉전 종식과 독일 통일 이후 강력한 민주주의와 경제력을 가진 독일의 새로운 역할에 대하여 진지하게 고민하고 있던 슈뢰더 정부는 미국의 이라크전쟁에 반대했으며, 베를린이 독일의 외교정책을 결정한다는 "독일의 길(deutscher Weg)"을 통해 독일의 국제적 역할을 확대하겠다는 의지를 분명히 하였다.[37] 즉 테러와의 전쟁을 수행하는 과정에서 군사조치가 아닌 근본적인 문제의 해결방안을 제안한 것이다. UN의 권위와 활동을 강화하여 글로벌 거버넌스와 인권을 보호하고 국제협력을 기반으로 국제 경제적 문제를 체계적으로 해결하는 등 새로운 방법으로 국제적 책임 및 국제안보, 군사 면에서 미국에 대한 공동발언권을 요구하였으며, 국제위기 관리 및 국제분쟁 지역의 군사작전에 참여하는 등 과거와는 다른 행보를 계속하였다.

독일의 이라크전 참전 반대의사 표명은 한편으로 독일이 국제정치 전략에서 기준이 되었던 대미동맹의 공고화와 대서양주의의 원칙이라는 규정력에서 탈피함을 의미한다. 다른 한편으로는 이라크전쟁을 계기로 헤게모니 국가 미국에 대한 동의와 다자주의적 협력에 기초한 것이 아닌, 패권국 미국의 강제와 일방주의적 행동에 대한 반대라는 독일의 단호한 의사표명이라 할 수 있다. 9·11테러와 2003년 이라크전쟁 이후 시작된 새로운 국제정치 환경 하에서 미국은 세계 유일의 패권국가로서 미국의 역할 규정과 테러와의 전쟁과정에서 예방을 위한 선제공격을 정당화하는 부시 독트린을 기본전략으로 하는 미국의 일방주의적 정책결정은 UN을 통해 갈등을 평화적으로 해결

37 고상두, 「독일통일 이후 대서양 동맹의 변화」, 『유럽연구』 27권 3호(2009), p. 28.

하고자 하는 다자주의적 방식과 충돌하였다. 이 과정에서 독일의 입장은 UN을 중심으로 하는 국제사회의 연대를 중요시하고, 합의를 도출하는 데 있어 보다 적극적인 유럽의 역할을 모색하고자 한 것이며, 이는 기존의 유럽과 미국관계의 변화를 시사하였다. 기존 동맹관계가 균열을 보이기 시작한 것이다.

슈뢰더 정부는 미국 주도의 단일체계를 기회가 아니라 위협으로 인식하고 프랑스, 러시아, 중국과 더불어 세계에서 미국의 영향력 확대를 저지하는 대항세력을 형성하여 팍스 아메리카를 해체하려고 하였는데, 바로 이러한 사실이 미국과 독일관계를 악화시킬 수밖에 없었다.[38] 미국과 유럽 사이에서 균형정책을 추구하였던 기존 독일의 정책과는 달리 슈뢰더 총리는 이라크전쟁을 계기로 명분 없는 전쟁을 수행하고 있는 미국의 일방적 요구에 맞서 독일의 국익을 추구하고자 하였다. 또한 이라크전쟁에서 보편적 가치와 기준, 그리고 국제사회의 동의를 구하지 않은 미국의 일방주의적 주장과 행태를 둘러싸고 유럽은 '구유럽(old Europe)'과 '신유럽(new Europe)'으로 분열되어 대립하는 양상까지 보였다. 이라크전쟁에서 보여준 프랑스와 독일 주도의 소위 '구유럽'의 미국에 대한 반대 입장에서도 극명하게 나타나듯이, 미국의 대이라크전쟁 외에도 이란 핵문제, 유럽의 독자방위 구축문제, 중동문제 등 여러 현안에서 견해차가 뚜렷하게 나타나고 있다. 이는 과거 대서양관계와는 다른 양상을 보이고 있다는 점은 주목할 부분이다.[39]

---

38 장준호(2006), p. 342.

39 Jeffrey Anderson, John Ikenberry, and Thomas Risse (eds.), *The End of the West. Crisis and Change in the Atlantic Order* (Ithaca/London: Cornell University Press, 2008).

NATO와 EU의 외교안보정책: 프랑스와의 협력으로 유럽의 독자성 확보

냉전 종식 이후 NATO와 EU는 역내의 전략적인 안보문제에 대해서 상호보완적인 동반자 관계를 형성해왔다. 그럼에도 새로운 세계 질서와 변화하는 안보환경에 대한 대서양 양안의 견해차이 역시 감지되어질 수 있다. NATO가 보장하는 집단안보체제에 대한 신뢰감이 대서양 양안의 회원국들에게 동맹의 핵심 사안으로 남아 있지만 역내외의 안보 상황에 대한 시각차가 점차 두드러지게 나타나기 시작하였다. 미국에 의존되었던 유럽안보체제에서 탈피하여 역내의 분쟁 발생시 유럽이 독자적으로 위기에 대응할 능력을 강구해야 한다는 필요성이 증대하였다. 반면 미국은 기존 NATO를 통한 전통적인 대유럽안보협력과는 달리 9·11테러 이후 대테러전쟁의 수행과정에서 대테러전쟁, 대량살상무기 확산금지정책, 민주주의와 인권존중, 개방된 국제무역질서의 유지 등 변화된 국제안보환경과 새로운 안보위협에 효율적으로 대처하기 위해 이러한 안보협력의 대상으로서 EU의 가치를 인정하고 EU의 적극적인 동참을 요구하였다.

따라서 새로운 안보위협에 적극 대응하기 위해 미국과 유럽 안보의 중추적인 역할을 해온 NATO와 EU의 협력의 제도화문제가 제기되었다. 또한 글로벌 안보이슈에 대한 국제공조과정에서 다자주의 및 외교적 방법을 통한 국제문제의 해결방식을 강조하고 이를 통해 유럽의 안보 및 방위문제를 유럽의 자율성을 강조하는 유럽주의와 힘에 근거한 미국식 일방주의 사이에 마찰과 갈등은 불가피해 보였다. EU의 확대와 심화 과정 속에서 독일은 프랑스와의 협력을 통해 '독자적인' 공동의 외교 및 안보정책을 발전시키고자 하였다. 독일이 '유럽안보의 유럽화'를 위해 프랑스와의 협력을 중시하는 과정에서 미국과 프랑스의 가교역할을 하면서 기존의 대미 동맹관계는 도전에 직면해 변화될 수밖에 없었다.

유럽의 독자적인 안보정책은 1998년 6월 비엔나 EU 회담과, 1998년 12월 영국과 프랑스의 생말로 선언(St. Malo Declaration), 독일 쾰른 EU 정상회담에서 구체화된 유럽공동안보방위정책 선언(Declaration of the European Policy on Security and Defence)을 통해 중요한 전기를 마련한 바 있다. 이후 2003년 테살로니키, 브뤼셀 정상회의에서는 유럽안보전략을 발전시켰으며, 보스니아·헤르체고비나에서 첫 번째 경찰업무를 비롯하여 마케도니아와 콩고에서 군사적·자발적 업무를 수행하였다. 아울러 공동의 군사력과 군사기구의 설치가 활발하게 논의되었으며, 유럽 내 분쟁시 유럽의 독자적인 위기대응능력을 제고하는 시도들이 뒤따랐다. 이를 통해 EU가 주도하는 작전에서 NATO의 자산을 사용할 수 있도록 하는 초기 안보협력이 모색되기에 이르렀다.[40] 더 나아가 EU의 안보 및 방위정책의 중요성이 강조되고 새로운 업무영역이 추가됨에 따라 비군사적인 측면에서의 위기해결을 담당하는 부서와 비군사적·군사적 업무를 수행하는 부서가 신설되었다.[41] 그리고 유럽방위청, 유럽연합위성센터, 유럽연합안보연구소 등이 새롭게 신설되어 기존 EU의 안보 및 방위정책 업무수행을 주관하는 군사기구들과 협력하고 있다. 9·11테러 이후 미국은 기존 NATO에 의

40 Paul Cornish and Geoffrey Edwards, "Beyond the EU/NATO Dichotomy: The Beginnings of a European Strategic Culture," *International Affairs* 77-3 (2011), pp. 587-603.

41 EU는 공동의 외교안보정책을 전담하는 기구로서 대외정책 고위대표(High Representative of Foreign Policy)를 신설하고, 유럽지역 안보와 평화유지에 기여해온 서유럽동맹(West European Union, WEU)을 EU의 방위기구로 통합하였으며, 방위 산업분야에서의 협력과 통합을 적극적으로 추진하였다. 또한 국방장관회의의 정례화와 상설군사기구인 EU 정치안보위원회(Political and Security Committee), 군사위원회(Military Committee), EU 군사참모조직(EU Military Staff) 등을 신설하여 군사적 통합 지휘체계를 구축하였다. 그뿐만 아니라 NATO와의 협력을 강화하여 유럽안보방위구상(European Security and Defence Identity)을 통해 NATO/EU 간의 정례화된 협의채널이 구축되었다. 박채복(2002), p. 149.

존한 전통적인 대유럽안보협력 노력과 더불어 대테러전쟁, 대량살상무기 확산금지정책, 민주주의와 인권존중, 개방된 국제무역질서의 유지 등 변화된 국제안보환경과 새로운 안보위협에 EU의 적극적인 동참을 요구하고 있다.

2003년 슈뢰더 총리, 프랑스의 시라크 대통령과 영국의 블레어 총리는 NATO에 의지하지 않고 공동의 군사행동을 계획하고 통제하는 능력을 갖춘 유럽군(EUFOR)의 창설에 합의하였다. 실제로 2004년 12월 초 보스니아-헤르체고비나 지역에서 유럽군은 NATO로부터 통제권을 인수함으로써 처음으로 EU 차원에서 군사적 통제를 실현시킬 수 있었다.[42] EU는 국제사회가 요구하는 임무와 역할을 받아들이며, 새로이 글로벌한 행위자로서 유럽의 위상을 강화하려는 정책을 적극적으로 추진하고 있다. 특히 이란 핵문제, 아프가니스탄에서의 EU의 적극적인 참여과정에서도 나타나듯이 새롭게 재편된 국제안보환경은 유럽대륙에 평화와 번영이라는 비전을 제시했지만, 동시에 유럽에만 국한된 외교안보정책의 한계를 명확히 인식하게 하였다.[43] 또한 2003년 유럽안보전략의 채택은 중·동유럽 국가들로의 성공적인 확대 이후 국제문제에 보다 적극적으로 대처하고 국제안보문제에 대한 적극적인 입장을 취하려는 EU의 인식의 변화와 맥을 같이하고 있다. 이 과정에서 EU는 대테러전쟁과 대량살상무기 반확산 및 비확산 정책을 추진하고 있는 미국의 국제적 지위를 인정하고 있다. 이와 함께 유럽적 가치를 중심으로 한 자신의 입장을 조심스럽게 피

---

42 Gregor Schöllgen, "Deutsche Außenpolitik in der Aera Schröder," *Aus Politik und Zeitgeschichte* 32-33 (2005), p. 6.

43 Stefan Fröhlich, *Die EU als globaler Akteur: Eine Einführung* (Wiesbaden: Nomos, 2008), pp. 250-251.

력하고 있다는 점이다.[44]

4. 결론: 미국-독일 관계의 전망 및 유럽통합에 미칠 영향

오바마 행정부 등장 이후 미국은 자신의 외교정책의 변화에서 가장 큰 현안 중 하나인 경제문제 해결 및 독일과의 새로운 대서양 동반자 관계 설정과 글로벌 안보협력에 관련된 유럽 특히 독일과의 관계의 중요성은 더욱 증가되고 있다.[45] 2005년 11월에 집권한 앙겔라 메르켈(Angela Merkel) 총리의 등장으로 독일의 국내정치 상황의 변화를 넘어서 독일의 대외정책뿐만 아니라 유럽 전체의 면모에 상당한 변화를 가져왔다. 메르켈 총리는 유럽통합과 대서양 동맹을 '독일 외교의 두 축'이라고 규정하고 소원했던 대미관계를 개선하겠다는 의지를 확실히 했으며, 독일이 미국과 유럽의 가교역할을 다시금 떠맡아야 한다고 강조하였다. 메르켈 총리는 슈뢰더 정부가 미국과 이라크전쟁을 둘러싸고 첨예한 갈등을 겪으면서 외교적 위기를 자초했다고 슈뢰더 정부의 반미적 행보를 예리하게 비판해왔다.[46] 메르켈 총리는

44 Jeffrey Anderson, "The Sovereign Foundations of Transatlantic Crisis in the Post-9/11 Era," in Jeffrey Anderson, John Ikenberry, and Thomas Risse (eds.), *The End of the West. Crisis and Change in the Atlantic Order* (Ithaca/London: Cornell University Press, 2008), pp. 210-211.

45 Barack Obama, "Renewing American Leadership," *Foreign Affairs* (July/August 2007), pp. 2-16; Daniel S. Hamilton, "Obama und Europa," *Aus Politik und Zeitgeschichte* 4 (2010), pp. 20-24.

46 2006년 초 공식적인 미국 방문을 통해 메르켈 정부는 미국 주도 이라크전쟁에 대한 독일의 반대로 껄끄러워진 양국관계에 새로운 우호적인 분위기를 마련하고자 하였다. 또한 메르켈 총리는 국제무대에서 자신의 입지를 굳힐 수 있는 기회로 미국 방문을 적극 활용할 것이라고 여겨진다. Markus Kaim, "Präsident Obama und die transatlantischen Sicherheitsbeziehungen," *Aus Politik und Zeitgeschichte* 15-16 (2009), pp. 9-15.

슈뢰더 정부가 전통적인 미국과의 협력관계를 프랑스와 러시아와의 밀접한 협력으로 위태롭게 했다고 보고 파리와의 유대 및 협력관계를 발전시켜나가는 것도 중요하지만 이와 함께 미국과의 관계에 있어서 새로운 돌파구를 모색해야 한다는 점을 분명히 하였다. 메르켈이 하원에서 총리직 선출 이후 서둘러 전통적인 EU의 핵심 국가인 프랑스와 영국을 방문하여 기존의 대 EU 정책기조를 유지하겠다고 공언하여 독일의 외교정책의 기본방향은 변화가 없을 것이라는 견해를 뒷받침하고 있다.

EU는 경제적으로는 세계 금융위기로 인한 충격과 경기침체로 인한 해결책을 모색함과 동시에 정치적으로는 EU의 개혁에 대한 제도적 통합의 심화와 확대과정에서 많은 도전에 직면해 있다. 또한 공동의 외교안보정책을 수행하는 과정에서 미국과의 새로운 대서양 협력관계를 설정하는 문제와 글로벌 안보환경의 변화에 따른 EU의 적극적인 동참과 분담을 요구에 따른 합의문제를 어떻게 조화롭게 해결할 수 있을 것인가 선택의 기로에 서 있다고 할 수 있다. 이 과정에서 유럽의 독자적인 안보요구와 충실한 NATO의 동반자로서 역할 간의 괴리가 발생할 경우 과연 독일은 어떠한 선택을 할 수 있을까 하는 점은 향후 미국-독일 관계의 발전방향을 전망하는 데 매우 중요한 단초를 제공한다.

독일은 변화된 안보환경에 적극적으로 대응하는 과정에서 미국과의 관계변화와 이에 따른 새로운 안보전략을 충실하게 수행해나가면서 국제안보의 중요한 행위자로서 사안과 현안에 따라 자신의 이익을 최대한 관철시켜 나가는 데 집중할 것이다. 또한 미국과는 달리 독일은 다자간의 대화와 협력을 통한 지역안보의 보장과 다자적 경제협력체제의 기본 틀 구축과 시민적 권력(civilian power)으로서 다자주의적 국제안보체제 형성을 위해 자신의 역할과 책임을 다하고자 할 것이다.[47] 이 과정에서 대테러전쟁과 대량살상무기 반확산·비확산 정책을 추진하고 있는 미국의 국제적 지위를 인정하고 있지만, 독일은 유럽적 가치를 중심으로 한 자신의 입장을 조심스럽게 피력하고자 할 것이다. 물론 미국과 독일의 글로벌 안보전략에 근본적인 견해 차이가 존재한다. 그럼에도 실용주의적 다자주의의 틀 속에서 미국은 기존의 독일과의 협력관계를 저해하지 않는 수준에서 다양한 현안에 대한 유럽과의 협력을 어떻게 증진시켜나갈 것인가가 관건이 될 것이라 본다.

47 Franco Algieri (2011), p. 134.

4장

미국-영국 관계와 유럽통합: 영국의 유럽공동체 담론

조은정

1. 서론

이 장에서는 프랑스와 독일에 이어, 영·미의 '특별한 관계(special relations)'가 유럽통합에 어떠한 영향을 미쳤는지 살펴보고자 한다. 지난 백 년의 대서양 양안 관계사에서 유럽과 미국은 나치 독일, 소련과 공산주의, 테러리즘이라는 세 번의 공동의 적을 맞아 함께 세 번의 전쟁을 치렀고 그때마다 공고한 동맹관계를 과시하였다. 그 동맹관계의 중심에는 언제나 영·미의 특별한 관계가 자리하고 있었음은 널리 알려진 사실이다.[1] 2차 세계대전까지만 해도 이 둘의 정치적 협력관계는 나치 독일이라는 공동의 적을 물리치는 데 효과적인 구심점으로서

---

1 영·미 관계의 시작은 영국 청교도들이 미국으로 건너간 순간부터라고 볼 수도 있지만, 이들의 관계가 국제정치에서 오늘날과 같은 유의미성을 띠게 된 것은 미국이 영국에 이어 세계 패권으로 등장한 2차 세계대전 직후라고 보는 것이 더욱 적절할 것이다. 특히 영국과 유럽통합운동과의 관계를 살피기 위한 이 장의 목표와도 시기상 부합하므로 이 장에서 영-미-유럽의 삼자 동학은 냉전시대 이후로 초점을 맞추어 논의하도록 한다. 이 같은 시기 구분은 현대 영·미 관계 연구에서 흔히 발견되며 여기에 대한 보다 자세한 설명은 다음의 연구를 참조. David Reynolds, "A 'special relationship'? America, Britain and the international order since the Second World War," *International Affairs* 62-1 (1985), pp. 1-20.

서유럽 동맹국으로부터 환영을 받았다. 그러나 2차 세계대전 후 두 신구 패권의 특별한 관계는 오히려 나머지 동맹을 긴장시키는 결과를 낳았고, 유럽지역 패권경쟁을 심화하였다. 이러한 영·미 협력관계는 영국이 유럽지역 협력에 참여할 필요성을 희석시켰다는 비판을 낳았으며 특히 초기 유럽통합의 주역들은 영국-유럽 관계가 영국-미국 그리고 영국-영연방과의 관계와 경쟁상태에 있다고 보았다.[2] 그러나 과연 영·미의 특별한 관계가 영국의 유럽통합운동에 대한 소극적 혹은 회의적 태도를 낳은 것일까? 혹시, 영국이 유럽통합에 대한 일관되지 못하고 무관심한 태도를 견지한 데에 다른 이유는 없을까? 오히려 영·미의 특별한 관계가 영국의 유럽통합운동을 독려하는 긍정적 역할을 한 부분은 없을까?

이러한 문제의식 아래 이 장에서는 영국 외교정책에서 미국과의 관계 강조가 영국의 유럽통합에 대한 태도를 결정하는 데 어떠한 영향을 미쳤는지 알아보고자 한다. 이를 위해 우선 미국-유럽 관계 이외에도 세계대전 후 영국의 유용 가능한 정치적 자원에는 무엇이 있었는지 윈스턴 처칠(Winston Churchill)의 '세 개의 교차하는 원' 개념을 빌려 영국 정치에서 영연방주의, 대서양주의, 유럽주의 사이의 정책경쟁을 탐색한다. 이는 영국의 유럽통합에 대한 태도를 결정하는 데 다른 요인이 있었는지를 밝히는 데 도움을 줄 것이다. 뒤이어, 이 세 힘의 자원 중에서 대서양주의, 즉 영·미 관계의 발전을 양국의 주

2 Paul-Henri Spaak, translated by Henry Fox, *The Continuing Battle: Memoirs of a European 1936-1966* (London: Weidenfeld and Nicolson, 1971); Charles de Gaulle, translated by Terence Kilmartin, *Memoirs of Hope: Renewal and Endeavor* (NY: Simon & Schuster, 1972); Jean Monnet, translated by Richard Mayne and George Ball, *Memoirs* (NY: Doubleday & Company, 1978); Stephen George, *An Awkward Partner: Britain in the European Community* 2nd edition (Oxford: Oxford University Press, 1994), p. 15.

요 정치지도자들의 담화를 분석함으로써, 미국이 어떻게 위의 영국 정치의 전통적 선호도에 영향을 미치고, 영국 정치 내적 갈등을 심화시켰는지, 그리고 영·미 관계가 어떻게 세계적 차원에서 '냉전'과 지역적 차원에서 '통합'이라는 두 가지 과제 해결을 위한 고민을 공유했는지 조망한다. 첫 두 토론에서 영·미 특별한 관계의 실체적 존재 가능성을 증명하고자 시도하였다면, 본문의 마지막에서는 보다 구체적으로 영국의 미국과의 긴밀한 동맹체제가 영국의 유럽통합에 대한 태도에 어떠한 영향을 미쳤는지를 1973년 영국의 유럽공동체 가입과 최근 더욱 불거진 탈퇴 논의를 들어 살펴본다. 마지막으로, 영국을 포함한 미국-유럽 관계 분석을 통해 유럽통합과 미국의 관계를 양자관계로 보는 단선적 시각에서 벗어나 보다 다각적이고 입체적인 분석틀 마련에 기여하기를 바라며 결론을 맺는다.

2. 처칠의 '세 개의 교차하는 원'과 영국의 국제정치적 자산[3]

제국의 유산과 새로운 정치적 자원

1945년 2차 세계대전이 완전히 끝나고 승전의 영광도 잠시, 여느 서유럽 동맹국과 마찬가지로 끝도 보이지 않는 전후 복구 사업이 영국을 기다리고 있었다. 서유럽 국가들이 전후 복구 사업을 미국의 세계질서 전략안에 따라 유럽지역 협력으로 가닥을 잡은 것과 달리, 영국은 스스로 전후 영국이 유용 가능한 정치적 자원에 대한 이해와 그

3 '세 개의 교차하는 원'은 'three circles of power'를 번역한 것으로, 한국어 번역은 다음의 기존 연구에서 빌려왔다. 안병억, 「유럽과 '함께' 그러나 유럽에 '속하지 않은' 영국」, 통합유럽연구회 편, 『인물로 보는 유럽통합사』(책과함께, 2010), pp. 185-200, p. 196, p. 199.

선호도를 정책에 반영할 준비가 되어 있었다.[4] 대표적인 영국의 주요 전후 정치적 자산으로는 영연방주의, 유럽주의, 그리고 대서양주의가 있었다. 이 세 가지는 20세기 초에 식민지 경영의 경험이 있으면서 2차 세계대전과 냉전 동안 미국과 함께 동맹이었던 서유럽 국가들에서 공통적으로 도출할 수 있는 요소일지 모르나, 이 셋의 배합은 제각기 달랐다. 가령, 프랑스가 '불어권 국가들과의 관계'와 '미국과의 관계'를 '유럽주의'로 품었다면, 영국은 '영연방국가와의 관계'와 '유럽주의'를 '미국과의 특별한 관계'에 바탕을 둔 '대서양주의'로 풀어내었다고 이해된다. 이처럼 프랑스를 비롯한 유럽통합에 참여한 서유럽 국가들과 구별되는 영국의 자국의 전후 국제정치적 역할에 대한 이해와 그 역할에 따른 정책 선호도는 처칠의 '세 개의 교차하는 원(three circles of power)' 개념을 빌려 설명해볼 수 있겠다.[5]

1948년 웨일즈 랄란두드노(Llandudno speech) 연설에서 처칠은 전후 영국 외교정책이 우선적으로 중점을 둘 지향점을 세 가지로 요약하였다.[6] 첫째, 영연방주의(the British Commonwealth)이다. 내부적으로

4 이 장에서 국가재건사업 'nation building'은 전후복구사업처럼 단순히 부서진 건물을 다시 짓고 끊겨진 다리를 연결하는 것에서 나아가 국가 공동체의 정체성을 다시 정립하는 것도 포함한다. 유럽지역협력의 아이디어는 간전기 그리고 그 이전에는 18세기 계몽기로 거슬러 올라가는 유럽 자생적인 정치 비전이었다면, 2차 세계대전 후에는 미국의 마샬 플랜에 따른 원조 물자를 효율적으로 배분하기 위한 직접적 필요가 유럽통합운동에 대한 유럽인의 정치적 결단과 미국의 적극적인 지원을 앞당기는 데 큰 역할을 하였다.

5 David Reynolds, "The Special Relationship: Rethinking Anglo-American Relations," *International Affairs* 65 (1989), pp. 89-111, p. 102; Frederick S. Northedge, "Britain's Place in the Changing World" in Michael Leifer (ed.), *Constraints and Adjustments in British Foreign Policy* (London: George Allen and Unwin, 1972), pp. 192-208; Christopher Hill, "The Historical Background: Past and Present in British Foreign Policy," in Michael Smith, Steve Smith and Brian White (eds)., *British Foreign Policy: Tradition, Change and Transformation* (London: Unwin Hyman, 1988), pp. 24-49.

6 처칠, 보수당 집회(the Conservative conference) 1948년 10월 9일 연설, Neville J. Crowson, *The Conservative Party and European Integration Since 1945: At the Heart of Europe?* (Abingdon

종전과 더불어 구식민지들이 독립을 하고 영국 제국은 해체의 수순을 밟았지만 영국은 영연방이라는 공동체 개념을 사용하여 이들과 정치·경제적 연대를 이어갈 발판으로 삼았다. 신생 독립국들에 정치적으로 영국식 의회 민주주의를 전파함으로써 국제정치에서 영국에 우호적인 세력을 키우는 한편, 경제적으로는 영연방 국가들에 최혜국대우를 부여하여 이들이 농산물과 가내수공품, 원자재 등을 안정적으로 수출할 판로를 열어준 동시에, 영국 자국민들에는 값싼 먹거리를 제공하여 국내가정 경제안정을 도모할 수 있는 중요한 경제적 기반이 되었다. 나아가 복구사업에 참여할 인력이 부족하자, 영연방 국가 국민에게 우선으로 이민을 허용하면서 영국 국내 노동시장의 수요 공급을 보다 탄력적으로 운영할 수 있었다. 덕분에 내부적으로는 전후 복구를 보다 일찍이 마무리 짓고, 대외적으로 전후 세계 질서 개편에 관심을 쏟을 수 있는 중요한 정치·경제적 기반이 영국에 마련되었다.

처칠이 생각한 전후 영국 외교정책에서 또 다른 중요한 힘의 축은 미국으로 대변되는 영어권 자유주의 국가와의 관계, 즉 대서양주의다. 20세기 초반만 하더라도 앵글로색슨 민족체(Anglo-Saxondom)로 종종 귀결되는 문화, 역사 그리고 인종적 정체성에 기반을 둔 역사적 전통 내지는 심리적 연대에 가까웠다. 그러다가 두 국가의 의도와 방향성을 띤 보다 일관성 있는 정책의 형태로 발전하게 된 것은 2차 세계대전 발발 당시로 거슬러 올라갈 수 있다.[7] 미국은 사실 많은 아메리카 주변국들과 특별한 관계라고 부르는 양자관계를 맺고 있었다.

---

and NY: Routledge, 2007), p. 17, pp. 72-76, p. 108; Stephen George (1994), pp. 14-15.

7 John Dumbrell, *A Special Relationship: Anglo-American Relations in the Cold War and After* (Basingstoke and NY: Palgrave Macmillan, 2001), p. 8.

영·미 관계가 '특별'한 이유는 2차 세계대전 내내 가장 긴밀한 군사 동맹관계를 유지하면서 영국은 단순히 미국-유럽 관계의 가교가 아니라, 신생 헤게모니 미국에 정책 조언자로서, 함께 작전을 수행하는 동료로서 미국과 특별한 우의를 다져왔기 때문이다. 또한 영·미의 양자관계는 여타 유럽 국가와 미국과의 관계와도 구분되는데 이는 영국이 미국을 도와 2차 세계대전 후 새로운 세계 질서를 세우는 데 없어서는 안 될 조력자의 역할을 하였다는 점이다. 영·미에게는 전쟁은 끝이 아니라 다시 시작이었다. 소련과 공산주의의 위협이 세계를 다시 긴장시켰고, 동시에 영·미를 결집시켰다. 이런 점에서 냉전은 미국-소련의 패권 경쟁은 곧 체제 경쟁으로 비화되었다. 분명, 가시적이고 분명한 적의 존재와 영·미의 동지의식은 양 진영 모두 효율적인 경제·군사 체계확립을 서두르는 데 기여하였다. 그 결과, 경제적으로는 브레튼우즈 체제, 군사적으로는 NATO가 냉전기 서구의 새로운 세계 질서와 표준을 세우는 데 주춧돌 역할을 하였다. 영·미 양자관계는 이처럼 냉전 초기 세계 질서 개편에 동참했다는 점에서 미국의 어느 여타 양자관계와 구분된다.

처칠이 제시한 전후 영국 외교정책에서 마지막으로 중요한 고리는 유럽주의이다.[8] 전장으로 황폐화된 유럽 대륙에 비해 비교적 적은 전쟁 피해를 입은 영국경제가 빠르게 회복함에 따라 전후 유럽은 한동안 영국의 주요 수출시장이었고 이는 영국이 국제 경쟁력을 키우는 데 중요한 발판이 되었다. 정치적으로도 영국 총리 처칠은 전후 많은 연설에서 2차 세계대전에서 적과 아군으로 나뉘었던 유럽인들이 새로운 시대에 새로운 관계를 창출할 필요성을 강조함으로써 새로운 형태의 범 유럽 협력에 대한 희망을 불어넣었다. 가령 1946년

8 안병억(2010), p. 196.

처칠이 미국 풀턴(Fulton) 연설에서 새로운 유럽공동체의 필요성을 역설한 것이나, 1949년 유럽 평의회에서 유럽 공동의 정체성에 호소한 것이나 이는 유럽 협력을 고취시키는 동시에 영국이 유럽의 일부로 그들의 유럽통합 동참에 대한 의지로 이해되었다.[9] 그러나 처칠은 이미 1930년에 쓴 글에서 1929년 프랑스 외무장관 아리스티드 브리앙(Aristide Briand)이 독일에 제안한 EU 안에 지지를 보내면서도, 영국은 유럽 대륙의 통합운동에 동참은 하겠지만 그 움직임에 속하지는 않는다고 선을 그은 바 있다.[10] 2차 세계대전이 끝난 1946년 취리히 대학에서 가진 연설에서도 유럽이 앞장서서 자신의 미래를 설계해야 하며 그 방법으로 유럽통합을 장려하면서도 어디까지나 영국은 통합 유럽과 '친구'일 뿐 유럽의 일부는 될 수 없음을 넌지시 표현하였다.[11] 이는 그가 1951년 유럽석탄철강공동체 가입을 거절하며 남긴 연설에 가장 잘 나타난다.

> 우리에게는 우리만의 꿈과 달성할 과업이 있다. … 또한 우리는 유럽에 관심이 있고 긴밀한 관계를 맺고 있지만 거기에 포함되지는 않을 것이다.[12]

---

9 Winston Churchill, "Sinews of Peace (the Iron Curtain Speech)" at Westminster College in Fulton, Missouri on March 5, 1946; Winston Churchill, "Speech at the Council of Europe," August 17, 1949, Strasbourg, http://www.winstonchurchill.org/learn/speeches/speeches-of-winston-churchill/1946-1963-elder-statesman(검색일: 2013. 7. 27.).

10 안병억(2010), p. 194.

11 처칠의 취리히 연설문, http://www.churchill-society-london.org.uk/astonish.html(검색일: 2013. 10. 10).

12 "We have our own dream and our own task, We are with Europe, but not of it. We are linked but not combined. We are interested and associated but not absorbed," Winston Churchill, 유럽석탄철강공동체의 가입을 거절하는 연설 중 일부, 파리, 1951, http://www.churchill-society-london.org.uk(검색일: 2013. 10. 11).

처칠은 유럽회의주의자는 아니었지만 영국의 주권을 가장 중심된 가치로 여기는 현실주의자였다. 처칠의 유럽에 대한 이 같은 양면적 혹은 모순적 태도는 '무엇보다 냉전이라는 환경 아래서 소련을 견제하기 위한 제안이라고 분석할 수 있을 것이다.'[13] 이 같은 처칠의 생각은 보수당과 노동당을 막론하고 이후 영국 정치에서 지속된 흐름으로 나타나, 영국 대외정책에서 영국의 대유럽정책은 여타 중요한 외교원칙이나 지역전략들과 경쟁 속에서 영국의 자국 실리 우선주의 아래 정치상황과 국제환경에 따라 '유연'하게 적용되는 경향이 발견된다. 그 결과, 영국의 대유럽정책은 일관되지 않을 뿐만 아니라, 혹은 일관되게 '기회주의적'이거나 '소극적' 혹은 '회의적'인 것으로 이해되었다. 혹은 영·미 관계와 비교할 때, 영국은 유럽에 대해 오히려 '무관심'과 '무정책'에 가까운 것으로 평가되었다. 한편, 크리스 기포드는 2차 세계대전 이후 영국에서 유럽회의주의가 발전한 이유를 전후 영국 정당체제의 위기와 대중영합주의의 발전에서 찾고 있다. 하락하는 투표율에도 여전히 통치의 중심에 선 기존의 양당체제는 그들의 통치행위의 정당성을 확보하기 위해 특정 계급이나 계층 대신 국민 전체를 대표하도록 노선 변경이 필요했고 이는 필연적으로 정당이 기존의 고수하던 정책들을 버리고 대중에 영합하는 정책을 선택할 수밖에 없었다는 설명이다.[14] 이 같은 영국 정치문화에 내재된 정책적 유연성은 외부에서 전후 영국의 외교정책 정체성을 파악하는 데 혼란을 주었다. 이는 지금까지도 영국이 유럽통합에서 어떠한 역할을 하고 있는가를 설명할 때 '소극적 유럽인(reluctant Europeans)'이나

---

13 조홍식, 『유럽통합과 '민족'의 미래』(푸른길, 2006), p. 145.

14 Chris Gifford, "The Rise of Post-imperial Populism: The Case of Right-wing Euroscepticism in Britain," *European Journal of Political Research* 45 (2006), pp. 851-869.

'어색한 동반자(an awkward partner)' 같은 수식어가 따라다니는 이유이다.[15]

정리하면, 처칠이 아데나워에게 그려준 세 원의 교차 지점 한 가운데에 영국이 위치하고 있는 것으로부터 다음과 같은 함의를 찾을 수 있다. 첫째, 영국이 다양한 행위자와 관계 맺기를 주체적으로 주도하고자 하는 의지를 엿볼 수 있다. 즉, 이는 관계를 맺고 끊음이 영국의 의지에 달려 있음을 뜻한다. 전통적으로 영국은 유럽에 편 가르기와 전쟁이 빈번하던 시절에도 어느 동맹에도 완벽하게 귀속되어 있지 않으면서, 동시에 양쪽 모두와도 긴밀한 관계를 맺고 있는 '시계추(swing power)' 혹은 '무게 중심(balancer)'으로서 독특한 국제정치적 입지를 다져왔다.[16] 이 점에서, 오늘날 미국과 유럽, 혹은 대서양주의와 유럽주의를 모두 품고 있는 영국의 외교정책은 전통적인 '균형자' 역할의 연장선에 있다고도 해석해볼 수 있다. 둘째, 이 세 원에서 영국은 세 행위자와의 공통분모로써, 영연방주의와 대서양주의와 그리고 유럽주의 모두 영국 없이는 완전체로 구성될 수 없음을 보여준다. 각각의 관계에서 영국은 중요한 구심점이고, 동반자이며, 지지자이다. 영국의 지도력 없이 영연방이 구성될 수 없으며, 영·미 양자관계에서 영국 없이 또한 관계가 성립되지 않으며, 영국과의 협력과 경쟁 없이 유럽주의가 완성될 수 없을 것이다. 셋째, 그림에서 교차하는 세 정책적 기조가 동시에 함께 추구되는 복합적 선호도가 있음을 알 수 있지만, 이 세 정치적 자원 간의 우선순위는 알 수 없다. 일부에서는

15 David Gowland and Arthur Turner, Reluctant Europeans: Britain and European Integration 1945-1998 (London: Longman, 1999); Stephen George (1994).

16 David Reynolds (1991), pp. 89-111, p. 94; John Dickie, *'Special No More': Anglo American Relations: Rhetoric and Reality* (London: Weidenfeld and Nicolson, 1994), p. x.

냉전 동안 영국이 취해온 친대서양주의 정책을 비추어 처칠이 발언한 순서대로 영연방주의와 대서양주의를 유럽주의보다 우선시했을 것이라고 그의 선호도를 미루어 짐작하기도 한다.[17] 그러나 이론적으로 세 가지 선호도가 중복된 구조적 모호함은 한편으로 상황에 따른 정책적 우선순위 변동을 보다 자유롭게 하지만 다른 한편으로는 이들 세 국제정치적 자원 간의 경쟁이 영국 정책결정과정에서 불가피함을 불러오는 결과를 낳았다.[18] 이를 미루어봤을 때, 영국이 유럽통합운동에 적극 참여하지 않은 데에는 영국의 전통적 외교정책 노선과 정치문화가 큰 작용을 했다고 볼 수 있다. 곧이어 영국의 미국과의 특별관계가 전후 어떻게 정치적 수사에서 실제 정책으로 발전했는지 살펴본다.

3. 영·미 '특별한 관계'와 그 역사적 전개

현대 영·미 관계의 발전과정

영·미 '특별한 관계'가 앵글로색슨 혈연주의와 영어를 공용으로 하는 언어 문화적 유대감에서 나아가 긴밀한 외교정책적 협력관계로 구체화된 계기는 2차 세계대전 당시 긴밀한 군사 협력에서부터 찾을 수 있다. 2차 세계대전 발발과 더불어 영·미의 군사 안보 교류는 활발

---

17 Christopher Hill(1988), p. 27; 안병억(2010), p. 199; 김영준, 「영국의 외교정책, 1979-97: 집권 보수당 정부의 대미국, 영연방 유럽과의 외교관계를 중심으로」, 『국제논총』 38-2(1998), pp. 291-311, p. 295.

18 이는 김영준의 논문에서 "전통주의와 변천주의의 충돌"로 설명된다. "이들은 때로 충돌을 빚기도 하였으나 특정 이슈들에 관해서는 종종 견해가 중첩되기도 했다." 김영준, 「영국 외교정책의 변화와 정치엘리트 집단의 인지적 한계: 미국·유럽과의 정책공조와 협력의 선택판단을 중심으로」, 『국제정치논총』 46권 1호(2006), pp. 261-282, p. 268.

해져, 특히 핵 안보와 관련된 기밀과 첩보 공유는 맨해튼 프로젝트(Manhattan Project)에서 핵폭탄 개발을 가능하게 했고, 냉전체제 아래서는 소련 고립 전략과 반공산주의 전략을 위한 긴밀한 협력체제를 구축하였다. 가령 2차 세계대전 초기 독일의 핵폭탄 제조 가능성을 첩보로 접하고 핵폭탄 개발 계획을 누구보다 앞서 계획하고 또한 이를 미국에 건의했던 것은 영국 정부와 과학자들이었다. 1939년 작성된 영국 과학자들의 핵폭탄 개발의 기술적·재정적 가능성 타진에 관한 보고서, 마우드 리포트(MAUD Report)가 미국 루즈벨트 행정부에 전해지고 이듬해 맨해튼 프로젝트로 그 핵폭탄 개발 계획이 극비리에 실행에 옮겨지게 되었다. 여기에는 영국뿐만 아니라 나치 독일의 위협으로부터 망명한 핵물리학자들과 기술자들이 다수 참여했기에 가능한 것이었으나, 후에 프로젝트에 참가한 프랑스 핵물리학자들이 영국 과학자들과 달리 핵심 실험에 참가하지 못하는 등 프로젝트 내내 영·미의 특별한 동맹관계가 부각되었다. 기술 협력뿐만 아니라 핵폭탄 제조에 필수적인 우라늄 광산을 찾아내어 프로젝트에 공급하는 한편, 독일의 손에 들어가지 않도록 지키는 첩보·군사 작전도 영·미 단독으로 진행하였다.

이 같은 영·미의 배타적인 협력관계가 냉전시대를 거쳐 오늘날까지 이어지게 된 데에는 일련의 영·미 양국 지도자들의 특별한 친분과 그들의 합일된 정치적 의지가 큰 역할을 했음을 간과할 수 없다. 그 첫 번째 예로 처칠과 프랭클린 루즈벨트(Franklin Roosevelt)의 협력관계는 2차 세계대전을 성공적으로 이끌었고 전후 영·미 관계를 공식화하는 데 주춧돌이 되었다. 특히 처칠은 영·미동맹의 산파 역할을 자처하였다.[19] 1943년 처칠이 '특별한 관계(special relationship)'란 표현을

19 John Charmley, *Churchill's Grand Alliance: The Anglo-American Special Relationship 1940-*

처음 개인 편지에 쓴 것이 이후 영·미 관계를 우호적으로 표현하는 정치적 수사로 상용화되었고 '철의 장막'으로 유명한 1946년 풀턴 연설에서 영어권 국가들과 우애를 공개적으로 강조하였다.[20] 이때만 하더라도 영·미의 '특별한' 관계는 영국의 일방적 구애에 의한 것으로 이해되었다.[21] 그러나 이후, 이러한 영국의 미국에 대한 러브콜은 미국으로부터 화답을 받았다. 그 일례로 트루만 행정부의 국무장관 딘 애치슨(Dean Acheson)은 1952년 영·미 의회 모임에서 '미국과 영국은 공동 운명체'라고 연설했다.[22]

뒤이어, 케네디 대통령과 헤럴드 맥밀런(Harold Macmillan) 총리는 훈훈한 가족관계와 같은 영·미 관계를 수립하는 데 지대한 공을 세웠다.[23] 그러나 영·미 양자관계가 더욱 공고해진 데에는 무엇보다도 영·미 양자관계가 대소련 봉쇄라는 공동의 전략적 목표를 달성하는 데 유용한 공조체제를 제공했고 양국의 국내 정치적 이익에도 일치했기 때문이었다. 실제로 케네디와 맥밀런은 1961년 베를린 봉쇄와 1962년 쿠바 미사일 위기와 같은 굵직한 역사적 사건을 함께 겪으면서 전략적 동반자관계를 다시 확인하였다. 이 과정에서 종전 후 첫 10년간 저무는 제국으로서 내외부적으로 갈등을 겪었던 영국이 미국

---

57 (London: Hodder & Stoughton, 1995), p. 3.

20 John Dumbrell (2001), p. 7.

21 John Dumbrell, "The US-UK Special Relationship: Taking the 21st-Century Temperature," *British Journal of Politics and International Relations* 11 (2009), pp. 64-78, p. 65; John Dumbrell, "The US-UK 'Special Relationship' in a World Twice Transformed," *Cambridge Review of International Affairs* 17-3 (2004), pp. 437-450, p. 437.

22 Alex Danchev, 'On Specialness', *International Affairs* 72 (1996), pp. 737-51, p. 739.

23 George Hutchinson, *The Last Edwardian at No. 10* (London: Quartet, 1980), p. 104; 맥밀런이 허친슨에게 한 말: "I [Harold Macmillan] had a vague recollection of him [John F. Kennedy] earlier because his sister had married my-no my wife's-nephew, Billy Burlington."

과의 성공적인 대소련 봉쇄정책을 통해 국제정치에서 보다 자신감을 찾는 계기를 마련하였다. 실제로, 또한 이는 영국이 영연방과의 관계에서는 더욱 강한 리더십을 발휘하고, 집권당이었던 보수당은 영국 국내에서 정치적 입지를 세우는 계기를 마련하였다.

영·미 양자관계는 영·미의 대외정책 공조에 그치지 않고, 각국의 대내 정책에도 깊숙이 영향을 미쳤다. 그 대표적인 예가 레이건-대처 시대이다. 마가렛 대처(Margaret Thatcher)에게 영·미 관계는 단순히 일상적이거나 특별한 관계를 넘어서 세계 자유와 정의를 수호하는 최고의 동맹관계로 유례없이 매우 특별한 관계였다.[24] 대처는 레이건 행정부 당시 잦은 미국의 해외 작전 수행마다 지지를 보냄으로써 서반구에서 2인자 이미지를 굳히는 데 이바지했다.[25] 1982년 영국-아르헨티나 간 포클랜드전쟁에도 미국의 승인 없이는 라틴아메리카까지 영국군을 파병할 수 없었을 것이다. 영국 역시 정치적 지지와 군사적 공조로 미국이 대외정책에서 국내 반대여론을 무마하는 데 큰 힘을 실어주었다. 마찬가지로 후에 레이건이 막대한 예산을 들여 '전략방위구상 SDI(Strategic Defence Initiative for laser-based anti-missile defence, 소위 '우주 전쟁')' 계획을 추진했을 때나 부시 주니어가 대테러리즘 전

24 "To Thatcher, the US-UK relationship was not only 'natural' and 'special'; it was 'extraordinary' and 'very, very special'; Indeed, by 1991 she was calling it 'the greatest alliance in the defence of liberty and justice the world has ever known' Tim Hames, "The Special Relationship" in Andrew Adonis and Tim Hames (eds.), *A Conservative Revolution? The Thatcher-.Reagan Decade in Perspective* (Manchester: Manchester University Press, 1993), p. 114, 128.

25 레이건은 '힘의 우위를 통한 평화 정책(a policy of "peace through strength")', 즉 소련을 패배시킬 수 있는 충분한 군사력 증강만이 공산주의를 막고 3차 세계대전을 예방할 수 있다고 믿는 정책을 고수했기 때문에 집권 당시 미국의 해외 개입이 잦았다. 대표적인 예로, 1980년 레바논 파병, 1983년 그라나다 침공, 1986 리비아 폭격, 그리고 니카라과 산디니스타 반군 지원 등이 모두 레이건 시기에 이루어졌다.

쟁의 일환으로 이라크전쟁을 개시했을 때 수많은 국내외 빗발치는 비난 여론에도 미 행정부가 실행에 옮길 수 있었던 원동력은 영국의 지지 덕분이었다. 나아가 영국이 유럽지역과 국제정치무대에서 변함없이 영향력을 유지하는 것은 곧 미국의 세계 전략 구상에도 부합했다. 1946년 4월 미 국무부가 작성한 문건에 의하면 유럽에서 소련의 리더십이 부정될 경우, 영국이 그 리더십을 이어나가야 함을 밝히고 있다.[26] 만일 영국이 유럽의 리더십 경쟁에서 소련을 제칠 수 있다면, 이는 홍콩, 말레이 반도 등 영국의 영향력이 유효한 아시아 지역에서까지 소련과 공산주의의 영향력을 견제하는 묘안이 될 것으로 내다보았다. 그러한 전략적 고려 끝에 영국은 미국의 소련 봉쇄정책에 적극 호응했다. 이는 처칠로부터 내려온 대서양주의 전통을 계승한 것이었다. 대처가 영국의 유럽통합에 이바지한 바도 없지 않으나, 무리한 민영화와 미국에 기댄 대처의 친미국적 정책은 대서양주의와 유럽주의 사이의 균형을 위협하는 수준으로 종종 이해되었다. 그리고 전 방위적 미국의 영향력에 영국 내부적으로 반미주의, 반미국식 자본주의(반민영화주의) 나아가 반(反)대처 운동을 불러일으켜 실각의 주요 원인 중의 하나가 되었고, 이후 정권에서 유럽주의 정책의 선호로 이어지는 계기가 되었다.

영·미 '특별한 관계'에 대한 이해

앞서 영·미 관계는 전후 양측의 전략적 고려에 따라 유연하게 발전해왔음을 역사적 순서에 따라 살펴보았다. 그러나 이를 어떻게 이해할 것인가를 두고 학계에서는 의견이 분분한데, 이는 크게 두 부류로 나

---

26 *Foreign Relations of the United States(FRUS) 1946* (Washington, DC: US Government Printing Office, 1972) Vol. 1, p. 1170.

누어진다. 한편으로 2차 세계대전 후 영·미의 특별한 관계는 다분히 영국의 좁아진 국제정치적 입지를 극복하기 위한 영국의 미국에 일방적 구애일 뿐 허구에 가깝다는 회의적인 시각이 있는가 하면, 다른 한편으로는 이 관계가 정치적 수사로만 존재하는 것이 아니라 실제로 외교정책수립과정에서 중요한 고려 사항이 되고 있다고 보는 견해가 있다.[27] 이 논쟁의 핵심은 소위 영·미의 '특별한' 관계가 과연 영국과 미국 모두에게 특별하였는가 하는 것이다. 미국은 냉전 동안 지구상 수많은 국가와 사안별로 다양한 양자관계를 맺으면서 각각의 관계에 나름의 의미부여를 해왔다. 대표적으로 남아메리카에서는 멕시코가, 북미에서는 캐나다가, 오세아니아에서는 호주가, 아시아에서는 한국, 일본, 대만, 필리핀 등 수많은 나라가 미국과 특별한 관계임을 강조하고 있다. 정말 영·미 관계는 이들과 구분되는 유일무이한 고유명사로서 '특별한 관계'로 지칭될 실체가 없는 것일까?

우선, 영·미 양자관계는 앞서 살펴본 바와 같이 간헐적이거나 한시적인 전략적 관계가 아니었다. 물론, 이 둘의 관계는 완전히 평등한 관계는 아니었고 늘 조화로운 것만도 아니었으나, 정책적 연속성을 띠고 냉전시대 내내 전개되어왔다. 그 영역도 군사 안보적 동맹에서부터 경제 투자협력 등 다양한 분야로 확대되어왔다. 이 같은 관계에서 알 수 있는 것은 어떤 식으로든 이 두 국가 간에는 더욱 공식적으로 협력에 대해 기대가 존재한다는 점이다.[28] 이는 미국 시리아 공습에 영국이 참전하는 것이 의회의 결정에 따라 무산되자, 표출된 미국과 영국의 즉각적인 반응들을 통해 알 수 있다. 의회에서 결정이 내

---

27 John Dumbrell (2004), p. 151.

28 Richard Hodder-Williams, "Reforging the "Special Relationship": Blair, Clinton and foreign policy" in Richard Little and Mark Whickham-Jones (eds.), *New Labour's Foreign Policy: A New Moral Crusade?* (Manchester: Manchester University Press, 2000), pp. 92-110.

리자마자, 총리이며 보수당 당수인 데이비드 캐머런(David Cameron)이 미국에 사과할 뜻이 없다고 밝혔고, 미국 주요 신문들은 1면에 미국은 '혼자' 싸우게 되었다고 실었다. 이러한 반응들은 영·미 간에 오랫동안 축적된 서로에 대한 기대와 그 기대에 대한 암묵적인 동의 없이는 이뤄질 수 없는 것들이었다.

나아가 영·미의 특별한 관계가 단순히 영국의 구애로만 이루어진 것은 아님을 알 수 있다. 시리아 공습에 대한 영국의 참전이 의회에서 부결되면서 미국의 공습 결정에 제동이 걸렸는데도 미 국무장관 존 케리(John Kerry)는 영국 외무장관 윌리엄 헤이그(William Hague)를 2013년 9월 초 만난 자리에서 '미국에게 영국보다 더 나은 파트너는 없다', '오늘날 영·미 관계는 역사상 어느 때보다 중요하다'고 말했다.[29] 영국 의회가 미국의 시리아 공습에 동참하지 않기로 하자, 영국과 미국의 신문들은 일제히 영·미의 특별한 관계가 끝난 듯이 보도했다. 영국에서는 보수주의자들이 미국과의 특별한 관계가 끝난 것이 아닌가 하고 우려를 표시했고, 자유주의자들은 오히려 종속적인 관계를 끊은 데 안도를 표시하였다.[30] 미국의 신문들은 '특별한 관계'라

---

29 Benjamin Russell, "'Special relationship is safe...US has no better partner than UK', says John Kerry," *Daily Express* (Septembet 9, 2013), http://www.express.co.uk/news/world/428072/Special-relationship-is-safe-US-has-no-better-partner-than-UK-says-John-Kerry(검색일: 2013. 9. 27); David Leppard, Marie Woolf, and Toby Harnden, 'Obama: No Syria Attack Without Vote', *The Sunday Times* (Septembet 1, 2003), http://www.thesundaytimes.co.uk/sto/news/uk_news/Defence/article1308075.ece(검색일: 2013. 9. 10); 'Don't Count on Us', *The Times,* http://www.thesundaytimes.co.uk/sto/news/focus/article1307842.ece(검색일: 2013. 9. 11).

30 Matt Chorley, "'The British aren't coming!': US Media Mock Cameron's Failure to Deliver on Promise to Back Obama in Strikes against Syria', *The Daily Mail* (August 30, 2013), http://www.dailymail.co.uk/news/article-2406572/The-British-arent-coming-US-media-mock-Camerons-failure-deliver-Syria-promise-Obama.html(검색일: 2013. 9. 9); Yasmin A. Brown, "The Special Relationship is Over. At Long Last!: We would be

는 말을 직접 명시하지는 않았지만 보수와 진보를 막론하고 미국과 늘 함께하던 영국이 이번 작전에 함께하지 않는다는 데에 적잖이 당황한 모습을 보였다.[31] 영·미의 특별한 관계가 영국의 일방적 헌신으로만 이루어진 것이었다면, 미국 주요 일간지 1면을 장식하지도 않았을 것이고, 무엇보다도 케리 미 국무장관이 영국에 거절당한 국제적 수모에도 먼저 영·미의 특별한 우정에 대해 언급하지도 않았을 것이다. 이 점에서 영·미의 특별한 관계가 과연 실체가 있는 것인가 하는 논쟁은 여전히 학계에서 진행 중이지만, 이 장에서는 단순히 외교적 수사라기보다는 실제 정책결정과정에 영향을 미치는 정책 기조로서 작용하고 있다는 입장에 기초해 영·미 관계가 유럽통합에 미치는 영향을 논의한다.

4. 영·미 관계와 유럽통합

영·미 관계가 유럽통합에 미친 영향을 영국-유럽 관계에 큰 획을 그

---

saner about our own destiny without this sad dependency on the US," *The Independent* (September 1, 2013): http://www.independent.co.uk/voices/comment/the-special-relationship -is-over-at-long-last-8793227.html(검색일: 2013. 9. 10).

31 다음은 모두 영국의 시리아 파병 안에 영국 의회가 반대 결정을 한 다음 날(2013년 8월 30일자) 미국 신문들이 1면에 낸 기사 제목들이다. Mark Landler, David E. Sanger and Thom Shanker, "Obama set for limited strike on Syria as British vote no," *The New York Times*, http://www.nytimes.com/2013/08/30/us/politics/obama-syria.html?pagewanted=all (검색일: 2013. 9. 10); Karen Deyoungs, "White House: Obama can go it alone on Syria," *The Washington Post,* http://www.washingtonpost.com/blogs/ask-the-post/wp/2013/08/30/todays-front-page-august-30-2013(검색일: 2013. 9. 10); Carol E. Lee, Adam Entous and Siobhan Gorman, "US prepares for Solo Strike on Syria After Britain Balks." *The Wall Street Journal* (August 30, 2013), http://online.wsj.com/article/SB10001424127887324463604579042913385135196.html(검색일: 2013. 9. 10).

은 혹은 그럴 만한 두 사례, 1973년 영국의 유럽공동체 가입과 최근 불거진 영국의 공동체 탈퇴 논의를 들어 설명하고자 한다.

영국의 유럽공동체 가입(1973)

영국은 처칠의 세 원에서도 보듯이 유럽통합을 지지하더라도 자신이 그 일부가 되기는 원하지 않았고, 영국 자신이 유럽공동체에 참여하는 것에 처음부터 회의적이었다. 우선 대내적으로 1945년 총선에서 승리한 노동당은 '요람에서 무덤까지' 총체적인 복지국가 건설과 주요 기간산업 국영화라는 대대적인 사회주의 정책 실험을 준비하고 있었는데, 자유주의적 시장경제를 기반으로 하는 유럽석탄철강공동체에 가입한다면 클레멘트 애틀리(Clement Attlee) 내각의 석탄 철강 산업의 국영화 정책과 갈등을 빚을 것이 우려되었다.[32] 이후 보다 작은 정부와 자유주의적 시장 경제체제를 선호하는 보수당이 집권한 이후에도(1951-1964) 영국의 이 같은 유럽통합운동에 대한 소극적인 태도는 달라지지 않았다. 이는 노동당과 보수당을 막론하고 '비민주적이고 무책임한' 초국적 권위가 영국의 국가 주권을 저해하는 것을 용납하지 않는 영국 정치문화와 관련이 깊다.[33] 특히 보수당 우파세력은 과거 대영제국의 영광을 재현하기 위해서는 영연방을 더욱 발전시켜 영국의 국제정치적 위상을 높여야 해서 영국이 주도권을 쥘 수도 없고 주권까지 양도해야 하는 유럽통합에 반대하였다.[34] 특히 영국은 이미 '영연방으로부터 관세 없이 수입된 값싼 식료품'과 '규제 없이 자유로이 국경을 넘나드는 금융투자' 및 자유무역의 혜택을 보고 있

32 조홍식(2006), p. 143.

33 조홍식(2006), p. 144.

34 조홍식(2006), p. 147.

었다.[35] 이에 더하여, 앞서 살펴본 미국과의 특별한 관계가 냉전시대 새로운 질서를 맞아 전략적으로 더욱 중요시된 점도 절대 간과할 수 없다.

이러한 회의주의적 시각을 뒷받침하듯이, 영국은 1950년대 이후 수차례에 걸친 유럽공동체 6개국의 간청을 매몰차게 거절해온 역사가 있다. 우선 1950년 유럽석탄철강공동체 창설 시에도 영국은 슈만 플랜을 접하고 초국가적 공동체 대신 정부 간 기구로 구성할 것을 제안한 바 있고, 공동체가 창설된 이후에도 유럽평의회를 통해 공동체에 가입하지 않고도 공동체 일에 간여할 수 있도록 하는 에덴 플랜을 제안했었으나 실패로 끝났다.[36] 또, 1955년에는 유럽원자력공동체(European Atomic Energy Community, EURATOM) 국가들이 당시 원자력의 상업화에 가장 선두적인 위치를 점하고 있었던 영국에 동참을 촉구했지만 미국과의 관계를 의식한 나머지 최종 계약 단계에서 유럽의 도움 요청을 거절하였다.[37] 미국이 핵 비확산정책을 들어 영국에 유라톰 6개국과 프랑스와 협상 중이었던 핵연료 공장 건설과 고농축 기술 전수 건을 무효화하도록 요구한 것이다. 핵농축 기술 자립은 프랑스가 유라톰에서 하려던 핵심사업 중 하나였는데 이것이 영국의 말 바꾸기로 무산되고 영국은 유럽 국가들에 원성을 샀었다. 그리고 곧이어 미국이 유라톰 국가들에 따로 접촉하여 보다 저렴한 가격에 미국산 고농축 핵연료 판매를 타진하면서 영국은 본의 아니게 유럽

---

35 김상수, 「영연방을 중심으로 한 영국 내 유럽회의주의 담론의 강화: 1960년대와 2010년대의 보수당의 유럽연합에 대한 태도 비교」, 『영국연구』 28호(2012. 12), pp. 261-290, p. 265.

36 조홍식(2006), p. 145.

37 Eunjeong Cho, *EURATOM: Nuclear Norm Competition between Allies, 1955-1957* (PhD thesis, Department of Politics and International Studies University of Warwick, Coventry England, 2012), p. 257.

의 핵연료 자립을 방해하고 미국의 핵 독점 야욕과 원자력 상업적 이익에 이바지하는 결과를 낳았다.[38] 게다가 1960년에는 유럽경제공동체(EEC)에 대항하는 유럽자유무역연합(European Free Trade Association, EFTA)을 창설하면서 '하나의 유럽'에 반하여 유럽을 분열시키려 했다는 괘씸죄까지 든 터였다. 후에 두 번이나 회원가입신청이 반려된 데에는 이러한 일련의 영국의 유럽주의에 대한 불신임과 기회주의적 정책 태도도 적지 않은 몫을 차지했다. 이처럼 하나의 유럽에 대한 확신 없이 회의주의적 태도로 방관하던 영국을 베네룩스 3국과 서독, 이탈리아가 유럽공동체 가입에 찬성한 데에 프랑스 드골은 '공석 정책'으로 강한 불만을 표명했고, 또한 영국을 미국의 '트로이 목마'라고 규정하는 것을 서슴지 않았다. 이처럼 영국은 유럽공동체에서 환영받지 못했다.

이 같은 영국의 EEC 가입에 관한 어두운 전망은 아랑곳하지 않은 채, 미국은 영국이 유럽공동체에 가입하는 것을 지지해 영국의 대유럽통합정책을 두고 영·미는 이견을 보였다.[39] 미국이 유럽통합을 지지해온 가장 큰 이유는 2차 세계대전으로 피폐화된 유럽경제를 살려서 자유진영의 이탈을 방지하고, 또한 군사 안보적으로도 미국의

---

38 미국이 영국에 핵연료 공장 계약 건을 취소하도록 영국에 압력을 넣고, 또 유라톰 국가들에 싼 가격에 핵연료 구매를 흥정한 것은 단순히 당시 협소한 원자력 시장에서 상업적 이익을 챙기기 위한 것이라거나 혹은 유럽과 영국 사이를 이간질하려던 것이라고 이해하는 것은 무리가 있다. 그보다는 미국이 무리하게 낮은 가격으로 핵연료를 유라톰 국가에 제공하려고 했던 것은 미국의 핵 비확산정책에 따른 것이라고 이해할 수 있다. '통제 없이는 협력도 없다'란 원칙에 따라 우방들과도 핵 협력을 거부하고 핵 비밀주의를 고수해왔던 미국의 정책에 핵심기술이었던 핵연료 농축 기술을 공유하는 것은 어긋날 뿐만 아니라 핵안전을 위협한다고 판단했을 것이다. 특히 이 시기는 1957-1958년 사이 설립되는 국제원자력기구(IAEA), 유럽원자력기구(ENEA), 유럽원자력공동체(EURATOM) 등 핵 통제와 규율에 관한 기구들이 출범 전이었다. 미국이 직접적인 통제가 불가능한 미국 외의 지역에서 핵의 확산을 두려워했다. Eunjeong Cho (2012), ch 4.

39 John Dumbrell (2001), p. 179.

부담을 덜기 위한 것이었다. 더 나아가, 안정된 경제와 공고한 민주주의를 바탕으로 서유럽을 '제3의 힘의 블록'으로 거듭나도록 함으로써 미·소 중심으로 양극화된 냉전체제에서 체제 경쟁의 우위를 선점하고, 유사시에는 극단에 이르는 것을 방지하고자 하는 데 목적이 있었다.[40] 이 같은 미국의 자유주의 진영의 경제성장과 체제구축 계획의 중심에는 영국이 있었다. 가령 1961년 케네디는 서독 총리 아데나워를 만난 자리에서 "영국이 조건 없이 유럽경제공동체에 가입한다면 대서양 공동체에 더할 나위 없는 도움이 될 것"이라고 말했다.[41] 정권이 바뀌어서도 미국은 영국의 유럽경제 공동체 가입이 미국의 이익이란 생각에는 변함이 없었다. 케네디의 뒤를 이은 존슨은 반(反)통합주의자였던 해럴드 윌슨(Harold Wilson) 영국 총리에게 '영국이 유럽경제공동체에 가입해야만 서구를 단결하는 데 힘이 될 것'이라고 독려했고 국무 차관 조지 볼(George Ball)은 '로마조약에 어떤 단서도 붙이지 말고 서명할 것'을 주문했다.[42]

이 같은 미국의 압박에 영국 정치도 유럽공동체 가입을 점차 긍정적으로 검토하기 시작했다. 더욱이 당시 대륙의 서유럽 6개국들이 영국의 경제성장률을 앞지르면서 "제국의 '가난한' 유산인 영연방과의 관계를 유지하는 것보다는 번영하는 유럽시장"이 영국의 이익에 맞는 것으로 생각하였다.[43] 1960년 신문, 방송 보도의 중심 사안으로 등장하기 시작해서 1962년 국민 담화방송에서 보수당 맥밀런 총리가

---

40 Public Papers of the Presidents of the United States-John F Kennedy, 1962, 1964 (4 July 1961), p. 538. 이와 비슷하게 프랑스가 냉전시대 미·소 다음으로 제3의 세력으로 발돋움하겠다는 민족주의의 발로로 개발된 개념인 "third forcism"이 있다. 본문에서 사용된 용어는 미국의 냉전전략 아래 유럽을 염두에 두고 만들어진 것임을 밝혀둔다.

41 April 13, 1961, *FRUS*, 1961-1963 (Washington, DC: US Government Printing Office, 1972).

42 Philip Ziegler, *Wilson: The Authorised Life* (London: Weidenfeld & Nicolson, 1993), p. 241.

43 김상수(2012), p. 264.

영국의 가입에 대한 필요성을 역설하고 지지하였다.[44] 이러한 보수당의 지지는 1963년 유럽공동체 가입에 실패한 이후에도 계속되었다. 그 시작은 영국의 영연방 국가들과의 고려에서부터 시작되었다. 1965년 보수당의원 테디 테일러(Teddy Talyor)는 "강한 영국이 영연방의 가장 친한 친구"라고 주장하며 영국이 유럽 공동시장으로부터 영연방 국가들에 혜택을 나눌 방법을 모색하는 것이 영연방에서 영국의 지도적 위치를 유지하는 데에 도움이 된다고 의회에서 발언했다.[45] 1967년 영국의 두 번째 가입 신청이 수포로 돌아갔음에도 유럽공동시장의 매력은 퇴색되지 않았다. 1971년 보수당 내각에서 외무장관을 역임하던 알렉 더글라스홈(Alec Douglas-Home)은 약한 영국은 영연방에서 환영받지 못할 것이므로 영국의 역량을 확대해가는 것은 중요하다고 주장하며, 그 방안으로 유럽 공동시장 가입에 찬성하였다.[46] 또한 미국과의 특별한 관계도 영국 내부에서 유럽공동체 가입에 대한 우호적 태도를 만드는 데 주요한 역할을 하였다. 1967년 1월 23일 영국의 주미 대사 패트릭 딘(Patrick Dean)은 윌슨 내각 아래 영국 외무장관 조지 브라운(George Brown)에게 보낸 보고서에서 다음과 같이 본국에 보고했다. "약한 영국은 미국이 부담해야 할 짐이다. 따라서 영국 스스로 '트로이 목마'가 될 각오로 대유럽정책에 적극 임하지 않는다면 영·미 양자관계에서 영국의 존재 가치를 상실하게 될

44 George Wilkes and Dominic Wring, "The British Press and European Integration: 1948 to 1996" in David Baker and David Seawright (eds.), *Britain For and Against Europe: British Politics and the Question of European Integration* (Oxford: Clarendon Press, 1998), pp. 185-205, p. 200.

45 Hansard (Official Report of the Proceedings of the House of Commons and Lords, 이하 Hansard), HC Deb. (August 3, 1965): http://www.theyworkforyou.com(검색일: 2013. 9. 14).

46 Hansard, HC Deb. (July 12, 1971) Vol. 821, c. 14, http://www.theyworkforyou.com(검색일: 2013. 9. 14).

지도 모른다."[47] 앞서 테일러와 더글라스홈이 영연방과의 관계에서 영국의 가치를 재정립하기 위한 논리가 영국과 미국과의 관계에서도 사용되었다. 이처럼 강한 영국만이 환영받는다는 의식은 후에 유럽과의 관계에도 적용되어, 블레어가 미국과의 돈독한 관계가 유럽과 우호적 관계를 유지하는 데 배치되지 않는다고 주장하는 데에도 반영된다.

이처럼 영국의 유럽공동체 가입에 대한 논의가 미국과의 관계를 고려하여 시작했지만 점차 영연방과의 관계가 영국의 유럽과의 관계에 중요한 변수로 떠올랐음을 알 수 있다. 이 같은 유럽주의와 대서양주의 그리고 영연방주의 사이에서 영국이 겪은 정체성 혼란은 영국에 끊임없는 정책적 딜레마를 안겨주었고 내부와 외부 모두에 혼란을 가져왔다. 흥미롭게도 영국은 이를 상대(미국)가 원하는 바를 내재화하여 영국이 원하는 바와 일치시킴으로써 돌파구를 찾은 듯 보인다. 즉, 영·미의 '특별한 관계'는 영국-유럽 관계의 대안이 될 수 없듯이 유럽주의 또한 대서양주의를 대신할 수 없다는 결론이었다. 미국이 영국을 중요한 전략적 동반자라고 여긴 중요한 이유 한 가지는 유럽공동체가 점점 독립적인 지역 기구로 성장하면서 영국의 유럽 정체성이 미국을 유럽공동체로부터 소외시키지 않을 끈이라고 생각하고 있기 때문이었는데, 이는 곧 대서양 양안의 어느 쪽도 소홀히 할 수 없는 것을 하는 것이 영국의 운명이라는 공감대가 영국 지도부 내부에서 형성되는 데 영향을 미친다(대처의 1988년 브리지 연설).[48] 외

---

47 *Foreign and Commonwealth Office(FCO)* 7-769, 영국의 주미 대사 패트릭 딘이 윌슨 내각 외무상 브라운 G. Brown에게 보낸 보고서(January 23, 1967).

48 Anthony Barber, *Taking the Tide: A Memoir* (Norwich: Michael Russell, 1996), p. 77; Giles Radice, *Offshore: Britain and the European Idea* (London: I. B. Tauris, 1992), p. 30; Roy Denman, *Missed Chances: Britain and Europe in the Twentieth Century* (London: Cassell,

부의 요구와 내적 필요 간의 균형을 유지하려는 영국의 노력은 영국이 자신의 전략적 가치를 극대화하기 위해서는 대서양주의와 유럽주의 중 어느 것도 포기해서는 안 된다는 결론에까지 이르렀다. 이러한 태도는 블레어 총리의 1997년 선언에서도 확인된다.

> 영국은 유럽의 강자로 남을 것인지 미국의 2인자로 남을 것인지 고민할 필요가 없다.[49]

왜냐하면 오히려 영국이 유럽에서의 위치가 확고해질수록 미국의 관계는 더욱 견고해질 것이기 때문이다. 결국, 영국이 미국과의 친분을 과시하면 할수록 유럽은 영국으로부터 멀어진다고 믿었던 이분법적 접근에 종말을 고하고 그 창의적인 해결안으로서 영국이 실질적으로 이중 멤버십을 고수하고자 하였다고 볼 수 있다. 다시 말하면, 영국이 유럽인 혹은 앵글로색슨 중 어느 하나로 편중된 정체성보다는 이 둘 모두에 걸친 중복 정체성이야말로 대서양주의와 유럽주의를 보다 현실적으로 풀어나갈 수 있는 해법임을 영국 정치전통 안에서 찾을 수 있었다. 그러나 이처럼 축적된 영국의 균형적 입장은 영국의 유럽회의주의 재부상으로 깨지게 된다.

영국의 EU 탈퇴 논의

영국은 EEC 회원국 간의 상품과 서비스, 노동과 자본이 자유롭게 이

1996), p. 292; Margaret Thatcher, "Speech in Bruge," 1988: http://www.margaretthatcher.org/document/107332(검색일: 2013. 9. 20).

49 *Public Papers of the Presidents of the United States,* William J. Clinton, 1997, Vol. 1, Washington, DC: US Government Printing Office, 1998, p. 672; Statement by Tony Blair and Gordon Brown, *The Independent*, October 14, 1999.

동하는 단일시장 완성에는 적극적이었으나 단일화폐 유로화는 채택하지 않았다. 이렇듯 유럽통합에 뜨거웠던 적이 없는 영국이지만, 남유럽의 국가부도 사태와 금융위기가 확대되면서 2010년 영국의 여론은 급격히 냉각되어, 2012년 한 여론조사에서는 설문자의 56%가 EU 탈퇴를 원하는 것으로 조사되었다.[50] 특히 이 조사에서는 30%의 응답자만이 EU 멤버십 유지를 원하는 것으로 조사되었다. 이는 이전 조사에서 반유럽주의와 친유럽주의와 각각 40%와 30% 선에서 비등한 균형을 이루고 있던 것에서 그 둘 간의 격차를 현격히 벌린 것이어서 EU에 대한 영국민의 지지 양분화가 심화되고 있는 것이 아닌가 하는 우려를 낳았다.[51] 영국 내 유럽 논쟁은 더욱더 뜨거워진 가운데, 영국의 유럽회의주의를 부채질하는 요인으로 또다시 대중 영합적인 영국의 양당정치 구조가 지목되었다.[52] 즉, 캐머런과 보수당이 유럽의제를 집권을 위한 방편으로 꺼내 들면서 해묵은 영국의 민족주의 논쟁이 영국 정치의 물 위로 다시 떠올랐다.

대처와 메이저(John Major) 시기까지도 보수당은 열렬한 친유럽주의는 아니어도 특별히 반유럽정책을 표방하지는 않았다. 사실, 유럽공동체와 공동시장 가입처럼 굵직한 유럽의제들이 보수당 정권 아래 이루어졌다. 그러나 메이저 정권이 1997년 노동당에 정권을 내어준 후 14년 동안 보수당이 정권 탈환에 실패하면서 보수당 정책의 대 전환이 요구되었다. 더구나 블레어가 '제3의 길'이란 이름 아래 보수당

---

50 Daniel Boffey and Toby Helm, "56% of Britons Would Vote to Quit EU in referendum, Poll Finds," *The Observer* (November 17, 2012), http://www.theguardian.com/politics/2012/nov/ 17/eu-referendum-poll(검색일: 2013. 9. 10)

51 EU Referendum by You Gov., http://d25d2506sfb94s.cloudfront.net/cumulus_uploads/document/nqf0ycudkh/YG-Archives-Pol-Trackers-Europe-220113.pdf(검색일: 2013. 9. 10).

52 앞서 기포드의 논의를 참고.

과 유사한 '블래처리즘'을 추진하면서 보수당은 노동당과 정책적 차별성을 부각시키기 어려워진 형편이었다.[53] 차별성을 부각시키기 위한 전략의 하나로 유럽회의주의를 보수당 정책의 전면에 내세워야 한다는 논의가 제기되었다.[54] 즉, 보수당이 총선에 패배한 이유 중의 하나는 영국 유권자들의 유럽에 대한 지지가 감소하고 있음에도 이를 보수당이 정책에 반영하지 못했다는 것이다.[55] 이는 영국 내 영국독립당(United Kingdom's Independence Party, UKIP)과 영국국민당(British National Party, BNP) 같은 유럽회의주의를 전면에 내세운 민족주의 정당이 큰 인기를 얻는 것과 대비된다.[56] 1970년대에 영국의 유럽통합에 이바지한 마이클 하워드(Michael Howard)가 2005년 총선 패배의 책임을 지고 사퇴한 뒤, 보수당은 유럽회의주의를 당론으로 전면에 내세운 정책을 추진하기 시작한다. 그 중심에는 민족주의 성향의 코너스톤 그룹(Cornerstone Group)이 있었고, 그룹의 유럽회의주의자들이 유럽의회 내에서 유럽인민당(European People's Party, EPP) 정치 그룹 탈퇴를 약속하는 후보를 지지하겠다고 천명하자, 2005년 보수당 당 대표선거에서 캐머런은 경쟁자인 데이비드 데이비스(David Davis)와 달리 그 제안을 수락하였다.[57] 당 대표로 선출된 카메론은 야당대표 시

53 김상수, 「2010년 총선이 영국의 유럽연합 정책에 끼친 영향: 보수당의 집권과 연립내각의 형성을 중심으로」, 『영국연구』 24호(2010. 12), pp. 75-97, p. 83.

54 Geoffrey Evans, "Euroscepticism and Conservative Electoral Support: How an Asset Became a Liability," *British Journal of Political Science* 28 (1998), pp. 573-590.

55 Geoffrey Evans (1998).

56 '2010년 총선에서 영국 독립당은 비록 의석 획득에는 실패했으나 3.1%의 득표율을 보이면서 2005년 총선보다 0.9%가 상승한 성적을 거두었으며, 정당 지지도는 이후에도 줄곧 상승하여 2012년 4월에 시행된 한 여론조사에서는 9%의 지지도를 얻어내며 8%에 그친 자유민주당을 4위로 밀어내고 선호도 3위의 정당으로 등극하는 기염을 토하기도 했다.' 김상수(2012), p. 278.

57 김상수(2010), p. 86; 김상수(2012), p. 78.

절부터 유럽회의주의를 당론으로 채택하고, 2009년 6월에는 공약대로 유럽인민당을 탈퇴하였다. 2010년도 총선에서 보수당이 승리를 거둔 이후에는 보수당의 유럽회의주의 노선은 더욱 본격화되어 급기야 캐머런은 유로존 위기해결을 위해 소집된 2011년 12월 유럽이사회에서 유럽재정협약에 거부권을 행사하였다.[58] 이 같은 결정으로 캐머런의 영국 내 지지율이 가파르게 상승세를 타서, 결과적으로 이후 국정 운영에 유리한 고지를 점하는 데 일조를 하였다.[59] 이런 여세를 몰아 2013년 1월에는 보수당 캐머런 총리가 다음 선거에서 승리하면 영국의 EU 잔류 혹은 탈퇴 의사를 묻는 국민투표를 약속함으로써 유럽통합에 대한 영국의 충성도가 다시 시험대에 오르게 되었다. 아이러니하게도 1963년 영국의 첫 가입 신청부터 1973년 최종 가입 승인에 이르기까지 영국의 유럽공동체 '가입' 의제로 여론 몰이에 유리한 의제를 선점한 바 있던 보수당은 이제 '탈퇴'라는 카드로 다음 선거까지 정국을 주도하고자 하고 있다.

현 보수당이 주도하고 있는 유럽회의주의 담론은 탈 유럽 이후 대안을 보다 구체적으로 제시함으로써 설득력을 얻고 있다. 자칫 시대착오적인 민족주의 정책으로 보일 수 있었던 영국의 탈퇴 의제는 영연방주의의 부활로 미래지향적인 정책으로 거듭났다. 집권 초인 2010년 12월 캐머런은 하원연설에서 지금까지 영국이 유럽공동체의 일원으로 누린 혜택을 영연방과의 관계 강화로 풀어내겠다고 밝힌 바 있다.[60] 유럽공동체의 경험을 살려 영연방을 영국이 정책목표들을 수행하는 데 중요한 발판으로 삼는 한편, 영연방 국가들의 발전을 위

58 김상수(2012), p. 271.

59 김상수(2010), p. 85.

60 Hansard, HC Deb. (December 9, 2010), c. 41WS.

한 경제·정치 네트워크로 발전시킨다는 계획이다. 보수적 매체들은 일제히 지지의 글들을 실었다. 가령 보수 논객 루스 리(Ruth Lea)는 영연방은 제국의 낡은 유산이 아니라 다가올 미래이며, 이제 영국은 유럽으로부터 벗어나 영국의 길을 가야 한다고 주장하였다.[61] 나아가 보수당 예비내각에서 국방 및 외무 장관 역을 역임했던 마이클 앵크럼(Michael Ancram)은 영연방의 부흥을 통해 민주주의 확산에도 기여할 수 있다는 신연방주의적 태도도 견지하였다.[62] 대처 시절 5년간 재무장관을 역임한 바 있는 나이절 로슨(Nigel Lawson)은 신흥국과 경제교류를 확대하고 관계를 강화하기 위해 EU에서 탈퇴해야 한다고 주장하였다.[63] 특히 영국 외무장관 헤이그는 의회에서 다음과 같은 견해를 피력했다.

> 영연방은 이제 6대륙에 걸쳐 54개 회원국을 보유하고 있으며 전 세계 인구의 31%를 보유하고 있습니다. 전 세계 무역에서 차지하는 비중이 증가하고 있으며 회원국 간 교역량도 증가 추세입니다. 그것은 더 이상 과거의 조직이 아닙니다. 그 중요성은 미래에 더욱 증가할 것입니다.[64]

---

61 Ruth Lea, "As the EU squabbles, the Commonwealth looks even more enticing," *The Columnists: Conservativehome* (October 30, 2011), http://conservativehome.blogs.com(검색일: 2013. 9. 10).

62 Steve Clemons, "Could a new 'Commonwealth of Nations' lead the developing world?" *The Atlantic* (February 24, 2012).

63 Christopher Hope, "Lord Lawson: David Cameron must lead Britain out of the EU," *The Telegraph* (May 7, 2013), http://www.telegraph.co.uk/news/worldnews/europe/eu/10040506/Lord-Lawson-David-Cameron-must-lead-Britain-out-of-the-EU.html(검색일: 2013. 10. 17).

64 김상수(2012), p. 272.

이처럼 영국 보수당 내부에서는 경제적 이익뿐만 아니라 EU가 지향하는 정치적 통합의 이상도 영연방에서 충분히 구현할 수 있다는 점을 과시하고자 하는 움직임이 증폭되고 있다.

그러나 캐머런과 보수당의 이 같은 영연방 강조 기조는 과대 포장된 부분이 적지 않다. 특히 자유주의 성향의 지식인들은 캐머런과 보수당이 영국의 이익을 냉철하게 검토하지 않고 여론몰이를 위해 EU 탈퇴라는 의제 선점에만 치중하는 경향에 대한 날선 비판을 아끼지 않고 있다.[65] 특히 노동당 예비 내각(shadow cabinet)의 외무장관격인 더글라스 알렉산더(Douglas Alexander)는 줄곧 미국이 영국의 활발한 유럽공동체 내 역할을 주문했던 것을 들어 영국의 EU 탈퇴가 미국과의 우호관계에도 악영향을 미칠 것이라고 보수당을 압박했다.[66] 우선, 영연방의 경제적 잠재력과 영국과의 정치적 연대가 오늘날 영국과 유럽 사이의 그것과 비교해서 과연 비교우위가 있는지 의문이다. 영연방에는 호주나 인도 같은 신흥 경제만 있는 것이 아니라 피지나 서인도제도의 섬들처럼 영국 경제에 그 효과가 미미한 국가들도 많다. 정치적으로도 몰락한 영국제국이라는 과거에 기댄 영연방이 상징적 의미 이상의 무엇을 기대할 수 있을지도 의구심이 든다. 혹 영연방이 정치·경제적으로 효용가치가 있다고 하더라도, 통합유럽의 그것을 상회할 만큼의 정치·경제적 가치가 큰 것인지는 더욱 의문이다. 더군다나 객관적 금액으로 환산이 불가능하기 때문에 이를 탈퇴

---

65 Martin Wolf, "UK Rushes Needlessly towards the EU Exit: The Country should be Patient and not Act in Haste," *Financial Times* (November 2, 2012), http://www.ft.com/intl/cms/s/0/2e9eb33e-241b-11e2-94d0-00144feabdc0.html#axzz2hxINNsNm(검색일: 2013. 10. 17.).

66 Christopher Hope, "Special relationship with USA 'permanently downgraded' if UK exits European Union, Labour warns," *The Telegraph* (Mar 25, 2013), http://www.telegraph.co.uk/news/politics/9951444/Special-relationship-with-USA-permanently-downgraded-if-UK-exits-European-Union-Labour-warns.html(검색일: 2013. 10. 17).

의 지지 혹은 반대의 논거로 삼기도 어려운 부분이 있다. 앞서 대서양주의와 유럽주의의 균형 속에서 영국의 존재가치가 더욱 빛을 발할 수 있다는 영국 지도자들의 결론을 소개하였다. 마찬가지로, 영연방주의와 유럽주의 역시 함께 추구함으로써 관계의 균형을 찾을 수 있을 것이다.

이처럼 굳이 배타적 관계로 설정해서 얻을 실제적 이득을 찾아보기 어려움에도, EU 탈퇴와 같은 극단적 선택을 영국 국내정치 담론의 중심에 세우고자 한다는 것은 실제로 현상변경을 꾀하기 위한 것이라기보다는 정치적 수사일 가능성이 높다고 보인다. 우선, 앞서 살펴본 대로 연방주의는 보수당이 영국의 유럽공동체 가입을 지지하는 논거로 사용되었는데 40년 후에는 탈퇴 주장의 주 근거로 재등장한 점에서 보수당의 EU 탈퇴 논의의 진의를 궁금하게 만든다. 실제로 영국이 대유럽정책에 변화가 생겨 유럽과 거리두기를 하려고 했다면, 정치적 논쟁의 여지가 적으면서도 영국의 이익에 핵심적인 의제들을 골라 먼저 추진했을 것이다. 가령, 영국에는 아직 결정을 기다리고 있는 유럽의제 중에는 유로존 가입도 있다. 그리고 유로존 가입 문제가 오늘날 EU 탈퇴 문제처럼 1990년대 영국의 여론을 갈랐다. 이미 산적해 있는 중요한 유럽의제들을 두고 굳이 EU 탈퇴처럼 극단적인 선택을 요구하는 정치 어젠다를 보수당의 핵심의제로 삼은 것은 여론의 관심을 다음 선거까지 확실히 끌고 나가기 위한 정치 전략이라고밖에 생각되지 않는다. 실제로 캐머런이 2011년 유럽재정협약을 거부하면서 영국의 금융 주권을 위협하는 유럽사법재판소나 유럽집행위원회의 어떤 간섭도 용납하지 않겠다고 엄포를 놓았으나 아무런 조치도 취하지 않은 바 있다.[67] 심지어 거부한 지 한 달 후인 2012

---

67 김상수(2012), p. 279.

년 1월에 유럽집행위원장인 주제 마누엘 바로수(José Manuel Barroso)에 재정협약 거부권을 철회하고 유럽사법재판소가 재정협약의 이행을 감독하는 것에 협조하겠다고 약속하였다.[68] 노동당 대표 밀리반드(Edward Miliband)는 캐머런의 이 같은 "허깨비 거부권(phantom veto)"은 그의 지지도를 끌어올리기 위해 사용된 얄팍한 술수에 불과하며, 당리당략을 위해 오히려 공동체 내에서 영국을 고립시켜 영국의 국익을 침해하는 결과를 낳았다고 비판하였다.[69] 단기적으로는 캐머런과 보수당이 유럽의 위기를 영국의 민심 흔들기에 성공하여 2010년 총선에서 승리를 거두었지만, 장기적으로는 지나치게 부풀려 생산된 유럽회의주의 담론으로 캐머런과 보수당이 공약의 책임 있는 이행을 기대할 수 없고 또한 그 공약의 실행시 영국 국익에 미칠 영향 또한 감당할 수 없는 수준에까지 이를 수도 있다. 결국, 많은 사람들이 우려하듯이 유럽회의주의 의제의 지나친 정치적 이용은 캐머런과 보수당에게는 그들의 정치 생명을 가르는 양날의 검이 될 것이며 그 비용은 고스란히 영국 국민들의 몫으로 떠넘겨질 것이다.[70]

지금까지 영국 정치에서 유럽 의제가 중심 화두로 떠오른 데에는 유럽공동체 가입과 탈퇴 여론의 성장에서 보듯이, 유럽통합 자체에 대한 열망이나 실망이라기보다는 국내정치적 필요성에 따라 정책이 결정된 부분이 있음을 살펴보았다. 또한 냉전 이후 이전보다 미온적인 태도의 미국의 영국의 친유럽정책에 대한 지지도 한몫을 한 것으

68 Ian Traynor and Nicholas Watt, "David Cameron in U-turn over fiscal policing of eurozone: government signals it will not challenge fiscal enforcement role for European commission and European court of justice," *The Guardian* (January 27, 2012). 캐머런이 태도를 바꾸어 우호적 태도를 보였지만 여전히 유럽재정협약에 가입하지는 않은 상태이다.

69 김상수(2012), p. 259.

70 Steve Richards, "Europe will be One of the Great Regrets of Cameron's Career," *The Independent* (October 6, 2009).

로 보인다. 이러한 측면에서 향후 영국의 유럽에 대한 태도는 유럽통합 초기와 달리 미국과의 관계보다는 영국 내부적 요인에 더 큰 영향을 받을 것으로 예상된다.

5. 결론: 영·미 관계의 전망과 유럽통합에 대한 영향

지금까지 미국과의 특별한 관계가 영국의 소극적인 유럽통합에 대한 태도를 결정했다는 견해를 역사적 담화분석을 통해 되짚어 보았다. 여기서 얻은 결론을 요약하면, 첫째 영국의 유럽통합운동에 대한 소극적 태도는 2차 세계대전 후 미국과의 특별한 관계가 실체적으로 발전하기 이전부터 영국 외교정책 전통에 내재되어 있었으므로 영국의 유럽회의주의를 대서양주의라는 단일 요인에 기대어 설명하는 것에는 무리가 있다고 보인다. 물론 앞서 살펴본 바와 같이 영국이 유럽공동체에 가입하게 된 데에는 미국의 영향력을 무시할 수 없다. 그러나, 최근 유럽 금융위기를 맞으면서 향후 영국의 EU 내 거취가 영국 내 정치 쟁점으로 떠오르고, 집권당인 보수당이 이를 영연방주의의 대척점에서 정치담론 형성을 주도하고 있다는 점에서, 오늘날 영국의 유럽회의주의가 대외적 요인보다는 영국의 정치적 전통과 같은 내부적 요인에 기인한다고 볼 수 있다. 이처럼 영국의 유럽 회의주의가 미국과의 특별한 관계로부터 기인했다고 보기 어렵다면, 영국이 유럽에 소극적인 태도를 견지한 이유를 보다 근원적인 것에서 찾아야 한다는 결론에 이른다. 따라서 이 장에서는 이를 처칠의 교차하는 세 원의 개념을 빌려 냉전시대 초기 영국이 기반하고 있던 영연방주의, 대서양주의, 유럽주의로 다원화된 정치적 자원과 이후 냉전시대를 거치면서 이들 사이에 굳어진 정책적 선호도로 설명하였다.

2차 세계대전 이후 영국 외교정책에 놓인 고질적이고도 숙명적인 딜레마는 바로 대서양주의와 유럽주의 사이의 정교한 중심잡기였다. 대서양 동맹의 일원이면서 유럽의 일부이기도 한 영국은 이 두 정책적 기조 사이에서 기회주의적 행보로 큰 혜택을 누린 것처럼 비춰지기도 했지만, 더 많은 경우 불분명한 노선으로 양쪽 모두와 갈등을 빚거나 심지어 자신의 외교정책 정체성에 혼란을 가중시켰다. 이 같은 외교적 긴장 상태는 앞서 살펴본 바와 같이 유럽통합운동이 시작된 1950년대부터 점점 심화되다가 1973년 영국의 EEC 가입과 함께 해소된 듯 했으나, 오히려 이는 영국의 대서양주의와 유럽주의 사이에서 갈등이 내외적으로 본격화되는 계기가 되었고 시간이 흐를수록 대서양 양안과 새로운 관계 형성이 요구되었다. 이는 대처와 블레어의 담화에서도 확인한 바와 같이 보수당과 노동당을 넘어 대서양 양안을 모두 품어야만 영국의 존재가 부각될 수 있다는 결론으로 귀결되었다. 이는 영국의 전통적인 균형자 역할(대외 관계)과 중복적 정체성(내적 동인)에 이미 내재화되어 있던 것이었다. 즉, 앞서 미국과의 관계를 강조할수록 영국의 유럽과의 관계가 소원해졌다는 기존의 견해와 달리 영국의 유럽공동체 가입이 미국과의 관계에도 기여하였다. 아이러니하게도 영국의 미국과의 특별한 관계가 오히려 영국이 유럽공동체에서 새로운 역할을 찾는 데 도움을 주었을 뿐만 아니라 마찬가지로 유럽통합운동이 고착상태에 빠졌을 때마다 이를 타개하기 위한 미풍(美風)을 일으키는 데 일조했음을 확인할 수 있었다. 이는 영국과 미국, 그리고 영국과 유럽의 관계가 영국의 거리 조절에 따라 어느 한쪽에 가까워지면, 나머지 한쪽과는 자동적으로 멀어지는 것처럼 설명한 기존 해석과는 배치되는 것이다.

그러나 이처럼 영국이 전통적으로 추구해온 정교한 균형자 역할은, 지난 세기 영국의 유럽공동체 가입신청을 주도하고 성공시켰던 보수당이 오늘날엔 보수당이 단기적인 안목으로 당의 존립과 정권 유지를 위해 오히려 유럽회의주의 담론을 부추기고 있는 현 상황에서 당분간 계속되기는 어려운 듯 보인다. 2015년 선거에 유럽회의주의로 승부수를 띄운 캐머런과 보수당이 재집권에 성공하고 영국의 탈퇴 논의에 가속도를 더한다면 영국의 EU 잔류 여부는 더욱더 불투명해질 것이고, 이러한 영국과 유럽 사이의 긴장이 길어지면 길어질수록 영국이 부담해야 할 정치적 부담도 비례할 것이다. 나아가 대중영합주의적이고 비일관된 영국의 대외정책 기조는 미국 혹은 나머지 지역과의 관계에서도 영국이 기존에 가지고 있던 매력조차 반감시킬 것이다. 혹, 캐머런과 보수당의 유럽회의주의가 단순히 정치적 수사로 그치거나 보수당이 다음 선거에서 정권 연장을 실패한다고 해도, 보수당의 반(反) 혹은 혐(嫌)유럽주의의 캠페인으로 동반 성장한 민족주의적 정당들의 정치적 영향력으로 향후 영국의 새 내각이 다시 유연한 유럽정책을 펴는 데 역시 짐으로 작용할 것으로 예상된다.

2부

미국과 EU의 쟁점

5장

미국과 EU의 FTA 전략 변화: 다자주의에서 양자주의로

안상욱

1. 서론

1994년 GATT 24조의 개정에 따라 2차 세계대전 이후 다자간 무역질서에 근간을 둔 세계무역질서에 변화가 일어나기 시작했다. 1948년 관세와 무역에 관한 일반협정(General Agreement on Tariff and Trade, GATT) 발효 이후 최혜국(Most Favored Nations) 조항에 의해 억제되었던 양자무역협정에 의한 무역상대국 간의 차별이 GATT 24조의 개정에 따라 가능해졌다. 이로 인해 양자무역협정은 폭발적으로 증가하였다.

이와 같은 배경에서 대부분의 국가에서 자유무역협정(Free Trade Agreement, FTA)의 체결은 1995년 이후에나 발생했는데, 이는 1994년 GATT 24조 개정에 따라 양자 간 무역협정에 의해 무역상대국 간의 차별이 가능해졌기 때문이다. 미국의 경우도 1980년대에 체결된 자유무역협정은 미국-이스라엘(1985년 체결), 미국-캐나다(1987년 체결) 밖에 없었다. 일본의 경우 최초의 자유무역협정은 2002년에 체결된 일본-싱가포르 자유무역협정이었다. 이처럼 1990년대까지 대부분의 국가들이 양자 간 무역협정에 관심을 기울이지 않았던 것은 GATT의 최혜국대우조항 때문에 차별적인 양자무역협정체결이 용이하지 않

았고, 다자간 무역질서를 통한 관세인하가 더욱 효율적이었기 때문이다.[1]

EU의 경우는 유럽경제공동체(EEC) 자체가 회원국 간의 차별적인 관세동맹에서 시작했기 때문에 미국이나 일본에 비해 양자무역협정의 운영에 더 적극성이 있었다. 그러나 EU의 자유무역협정은 주로 주변 국가들과의 근린정책(Neighbourhood Policy) 차원에서 운영되어 아시아 국가들과의 FTA 체결에는 2006년 이전까지 대단히 소극적이었다. 그러나 2006년 도하라운드 협상 결렬이후 EU는 무역정책을 변경하여 아시아에서 대단히 공격적인 FTA 전략을 구사하면서, 전 세계 FTA의 중심으로 부상하고 있다.

EU와 미국은 전 세계 무역질서의 중심에 있는 무역대국이다. 2012년 미국과 EU는 2013년부터 EU-미국 간 FTA 협상개시에 합의하였다. 이를 통해 EU의 전 세계 교역의 대부분은 그들의 FTA 파트너와 이루어지게 되어 전 세계 무역질서에 주는 영향이 심대할 것으로 전망된다. 미국 역시 환태평양경제동반협정(TPP)를 추진하면서 양자무역전략에서 이전 보다 더욱 적극적인 행보를 보이고 있다.

이와 같이 미국과 EU의 무역정책 변화가 전 세계 무역질서에 미치는 영향이 중요함에도 국내에서 FTA 연구는 한·미 FTA와 한-EU FTA라는 주제만을 중점적으로 다루면서 한국경제 파급효과 및 분야별 쟁점에 대해서만 논의를 진행하였다.[2] 반면에 미국과 EU 무역정책 변화

---

1 1994년 개정으로 자유무역협정이 확산되었다는 점에 대해서는 WTO 및 대부분의 경제학자들이 인식을 같이 하고 있지만, 이에 대한 이견이 존재하는 것도 사실이다. 이러한 이견의 하나로 Edward Mansfield and Helen Milner (ed.), *The Political Economy of Regionalism* (Columbia University Press, 1977)의 예를 들 수 있다. 이 책에서 국가지도자들이 FTA에 대한 결정을 내리는 것에 경제적인 요인뿐만 아니라 정치적인 요인이 매우 중요한 것을 언급하였다.

2 기존연구 검토 부문은 안상욱, 「EU의 양자간 무역협정 전략변화와 한-EU FTA」, 『유럽

와 세계무역환경의 변화에 대해서는 연구가 미미하게 이루어졌다.

이 장에서는 1995년 WTO 출범 이후 특히 2006년 도하라운드 결렬을 전후하여 EU와 미국의 무역정책 변화에 대해 비교하여, 현재 미국과 EU의 무역정책, 특히 EU의 FTA 정책이 전 세계 무역질서에 미칠 수 있는 영향에 대해서 살펴보고자 한다. 또한 아시아 국가와 FTA 체결에 미온적이었던 EU가 적극적으로 한국을 비롯한 동아시아 국가와의 FTA 체결에 적극적으로 변화한 요인을 살펴보고자 한다.

2. 미국과 EU의 양자무역협정 전략비교[3]

미국과 EU의 세계 최대의 무역대국이지만 상당히 상이한 무역협정 전략을 유지하였다. EU는 EU의 모태가 된 유럽경제공동체를 창설한 1957년 로마조약을 통해 회원국 간의 공동시장(Common Market) 창설을 목표로 하여, 1968년까지 회원국 간의 관세장벽을 완전히 제거하고 역외국에 공동관세정책을 운영하는 관세동맹을 창설하였다. 미국이 1994년 GATT 24조가 지역무역협정((Regional Trade Agreement)[4]을 인정하는 방향으로 개정이 이루어진 이후에 본격적으로 차별적인 협정(discriminatory agreement)을 무역에서 본격적으로 이용한 것과 달리 EU는 지역경제공동체 창설을 통해서 창설부터 자유롭게 활용하였다. 또한 과거 식민지 국가들에 대해서 1963년 야운데 협정(Yaounde

---

연구』 30권 3호(2012), pp. 216-218 참조.

3 EU와 미국의 양자무역협정 전략비교는 안상욱, 「EU의 양자간 무역협정 전략변화와 한-EU FTA」, 『유럽연구』 30권 3호(2012), pp. 218-226 참조.

4 지역무역협정의 예로 호혜무역협정(Preferential Trade Agreement), 자유무역협정(Free Trade Agreement), 관세동맹(Customs Union)이 있다.

Agreement), 1975년 로메 협약(Lome. Convention), 2000년 코토누 협정(Cotonou Agreement) 등과 같은 특혜무역협정을 운영하였다.

대외무역협상에서도 유럽공동체 각료이사회는 1962년 이후 집행위원회에 회원국의 무역협상권한을 위임하여, EU집행위원회가 GATT/WTO의 무역라운드에서 EU 회원국을 대신하여 역외 국가들과 무역협상을 하고 있으며, 각 회원국은 개별적으로 FTA를 추진할 수 없다.[5] 이는 다른 경제공동체에서는 나타나지 않고 있다. 예를 들어, 한국은 동남아시아 국가연합(Association of Southeast Asian Nations, ASEAN)과 FTA를 체결했지만, ASEAN 회원국의 무역정책은 각 회원국이 최종 결정권한을 가지고 있기 때문에 발효일자가 ASEAN 회원국별로 다르게 진행되었다. 뿐만 아니라 ASEAN과의 FTA 발효 이후에도 한국은 ASEAN 회원국인 베트남, 인도네시아와 개별적으로 FTA협상을 진행하고 있다.

〈표 5-1〉은 EU 통상정책의 법적 근거에 대해 설명하고 있다. EU는 EC조약 131조, 133조, 134조, 300조, 308조에 의거하여, 역외국가

〈표 5-1〉 EU 통상정책의 법적 근거

법적근거	내용
EC조약 131조	자유무역원칙과 역내 경쟁력 제고
EC조약 133조	통상정책의 공동실시, 반덤핑 등 역내산업 보호
EC조약 134조	통상정책의 결정 및 집행위원회의 권한
EC조약 300조	준회원국 대우에 의한 무역특혜조치
EC조약 308조	권한의 포괄적 위임

출처: 이종원, 「EU의 FTA정책과 한-EU FTA에 대한 시사점」, 『경상논집』 20권 2호(2006), p. 68.[6]

---

5 이종원, 「EU의 FTA정책과 한-EU FTA에 대한 시사점」, 『경상논집』 20권 2호(2006), pp. 67-68.

6 이종원(2006), p. 67.

와 양자무역협정을 EU 집행위원회가 회원국으로부터 권한을 위임받아 협상을 하였고, 공동역외관세를 부과하거나 덤핑이나 GATT/WTO 차원에서 금지된 보조금이 지급된 수입품에 대해서 공동체 차원의 대응을 해왔다.

〈표 5-2〉는 EU 관세동맹과 자유무역협정 현황이다. 도하라운드 결렬 이전인 2006년 7월 이전까지 EU가 체결한 자유무역협정은 멕시코(2000년 7월 1일 발효), 남아프리카 공화국(2000년 1월 1일 발효), 칠레(2003년 2월 1일 발효)를 제외하고 모든 EU의 인근국가와 체결하였다. 다시 말해, EU는 2006년 도하라운드의 실패 이전까지 FTA를 EU의 근린정책 차원에서 추진한 것이었다.

또한 EU 무역정책은 집행위원회의 변화에 따라 큰 변화를 겪기도 하였다. 1995년에서 1999년까지 레온 브리탄(Leon Brittan)이 EU 무역담당 집행위원으로 EU의 무역정책을 이끌었던 시기에 EU는 주요 무역상대국과 밀접하게 협력하여 상호 시장접근성을 개선하고 이를 통해 EU의 수출업자와 투자자에 가시적이고 직접적인 이익을 줄 수 있는 조치가 무엇인지에 대해 고민하였다.[7] 그 결과 2차 세계대전 이후 세계 무역질서의 기본 틀로 자리 잡은 다자간 방식뿐만 아니라 양자무역협정에도 관심을 갖기 시작하였다. 이러한 브리탄의 견해는 1996년 EU 집행위원회가 발간한 "국제무역의 범지구적 도전: EU를 위한 시장 접근 전략(The Global Challenge of International Trade: A Market Access Strategy for the European Union)"이라는 정책보고서에 잘 드러나 있다.[8]

---

7 사이먼 J. 에버넷, 「무역정책: 신개념의 무역정책이 필요한 시점」, 앙드레 사피르(편). 연세-SERI EU 센터 (역), 『기로에선 경제거인 EU』, 삼성경제연구소, 2010, p. 136.

8 레온 브리탄의 무역정책은 안상욱, 「EU의 양자간 무역협정 전략변화와 한-EU FTA」, 『유럽연구』 30권 3호(2012), p. 222 참조.

〈표 5-2〉 EU의 관세동맹과 자유무역협정 현황(2012년 6월 기준)

발효일	대상국가	협정 형식
1973년 01월 01일	스위스	자유무역협정
1973년 07월 01일	노르웨이	자유무역협정
1977년 07월 01일	시리아	자유무역협정
1991년 07월 01일	안도라	관세동맹
1994년 01월 01일	아이슬란드, 리히텐슈타인, 노르웨이	자유무역협정
1995년 12월 31일	터키	관세동맹
1997년 01월 01일	파로섬(덴마크 해외영토)	자유무역협정
1997년 07월 01일	팔레스타인 자치정부	자유무역협정
1998년 03월 01일	튀니지	자유무역협정
2000년 01월 01일	남아프리카공화국	자유무역협정
2000년 03월 01일	모로코	자유무역협정
2000년 06월 01일	이스라엘	자유무역협정
2000년 07월 01일	멕시코	자유무역협정
2002년 04월 01일	산마리노	자유무역협정
2002년 05월 01일	요르단	자유무역협정
2003년 02월 01일	칠레	자유무역협정
2003년 03월 01일	레바논	자유무역협정
2004년 05월 01일	마케도니아공화국	자유무역협정
2004년 10월 04일	이집트	자유무역협정
2005년 02월 01일	크로아티아	자유무역협정
2005년 09월 01일	알제리	자유무역협정
2006년 12월 01일	알바니아 ※ 2009년 4월 1일: 자유무역협정(서비스)	자유무역협정(상품)
2008년 01월 01일	몬테네그로 ※ 2010년 5월 1일: 자유무역협정(서비스)	자유무역협정(상품)
2008년 07월 01일	보스니아 헤르체고비나	자유무역협정
2009년 01월 01일	코트디부아르	자유무역협정
2009년 10월 01일	카메룬	자유무역협정
2009년 12월 20일	파푸아뉴기니, 피지	자유무역협정
2010년 02월 01일	세르비아	자유무역협정
2011년 07월 01일	대한민국 ※2010년 10월 6일 체결	자유무역협정

출처: WTO RTA Database[9]

9 WTO RTA Database, http://rtais.wto.org/UI/PublicSearchByMemberResult.aspx?Member

〈표 5-3〉 레온 브리탄 무역담당 집행위원 시기의 한-EU 교역에 대한 EU 무역정책

연도	자료	주요사항
1993	EU 집행위원회 보고서[11]	• 1993년 8월 한국의 민주화, 시장개방 노력 환영 • 양국의 경제규모에 비해 부진한 경제교류 활성화 • 동반자관계의 정착
1997	EU 집행위원회 보도자료[12]	• 무역자유화 • 통신장비 정부조달 시장개방을 위한 양자 간 무역협정 체결

반면에 레온 브리탄이 EU 무역담당 집행위원직을 사임한 1999년부터 2004년까지 EU 무역담당 집행위원직을 역임한 파스칼 라미(Pascal Lamy)는 시장접근성 개선을 EU 무역정책의 최우선 과제로 삼았던 레온 브리탄의 무역정책과는 분명한 선을 그었다.[12] 파스칼 라미는 2004년 발간한 "1999-2004년 프로디 집행위원회 무역정책"이라는 보고서에서 파스칼 라미는 시장개방은 그 자체가 목적이 아니라 시장 개선방식의 하나이며, 시장개방은 필요한 것이지만 전부는 아니라고 주장하였다. 그리고 위의 보고서에서 파스칼 라미는 시장개방 자체가 발전을 가져올 수는 없다고 언급하면서 더 많은 요소들이 EU 무역정책에 반영되어 대중의 호응을 얻을 수 있어야 한다고 주장하였다. 이러한 생각의 연장선에서 파스칼 라미는 2001년 WTO의 도하개발 어젠다(Doha Development Agenda)가 시작되는 데 기여를 하였고, 이후 EU는 2006년 도하라운드가 실패로 끝날 때까지 FTA

Code=918&lang=1&redirect=1(검색일: 2013. 8. 5.)

10 European Commission, "Relations Between the European Community and the Republic of Korea," Communication of the Commission to the Council, un-published document, Brussels, 1993.

11 EU집행위원회 1997년 10월 27일 보도자료, http://europa.eu/rapid/pressReleases-Action.do?reference=IP/97/917&format=HTML&aged=1&language=EN&guiLanguage=en (검색일: 2013. 6. 20.)

12 안상욱(2012), pp. 137-138.

〈표 5-4〉 "Toward a New Strategy for Asia" 보고서 주요내용(1994년)[13]

1	유럽-아시아 간 양자관계의 강화
2	아시아에 있어서 EU의 위상 강화
3	평화와 안보를 증진시키기 위한 지역협력 지원
4	다자협력에 있어서 아시아의 역할 증대 지원
5	시장개방과 비차별적 무역질서 국제교역의 틀 마련에 공헌
6	계획경제체제에서 시장경제체제로의 전환 지원
7	개발도상국에서 지속가능한 발전과 빈곤 감소에 기여
8	아시아 국가들과 관계에서 EU 국가 간 조율 강화

출처: European Commission, Toward a New Asia Strategy, COM(94) 314 final, Bruxelles, 1994.

체결 국가의 수를 늘리기보다는 WTO 차원의 '도하개발 어젠다'의 진전에 매진하였다.[14]

대표적인 사례가 1994년 EU 집행위원회가 발간한 "아시아에 관련한 신전략(Toward a New Strategy for Asia)"에서 제시된 여덟 가지의 목표 중 다섯 번째 목표인 '시장개방과 비차별적인 국제교역의 틀 마련에 공헌'이라는 내용이 포함된 것이다. 이는 EU가 아시아 국가와의 무역 확대를 위해 FTA와 같이 회원국과 역외국을 차별하는(discriminatory) 양자 간 무역협정을 체결하는 것보다 WTO 차원의 다자간 무역질서의 틀 안에서 아시아 국가와의 교역확대를 의도했던 것이다.

파스칼 라미가 EU 무역담당 집행위원이었던 시기에 아시아 국가들과 양자무역협정을 체결하는데 EU가 무관심했었던 또 다른 사례로, 2003년 한국 정부의 한-EU FTA 협상개시 제안에 대한 EU의 거

13 아시아에 관련한 신전략(Toward a New Strategy for Asia)은 안상욱, 「EU의 양자간 무역협정 전략변화와 한-EU FTA」, 『유럽연구』 30권 3호(2012), p. 223 참조.

14 파스칼 라미의 무역정책은 안상욱, 「EU의 동아시아 정책 및 무역정책 변화와 한-EU FTA」, 『유럽연구』 28권 2호(2010), p. 370 참조.

〈표 5-5〉 2004년 한국 측의 FTA 협상개시 제안과 EU의 입장

한국	EU
한국 정부는 2004년 EU에 FTA 협상개시를 제안	'도하라운드'를 타결하는 데 주안점을 두었기에, EU 주요 교역상대국과 FTA 숫자를 하나 더 늘리는 것에는 관심을 보이지 않음

출처: 『연합뉴스』, 2007년 5월 10일.

절을 들 수 있다. 한국 정부는 2003년 8월 발표한 'FTA 추진 로드맵'에서 중장기적인 FTA 대상국가로 미국, 중국, EU를 꼽았다. 그리고 김현종 당시 통상교섭본부장에 따르면,[15] 한국 정부는 'FTA 추진 로드맵'에 따라 2004년 EU에 FTA 협상개시를 제안했지만 당시 EU는 미온적인 반응을 보였다. 당시 차기 WTO 사무총장으로 내정된 파스칼 라미가 EU 무역담당 집행위원으로 있었던 상황에서 EU 집행위원회는 '도하라운드'를 타결하는 데 주안점을 두었기에, EU 주요 교역상대국과 FTA 숫자를 하나 더 늘리는 것에는 큰 관심이 없었다.

미국의 양자무역협정 전략은 EU의 양자무역협정과는 대단히 상이한 형태로 진행되었다. 우선 양자무역협정을 체결하는데 EU에 비해 적극적이지 않았다. 1973년 발효된 EU-스위스 FTA가 EU 최초의 FTA였다면, 미국 최초의 FTA는 1985년에 발효된 미국-이스라엘 FTA였다. 이는 미국이 FTA에 대해서 EU보다 필요성을 갖지 못했다는 의미이다. 2차 세계대전 이후 미국은 GNP와 대외무역에서 전 세계의 절반 이상을 차지하였고, 미국의 산업은 다른 국가들과 비교하여 월등한 경쟁력을 확보하고 있었다. 따라서 미국이 건국이후 1930년대까지 유지한 보호주의 무역정책이 더 이상 필요하지 않았고, 자유무역정책이 미국의 국가이익에 부합하는 정책이 되었다. 따라서

15 『연합뉴스』, 2007년 5월 10일.

미국 정부는 GATT를 활용하여 전 세계 차원의 무역장벽을 경감하는 데 주력하였다.[16] 미국의 산업경쟁력이 일본, 독일과 같은 다른 선진국의 경제발전 및 강력한 상품경쟁력으로 약화되고 있지만, 여전히 항공, 전자, 첨단기술, 의약, 금융, 경영, 서비스, 유통에서 다른 국가와는 월등하게 경쟁력의 격차가 있기 때문에, 자유무역이 미국의 이익에 부합하는 것은 변화하지 않았다.

자유무역을 확대시키려는 미국의 무역정책 기조에는 변함이 없었지만, 1990년대 들어서 미국은 자유무역의 전 세계적인 확산과 심화를 위해 기존의 WTO 중심의 다자간 협상방식뿐만 아니라 양자 간 협상방식 및 지역 간 협상방식 등 무역협상 방식을 다양화하였다. 특히 미국이 양자 간 협상방식을 무역정책에서 적극적으로 활용한 또 다른 이유는 세계무역의 중심에 있는 미국과의 무역확대를 원하는 국가 혹은 지역들에 경쟁 분위기를 조성하여 범세계적인 자유무역확대를 이룩하고자 하였다. 부시 행정부 당시에 언급된 '경쟁적 자유화(competitive liberalization)'가 이에 해당되는 사례이다.[17]

특히 FTA 파트너 국가를 선정하는 방식에서 미국은 EU와는 다른 전략의 틀에서 FTA에 접근하였다.[18] 미국의 FTA 전략에 관련해서는 많은 연구분석이 존재하지만, 여기에서는 미국 대외정책 싱크탱크인 미국외교협회(Council on Foreign Relations, CFR)의 로버트 맥마흔(Robert McMahon)[19]의 견해를 활용하도록 한다. 경제적 측면에서 다

---

16 김동성, 「미국 대외무역 정책의 목표와 역할」, 『정책연구』 2006-61, 경기개발연구원(2007), pp. 13-68.

17 김동성(2007), p. 59.

18 미국의 FTA 전략은 안상욱, 「EU의 양자간 무역협정 전략변화와 한-EU FTA」, 『유럽연구』 30권 3호(2012), pp. 224-226 참조.

19 미국외교협회, http://www.cfr.org/publication/10890/rise_in_bilateral_free_trade_agreements.html(검색일: 2013. 7. 3.)

자적인 협정이 존재하지 않을 때, 양자 간 자유무역협정은 미국제품에 제3국의 시장을 자유화하고 개방하는 역할을 한다. 정치적인 측면[20]에서, FTA는 제3국에서 시장경제 지향으로 경제개혁을 유도하며, 목표지역에서 미국의 입지를 강화시키는 수단이 될 수 있다고 인식되었다.

이처럼 미국의 FTA 전략은 미국의 지역 차원의 교두보를 확보하고, 전 세계 차원에서 시장경제를 확산할 의도에서 이루어졌기 때문에 EU와 비교해볼 때, 미국의 FTA는 도하라운드가 결렬된 2006년 이전부터 지리적인 측면에서 균형을 이루고 있다. 〈표 5-6〉에서 볼 수 있듯이, 미국은 라틴아메리카, 북아프리카, 중동, 오세아니아, 동아시아 국가와 골고루 FTA를 체결하였다.

지역 차원에서 교두보를 확보하기 위한 미국의 대표적인 FTA 체결 사례는 미국 최초의 FTA인 미국-이스라엘 FTA이다. 이스라엘은 미국의 주요 교역상대국도 미국의 인근국가도 아니었지만, 중동지역에서 미국의 이해를 확보하기 위해 미국의 양자무역협정 중 가장 먼저 추진되었다.

이와 같이 지역차원의 교두보 확보를 중시한 미국의 FTA 전략 때문에, 2011년에 발효된 한-EU FTA가 동아시아 지역에서 최초의 FTA였던 EU와는 달리 미국은 이미 2004년에 싱가포르와 FTA를 발효하였다.

미국의 FTA가 EU의 FTA에 비교해서 다른 큰 차별성을 갖는 사항은, 경제통합체인 EU에 비해 미국은 교역대상국과의 자유무역협

20 로버트 맥마흔은 미국 FTA의 정치적인 요인에 대해 설명하면서, 미국 국제 경제연구소(Institute for International Economics: IEE)의 선임연구원(Senior Researcher)인 제프리 스콧(Jeffry Schott)과 미국외교협회의 연구원인 더글라스 홀츠-이킨(Douglas Holtz-Eakin)의 견해를 인용하였다.

〈표 5-6〉 미국의 관세동맹과 자유무역협정 현황

발효일	대상국가	협정의 형태
1985년 8월 19일	이스라엘	자유무역협정
1994년 1월 1일	NAFTA	자유무역협정
2001년 12월 17일	요르단	자유무역협정
2004년 1월 1일	싱가포르	자유무역협정
2004년 1월 1일	칠레	자유무역협정
2005년 1월 1일	호주	자유무역협정
2005년 10월 4일	오만	자유무역협정
2006년 1월 1일	모로코	자유무역협정
2006년 3월 1일	도미니카공화국	자유무역협정
2006년 8월 1일	바레인	자유무역협정
2006년 12월 19일	파나마	자유무역협정
2007년 4월 2일(체결) 2012년 5월 15일(발효)	대한민국	자유무역협정
2009년 2월 1일	페루	자유무역협정
2012년 5월 15일	콜롬비아	자유무역협정

출처: WTO RTA Database[21]

정 추진에 미국 국내정치의 이해를 강하게 반영하고 있다는 점이다. 대표적인 사례가 2007년 미 의회와 행정부가 합의한 2007년 5월 미 의회와 행정부는 '신통상정책(New Trade Policy)'이다. 신통상정책은 '기본노동기준, 환경과 지구온난화, 특허·지적재산권 및 의약에 대한 접근권, 정부조달, 항만안전, 투자, 근로자 지원과 교육' 등 7개 조항으로 구성되어 있지만 이 중 핵심이 노동과 환경기준에 관련된 것이었다. 이에 따라 미국과 체결되는 모든 FTA에 노동과 환경기준이 반

21 WTO RTA Database, http://rtais.wto.org/UI/PublicShowMemberRTAIDCard.aspx?rtaid=180(검색일: 2013. 7. 5.)

드시 포함되도록 의무화되었다. 다시 말해, 미국과 FTA를 체결하기 위해서는 교역상대국이 노동, 환경에 관련된 국제기준을 준수해야 한다는 의미이다. 국제노동기구(International Labor Organization, ILO)의 5개 분야(결사의 자유, 단체교섭권, 강제노동 금지, 아동노동 금지, 고용·직업 차별금지)의 핵심기준 준수와 7개 다자간 환경협약(멸종위기에 처한 야생 동식물의 국제거래에 관한 협약, 오존층 파괴물질에 관한 몬트리올 의정서, 폐기물 기타 물질의 투기에 의한 해양오염방지 협약, 미주열대참치 협약, 특히 국제적으로 중요한 습지에 관한 협약, 국제포경금지 협약, 남극 해양생물자원보존 협약)의 수용과 실행이 미국과 FTA 체결을 위해 요구되고 있다.

이는 자유무역이 노동과 환경에 부정적인 영향을 미친다는 주장이 1990년대 이후 대두되고 이를 노동조합 및 환경단체가 지지하고 있는 민주당이 수용하면서 '신통상정책'이 수립되었다. 그러나 노동과 환경문제를 FTA에 연계시키는 미국의 신통상정책은 개발도상국들에게는 무역장벽으로 인식될 수밖에 없다. 이는 개발도상국이 국제노동환경기준을 준수할 경우 생산원가 상승에 따라 개발도상국 제품의 수출경쟁력이 약화될 수밖에 없기 때문이다.

3. 미국과 EU의 무역정책 전략 변화: '다자주의 중심'에서 '양자주의의 적극적 활용'으로[22]

EU와 미국 등 전 세계 무역대국은 최근 들어 양자무역협정을 적극적으

22 "미국과 EU의 FTA 전략 변화: '다자주의 중심'에서 '양자주의의 적극적 활용'으로"에서 도하라운드 결렬, EU 및 미국의 무역정책 변화에 대한 부분은 안상욱, 「EU의 양자간 무역협정 전략변화와 한-EU FTA」, 『유럽연구』 30권 3호(2012), pp. 226-234 참조.

로 활용하고 있다. 양자무역협정이 적극적으로 활용된 데에는 1994년 GATT 24조의 개정을 통해서 "지역무역협정(Regional Trade Agreement)"에 대한 제약이 크게 사라진 것이 우선적으로 기여하였지만, 2차 세계대전 이후 전 세계 무역질서를 주도해온 GATT/WTO 차원의 비차별적인 다자간 무역질서가 도하라운드 협상의 지체에 따라서 점차 동력을 잃어가고 있는 것이 최근 FTA 확산의 주요 원인으로 등장하고 있다.

2001년 도하에서 개최된 제4차 WTO 각료회의에서 시작된 도하라운드는 세계무역 자유화의 확산을 목표로 하였다. 149개 WTO 회원국이 참여한 전 세계 차원의 협상은 출발은 원대했지만 선진국의 농업보조금 문제는 결국 도하라운드의 실패를 가져왔다. 개발도상국이 선진국에 비해 경쟁력이 있는 농산품 교역에서 선진국의 관세인하와 농업보조금 지급철폐를 협의했지만, EU와 미국 등 선진국은 양보를 하지 않았다.

선진국들이 농산물 시장 개방에 전혀 양보를 하지 않으면서 도하라운드는 위기에 직면했고, 2006년 6월 EU 무역담당 집행위원인 피터 만델슨(Peter Mandelson)은 미국에 농업보조금 삭감에 관련하여 개선안을 제출할 것을 요구하였다. 그리고 피터 만델슨은 미국이 개선안을 제시하면, EU 역시 농업보조금 삭감분야에서 개선안을 내놓을 것이라고 선언하였다. 그러나 2006년 7월 23일 미국 정부는 피터 만델슨(Peter Mandelson)의 제안을 거부하였고 도하라운드는 더 이상 협상에 진전이 이루어질 수 없었다.[23]

결국 2006년 7월 28일, WTO 일반이사회(General Council)는 도하

23 도하라운드 결렬에 대한 부분은 안상욱, 「EU의 양자간 무역협정 전략변화와 한-EU FTA」, 『유럽연구』 30권 3호(2012), pp. 22-227 인용.

〈표 5-7〉 도하라운드 협상경과

• 2001. 11.: 카타르 도하에서 협상 출범 합의 • 2003. 9.: 멕시코 칸쿤 각료회의 결렬(DDA 세부원칙 기본골격 합의안 도출 실패) • 2004. 7.: DDA 세부원칙 기본골격 합의안 채택 • 2005. 12.: 홍콩 각료회의 진전 없이 종료 • 2006. 7.: 스위스 제네바 주요국 각료회담 결렬 • 2007. 1.: 부시 미 대통령과 EU 집행위원장 DDA 협상 재개 위한 회담 • 2007. 7.: 농업·비농산물 분야 세부원칙 초안 배포 • 2008. 7.: 잠정타협안 도출했으나 최종 합의에 실패, 협상 결렬

출처: KDI 경제정보센터[24]

라운드의 협상전체를 중단한다고 결정하였다. 파스칼 라미(Pascal Lamy) WTO 사무총장은 "우리가 절망적인 상황에 다다랐다"라고 언급하며 도하라운드 협상중단을 공식화하였다[25].

물론 2006년 WTO 사무총장의 도하라운드 협상중단 선언 전후로 도하라운드는 이미 여러 차례 협상 결렬과 협상 재개를 반복했지만, 2006년의 협상중단 선언으로 도하라운드 타결에 대한 각국의 기대는 급속하게 냉각되었다.

WTO 차원의 다자간 무역협상인 도하라운드의 실패 때문에, WTO 회원국들은 국가 간 자유무역을 확대하기 위해서는 양자 간 자유무역협정(FTA)을 체결하는 것이 자유무역을 확대하는 대안이라 인식하게 되었다.

일례로 미국이 지금까지 발효한 14건의 자유무역협정 중에 5건의 FTA가 도하라운드 결렬 이후에 발효되었다. 한국도 지금까지 발효한 9건의 FTA(칠레, 싱가포르, EFTA, 아세안, 인도, EU, 페루, 미국, 터키) 중 한-칠레 FTA, 한-싱가포르 FTA를 제외한 나머지 FTA는 도하라

24 KDI경제정보센터, eiec.kdi.re.kr/click/click/include/clickdownload.jsp?cid=725(검색일: 2013. 11. 9.)

25 세계무역기구, http://www.wto.org/french/news_f/news06_f/tnc_dg_stat_24july06_f.htm(검색일: 2013. 5. 10.)

운드 결렬 이후에 발효되었다.[26]

EU도 도하라운드의 결렬 이후 적극적으로 주요 교역상대국과 양자관계의 발전에 더 큰 관심을 갖게 되었다. 특히 도하라운드가 결렬될 때까지, 동아시아 국가와 FTA 협정을 체결하지 않았던 EU는 동아시아 국가와의 양자무역협정 체결에 적극적인 입장을 취하는 쪽으로 EU 무역정책을 전환하였다.

2006년 10월 4일, EU 집행위원회는 EU의 경쟁력 강화를 위한 프로그램에 무역정책을 접목시키는 새로운 전략[27]을 "글로벌 유럽: 전 세계에서 경쟁하고 있는(Global Europe: Competing in the World)"이라는 보고서를 통해 제시하였다. "글로벌 유럽"보고서의 부제는 'EU의 성장과 고용전략에 대한 기여(A Contribution to the EU's Growth and Jobs Strategy)'였다. 이 보고서는 다음 7단계를 EU의 미래 대외무역정책의 기조로 제시하였다.[28]

① 도하라운드와 WTO를 통해 세계무역을 개방하는 것이 최선의 방식이며, 이에 대한 EU 측의 약속이행 의지를 피력
② 유익하고 동등한 동반자 관계를 만들기 위한 폭넓은 전략의 하나로 중국과 무역·투자 관계를 우선적으로 개선하도록 건의
③ EU IPR(지적재산권: Intellectual Property Rights)을 강화
④ 우선순위에 따라 선택된 국가와 새로운 방식의 FTA를 제안

26 〈표 5-6〉 참조.

27 European Commission, *Global Europe: Competing in the World*, Communication from the Commission to the Council, the European Parliament, the European Economic and Social Committee and the Committee of the Regions, COM (2006) 567 final, Brussels, 2006.

28 "글로벌 유럽보고서"의 주요 내용은 안상욱, 「EU의 양자간 무역협정 전략변화와 한-EU FTA」, 『유럽연구』 30권 3호(2012), pp. 227-228 참조.

⑤ 개정되고 강화된 시장 접근전략에 대한 제안
⑥ 해외 정부조달시장의 개방조치를 제안
⑦ 무역구제조치의 효율성에 대한 검토 진행

위에서 언급된 "글로벌 유럽보고서"의 7단계 미래 대외무역정책의 기조에서 볼 수 있듯이 EU는 WTO 차원의 다자간 무역협상을 존중하지만, EU의 무역대상국에 FTA를 제안하고 정부조달시장 개방을 요구하는 적극적인 양자 간 무역협상 전략을 구사하는 것을 적극적으로 검토하겠다고 표명하였다.

특히 다음의 보고서의 내용에서 EU는 세계무역에서 양자 간 무역협상의 강화, 특히 아시아 국가와의 양자 간 무역협상을 강화할 것이라는 의지를 피력하였다.

> EU 집행위원회는 EU의 주요 교역국가에 일련의 양자 간 자유무역협정을 제안할 것이다. 일련의 새로운 자유무역협정은 WTO의 규정을 따르며, 다자주의적인 논의가 이루어질 준비가 안돼서 발생한 현재의 문제에 해결책을 제시하고 다자주의에 입각한 무역자유화라는 향후 단계를 준비하기 위한 토대를 만들 것이다. 새로운 자유무역협정의 중요 경제적인 요건은 시장의 잠재력이 될 것이다. 특히 아시아의 신흥시장이 이에 해당한다.[29]

도하라운드 실패 이전까지 한국 및 동아시아 국가와의 FTA에 미

---

29 U 집행위원회 보도자료(2006년 10월 4일자) (IP/06/1303), http://europa.eu/rapid/pressReleasesAction.do?reference=IP/06/1303&format=HTML&aged=0&language=FR&guiLanguage=fr 검색일: 2013. 7. 20.)

온적이던 EU의 태도가 변화된 요인은 앞서 언급한 '도하라운드' 실패 이후, EU 무역정책이 주요 교역대상국과 FTA를 확대하는 것으로 전환된 것 이외에 2006년 2월 3일 한·미 FTA 협상이 공식적으로 개시된 것도 큰 영향을 주었다. 한·미 FTA를 통해서 미국이 한국과 표준을 통일하고 ASEAN까지 표준을 확장하여 북미, 남미, 아시아를 포괄하는 표준이 형성되는 것에 대해 EU는 부담을 가지고 있었고, EU는 한-EU FTA가 한국과의 무역교류 확대뿐만 아니라 미국의 표준이 아시아 전역으로 확산되는 것을 막을 수 있는 방법이 될 수 있다고 판단하였다.[30]

한국시장에 대한 접근성 문제에서 미국에 뒤지면 안 된다고 판단한 EU는 2006년 5월 16일 필리핀 마닐라에서 열린 한-EU 통상장관회담에서 먼저 한-EU FTA를 제안하였고, 2007년 5월 11일 한국과 EU는 한-EU 협상개시를 선언하였고, 2010년 10월 6일 공식체결, 2011년 7월 1일에는 잠정발효되었다. 2004년 한국이 FTA 협상개시를 EU에 제의했을 때, 파스칼 라미가 이끌던 EU 집행위원회 무역담당총국(DG Trade)이 WTO 차원의 도하라운드 협상에 중점을 두면서 한국과 FTA 협상개시를 거부하였던 것을 감안하면 상황이 역전된 것이다.

2006년 도하라운드 결렬 이전까지 인근국가 위주로 체결되어서, FTA를 통해 지역별 거점 확보를 추구하였던 미국의 FTA 전략과 대비되었던 EU의 FTA는 〈표 5-8〉과 〈표 5-9〉에서 볼 수 있듯이, 현재 큰 변화를 겪고 있다. EU는 MERCOSUR 등의 지역협력체 및 인도, 일본과 FTA를 협상하고 있으며, 중국과의 FTA도 검토할 정도로

---

30 LG경제연구원보고서, http://www.lgeri.com/uploadFiles/ko/pdf/pub/lgeri_report_20080717_20080717085424.pdf(검색일: 2013. 7. 20.)

〈표 5-8〉 EU의 주요 교역대상국(EU 역내교역 제외, 100만 유로)

	2006년		2007년		2010년		2011년		자유무역 협정 현황
	순위	무역액	순위	무역액	순위	무역액	순위	무역액	
미국	1	444,736.0	1	433,330.8	1	412,712.1	1	444,799.0	협상 중
중국	2	258,739.9	2	304,415.8	2	395,805.8	2	428,351.9	검토 중
러시아	3	213,259.1	3	234,062.5	3	246,189.5	3	306,776.6	검토 중
스위스	4	159,467.6	4	169,294.4	4	188,407.1	4	212,876.9	발효
노르웨이	6	117,665.7	6	120,036.4	5	121,330.3	5	139,978.8	발효
터키	7	91,759.2	7	99,678.0	7	103,576.6	6	120,263.6	관세동맹 발효
일본	5	122,277.6	5	122,010.2	6	109,636.4	7	116,419.2	협상 중
인도	9	47,008.9	9	55,764.2	8	68,024.9	8	79,739.8	협상 중
브라질	12	44,973.7	10	53,768.0	10	63,933.4	9	73,504.6	Mercosur 차원 협상 중
대한민국	8	63,681.0	8	66,047.2	9	67,171.8	10	68,517.8	발효
사우디 아라비아	13	41,002.5	15	38,508.8	13	39,497.2	11	54,517.7	GCC차원 협상 중단
캐나다	11	46,453.3	11	47,588.1	11	46,832.5	12	52,471.4	협상타결
싱가포르	15	38,989.6	14	38,849.8	12	43,112.9	13	46,072.8	가서명
알제리	17	34,123.4	22	31,831.5	18	36,614.8	14	44,883.8	발효
남아프리카 공화국	16	38,426.4	12	41,245.8	14	39,381.5	15	43,419.1	발효
호주	19	32,519.8	18	34,316.6	17	36,632.9	16	42,567.6	
아랍 에미리트	20	31,038.6	20	32,797.8	21	33,519.0	17	41,390.5	GCC 차원 협상 중단
홍콩	18	33,797.5	21	31,885.3	16	37,639.1	18	40,321.5	
타이완	14	39,935.7	13	39,353.0	15	38,911.4	19	40,160.3	
멕시코	22	29,694.4	19	33,072.2	20	34,529.3	20	40,072.8	발효

출처: 유럽연합 집행위원회 통상 총국(DG Trade),[31] FTA종합지원포털[32]

31 유럽연합 집행위원회 무역총국(DG Trade), http://trade.ec.europa.eu/doclib/html/122530.htm(검색일: 2013. 7. 8.)

32 FTA종합지원포털, http://www.ftahub.go.kr/kr/situation/fta/03/index02.jsp(검색일: 2013. 7. 8.)

〈표 5-9〉 미국과 EU의 FTA 현황(2012년 기준)

	발효	타결	협상중	검토중
미국	이스라엘(85.8), NAFTA(94.1), 요르단(01.12), 칠레(04.1), 싱가포르(04.1), 호주(05.1), 모로코(06.1), 바레인(06.8), CAFTA-DR(06.3),[33] 오만(09.1), 페루(09.2), 한국(12.3), 콜롬비아(12.3), 파나마(12.10)		TPP EU ※아랍 에미리트, 타이, 에콰도르, FTAA,[34] SACU[35]와의 협상중단 ※말레이시아 FTA 협상(TPP에 통합)	타이완, 베트남, 이집트, 쿠웨이트, 파키스탄 ※뉴질랜드 FTA 검토 (TPP에 통합)
EU	OCTs(71.1),[36] EFTA(77.1), 안도라(91.7), EEA(94.1), 터키(96.1), 페로제도(97.1), 팔레스타인(97.7), 튀니지(98.3), 남아공(00.1), 모로코(00.3), 이스라엘(00.6), 멕시코(상품 00.7, 서비스00.10), FYROM(01.6), 크로아티아(02.3), 산마리노(02.4), 요르단(02.5), 칠레(상품03.2, 서비스05.3), 레바논(03.3), 이집트(04.1), 알제리(05.9), 알바니아(06.12), 몬테네그로(08.1), 보스니아헤르체고비나(08.7), 코트디부아르(09.1), 카메룬(09.10), 파푸아뉴기니·피지(09.12), 세르비아(10.2), 한국(11.7)	시리아 (04.10 타결) 페루·콜롬비아 (11.4 가서명) 중미 (11.3 가서명) 싱가포르 (13.9 가서명) 캐나다	인도 우크라이나 캐나다 말레이시아 MERCOSUR 일본 베트남 미국 ※CAN,에콰도르, 리비아, GCC와의 협상 중단	중국, 파키스탄, 그루지야, 브루나이, 몰도바 아르메니아, 인도네시아, 아제르바이잔

출처: 대한민국 정부 FTA허브[37]

양자무역협정에서 적극적인 전략을 구사하고 있다. 특히 EU는 싱가포르와 FTA에 2012년 12월 협상타결을 하였고 2013년 9월에 가서명하였다.

33 중미-도미니카 공화국 자유무역협정(The Central American-Dominican Republic Free Trade Agreement, CAFTA-DR)

34 미주 자유무역협정(The Free Trade Area of the Americas, FTAA)

35 남아프리카 관세동맹(Southern African Customs Union, SACU)

36 해외부속영토(Overseas Countries and Territories, OCTs)

37 FTA종합지원포털, http://www.ftahub.go.kr/kr/situation/fta/03/index02.jsp(검색일: 2013. 7. 8.)

EU는 이미 EU의 20대 교역국 중 7개국(스위스, 노르웨이, 터키, 한국, 알제리, 남아프리카공화국, 멕시코)과 FTA 또는 관세동맹을 발효하였고, 4개국과 FTA를 협상 중이고, 6개국과 FTA를 검토 중이다. 이는 EU의 FTA 계획이 모두 실현될 경우 EU는 20대 교역대상국 중, 호주, 홍콩, 대만과 제외한 모든 국가와 FTA를 체결하게 되는 것이다.

반면에 미국은 〈표 5-10〉에서 볼 수 있듯이, 미국의 20대 교역상대국 중 오직 4개국과 FTA를 발효하였고, 1개국과 FTA를 검토 중이고 2013년에 EU와 FTA 협상을 개시했을 뿐이다. 물론 2011년 말 일본이 미국과 브루나이, 칠레, 뉴질랜드, 페루, 싱가포르가 참여하는 환태평양 다자간 무역협정인 "환태평양경제동반자협정(Trans-Pacific Partnership, TPP)"에 참여를 선언한 이후 태평양지역 국가와 미국 간의 자유무역에 대한 논의가 진전되고 있기[38]는 하지만, 미국의 입장에서 이미 칠레, 싱가포르와는 FTA를 발효시켰고, 페루와 브루나이가 미국과 차지하는 교역비중이 작은 편이고, 일본의 TPP 참여를 제외하면, TPP 체결의 파급효과가 생각보다 크지 않을 수도 있다.

따라서 향후 EU는 미국에 비해서 전 세계 차원에서 FTA의 거점을 많이 확보하고, 주요 교역대상국과 FTA를 거의 모두 체결한 양자무역협정의 허브로 부상할 것으로 예상된다.

다른 한편에서 EU의 의욕적인 양자무역협정 체결로 EU에서 전체 교역의 대부분이 다자간 무역틀이 아닌 양자 간 무역틀에서 이루어지고 있으며, 다른 국가와 비교했을 때도, 이는 상당히 큰 차이가 나고 있다.

〈그림 5-1〉에서 보는 바와 같이 2011년 현재 EU 수출의 86%, EU 수입의 78.4%가 양자무역협정의 틀 내에서 이루어지고 있다. 이는

---

38 미국외교협회, http://www.cfr.org/trade/us-trade-policy/p17859#(검색일: 2012. 6. 15.)

〈표 5-10〉 미국의 주요 교역대상국 (단위: 백만 달러)

	교역대상국	수입	수출	자유무역협정 현황
1	캐나다	316,396.5	233,773.6	NAFTA
2	중국	398,466.8	96,897.8	
3	멕시코	262,671.0	159,910.0	NAFTA
4	일본	127,901.2	61,408.7	
5	독일	96,539.2	44,240.2	미국-EU FTA 협상 중
6	영국	51,044.8	49,984.5	미국-EU FTA 협상 중
7	한국	56,006.0	41,311.0	발효
8	브라질	30,367.9	37,274.8	
9	타이완	41,213.3	23,774.7	검토 중
10	프랑스	39,596.2	25,360.6	미국-EU FTA 협상 중
11	네덜란드	23,117.1	38,253.8	미국-EU FTA 협상 중
12	사우디아라비아	45,129.6	12,822.9	
13	인도	36,003.4	17,670.1	
14	베네수엘라	38,922.3	11,182.8	
15	이탈리아	33,160.5	14,934.6	미국-EU FTA 협상 중
16	싱가포르	18,981.6	28,224.1	발효
17	스위스	24,044.2	21,280.3	
18	아일랜드	39,071.8	6,189.0	미국-EU FTA 협상 중
19	벨기에	17,336.6	25,881.3	미국-EU FTA 협상 중
20	러시아	33,609.7	7,637.0	
21	나이지리아	33,834.6	4,706.2	
22	말레이시아	25,675.7	12,326.2	발효
23	호주	10,172.8	25,491.1	발효
24	콜롬비아	22,390.9	12,829.5	발효
25	타이	24,686.8	9,989.4	협상 중
26	홍콩	4,291.8	27,520.0	
27	이스라엘	23,022.3	8,084.4	발효
28	인도네시아	19,064.4	7,237.9	
29	칠레	9,169.8	14,497.9	발효
30	베트남	17,364.3	4,153.1	검토 중

출처: 미국무역대표부,[39] 대한민국 정부 FTA허브[40]

39 미국무역대표부, http://dataweb.usitc.gov/scripts/cy_m3_run.asp(검색일: 2013. 6. 1.)

40 대한민국 정부 FTA허브, http://www.ftahub.go.kr/kr/situation/fta/03/index02.jsp(검색일:

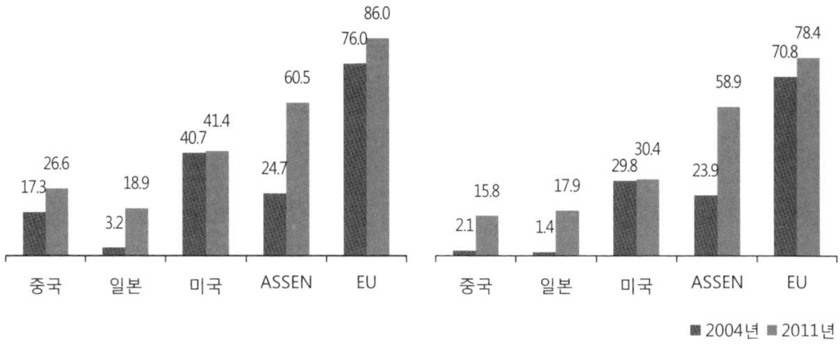

출처: 금혜윤, 「주요국의 FTA 동향과 시사점」, 『KIEP 지역경제 포커스』 6권 33호 (2012), p. 8.

〈그림 5-1〉 전체 무역에서 FTA 교역이 차지하는 비중

2013년 개시된 미국-EU의 FTA 협상에 의해 더욱 심화될 예정이다.

2013년 6월 북아일랜드에서 열린 주요 8개국(G8) 정상회의에서 버락 오바마(Barock Obama) 대통령과 헤르만 반롬푀이(Herman A. Van Rompuy) EU 정상회의 상임의장은 FTA 협상의 공식 개시를 선언했고, 이에 따라 2013년 7월 워싱턴에서 첫 번째 협상이 진행되었고, 2013년 10월 브뤼셀에서 두 번째 협상이 진행되었다.[41]

2013년 시작된 미국과 EU의 FTA 협상은 양측의 최대 교역대상국 간의 FTA라는 점뿐만 아니라 세계 GDP의 47%인 33조 2,600억 달러를 생산하고 있고, 세계교역의 30%를 담당하고 있는 지역의 경제통합이라는 점에서 주목받고 있다.[42]

EU와 미국의 경제관계 협력은 1990년 유럽공동체와 미국이 "대서양선언(Transatlantic Declaration)"을 하면서 본격화되었다. 이를 통해

2013. 6. 1.)

41 연합뉴스(2013년 10월 1일자), http://www.yonhapnews.co.kr/international/2013/10/01/0609000000AKR20131001196800098.HTML(검색일: 2013. 10. 7.)

42 김정수, 「범대서양 무역투자동반자협정(TTIP)과 그 시사점」, 『KERI Brief』 13권 5호 (2013), p. 2.

유럽공동체와 미국 간의 정치대화가 정례화되었고, 경제·교육·과학·문화 분야에서 협력이 이루어졌다. 또한 양국 간에 경제자유화(Economic Liberalization)를 확대하는 데 뜻을 같이하였다. 이는 1995년 '신대서양관계 어젠다(New Transatlantic Agenda, NTA)'[43]가 채택되면서 양측의 협력이 더욱 진전되었다. NTA를 확대하려는 움직임 속에서 EU 집행위원회는 "신환대서양시장(New Transatlantic Marketplace)"의 창설을 1998년에 제안하였다. EU 집행위원회의 "신환대서양시장"안은 기술표준의 상호인정과 조정을 통한 상품교역에서 기술적 장벽의 제거, 2010년까지 공산품 관세폐지, 서비스 분야 자유무역지대 창설, 정부조달·지적재산권·투자 분야에서 자유화 확대 등을 골자로 하였다. 그러나 미국과 EU 간의 자유무역지대를 창설하려는 EU 집행위원회의 제안은 EU 각료이사회에서 지지를 이끌어내지 못하여 실패로 끝났다.[44] 결국 1998년 5월 미국과 EU는 "신환대서양시장"보다는 소규모 수준의 자유화를 포함하고 있는 "환대서양경제동반자관계(Transatlantic Economic Partnership, TEP)"를 체결하였다.[45]

이와 같이 과거에 미국과 EU의 FTA 시도는 양측의 의지의 결핍

---

43 신환대서양관계 어젠다, http://eeas.europa.eu/us/docs/new_transatlantic_agenda_en.pdf (검색일: 2013. 10. 7.)

신환대서양 의제의 주요 내용은 다음과 같다.

1. Promoting Peace And Stability, Democracy And Development Around The World
2. Responding To Global Challenges
3. Contributing To The Expansion Of World Trade And Closer Economic Relations
4. Building Bridges Across The Atlantic
5. Parliamentary links
6. Implementing our Agenda

44 Mark Pollack, *The Political Economy of the Transatlantic Partnership* (Florence: European University Institute, 2003), p. 8.

45 주EU미국대표부, http://useu.usmission.gov/transatlantic_relations.html(검색일: 2013. 10. 7.)

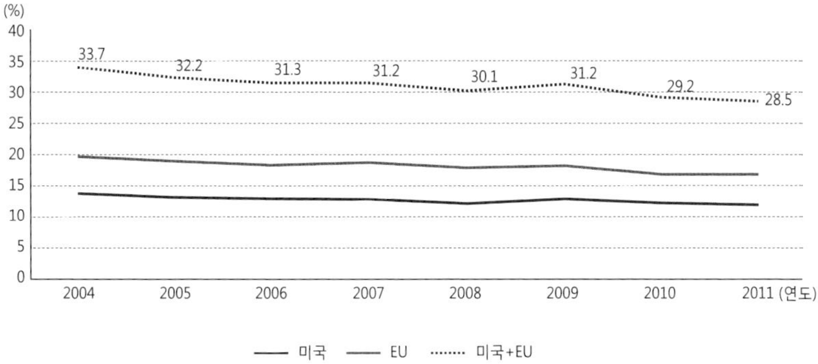

출처: 김정수, 「범대서양 무역투자동반자협정(TTIP)과 그 시사점」, 『KERI Brief』 13-05 (2013), p. 5.

〈그림 5-2〉 세계 총교역(상품+서비스)에서 미국과 EU의 비중 변화

과 WTO의 출범 직후 WTO 중심의 다자간 무역체제에 기반을 둔 무역환경 때문에 실패로 끝났지만 2013년 협상이 개시된 미국과 EU 간의 FTA 협상은 과거와 전혀 다른 배경에서 추진되고 있다.

우선 미국과 EU가 FTA 협상을 추진하게 된 배경에는 앞서 언급했듯이, 2006년 도하라운드 협상 결렬 이후 세계 각국이 FTA를 적극적으로 추진하는 가운데, 경기부양책을 추진하는 가운데 이루어졌다. 또 다른 측면에서 EU와 미국 FTA 시도는 2차 세계대전 이후 세계경제의 중심축이었던 미국과 유럽의 영향력 감소를 회복하려는 의도가 있었다.[46]

〈그림 5-2〉에서 볼 수 있듯이, 미국과 EU가 전 세계 교역에서 차지하는 비중이 감소하고 있다. 미국과 EU의 FTA를 통해 양측의 교역이 활성화되면, 미국과 EU의 전 세계 교역에서 차지하는 비중을 증가하는 데 기여할 수 있다.

미국과 FTA가 현실화되면 미국과 EU의 전체 교역에서 FTA를 통

46 김정수(2013), pp. 4-5.

한 무역 비중이, 특히 EU의 전체 교역에서 FTA를 통한 무역 비중이 크게 확대될 것이다. 또한 이와 같은 상황이 지속되면 EU가 더 이상 다자간 무역협상에 의욕적으로 참여하기 어려운 상황이 발생할 수 있다는 점이다. EU 대부분의 교역이 양자무역협정의 틀 내에서 이루어지고 있는 상황에서 EU가 다자간무역협정을 위해 많은 양보를 할 가능성이 거의 없기 때문이다. 이는 2001년에 출범하여 아직도 해결의 실마리가 보이지 않는 도하라운드의 타결이 더욱 어렵게 되는 상황을 초래할 수 있다.

한편, 미국과 EU의 FTA 그리고 TPP에 대해서 중국의 부상을 견제하려는 의도를 가지고 있다고 티머시 애시(Timothy G. Ash)[47]는 분석하였다. 그러나 애시는 이에 덧붙여, 미국이 새로이 창설하려는 미국-EU FTA와 TPP를 통한 무역질서가 중국을 제외하지 않고 포용할 때, 그리고 중국이 TPP에 적극적으로 참여할 때 중국이 더욱 다원화되고, 개방적·법치적인 사회로 변모할 것이라 주장하였다.

그러나 중국이 만일 TPP에 참여하고 중국과 EU가 FTA까지 타결하면, 그리고 EU가 미국 및 일본과 FTA를 타결하면, 게다가 일본이 TPP에 적극적으로 참여하게 된다면, 전 세계 무역대국 간의 교역은 양자 간 협정을 중심으로 이루어지게 되는 것을 의미하게 된다.

결국 이는 2차 세계대전 이후 전 세계 무역질서의 근간을 이루어 온 GATT/WTO의 최혜국(Most Favoured Nation) 조항을 중심으로 한 비차별적인 무역원칙에 변형을 가져오게 될 것이며, 이 과정에서 최대 피해자는 전 세계 무역대국과 교역을 진행해야 하는 개발도상국이 될 것이다.

---

47 *The Guardian* (July 10, 2012), http://www.theguardian.com/commentisfree/2013/jul/10/geopolitics-transatlantic-trade-deal/print(검색일: 2013. 10. 7.)

4. 결론

여기서는 EU와 미국의 FTA 정책 및 국제무역질서 변화에 초점을 맞추어 비교, 검토를 수행하였다. 이를 통해 지역경제공동체로서 역내 관세동맹을 발전시켰을 뿐만 아니라 근린국가 위주로 자유무역협정을 체결해온 EU의 FTA 정책을, 전 세계 차원에서 전략적 거점 확보에 중점을 두었던 미국의 FTA 전략과 비교를 하였다.

1973년부터 스위스와 자유무역협정을 체결할 정도로 양자무역협정에서 다른 선진국보다 훨씬 적극적으로 행동했던 EU는 주로 EU 근린정책 차원에서 주로 주변 국가들과의 FTA에 양자무역협정 체결에 주안점을 두었다. 또한 최근에는 EU와 무역비중이 큰 교역상대국을 중심으로 FTA를 추진하여 주요 교역상대국과 FTA를 발효하였거나 또는 체결하였거나 또는 검토 중에 있다. 반면에 미국의 경우 지정학적인 교두보를 확보할 목적으로 FTA를 추진하였고, 그 결과 비록 경제적 파급효과가 작고, 무역비중이 낮은 국가일지라도 미국의 지정학적인 이해관계에 부합하는 국가와 FTA를 체결하였다. 때문에 미국의 FTA를 통한 교역비중은 EU에 비해 훨씬 작았다.

EU의 전 세계 교역에서 양자무역협정 틀에 의한 비중이 갈수록 높아가고 있는 상황은 향후 EU가 다자간 무역협상에 적극적으로 참여하는 동기를 상실하는 위험을 초래할 수 있다. 따라서 올해 협상이 시작된 미국과 EU의 FTA의 결과에 따라 2차 세계대전 이후 다자간 무역질서에 의존해온 세계무역 질서에 큰 변화가 일어날 수도 있을 것이라 전망된다.

6장

미국과 EU의 기후변화 정치

정하윤

1. 서론

1970-1980년대 환경이슈가 전 지구적 문제로 등장한 이후, 국가들은 협력을 통한 해결책을 모색해왔다. 특히 미국과 EU는 다수의 환경규범, 제도를 창출하고, 양자 및 다자간 경로를 통해 환경 레짐(regim) 창출을 주도하였다. 그러나 1990년대부터 환경문제 대처에 있어 대서양 간 파트너십은 분열하기 시작하였다. 미국이 국제 환경규범 혹은 레짐 창출에 주저하는 정체(laggard) 태도를 보인 반면, EU는 적극적인 리더십을 발휘하면서 미국의 정치적 공백을 메우는 환경 주도자(leader)의 역할을 담당하였다.

특히 1980년대 말 이산화탄소 배출로 인해 지구 평균온도가 상승했다는 과학적 증거에 따라 국제환경 쟁점으로 등장한 '기후변화' 해결책 모색에 있어 미국과 EU는 상이한 입장 차이를 보였다.[1] 미국과

1 일부 학자들은 기후변화 이슈에 있어 EU와 미국의 분열이 대서양 간 이익과 가치 분열의 더 큰 패턴의 일부일 뿐이라고 주장하였다. 1990년대부터 유럽과 미국은 다양한 이슈에서 이견을 나타냈다. 클린턴 행정부 시기에는 유전자변형식품, 바나나, 육류, 쿠바에 투자하는 기업들에 대한 제재 등 다양한 경제 이슈와 지뢰금지 시도에 대한 논의, 국제형

EU 모두 기후변화 대처라는 공동의 목표에는 합의하였지만, EU가 기후변화협약에 대한 교토의정서를 강력하게 지지한 반면, 미국은 교토의정서를 거부하면서 온실가스 배출 감축에 대한 자발적이고 과학 기반의 접근법을 주장하였다. EU가 교토의정서를 의무공약의 연장선으로 파악한 반면, 미국은 미국 경제에 피해를 줄 수 있고, 개도국의 책임 부담이 면제되었다는 이유로 이를 거부하였다. 미국이 기후변화 문제해결을 위한 국제 레짐 창출과정에서 스스로를 제외한 반면, EU는 국가들의 협력을 이끌어내면서 기후 리더십을 발휘하였다. 기존의 국제문제 해결에 있어 동맹관계를 유지하였던 미국과 EU의 이러한 분열을 어떻게 설명할 수 있는가?

이 장에서는 기후변화 국제협상에서 나타난 EU와 미국의 입장 차이와 분열의 원인을 설명하는 데 초점을 맞춘다. 우선 국제 차원에서 EU와 미국의 교토의정서에 대한 입장 차이를 살펴보고, 이러한 국제 입장을 설명할 수 있는 요인들을 제시할 것이다. 국제협약을 비준할 것인가, 기후변화 저감을 위한 정책을 채택할 것인가의 결정 여부는 국내 혹은 역내 정치적 결정이며, 국내 의사결정자들의 이해관계, 담론, 정치적 제도의 맥락 등의 상호작용에 따라 이루어지기 때문이다.

기후변화 이슈는 누가 어떻게 의무를 부담할 것인가에 대한 적절하고 올바른 해결책을 모색하고 논쟁하는 규범성과 당위성을 내포한 이슈이다. 따라서 이익 기반의 설명으로는 EU와 미국의 분열을 충분

사재판소 창설 협상 등에서 유럽과 논쟁을 벌였다. 제43대 부시 행정부 시기에는 이라크 전쟁, 미사일방어, 지뢰, 화학무기 및 휴대용 병기, 생물무기금지협약(BWC) 등의 이슈에서 분열하였다. 버스비(Joshua Busby 2003)는 기후변화 이슈가 미국이 힘을 행사하는 방식에 대한 대리전(proxy battle)이며, 기후변화 이슈에 있어서의 분열은 두 당사자 간 더 큰 분리(disconnect)를 나타내는 것이라고 주장하였다.

하게 설명하지 못한다. 기후변화에 대한 국가의 입장 혹은 선호를 설명하기 위해서는 국제규범의 등장 및 형성과 국내 정치적 대응의 상호 연관된 과정에 대한 고찰이 필요하다. 여기서 국제규범과 국내 정치과정의 가시성(salience) 사이를 중재하는 정치기회구조의 세 가지 측면인 이해관계(interest), 아이디어(idea), 제도(institution)는 국가의 입장을 설명하는 틀이 될 수 있다.[2] 즉 국가 내 의사결정자들의 이해관계 형성에는 기존의 규범 및 아이디어의 적합성과 제도가 맥락으로 작용하며, 이는 결국 국가의 선호와 입장 형성에까지 영향력을 행사한다. 따라서 국가의 국제입장과 국내정책은 이해관계, 아이디어, 제도의 상호작용의 결과라고 볼 수 있다.

여기서 EU를 미국이라는 국가에 상응하는 단일 행위자로 간주할 수 있는지의 문제가 제기될 수 있다. EU는 국가도 아니고, 정통성 있는 국제기구도 아니기 때문이다. 그러나 EU는 기후변화 이슈에 있어 미국에 대비되는 상대자로서의 주창자(protagonist)라고 할 수 있다. 즉 '기후변화의 옹호자 혹은 지지자'인 주창자와 '논쟁에서 주요 경쟁자들 중 하나'인 미국의 상대자로서의 주창자이며, 존재감(presence), 기회(opportunity), 능력(capability)의 양상과 상호연계 측면에서 독자적인

2 국제규범의 등장과 이것의 국내 정치적 담론에의 내재화 사이를 중재하는 가시성의 조건들, 메커니즘으로 버스비는 방임적 국제 맥락, 주목받은 사건, 신뢰할 만한 정보, 낮은 비용, 문화적 적합성, 우호적인 정책문지기를 제시하였다. Joshua Busby, "Bono Made Jesse Helms Cry: Jublee 2000, Debt Relief and Moral Action in International Politics," *International Studies Quarterly* 51 (2007), pp. 247-275. 그리고 해리슨과 선스트롬(Harrison and Sundstrom)은 국제적 맥락, 선거 인센티브, 아이디어, 정치제도 등을 조건으로 주장하였다. Kathryn Harrison and Lisa M. Sundstrom, "The Comparative Politics of Climate Change," *Global Environmental Politics* 7-4 (2007), pp. 1-18 참조. 학자들은 이러한 요인들의 상호작용이 국가 행위자의 선호형성에 영향을 미치고, 국제규범, 국내수사, 국제협상입장, 국내정책 간 관계를 분석할 수 있다고 주장한다.

행위자로 간주될 수 있다.[3] 특히 EU의 초국가성은 기후변화뿐만 아니라 유전자변형식품(GMO) 등의 이슈에서 리더십을 행사하는 데 중요한 역할을 하였다.

이 장에서는 국제관계의 두 거대 행위자인 EU와 미국의 기후변화 대응에 있어서의 분열을 설명하기 위해 이해관계, 아이디어, 그리고 제도의 틀을 적용하여 상이한 국제입장 및 국내대응을 설명할 것이다. 또한 포스트교토(Post-Kyoto) 협상에서는 변화하는 국제 정세에 따라 EU와 미국 간 수렴의 가능성이 존재하는지까지 살펴보고자 한다.

2. 기후변화 국제협상과 미국 및 EU의 입장[4]

1987년 오존층 파괴에 대한 몬트리올 의정서의 성공적인 완수 이후, 국제 사회는 기후변화 위협에 주목하였다. 1980년대 후반 인위적인 온실가스 배출, 특히 이산화탄소 배출로 인해 지구 평균 온도가 상승했다는 우려가 증가하였고, 전 지구적 환경 위협 및 지속가능한 발전을 다루는 조치의 필요성에 대한 국제적 합의를 구체화하기 위한 노력이 UN 내에서 시작되었다.

---

3 John Vogler and Charlotte Bretherton, "The European Union as a Protagonist to the United States on Climate Change," *International Studies Perspectives* 7 (2006), pp. 1-22. 굽타와 그럽(Gupta and Grubb)도 기후변화 이슈에 있어 EU를 국제 수준의 단일 행위자로 간주했으며, 구조적·도구적·지향적 리더십을 행사하고 있다고 주장하였다. Joyeeta Gupta and Michael J. Grubb (eds.), *Climate Change and European Leadership: A Sustainable Role for Europe?* (Berlin: Springer, 2000).

4 이 장의 내용 중 EU의 국제 입장은 정하윤, 「유럽연합의 기후변화 리더십에 대한 연구」, 『국제정치논총』 53권 3호(2013) 참조.

EU와 미국 간 기후변화에 대한 입장 차이는 국제협상의 초기 단계에서부터 분명하게 나타났다. 1990년 초기, EU는 10년 내에 1990년 수준으로 이산화탄소 배출을 안정시키고자 하는 목표를 구축하였다. 독일 등의 일부 회원국들은 목표보다 더 깊은 강도의 감축을 제정하였다. EU는 예방적 원칙(precautionary principle)을 받아들였는데, 이는 심각한 위협 혹은 되돌릴 수 없는 피해의 잠재성이 존재하는 경우, 문제의 본질에 대한 완전한 과학적 합의가 부족할지라도 문제를 경감시키는 조치가 취해져야 한다는 견해이다.[5]

반면 당시 미국의 제41대 부시(1989-1993년) 대통령은 오염 통제와 비용효과 분석에서 시장 기반 메커니즘을 이용하면서, 이산화탄소 배출 통제에 있어서도 신중한 태도를 취했다. 미국은 예방적 원칙을 포용하지 않았고, 배출량 안정 목표 구축도 거부하였다. 대신 백악관은 '후회 없는 정책(no-regrets policy)'을 추진했는데, 이는 미국이 기후변화 저감 이니셔티브를 다른 근거들에도 역시 유용할 수 있는 조치들로 한정해야만 한다는 견해였다.[6]

---

5 이와 같은 예방적 원칙은 정책결정자들이 과학적 불확실성을 결정과정에 통합시키기 위한 협상 어법이라고 볼 수 있다. 환경정책에서 예방으로의 전환은 환경문제에 대한 결정들이 근거한 예측 기반 지식(anticipatory knowledge)의 본질적인 한계의 수용을 암시하는 것이다. 이는 정책결정자들이 불확실성을 정복하기(master)보다는 관리하는(manage) 것을 의미한다. Stephen H. Schneider and Kristin Kuntz-Duriseti, "Uncertainty and Climate Change Policy," in Stephen H. Schneider, Armin Rosencranz and John O. Niles (eds.), *Climate Change Policy: A Survey* (Washington, DC: Island Press, 2002).

6 제41대 부시 행정부는 기후변화 논의의 근간을 이루는 불확실성과 이용가능한 자원의 한계의 관점에서 온실가스를 감축하는 한편 실제적인 환경 이익을 제공할 환경 조치들을 채택할 균형 잡힌 정책을 수용하였다. 이러한 후회 없는 정책은 '정관하는(wait-and-see)' 접근법과는 다르다. 이는 적극적 연구가 필요하고, 취해진 조치는 그 분야 최신 지식의 상태에 따라 합리적이고 상호작용이 이루어져야 한다는 것이다. C. Boyden Gray and David B. Rivkin, Jr., "A 'No-Regrets' Environmental Policy," *Foreign Policy* (Summer 1991), pp. 47-65.

EU는 1992년 브라질 리우에서 개최된 유엔환경개발회의(UNCED)에서 국가들에게 온실가스 배출량의 구속력 있는 저감 목표를 구축하는 데 동의하도록 촉구하였다. EU는 또한 이러한 저감이 이루어지는 일련의 날짜에도 동의하기를 희망하였다. 미국은 이와 반대로 국가들이 어떠한 구속력 있는 목표 및 일정표 구축의 의무를 부담해야만 하기 전에 추가적인 과학 및 기술 연구가 필요하다고 주장하였다. 또한 미국은 개도국들의 역할과 선진국에서 개도국으로의 재정적 이전에 관한 가능성에 대해서도 우려하였다. EU는 재정적 원조 및 기술 이전에 대한 개도국의 요구에 대한 미국의 우려를 공유함에도, 선진국들이 먼저 행동할 책임을 가진다는 입장이었다.

기후변화를 다루는 틀 협약은 리우에서 제정되었지만, 미국과 EU와의 의견불일치로 인해 어떠한 구속력 있는 배출량 감축 목표도 이루어지지 않았다. 대신 여기서 이루어진 기후변화협약(UNFCCC)에서는 단순히 국가들에게 자연 기후 체계에 지장을 주지 않는 수준에서 온실가스 집약도를 안정화시키도록 노력할 것을 요청하였다. 또한 협약 아래 고안된 정책들을 통해 '공통의 차별화된 책임(common but differentiated responsibilities)'이라는 형평성을 달성하고 불균형적으로 부담을 진 개도국에게 특별히 관심을 가져야 한다는 내용도 포함되었다. 당시 부시 대통령은 기후변화 협약이 배출량 감축을 명령하지 않고 장려할 목적이라고 이해하면서 이에 서명하였다.

기후변화협약이라는 골격협약이 성립된 이후, 협약 이행에 뒤따르는 좀 더 구체적인 의무조항 및 기술적인 조치들을 명시한 의정서(protocol)를 제정하고, 실무 작업을 결정하기 위한 1년 주기의 당사국총회(Conference of Parties, COP)가 시작되었다.

EU는 지속해서 구속력 있는 배출량 목표 및 예정표에 기초한 국제 합의를 주장하였고, 선진국들이 국내 배출량을 감축하는 데 앞장서야 한다는 묵계를 전제로 하였다. 미국은 1992년 빌 클린턴(Bill Clinton) 대통령과 앨 고어(Al Gore) 부통령의 당선 이후, 유럽의 입장에 가까운 태도를 보이기 시작하였다. 클린턴 행정부는 임기 초기 원칙적으로 수량화된 배출량 감축 목표의 개념을 수용하였고, 화석연료에 타격을 줄 수 있는 에너지세를 통과시키고자 하였다. 그러나 클린턴 행정부의 시도는 의회의 반대로 실패하였다.[7] 미 의회는 또한 1997년 교토에서 개최될 제3차 당사국총회 이전 상원 결의안의 만장일치 통과를 통해 기후변화에 대한 어느 정도의 국제적 책임을 부담하려는 행정부의 시도를 제약하였다.[8] 따라서 1997년 클린턴 행정부가 교토회의에 나설 당시 미국은 대중과 산업이 기후변화에 대한 조치를 취하는 데 있어 일반적으로 우호적이었던 유럽과 달리, 의회, 대중, 산업 등은 이 이슈에 대해 상당히 분열된 양상을 보였다.

제3차 당사국총회는 1997년 12월 1일 일본의 교토에서 시작되었다. 미국과 EU는 이러한 협상의 핵심 행위자들이었다. 그들의 첫 번째 논쟁 이슈는 어떠한 가스들을 협정에 포함시킬 것인가에 관한 것으로, 얼마나 쉽게 그들이 배출량 감축 목표를 충족시킬 수 있는가에 영향을 줄 수 있기 때문이었다. EU는 오직 세 가지 온실가스들 — 이산화탄소, 아산화질소, 그리고 메탄 — 만을 다루는 협정을 원하였다. 미국은 여기에 세 가지 추가적인 가스들 — 수소불화탄소, 과불화탄소, 육불화항 — 이 포함되어야 한다고 주장하였다.

---

7 의회는 이 세금이 미국의 직업을 희생시키면서, 개별 가계에 부담될 뿐만 아니라 미국 산업도 손상시킬 수 있다고 주장하였다.

8 미국 상원에서 통과된 버드-하겔 결의안(Byrd-Hagel Resolution)은 미국 경제에 심각한 해를 입히거나, 개도국의 의무부담을 포함하지 않는 어떠한 조약에도 권고와 동의(advice and consent)를 부여할 수 없다는 내용을 포함하고 있었다. US Congress, *Congressional Record*, 105th Congress, Senate 143 (1997. 7. 25.).

논쟁의 두 번째 요지는 달성되어야 할 배출량 목표에 관한 것이었다. EU는 모든 선진국들에게 15%의 감축 목표를 요구하면서 협상에 임하였다. 그러나 EU는 내부적으로는 각각의 회원국들에 대해서 일률적인 15% 감축을 요구하지 않았고, 대신 EU를 전체로서 대하는 접근법을 구축했다. 이러한 접근법은 EU에 대해 합계로 15% 감축이 될 수 있는 목표치의 혼합을 의미하며, 일부 저개발 회원국들(스페인, 포르투갈, 그리스, 아일랜드)로 하여금 그들 배출량의 실질적인 증가를 허용케 하고 반면 다른 국가들(독일, 영국, 덴마크, 오스트리아)은 차이를 보상하기 위해 그들 배출량을 대폭 삭감한다는 것이다.[9] EU는 그들이 의회를 지닌 정치적 단위이기 때문에 이러한 주장이 공평하다고 주장했지만, 미국을 비롯한 다른 국가들은 이것이 그들을 경쟁적 불이익의 위치에 놓게 할 수 있기 때문에 이러한 주장에 반대하였다. 미국과 일본의 반대에 응하여, EU는 즉각적으로 선진국들의 일률적인 목표의 요구를 포기하였고, 국가들의 경제 및 에너지 구조를 기반으로 한 차별화된 목표의 개념을 받아들였다. 미국은 2012년까지 1990년 수준으로 하는 스스로의 안정화 목표를 제안하였다.

세 번째 미국과 EU의 중요한 차이는 선진국들의 국내 배출량 감축 노력에의 참여 범위에 대한 주장에서 나타났다. EU는 기후변화에 대한 주요 책임은 선진국들에게 있으며, 따라서 선진국들이 규제, 인센티브, 자발적인 조치의 혼합을 통해 자국에서 명백한 배출량 감축을 이룸으로써 나머지 국가들에 대한 모범이 되어야만 한다는 개념을 강력하게 지지하였다. 반면 미국은 개도국들 역시 의미 있는 조치들을 취해야 할 필요가 있다고 주장하였다.

---

9 EU는 15개 회원국이 공동으로 목표량을 달성하되 회원국 간의 분담내용은 따로 정했는데, 이러한 접근법을 유럽연합 '버블(EU bubble)'이라고 한다.

네 번째 차이는 신축성의 정도였다. 미국은 국가들이 어떻게 그들의 목표치를 충족시킬 수 있는가에 대해 최대한도의 신축성을 요구하였다. 미국은 국가들이 배출권 거래(emission trading), 공동이행(joint implementation), 청정개발체제(the clean development mechanism)와 같은 다양한 '신축성 메커니즘(flexible mechanisms)'[10]을 사용하도록 허가해야 한다는 개념을 채택하였다. 그러나 배출량 거래에 거의 경험이 없던 EU는 초기에 이러한 개념에 대해 회의적이었다. EU는 국가 배출량 감축의 대부분은 국내에서 이루어져야 한다고 주장하였다.[11] 미국은 신축성 메커니즘의 이용에 있어 어떠한 제한도 두어서는 안 된다는 입장을 고수하였다.[12]

이와 같은 미국과 EU의 교착상태는 미국의 고어 부통령이 마지막 순간 협상에 등장한 이후, 극적 타협이 이루어져서 의정서 제정이 가능하게 되었다. 교토의정서 최종안에 의하면 미국과 EU는 각각 2012년까지 1990년 수준의 7%와 8% 이하로 여섯 가지 온실가스의 배출량을 감축해야 한다. EU 회원국 간 차등적인 감축 목표가 적용

---

10 신축성 메커니즘이란 배출량 감축을 비용 효율적인 방식으로 충족시키기 위해 시장원리를 적용한 메커니즘이다. 이 중 배출권 거래제는 온실가스 감축 의무가 있는 국가에 배출 쿼터를 부여한 후 국가 간 배출 쿼터의 거래를 허용하는 제도이고, 공동이행은 한 선진국이 다른 선진국에 투자하여 발생한 온실가스 감축분의 일정분을 배출저감 실적으로 인정하는 제도이며, 청정개발체제는 선진국이 개도국에 투자하여 발생한 온실가스 감축분을 자국의 감축 실적에 반영하는 제도이다.

11 EU는 기후변화 협상 초기부터 미국이 주장하였던 신축성 메커니즘 공론을 미국의 기후변화에 대한 대응 비용 부담을 회피하기 위한 수단으로 간주하면서 반대하였다. 대다수 유럽인들은 미국이 에너지 사용에 있어 낭비가 심하며, 따라서 높은 석유 가격의 고통을 느껴야 하지만 기후변화 저감을 이룰 수 있을 것으로 믿었다. 그러나 현재는 EU에서도 배출권 거래제를 수용하였고, 점차 시행 폭을 넓히고 있다.

12 Miranda Schreurs, "The Climate Change Divide: The European Union, the United States and the Future of the Kyoto Protocol," in Norman J. Vig and M. G. Faure (eds.), *Green Giants? Environmental Policies of the US and the EU* (Cambridge, MA: MIT Press, 2004).

〈표 6-1〉 교토의정서 수립을 둘러싼 미국과 EU의 논쟁 이슈들

	미국	EU
포함 가스	6개 가스(이산화탄소, 메탄, 아산화질소, 수소불화탄소, 과불화탄소, 육불화항) 모두 포함	3개 가스(이산화탄소, 메탄, 아산화질소)
배출량 목표	자발적 안정화(no-regret)	선진국 일괄 15% 감축 EU 내부 국가별 차등 접근법
책임	선진국, 개도국 공통의 책임(형평성)	선진국 책임
방식	신축성 메커니즘 등 시장 기반의 방식을 통한 감축에 제한을 두지 않는 방식	구속력 있는 감축 방식 위주

출처: Miranda Schreurs(2004)에서 내용 발췌. 정하윤, 「유럽연합의 기후변화 리더십에 대한 연구」, (2013), p. 339에서 보충 및 재작성.

된 접근법이 인정되었고, 신축성 메커니즘과 흡수원(sink)[13]이 포함되었으며, 개도국들의 1차 공약기간의 의무부담은 유보되었다. 다음은 교토의정서 수립을 둘러싼 미국과 EU의 논쟁 이슈들을 표로 나타낸 것이다.

교토의정서가 도출된 이후, 어떻게 배출량 감축을 달성할 것인가의 문제가 후속 협상들에서 중요시되었다. 어느 정도까지 국가들이 신축성 메커니즘을 통해 그들의 목표를 충족시키도록 허용할 것인가를 비롯하여 어떻게 이러한 신축성 메커니즘을 조직화할 것인가와 어떻게 협정의 의무준수를 보증할 것인가의 문제들이 미해결로 남아 있었다.

2000년 11월 네덜란드 헤이그에서 개최된 제6차 당사국총회는 타결에 실패했는데, 미국과 EU가 구체적인 배출최고한도를 신축성 메커니즘의 이용에 두어야만 하는가의 여부에 대해 합의점을 찾지

13 흡수원은 대기 중의 이산화탄소를 흡수하여 제거하는 기능을 하는 것을 말한다. 삼림은 막대한 양의 탄소를 보유하고 있는데, 탄소 흐름의 균형을 이루는 삼림은 탄소의 저장소 역할을 하는 반면, 대기로부터 탄소를 흡수하는 흡수원으로 작용한다.

못했기 때문이었다. EU는 적어도 50% 이상의 배출량 감축이 자국에서 이루어져야 한다는 데 완강한 태도를 보였다. 미국은 신축성 메커니즘의 이용에 어떠한 제한도 두어서는 안 된다는 입장을 고수하였다. 회의는 지연되었고, EU는 이미 많은 것을 양보했다고 주장하면서 의견을 변화시키려 하지 않았다. 합의가 이루어지지 않자 논의를 지속하기 위해 다음해 6월 제6차 당사국총회 속개회의를 개최하는 데 합의가 이루어졌다.

그 사이, 미국의 제43대 부시 대통령이 2000년 대선에서 승리하였다. 대통령 당선 이후 부시 대통령은 미국의 에너지 위기를 우려하면서, 석유와 가스 생산 확대가 이에 대한 올바른 대응이며, 교토의정서는 미국의 이익에 맞지 않는다고 주장하면서 교토의정서로부터 탈퇴하였다.[14] 이에 대해 EU는 미국의 결정이 무책임하고 잘못된 것이라고 비난하면서 대응하였다.[15] 독일, 스웨덴, 프랑스 등 EU 회원국의 지도자들 역시 미국이 협약에 재가입하도록 부시 대통령을 압박하는 데 동참하였다. 그러나 부시 대통령을 설득하려는 노력들은 실패하였고, EU는 행정부의 결정 변화를 희망하면서 당사국총회를 진행시키기로 결정하였다.

2001년 여름 독일 본(Bonn)에서 개최된 제6차 당사국총회 속개회

14 제43대 부시 대통령은 교토의정서 거부를 설명하기 위한 언론 성명서에서 "나는 미국의 경제에 피해를 입히거나 미국의 노동자들에게 피해를 입히는 어떠한 것도 받아들이지 않을 것이다. 나는 경제, 에너지 정책의 부족, 그리고 캘리포니아의 정전사태를 우려하고 있다."고 언급하였다. Michael Lisowski, "Playing Two-Level Game: US President Bush's Decision To Repudiate the Kyoto Protocol," *Environmental Politics* 11-4 (2002).

15 예를 들어, 당시 EU의 환경집행위원(Environment Commissioner)인 마르고트 발스트룀(Margot Wallström)은 "다른 국가들이 미국에 강하게 반대하고 있다"고 밝히면서, 백악관이 결정을 변경하도록 촉구하기 위해 워싱턴 D. C.를 반복해서 방문했다고 한다. Miranda Schreurs (2004).

의에서는 EU와 일본이 주요 행위자로 등장하였다. 미국 대표단은 회의에 참석하였지만, 방관자였고, 협상 외부에 남아 있을 것을 요청받았다. 협상에서는 미국의 동맹국이었던 일본이 클린턴 행정부가 고수했던 다수의 협상 입장들을 이어받았다. 일본은 미국이 협상에 재가입하기를 희망하였고, 미국에 유리한 조약을 구체화하는 것이 미래에 미국이 다자간 틀에 되돌아오는 것을 용이하게 만들 것이라고 생각하였다. EU는 일본이 필요했기 때문에, 일본 측의 거의 모든 요구에 응할 수밖에 없었다. 신축성 메커니즘의 이용을 통해 국가가 달성할 수 있는 배출량 감축의 양에 대해 어떠한 배출최고한도도 주어지지 않았고, 국가들은 그들의 배출량 목표를 위해 국내적으로 뿐만 아니라 개도국에서 탄소 흡수원의 개발 및 관리를 포함하도록 허용되었다.

2001년 9월 유럽의회는 398 대 9(3표 기권)로 제6차 당사국총회 속개회의에서 이루어진 결정들에 찬성하였다. 의회는 협정의 즉각적인 비준과 EU 배출권 거래제의 착수를 거듭 간청하였다. 유럽의회는 또한 본에서 이루어진 합의를 비판했는데, 비준수(non-compliance)에 대한 엄격한 제재를 포함시키는 데 실패함으로써 기후변화 대처에 미흡했다는 점 때문이었다.

독일 본에서 이루어진 정치적 합의에 대한 최종 기술적 세부사항들은 2001년 11월 모로코 마라케시에서 개최된 제7차 당사국총회에서 논해졌다. 부시 대통령의 반대에도 국가들은 신축성 메커니즘, 의무준수체제, 흡수원 등 교토의정서의 세부사항의 의견 차이를 조정하고 합의함으로써 마라케시 합의문(Marrakesh Accords)을 도출하였다. EU는 교토의정서의 조기 발효를 위해 온실가스 거래 메커니즘의 실시에 합의하는 등 러시아, 일본, 캐나다의 요구를 상당부분 수용하였다.

2002년 EU는 교토의정서의 비준을 선도하였고, 다른 서명국들로 하여금 교토의정서를 비준하도록 촉구하였다. 2002년 5월 EU의 15개 회원국들이 의정서를 비준하였고, 6월 일본이 뒤따랐다. 2003년 1월까지 100개 이상의 국가들이 의정서를 비준하거나 동의하였다. 이후 EU는 교토의정서가 발효되는 데 필수적이었던 러시아의 비준을 이끌어내는 데 결정적인 역할을 하였다. 미국이 교토의정서에서 탈퇴한 이후, 1990년 전체 온실가스 배출량의 약 17%를 차지하는 러시아의 비준이 필수적이었기 때문이었다. EU는 환경집행위원, 유럽 의회, EU-러시아 양자관계 등 다각적인 채널을 통해 러시아의 비준 동의를 이끌어냈다. EU는 배출권 허용량이 상대적으로 높게 책정될 러시아가 신축성 메커니즘의 세 가지 방식에 의해 오히려 배출권의 매매국이 되어 경제적인 효과를 누릴 수 있다는 점을 강조하였고, 러시아는 교토의정서의 비준과 WTO의 가입을 연결하고자 하였다.[16] 결국 러시아가 2004년 10월 교토의정서를 비준함에 따라 발효 조건이 충족되었고, 2005년 2월 16일 교토의정서가 공식 발효되어 온실가스 배출을 제한하는 최초의 구속력 있는 국제 공약과 비용 효율적으로 감축을 증진하는 국제 배출권 거래제를 구축하게 되었다.

교토의정서의 발효 이후의 논의는 국가들이 후속 단계 문제들의 고려에 착수할 준비가 되어 있는가와, 제1차 공약기간(2008-2012)이 끝나는 시점 이후 국제 노력을 강화시키는 것이 가능할 것인가에 초점이 맞추어졌다. 2007년 인도네시아 발리에서 개최된 제13차 당사국총회에서 '발리행동계획'이 채택되어 포스트교토 체제 구축을 위한 협상이 본격화되었지만, 코펜하겐 합의문(Copenhagen Accord)을 도출하였던 제15차 당사국총회와 멕시코 칸쿤에서 개최되었던 제16차

16 박선희, 「유럽연합과 교토의정서: 교토의정서의 비준과 이행 과정 속에서 보여준 유럽연합의 역할과 위상변화를 중심으로」, 『유럽연구』 26권 3호(2008), pp. 217-244.

당사국총회에서도 국가 간 입장 차이로 의미 있는 진전이 이루어지지 않았다. 2011년 남아프리카공화국 더반의 제17차 당사국총회에서는 교토의정서의 연장과 모든 국가들의 의무 감축을 목표로 하는 새로운 감축체제의 출범이라는 합의를 도출하면서, 교토의정서의 연장과 2020년 이후 선진국뿐만 아니라 개도국에도 적용되는 새로운 감축체제 출범을 위한 더반 플랫폼 협상이 개시되었다.

이러한 포스트교토 협상에서, EU는 공식 과정 내에서 가능한 후속 단계를 탐색하는 기본 원칙을 옹호하고자 했지만, 미국은 개도국의 포스트교토 체제 참여를 전제조건으로 하고, 구속력 있는 감축목표 설정에는 신중한 모습을 보였으며, 기존의 교토의정서 체제와는 단절된 체제를 선호하였다. 포스트교토 국제협상 과정에서는 교토의정서를 존속시킬 것인가, 교토의정서를 넘어서는 새로운 체제를 구성할 것인가를 둘러싸고 국가 간 논의가 지속되고 있다.

포스트교토 협상과정에서는 EU의 리더십이 쇠퇴하였다는 주장이 제기되었다. 코펜하겐 합의문 도출 당시, EU의 의견이 반영되기보다는 미국과 BASIC 국가들[17] 간의 갑작스러운 개입의 결과 도출된 타협의 산물이었기 때문이다.[18] 또한 세계 경제위기와 기후변화 협상의 더딘 진행 역시 EU 리더십 약화에 영향을 미쳤다.

반면 미국은 2009년 오바마 대통령 당선 이후, 기후변화에 대한

17 BASIC 국가모임은 기후변화 협상의 개도국 모임인 '77그룹(G-77)'의 하부그룹으로, 여기에는 브라질, 남아프리카공화국, 인도, 중국이 포함되어 있다. 이 모임은 비공식 조직으로 2007년에 결성되었으며, 기후변화협약 협상에서 4개국 간 협력을 모색하고 공동입장을 수립하는 데 목표를 두고 있다. 특히 2009년 코펜하겐 회의 종반부 미국과 타협하여 이에 동조하는 25개국 연합을 형성하고, 코펜하겐 합의문을 도출하는 데 영향력을 행사하였다.

18 Bertil Kilian and Ole Elgström, "Still a Green Leader? The European Union's Role in International Climate Negotiations," *Cooperation and Conflict* 45-3 (2010), pp. 255-273.

미국의 리더십을 강조하면서 전 지구 기후변화 완화에 대한 미국의 건설적인 참여를 공약하였다.[19] 오바마 행정부는 기후변화에 대해 국제사회가 공통으로 대처할 것을 강조하면서, 중국 등 개도국을 압박하여 2012년 교토의정서 이후 새로운 기후변화 레짐 창출에 공헌하도록 촉구하였고, 국내정책 차원에서는 청정에너지, 청정일자리, 에너지 안보 등을 강조하였다. 또한 미국은 EU가 주장해온 '단일하고 포괄적인 구속력 있는 감축체제'안을 약화시키고 미국 주도의 자발적인 비구속적 체제의 추진을 위해 중국과 인도의 동의를 구하면서 BASIC 그룹과의 연대를 모색하였다.[20]

이와 같이 포스트교토 협상에서는 EU의 리더십 약화와 미국의 국제협상 참여 재개라는 변화가 나타났다. 특히 기후변화 대응을 위한 레짐 형성에 있어 새로운 추동력 창출은 미국과 중국의 협력을 통해 형성될 가능성이 높아지면서 국제 수준에서 미국과 중국의 역할이 중요해졌다.[21] 2013년 6월 미국의 오바마 대통령과 중국의 시진핑(Xi Jinping) 주석은 공동성명을 통해 기후변화 대응에 공동으로 노력하기로 합의하는 등 두 국가가 기후변화 대응에 주요 행위자로 재등장하고 있다고 볼 수 있다.

그러나 EU는 기후대책기금을 구체적으로 책정하고, 온실가스 감축목표를 상향조정 하는 등 여전히 리더십 역할을 유지하고 있는 반

19 오바마 대통령은 2008년 연설에서, "미국과 전 세계가 직면한 도전 중에 기후변화에 대한 대처만큼 긴급한 것은 없다. 나의 대통령 임기는 우리의 안보를 강화하고 이러한 과정에서 수백 만의 새로운 일자리를 창출할 기후변화에 대한 미국 리더십의 새로운 장으로 기록될 것이다"라고 언급하였다.

20 최원기, 『미국의 기후변화 협상전략 연구: 국내 정치경제적 제약 요인을 중심으로』(외교안보연구원, 2011).

21 신범식, 「탈위기 지구질서와 환경의 국제정치: 기후변화 대응체제의 현재와 미래」, 『EAI 국가안보패널보고서: 경제위기 이후 세계질서』(동아시아연구원, 2011).

면, 미국은 중국, 인도 등 개도국의 불참을 이유로 의무 부담을 거부하고 있다.[22] 즉 국제 기후변화 협상에서 EU가 여전히 일관성 있고 신뢰할 만한 리더이며, 특히 국내정책 이행에 있어서는 다른 국가 행위자들의 모범 사례라고 할 수 있다.

3. 기후변화 국제규범과 미국-EU의 분열: 이해관계, 아이디어, 제도를 중심으로[23]

기후변화 국제협상에서 EU와 미국은 기후변화 이슈에 대한 국제 차원의 공동 대응의 필요성에는 합의했지만, 누가 어떻게 의무를 부담할 것인가에 대해서는 서로 다른 입장을 나타냈다. EU는 역사적 배출 책임이 있는 선진국 주도의 구속력 있는 저감 방식을 선호하였고, 미국은 선진국과 개도국 공동의 시장 메커니즘 기반의 자발적 방식을 주장하면서 분열하였다. 국제협상과정을 통해 EU 주장을 중심으로 기후변화 국제규범이 성립된 반면 미국은 이러한 경로로부터 이탈하였다. 국제협상 이후, 국제협약의 비준과 실제 정책의 이행은 국내 정치과정에서 결정된다. EU는 다양한 역내 정책결정 및 이행을 통해 온실가스 배출량이 점차 감소되고 있는 반면, 미국은 연방 차원

22 칸쿤 회의에서 미국 협상 대표인 토드 스턴(Todd Stern)은 2010년 미시건대학에서 다음과 같이 연설하였다고 한다. 즉 기후변화 협상에서 미국이 원하는 것은 참가국 모두에게 국제법적으로 구속력 있는 의무를 부과하는 것이 아니라 국내법적으로 구속적이고 국제적으로 투명한 감축행동을 이끌어낼 수 있는 정치적으로 구속적(politically, not legally, binding)인 체제라는 것이다. 교토의정서에서 상정하고 있는 개도국과 선진국의 이분법적 구분은 낡은 패러다임이며, 이러한 패러다임으로는 기후변화 문제를 해결할 수 없다고 강조하였다. 최원기(2011).

23 이 장의 이해관계, 아이디어, 제도의 틀과 EU에 대한 내용은 정하윤(2013) 참조.

〈표 6-2〉 미국과 EU의 기후변화정책 비교

	해외투자 수혜	교토 목표치 충족을 위한 계획	자발적 프로그램	국내 프로그램에 대한 지출	국제 메커니즘에 대한 지출	규제	세금
미국*	X	X	O	O	X	X	X
EU	X	O	O	O	O	O	O

* 미국의 경우, 연방 차원의 정책.

출처: Kathryn Harrison and L. M. Sundstrom, "Conclusion: The Comparative Politics of Climate Change," in Kathryn Harrison and Lisa M. Sundstrom (eds.), *Global Commons, Domestic Decisions* (Cambridge, MA: MIT Press, 2010), p. 280.

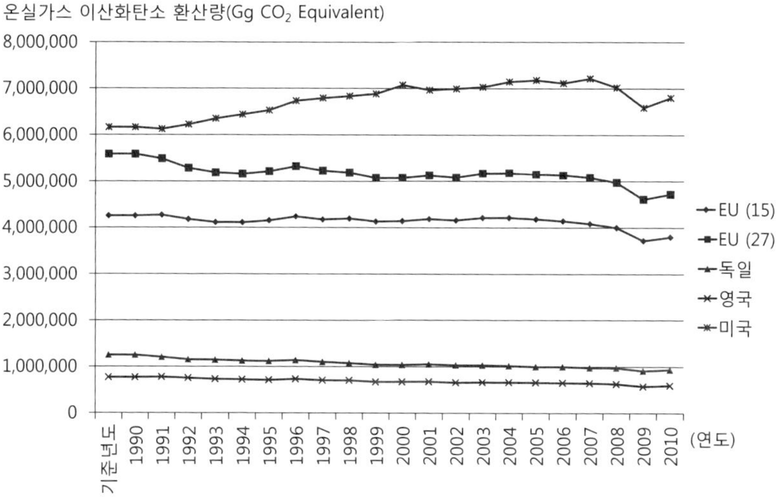

출처: UNFCCC 홈페이지(www.unfccc.int)의 GHG 데이터 발췌 및 재작성.

〈그림 6-1〉 주요 국가의 산림 이용 등을 제외한 온실가스 배출량 추이

의 정책이 제대로 마련되어 있지 않을 뿐만 아니라 온실가스 배출량 전 세계 2위이며, 증가하는 추세를 보이고 있다.

〈표 6-2〉와 〈그림 6-11〉을 보면, EU는 다양한 정책을 고안하고 이행 중에 있고, 그중에서도 독일과 영국이 가장 주도적인 국가라고 할 수 있다. EU의 기후변화정책은 EU 기구들의 규범화과정을 통해

수립되며, 회원국과 회원국 국민에게 직접적 효력을 가진다. 1991년 EU 회원국들은 이산화탄소배출량을 제한하고 에너지 효율을 개선하기 위한 조치들을 채택하였고, 1, 2차 기후변화프로그램을 통해 온실가스 배출량과 에너지 생산 및 이용에 있어 공통의 법, 규제, 행정기반 등을 마련하는 데 초점을 맞추고 있다. 또한 기후변화 저감이라는 목표 충족을 위해 전 세계 최초의 공적이고 강제적인 온실가스 배출권거래제를 도입하였다.

반면 미국의 경우, 연방 차원에서 구속력 있는 통합된 기후변화 정책은 존재하지 않는다. 미국의 클린턴 대통령이 에너지세 도입을 추진하였지만 의회의 반대로 실패하였고, 배출권 거래제 도입, 연구개발 지출 확대, 기후 완화에 초기 대응하는 산업에 대한 인센티브 등을 발표하였지만 실제 정책으로 이어지지 못하였다. 오바마 대통령 시기에도 환경보호국을 통해 차량, 공장 등에 대한 온실가스 배출 규제조치를 시행하였지만, 반(反)기후담론이 지속되는 가운데 경제의 악화와 여론의 무관심, 그리고 기업 부문의 전반적인 부정적 시각은 포괄적 기후변화정책에 장애물로 작용하였다.[24] 미 의회에서도 기후책임법(Climate Stewardship Act), 청정에너지안보법(American Clean Energy and Security Act) 등의 입법 시도가 있었지만 법제화에는 모두 실패하였다.[25]

EU가 기후변화에 대한 역내 정책개발 및 이행에 성공했다면, 미

---

24 손병권, 『기후변화 대처와 미국 패권의 딜레마: 국제적 공공재 창출에 대한 국내적 저항』(서강대학교출판부, 2012).

25 2003년 기후책임법은 온실가스 배출을 제한하면서 구체적인 최고 한도를 정하고, 배출권거래를 허용할 수 있었는데, 상원에서 찬성 43표 대 반대 55표로 법제화에 실패하였다. 2009년 미국청정에너지안보법의 경우, 하원에서 찬성 219표 대 반대 212표라는 근소한 표차로 통과하였지만 상원 통과 노력은 결국 본회의 표결도 해보지 못한 채 사장되었다.

국에서는 의미 있는 연방 차원의 통합된 기후변화정책이 존재하지 않는다. 이와 같은 미국과 EU의 상이한 기후변화 국제 입장과 국내 정책 대응은 이해관계, 아이디어, 그리고 제도의 틀로 설명이 가능할 것이다.

이해관계

국제규범의 국내이행에 있어 비용이 적게 드는 경우 국가는 규범을 수용할 가능성이 높아진다. 정책결정자들은 국제규범을 수용하고 이행하는 경우, 어느 정도 비용이 초래될 것인가에 민감하다. 정치가들은 재선을 추구하기 때문에 직접적 비용 대비 정책의 불확실하지만 장기적인 이윤을 검토해야 한다. 즉 국제규범의 국내정책적 함의와 국내 이해당사자들의 물질적 이익 간의 합치성이 높을수록 규범이 국내 정치적 가시성을 획득할 가능성은 높아진다.[26]

일반적으로 EU의 기후변화 완화 비용은 미국보다 적게 초래된다고 주장된다. 미국은 에너지의 순 수입자이면서도 동시에 석탄, 석유 및 가스의 세계 최대 생산자라는 점에서 비용이 높게 초래된다.[27] 반면 EU는 단일유럽의정서 채택 이후 공동체 차원의 대응정책을 발전시키면서 공동의 기후변화 대응전략을 추진하였다. 또한 영국과 독일과 같은 회원국들은 에너지 효율 개선, 신재생에너지 보급 확대 등 실효성 있는 정책을 통해 기후변화 감축 비용이 적게 초래될 것으로 예측되었다.

그러나 다수의 연구결과에 의하면 EU의 기후변화 완화 비용이

26 Loren Cass, *The Failure of American and European Climate Policy* (Albany, NY: State University of New York, 2006).

27 Sebastian Oberthür and Hermann E. Ott, *The Kyoto Protocol* (Berlin: Springer, 1999).

다른 국가에 비해 낮은 것은 아니었다.[28] 낮은 비용이 아니었지만, EU의 기후변화 관련 이해당사자들은 기후변화 국제규범을 옹호하였고, 교토의정서의 틀을 수용하였다.

EU의 집행위원회는 기후변화 관련 협약의 새로운 정책 아이디어와 청사진을 개발, 증진시키고 다른 행위자들의 요구사항들을 강화하면서, 어젠다 설정 권한을 행사하였다. 위원회는 회원국들의 접근법 간 상당한 차이가 있음에도 유럽기후변화프로그램(European Climate Change Programme)에 근거하여 교토의정서 이행을 직접적으로 지지하는 조치, 광범위한 에너지 효율, 경영제안 및 캠페인 등 일련의 주요 조치를 제안하였고, 교토의정서 의무에 대한 대응을 조직하였다.

유럽 의회는 지구의 온도상승 제한이라는 목표를 국가들의 구체적 목표치로 전환시키는 결의안을 통과시키는 등 녹색당 대표를 통해 환경 이익이 정책결과에 영향력을 행사할 수 있는 경로를 제공하였다.

이러한 공적 영역의 이해당사자뿐만 아니라 사적 영역의 기업과 환경단체 역시 EU의 기후변화 의무부담을 지지하였다. 유럽의 산업계는 초기에 기후변화와 관련된 예방적 조치의 필요성에 분열되어 있었지만, 교토의정서의 틀을 부정하지는 않았다. 즉 산업계는 규제의 필요성을 인지하였고, 신재생에너지 개발이라는 새로운 비즈니스 영역으로의 전환도 시도하면서, 교토의정서의 의무부담에서 벗어나

28 IPCC 평가보고서에 의하면 미국의 배출량 추세로 볼 때 전반적으로 유럽보다 더 높은 저감 비용에 직면했을지라도, 한계저감비용(marginal abatement costs)은 10개 중 7개 모델에서 더 낮게 예측되었다. 또한 교토의정서에 포함된 신축성 메커니즘 중 배출권 거래제를 시행하는 경우의 저감 비용은 더 감소될 수 있다는 예측이 제시되었다. 즉 배출권 거래제를 확대시키는 경우, 미국과 유럽의 저감 비용의 격차는 감소될 수 있다는 것이다.

지 않았다.[29] 또한 유럽기후행동네트워크(Climate Action Network Europe)와 같은 EU의 환경단체 네트워크는 국가 정부와 위원회로부터 자금 지원을 받으면서, 녹색당을 통해 정치에 직접적인 영향력을 행사하는 등 기후변화 이슈에 있어 정책변화를 이룰 기회를 이용하였다.

EU의 이해당사자들이 기후변화 국제규범과 교토의정서의 틀을 대부분 수용한 반면, 미국에서는 기후변화 국제규범이 가시적이지도 않았고, 다양한 이해당사자의 선호를 변화시키지도 정책변화를 이끌어내지도 못하였다.

미국 행정부는 국내와 국제 수준 모두에서 환경 입법의 가장 중요한 행위자이다. 클린턴 행정부는 교토의정서에 서명하고, 연방 차원의 기후변화정책을 도출하고자 시도하는 등 친환경적 입장을 보였지만 입법 교착상태로 인해 실제 환경업적은 이루지 못하였다. 제43대 부시 행정부 시기에는 교토의정서에서 탈퇴하면서, 시장 기반의 독자적인 온실가스 배출량 감축 계획과 자발적인 정책을 제시하였고, 아시아-태평양 파트너십과 같은 소규모 협의 프로세스를 선호하였다. 오바마 대통령은 기후변화 리더십 회복을 주장하면서, 국제와 국내 수준 모두에서 적극적인 기후변화정책 마련을 공약하면서 일자리 창출 기회로 간주하였다. 즉 미국은 행정부 시기마다 차이를 보이기는 했지만, 기존 환경정책 기조에서 크게 벗어난 것은 아니었다. 미국 행정부의 정책은 자발적이고 시장기반의 정책이며, 기후 위협이 잘못된 것으로 판명되더라도 부수적으로 국내 경제를 발전시키는 데

29 다수의 기업들은 조치의 필요성에 동의하는 지속가능에너지미래를 위한 기업협의회(Business Council for Sustainable Energy Future), 유럽풍력에너지협회(European Wind Energy Association), 국제폐열발전연합(International Cogeneration Alliance) 등의 단체에 가입하였다. 또한 Austrian OMV, Royal Dutch Shell Group 등 화석연료 기업들조차 1997년 예방적 조치가 필요하다는 점을 공개적으로 수용한 BP의 선례를 따랐다.

도움이 되는 후회 없는 정책에 기반하고 있다고 볼 수 있다.

의회는 환경정책 결정과정에서 대통령과 권한을 공유하며, 국제환경정책을 형성함에 있어서도 영향력을 행사한다. 기후변화 이슈의 경우, 의회는 기후변화 저감을 위해 조치를 취해야 한다는 점에서는 합의를 이루었지만, 기후과학의 중요성 및 신뢰성, 기후정책의 경제적 영향력, 온실가스 배출량 감축을 위한 기술의 잠재력 등에서는 다양한 견해를 나타냈다. 특히 교토의정서 수립 이후에는 개도국과 선진국 의무부담의 형평성 문제와 구속력 있는 배출량 감축 문제를 둘러싸고 찬반양론에 논의가 집중되었다. 교토의정서에 대한 의회의 입장은 버드-하겔 결의안과 놀렌버그 용어(Knollenberg language)라고 알려진 수정안에서 잘 드러난다.[30]

미국의 산업과 비즈니스 단체들 역시 온실가스 배출을 줄이는 조치가 화석연료 산업의 활동방식에 근본적으로 영향을 미칠 잠재력이 있다는 점에서 바람직하지 않다는 데 광범위한 합의가 이루어졌다.[31] 이들은 과학적 불확실성, 완화 활동이 가하는 경제손실정책 조치 등을 강조했는데, 이러한 주장들은 기후변화 국제협상에서 미국의 입장에 다수 반영되었다. 즉 비즈니스 이익은 정치적 연계와 정치가들의 선거 캠페인을 지원할 수 있는 자원을 지니고 있다는 점에서 다른 이해당사자들보다 기후변화 논의에서 비교 우위를 누리고 있다고 할 수 있다. 반면 미국의 환경단체들은 국제적 환경 이슈에서 그동안 두

30 놀렌버그 용어는 공화당 조세프 놀렌버그(Joseph Knollenberg) 하원의원이 2000-2001년 세출예산안에 삽입하였던 용어로, 교토의정서의 우회적 이행을 방지할 목적에서 고안된 것이다. 여기서는 연방기관들이 교토의정서의 목표를 충족시키는 데 기여할 수 있는 모든 시도를 추진하는 것을 금지하였다.

31 대표적인 단체로는 세계기후연맹(Global Climate Coalition, GCC)이 있다. 이들은 석탄, 석유, 중공업, 자동차 산업을 포괄하여 대표하여 이들의 이익을 대변하기 위한 로비활동을 전개하였다.

드러진 활동을 전개하였고, 기후변화 규범의 적극적 옹호자이다. 기후변화 이슈에서 미국 환경단체들은 문제점의 정당화에 초점을 맞추면서 기후변화에 대처하는데 어떤 정책과 조치가 환경친화적이고 적절한 조치인가를 규정하고자 하였다. 그러나 기후변화 이슈에 있어 환경단체들의 영향력은 행정부의 변화에 따라 불규칙하게 전개되었고, 의사결정자들에 대한 접근성이 언제나 영향력과 비례하지도 않았다. 즉 미국 환경단체는 기후변화 이슈의 어젠다 설정 단계에서 이슈를 공론화하고, 정책결정자들로 하여금 이슈를 논의하도록 하는데는 성공했지만, 규범 수용에서는 제한적인 영향력만을 행사했다고 할 수 있다.

EU와 미국의 기후변화 국제규범의 수용의 차이는 여론에서도 나타난다. 2001년 미국의 부시 대통령이 교토의정서로부터 탈퇴를 선언한 이후, 유럽의 여론조사 결과를 살펴보면 부시 행정부의 외교정책 전반과 특히 교토의정서에 대한 입장에 대한 강한 반대를 발견할 수 있다. 퓨센터의 국제 여론조사 프로젝트(Pew Global Attitudes Project Poll)가 2001년 8월에 수행했던 여론조사에 의하면, 미국에서 오직 44%의 응답자만이 부시 행정부의 교토의정서 탈퇴 결정에 반대했음에 비해, 유럽 국가들 — 영국 83%, 이탈리아 80%, 독일 87%, 프랑스 85% — 에서는 거의 두 배 이상 반대 의사를 나타냈다.[32] 2006년 7월의 퓨센터의 기후변화 관심도에 대한 조사에서도 역시 미국에 비해 높은 기후변화에 대한 관심도의 결과를 볼 때, 유럽 내 여론은 기후변화 규범에 옹호하는 입장이었다고 할 수 있다.

32 http://www.pewglobal.org/2001/08/15/bush-unpopular-in-europe-seen-as-unilateralist(검색일: 2013. 4. 24.).

〈표 6-3〉 2006년 기후변화 관심도에 대한 국제 여론조사 결과 (단위: %)

	개인적으로 기후변화에 대한 관심이			
	매우 높다	있다	적다/없다	모른다
미국	19	34	47	1
프랑스	46	41	14	0
독일	30	34	36	1
일본	66	27	7	0
중국	20	41	37	2

출처: Pew Research Center, *Little Consensus on Global Warming*(July 12, 2006).

아이디어

의사결정자가 정책을 결정하는 경우, 비용과 더불어 무엇이 옳은 것인가에 동기부여될 수 있다. 이들은 도덕적 정당성의 자각과 같은 비물질적 고려에 따라 규범기반 정책을 지지할 것인가의 여부를 결정하기도 한다. 이때 기존의 국내규범, 이념적 혹은 지식구조는 실행가능한 정치적 선택들의 종류를 제한한다. 국가의 전통, 습관, 문화적 규범은 국내 적합성을 추구하는 새로운 규범에 대한 수용 가능한 한계를 설정한다. 규범 기반정책이 조화되고 반향되며, 정치문화에 있어 합법적이고 일치되는가의 여부는 규범기업가가 고안한 방식에 기반한다.[33] 기후변화 이슈에 있어 의사결정자들이 기후변화가 실재하

33 구성주의의 틀에서는 국제규범에 대한 의사결정자들의 지지를 형성하는 두 가지 힘의 역할을 강조한다. 첫째, 규범기업가는 규범 수용에 실패한 국가 지도자들을 비난하기 위해 정치적 결과를 위협하거나 협력을 통해 수치심을 유발(shaming)함으로써 규범을 긍정하도록 정치지도자들을 강제하면서, 규범에 대한 국제와 국내 지지를 동원할 수 있다. 둘째, 국가 지도자들 편에서의 학습과정(process of learning)은 규범의 적합성으로 설득되고 규범과 관련된 행위의 책무를 수용하게 하는 메커니즘이라 할 수 있다. 이때 규범은 이해관계의 정의와 구체적인 정책고안에 있어 최대의 효과를 가지게 될 가능성이 높아진다. 이들 두 가지 메커니즘이 규범 긍정 과정에 영향력을 행사하는데, 일부 지도자들은 규범의 적합성(appropriateness)으로 설득될 수 있고, 다른 지도자들은 강제에 반응

며 인간 행위로 인한 것이라고 더욱 확신할수록, 문제를 다룰 비용이 초래되는 조치들을 더욱 강력하게 지지할 것으로 예측할 수 있다.

유럽과 미국은 모두 강력한 환경정책의 전통을 지니고 있고, 환경의식이 높을 뿐만 아니라 기후변화에 대한 조치에 찬성한다. 그러나 이들은 정책접근법, 정책수단, 과학적 불확실성 등에 있어 서로 다른 가치와 선호를 지니고 있다고 볼 수 있다.

예를 들어, 유럽과 미국은 '예방적 원칙'의 적용과 환경보호에 있어 시장의 역할에 대해 상이한 시각을 지니고 있으며, 이러한 차이점들이 기후변화 규범의 등장과 규범의 국내정책으로의 전환에 영향을 미쳤다. 독일과 같은 유럽 국가들은 이산화탄소 배출과 기후변화를 연계시키는 결정적인 과학적 증거가 존재하기도 전에 기후변화를 다루는 경향을 보여준다. 반면 미국은 잠재적인 문제를 다룰 규제 조치를 채택하기 전에 과학적 증거를 필요로 하는 경향이 있는데, 미국의 환경정책 결정은 광범위한 전문가집단의 견해를 연구결과와 청문회의 형식을 통해 수집하고 이를 바탕으로 정책을 결정한다.[34]

기후변화에 대한 EU와 미국의 서로 다른 가치와 선호의 기반에는 문화적 맥락이 작용한다고 볼 수 있다. 전통적으로 유럽은 미국에 비해 사회와 환경 관심사들에 대해 더 강력한 책임감을 지니고 있다. 유럽에서는 공적 개입이 환경의 올바른 상태를 보장하고, 환경 보호가 시장의 힘에 맡겨져서는 안 된다는 일종의 합의가 존재한다. 반면 미국에서 환경보호정책은 중앙집권적인 정책으로 인지되었고, 시장

할 수도 있다. Loren Cass, "Measuring the Domestic Salience of International Environmental Norms: Climate Change Norms in America, German and British Climate Policy Debate," in Mary E. Pettenger (ed.), *The Social Construction of Climate Change* (Burlington, VT: Ashgate, 2007).

34 Loren Cass (2006).

에 대한 국가 개입에 반대하는 보수 계열과 주들의 권리를 선호하는 자들로부터 비판을 이끌어낸다. 또한 미국과 EU는 '과학적으로 건전하다(scientifically sound)'는 개념을 서로 다르게 이해하고 있다. 미국에서는 비용편익 및 위험성 평가분석 등이 건전한 과학을 구성한다고 간주하는 반면, 유럽에서는 경제이론에 근거한 접근법들보다는 자연과학, 철학, 종교학, 사회과학 등이 통합된 접근법이 여론 및 정치적 의견을 형성하는 데 기여한다. 즉 유럽의 일반적인 자각은 돈으로 살 수 없는 환경 자산이 존재한다는 것이며, 미국은 비용을 비즈니스에 대한 척도의 비용으로 간주하지만 그들의 비용혜택 고려에는 후속세대와 같은 전체로서의 사회를 위한 척도의 이익과 불이익을 포함하지 않는다고 볼 수 있다.[35] 특히 교토의정서의 도출과 비준, 발효까지 이끌어낸 EU의 능력은 이러한 문화적 적합성에 기반한 부담공유(burden sharing) 합의의 영향력이라고 할 수 있다.

즉 EU는 부담공유, 예방적 원칙 등 기존의 가치, 의식 및 정책기조에 기초하여 기후변화 리더십을 발휘할 수 있었던 반면, 미국은 과학적 증거의 중시, 시장 메커니즘에 대한 선호 등이 국제규범의 국내수용을 제약하였다고 볼 수 있다.

---

35 루트비히 크레머(Ludwig Krämer)는 유럽의 시각에서 EU와 미국의 환경 문제에서의 분열을 설명하였다. 그는 EU가 경제이익과 선호에 완전하게 적합하지 않은 전 지구적 해결책을 수용함에 있어 근본적인 문제가 거의 없고, 그들의 주권을 침해할 수도 있는 의무준수 메커니즘과 통제절차를 수용할 준비가 되어 있지만, 미국은 자국의 정책에 영향을 미칠 국제 공동체의 구속력 있는 의무조항과 책임을 수용함에 있어 경제이익을 발생시키는 경우에만 수용할 것이라고 주장한다. 즉 미국 내부 행정기구들과 법원이 집행 메커니즘에 있어 상당히 강력한 영향력을 행사하지만, 미국은 국가 주권을 침해할 수도 있는 강력한 의무준수 메커니즘을 필요로 하는 국제 환경법을 수용할 가능성은 낮다는 것이다. Ludwig Krämer, "The Roots of Divergence: A European Perspective," in Norman J. Vig and Michael G. Faure (eds.), *Green Giants? Environmental Policies of the US and the EU* (Cambridge, MA: MIT Press, 2004).

제도

국가 간 제도의 차이는 국제규범이 국내정책으로 변환되는지의 여부와 어떻게 변환되는지에 영향을 미칠 잠재력을 지니고 있다. 제도는 물질적 이해관계, 아이디어와 상호작용을 통해 국제규범의 국내 수용에 영향력을 행사할 수 있다. 이러한 제도적 특성은 제도가 권한을 집중하거나 분산시키는 정도와 관련되어 있는데, 특히 거부권 행사자(veto players)라는 정치적 구조는 국제적 제약과 어떠한 종류의 행위자들이 정치적 역할을 담당할 수 있는가의 조건 사이를 조정한다.

EU는 제한 없고 경쟁적인 구조를 지니고 있는데, 기후변화와 같이 권한을 공유하는 이슈의 경우, 거부권 행사자가 영향력을 행사할 수 있는 지점이 다수 존재한다. 유럽 국가들의 수와 다양성은 전체적인 EU의 정책합의를 복잡하게 만드는데, 협의적 의사결정과정의 전통 때문이다. 즉 회원국들의 서로 다른 이해관계, 국가들의 권한, 의사결정의 복잡성은 기후변화에 대응하는 EU의 능력을 제한할 수 있다.

그러나 EU 내 회원국들은 미국에 비해 훨씬 적은 국내적 제약에 직면하여 정책결정 및 변화가 가능하였다. 비례대표 선거제도는 녹색당이라는 소수 정당의 정치제도화와 정치권 진입을 가능하게 하여 환경에 관심이 많은 유권자들의 이해관계를 대표하였고,[36] 공적 선거자금은 선거에서 후보자들로 하여금 비즈니스 압력으로부터 자유롭게 만들었다. 이는 역사적으로 노동계급에게 협상의 자리를 마련하

---

36 다니엘 보단스키(Daniel Bodansky)는 유럽과 미국의 차이를 다음과 같이 설명하였다. "녹색당에 대한 총 투표는 유럽에서의 투표율과 미국 2000년 대선에서 랄프 네이더(Ralph Nader)에 대한 투표율이 그렇게 차이나지 않았음에도, 유럽에서의 결과는 녹색당 환경장관들로 나타났고, 미국에서의 결과는 부시 대통령의 당선으로 나타났다." Daniel Bodansky, "Transatlantic Environmental Relations: The Growing Rift between US and European Climate Change Policies," in Mark Pollack and John Peterson (eds.), *Europe, America and Bush: Transatlantic Relations after 2000* (London: Routledge, 2003).

여 협상장을 평등하게 하고, 비즈니스계가 정부에게 어느 정도의 자율성을 일임하는 조합주의의 정치적 전통과도 연계된다.[37]

또한 EU 정치과정에서의 다수의 거부점들은 오히려 EU의 경쟁적 리더십을 강화시켰다. EU의 다층적 거버넌스 구조는 경쟁적 리더십이 시작되는 다수의 리더십 포인트를 창출하였고, 분산화된 다극구조는 기후변화에 있어 경쟁적 리더십과 상호강화를 발생시켰다.[38] EU의 거버넌스 구조는 기후변화 규범 옹호자들이 그들의 우선순위와 관심사를 정책 논의의 장으로 도입시킬 수 있었던 통로를 제공하였다. 여론과 녹색당의 존재가 기후변화 저감 조치에 우호적인 환경을 창출하는 데 중요했지만, 독일, 영국, 네덜란드, 덴마크 등의 일부 회원국들은 의장국을 담당할 때 강력한 리더십을 수행하였다. 또한 집행위원회도 교토 목표치와 현실과의 간극을 회복하기 위해 이행수단들의 일괄 배치를 도입하고, 재생에너지의 추진, 열과 전력 발생의 더 높은 효율성, 빌딩의 에너지 효율, 배출권 거래제 등을 다루는 신규 지침들을 추진하였다. 유럽 의회 역시 녹색당과 환경 NGO의 지원을 받는 옹호자로 활동하였다.[39]

반면 미국 다수의 거부권 행사자는 기후변화 국제규범의 국내수용

---

37 조합주의 정치적 전통으로 인해 비즈니스 이익은 미국에 비해 그다지 많은 영향력을 행사하지 못했다. EU와 유럽정부로부터 어떤 형태의 규제가 이루어질 것이라는 신호가 있는 경우, 유럽 비즈니스 이익은 국제적 의무에 대한 저항이 무익하기 때문에 피할 수 없는 것에 대한 계획 설정이 필요하다고 계산하였다. 또한 이들은 환경기술 및 거래로부터 이익을 얻기 위해 그들 스스로를 환경친화적 위치에 놓았다고 볼 수 있다. Joshua Busby and Alexander Ochs, "From Mars and Venus Down to Earth: Understanding the Transatlantic Climate Divide," in David Michels (ed.), *Beyond Kyoto: Meeting the Long-Term Challenges of Climate Change* (Washington, DC.: Center for Transatlantic Relations, Johns Hopkins University, 2005).

38 Miranda Schreurs and Yves Tiberghien, "Multi-level Reinforcement: Explaining EU Leadership in Climate Change Mitigation," *Global Environmental Politics* 7-4 (2007), p. 40.

39 Miranda Schreurs and Yves Tiberghien (2007), pp. 41-42.

을 제약하였다. 미국의 거부권 행사자에는 입법부의 거부권 그룹 — 미국의 조약 비준을 방해하는 데 필요한 34인의 상원의원 등 — 을 비롯하여 석유 및 자동차기업, 노동조합, 수출단체 등과 같은 강력한 비즈니스와 정치 로비 집단이 포함된다. 또한 이슈별로 정책결정을 저지하는 힘을 지닌 행위자들, 즉 책임을 위임받은 관료 행위자들 혹은 지출을 감시하는 위원회의 입법 행위자들 혹은 비공식적인 영향력을 지닌 사회적 행위자들 역시 거부권 행사자가 될 수 있다. 특히 미국과 같은 다원주의 정치체제 하에서는 다양한 행위자의 정치과정에의 접근성이 보장되기 때문에 거부권 행사자의 숫자도 다른 국가에 비해 많을 뿐만 아니라 영향력도 강하다고 볼 수 있다.

특히 국제협약의 비준과 관련된 의회의 권한은 미국의 국제적 입장뿐만 아니라 국제규범의 국내 수용을 제약할 수 있는 힘을 가진다. 미국의 정치 체제와 헌법은 의회의 상원과 하원 모두에게 공동 결정의 권리를 보장해준다. 상원은 일반적으로 그들의 '권고와 동의' 권한을 통해 국제조약들을 제한할 수 있다. 헌법의 제2조 제2절에는 대통령이 조약을 비준하기 위해서는 2/3의 상원 의원들이 동의해야 한다고 명기되어 있다. 게다가 양원 모두 강력한 위원회 의장을 통해 탄소세, 재생가능 에너지에 대한 투자, 에너지 효율 기준 등과 같은 국내정책 이행계획들도 방해할 수 있다. 특히 선거 인센티브와 관련하여 미국의 의원들은 비준 혹은 저감 정책 지지자들보다는 반대자들과 좀 더 연계되어 있다. 미국의 의원들은 사적 선거 기부금에 주로 의존하고 있는데, 이에 따라 정당 강령보다는 지역구의 경제 이익의 신세를 지고 있고, 따라서 비준에 대한 초당적 반대가 초래되었다고 볼 수 있다.[40] 이와 같이 미국에서 비준과 관련된 국내 제도인 상

---

40 Joshua Busby and Alexander Ochs (2005).

원의 2/3 동의를 비롯하여 버드-하겔 결의안을 도출하게 했던 비즈니스 이익과 연계된 상원 내 '반(反) 교토의정서 연합(anti-Kyoto Protocol coalition)' 등은 미국의 기후변화 국제규범의 국내 수용에 제약으로 작용했다고 볼 수 있다.

결국 EU의 다층적 거버넌스 구조는 다수의 경쟁점을 창출하면서 기후변화 규범기업가의 역할을 가능하게 하였지만, 미국의 다수의 거부권 행사자는 정책변화를 어렵게 만들고, 지역구 이익과 결합하여 현상유지를 선호하는 데 있어 제도적 맥락으로 작용했다고 할 수 있다.

4. 결론

지금까지 기후변화 국제협상에서 미국과 EU는 서로 다른 정책 선호에 따라 서로 다른 주장을 전개하면서 분열되었다. EU가 다른 국가들의 협력을 이끌어내는 리더십을 발휘하면서 다자간 협력을 이끌었던 반면, 미국은 교토의정서로부터 탈퇴하여 독자노선을 전개하는 등 국제 기후변화 레짐 형성의 경로로부터 이탈하였다. 이러한 대서양 간 분열은 기후변화 국제규범의 국내 수용 방식 및 경로에 영향을 미치는 이해관계, 아이디어 그리고 제도의 틀로 설명이 가능하다.

〈표 6-4〉에서 나타나듯이, 미국과 EU의 기후변화 국제입장 및 국내이행의 차이는 국내 행위자들의 이해관계와 이들의 선호 형성에 영향을 미치는 아이디어, 그리고 구조적 요인인 제도의 상호작용의 결과라고 할 수 있다. EU의 집행위원회는 초국가적으로 의제설정자 역할을 담당하였고, 유럽의회는 녹색당을 중심으로 기후변화 입법을 지원하였으며, 기업들은 교토의정서의 틀을 수용하였다. 반면 미국의

〈표 6-4〉 미국과 EU의 기후변화 입장 차이 설명

		미국	EU
이해당사자	정부	행정부별 입장 차이가 있지만, 대체로 시장기반 정책 선호	집행위원회: 어젠다 설정 역할, 초국가적 영향력
	의회	상원의 조약심사권, 권고와 동의 권한	유럽의회: 환경단체들의 접근 경로 제공, 녹색당의 역할
	기업	강력한 기업 이익집단의 영향력	대부분 유럽 기업들의 교토의정서 틀 수용, 규제조치의 잠재력 인지
	환경	환경단체의 정책결정과정 접근성 보장, 그러나 환경단체 간 의견 불일치	적극적 환경단체. 집행위원회의 자금지원, 녹색당과 연계
아이디어		비용-편익 분석 과학적 증거 중시 시장 메커니즘 선호	교토의정서에 대한 의무감 예방적 원칙 부담공유 원칙
제도		다수의 거부권 행사자 의회의 행정부 견제 단순다수 선거제도	협의적 의사결정 과정 비례대표제 권한분산과 다층적 강화과정

행정부들은 출신 정당별로 입장의 차이가 존재하였지만 대부분 시장기반의 자발적 기후변화정책을 선호하였고, 의회는 권고와 동의, 조약심사권 등의 권한을 통해 입법을 방해하였으며, 기업들은 대체로 강력한 영향력과 의회와의 연계를 기반으로 반(反)교토의정서 연합을 결성하였다. 이러한 이해당사자들의 입장 형성에는 국내 기존 규범과의 적합성, 즉 아이디어가 중요한 맥락으로 작용했는데, EU의 이해당사자들이 교토의정서에 대한 의무감, 예방적 원칙, 부담공유 원칙을 수용하고 있었던 데 반해, 미국의 이해당사자들은 과학적 증거 중시, 비용편익 분석을 통해 이익 산출이 가능한 시장 메커니즘 방식 등을 공유하고 있다는 점에서 차이를 보인다. 마지막으로 EU와 미국 모두 다수의 거부권 행사자들이 존재하는 제도적 제약에 직면하였지만, EU의 비례대표 선거제도와 분권화를 기반으로 한 다층적 거버넌스 체제는 행위자 간 리더십 경쟁과 상호강화를 발생시켰던 반면, 미국의 다원주의 정치체제 아래 다수의 거부권 행사자들의 현

상유지를 선호, 지역구 이익과 결합된 단순다수 선거제도 등은 기후변화 국제규범의 국내수용을 제약하는 맥락으로 작용하였다. 결국 미국과 EU의 이해당사자들의 상이한 입장, 그리고 이러한 입장에 영향을 미치는 아이디어와 제도는 결국 정책에 있어서의 차이로 나타났다. EU가 유럽기후변화프로그램과 같은 다양한 기후변화 관련 법, 규제 등을 이행하고 있는 반면, 미국에서는 여러 차례 입법 시도가 있었음에도 의미 있는 연방차원의 기후변화정책이 부재하다고 볼 수 있다.

현재까지 기후변화 이슈에 있어 EU와 미국의 분열이 지속됨에도, 수렴의 징후 역시 포착되고 있다. 기후변화 완화와 적응 문제에 대응함에 있어 EU와 미국이 세부 이슈들에 있어 정치적이고 실질적인 차이가 존재하지만, 두 행위자 모두 공통의 이해관계와 문제의식을 공유하고 있기 때문이다.[41] 시장 기반의 감축방식을 반대하던 EU는 2001년 배출권 거래제를 도입하였고, 2005년 세계 최초로 공적인 배출권 거래시장을 개설하였다. 또한 미국의 캘리포니아를 비롯한 동북부 일부 주들은 연방 차원의 기후변화정책의 부재를 비판하면서 자체적인 온실가스 감축목표를 공식화하거나, 자동차의 이산화탄소 배출을 규제하였고, 에너지 효율성과 재생에너지 개발을 지원하는

---

41 셀린과 반디비어(Selin and VanDeveer)는 다층적 거버넌스의 시각에서 두 행위자의 정책결정이 다수의 관할권과 규제수준을 동시에 가로지르면서 진전하고 있으며, 국가, 지역, 전 지구를 포괄하는 대서양 간 기후변화 거버넌스가 가능할 것임을 주장하였다. 이들은 EU와 미국의 기후변화정책이 상한선(ceilings)이 아닌 정책 하한선(floors)의 설정, 강제성과 신축성의 결합, 부담공유 및 재분배와 관련된 이슈들의 고려, 마지막으로 개별 EU 회원국들과 미국 주들 간 협력과 같은 다층적 수준에서의 대서양 간 협력 확대를 통해 향후 10년 이내 수렴될 가능성이 있다고 보았다. Henrik Selin and Stacy D. VanDeveer, "Multilevel Governance and Transatlantic Climate Change Politics," in Barry Rabe (ed.), *Greenhouse Governance: Adressing Climate Change in America* (Brooking Institution Press, 2010).

데 있어 협력하며, 온실가스 규제 프로그램을 시행하는 등[42] EU의 입장을 선호하는 양상을 보이고 있다.

이와 같이 EU와 미국 간 기후변화정책 수렴의 증거들이 있기는 하지만, 여전히 이들을 분열시키는 다수의 상호 연계된 도전들이 남아 있다. 이들이 국제수준의 가장 영향력 있는 행위자, 특히 환경 거인(green giants)이라는 점에서, 대서양 간 기후변화 협력뿐만 아니라 국내 혹은 역내 기후변화정책 결정 및 이행은 향후 기후변화 레짐의 성패 여부의 핵심이 된다는 점에서 주목할 필요가 있다.

---

42 2005년에는 미국에서 처음으로 총량배출권 거래제(cap-and-trade)에 기반한 온실가스 규제 프로그램인 RGGI(Northeast Regional Greenhouse Gas Initiative)가 가동되기 시작하였다. 여기에는 동북부 9개주(코네티컷, 메인, 델라웨어, 뉴햄프셔, 뉴저지, 뉴욕, 버몬트, 로드아일랜드, 매사추세츠)가 참여하며, 2005년 12월 가입 주들 간의 MOU가 체결되었고 2006년에는 캘리포니아 주가 주지사의 집행 명령으로 RGGI의 교역 파트너로 참여하고 있다.

7장

미국과 EU의 안보 갈등

이수형

1. 서론

미국과 유럽연합(EU) 회원국가들은 지리적으로 대서양을 사이에 두고 위치해 있기 때문에 양자관계를 대서양관계라고 표현한다. 대서양관계가 근대 국제정치에서 본격적으로 주목받기 시작한 것은 2차 세계대전 이후 새롭게 형성된 냉전(Cold War)이라는 국제체제의 태동과 밀접한 관련이 있다. 적어도 유럽지역에서 냉전체제의 태동은 서유럽과 중·동유럽이라는 유럽의 분단을 의미하였고, 분단된 서유럽 국가들은 소련이라는 공산주의 위협에 직면하여 대서양의 또 다른 지역에 위치해 있던 미국에게 자신의 운명을 맡길 수밖에 없었다. 이러한 현실에 직면하여 서유럽 국가들은 자신의 생존문제를 미국 주도로 창설된 북대서양조약기구(NATO)에 의존하면서 유럽통합을 통해 민족주의와 과거의 갈등을 극복하고 경제적 번영을 이루어 최종적으로 자신의 전략적 운명을 통제하여 미국으로부터 독립하고 새롭게 강대국이 되는 하나의 유럽이라는 비전을 추구하게 되었다.[1]

1 Ronald D. Asmus, "Double Enlargement: Redefining the Atlantic Partnership after the Cold War," in David C. Gompert and F. Stephen Larrabee (eds.), *America and Europe: A*

이러한 비전을 달성하기 위해 1950년대 초반 서유럽 6개국으로 출발한 유럽통합은 오늘날 28개국을 보유한 EU라는 국제제도로 발전해왔다. 특히, EU의 안보정책은 반세기 이상 걸쳐 진행되어온 경제통합과는 달리 매우 빠르게 전개되는 양상을 보이고 있다. 불과 20년도 걸리지 않아 전반적인 윤곽을 갖춘 EU의 안보정책은 여전히 해결해야 할 많은 문제점과 단점을 갖고 있음에도 1987년 서유럽연합강령(Western European Union Platform)에서 제시한 유럽안보 정체성을 구현하는 정책적 대세로 굳어져 가고 있는 것은 확실한 것 같다.[2] 그러나 자신의 독자적인 안보영역을 구축하고자 하는 EU의 외교안보정책은 그동안 미국 주도의 NATO를 중심으로 전개되어왔던 미국과 EU라는 대서양관계의 안보적 이해관계에 주기적이고 지속적인 안보논쟁을 야기하는 촉매제가 되고 있다.

이런 맥락으로 이 장에서는 미국과 EU라는 대서양관계가 본격적으로 작동하기 시작한 지난 냉전체제에서부터 오늘에 이르기까지 미국과 EU의 안보적 이해관계를 동맹 딜레마라는 관점에서 살펴보고자 한다. 여기서 미국과 EU의 안보적 이해관계를 동맹 관점에서 바라보는 논리적 근거는 다음과 같다. 비록 EU가 미국과 동맹관계에 있지 않고 차별적인 안보정책을 추진해가고 있지만, EU 회원국가 중 21개국이 과거와 마찬가지로 오늘날에도 여전히 NATO의 회원국으로 남아 있기 때문에 EU의 독자적인 안보정책은 여전히 NATO와 구조적으로 연계되어 있다. 따라서 EU 내부에서의 안보문제는 미국과는 동떨어진 EU 자체의 문제인 동시에 NATO의 안보정책에도 지대

Partnership for A New Era (Cambridge: Cambridge University Press, 1998), 이수형(역), 『미국과 유럽의 21세기 국제질서』(한울 아카데미, 2000), pp. 54-55.

2 이수형, 「유럽연합의 안보정책과 동맹 딜레마」, 『국제관계연구』 16권 2호(2011), pp. 76-77.

한 영향을 미치는 문제이기도 하다. 역으로 NATO의 변화 역시 EU의 안보정책에 영향을 미치기 때문에 미국과 EU의 안보적 이해관계는 개별적이자 서로의 관계에 있는 것이다.

먼저, 2절에서는 국제정치의 동맹관계에서 회원국가들 간의 안보적 갈등 문제를 다루고 있는 포기(abandonment)와 연루(entrapment)라는 동맹 딜레마를 이론적으로 살펴보고 미국과 EU 관계에서 나타나는 안보 딜레마의 다양한 요인을 제시하고자 한다. 3절에서는 2절의 이론적 논리에 기초하여 지난 냉전시대 미국과 EU의 안보 딜레마의 핵심 사례를 분석하고자 한다.[3] 4절에서는 NATO의 변화, EU의 안보 정체성, 그리고 동아시아 정책이라는 세 가지 변수를 통해 냉전 종식 이후 오늘에 이르기까지 미국과 EU의 안보적 이해관계를 살펴보고자 한다.

2. 동맹 딜레마와 미국-EU의 안보적 이해관계

국제체제의 성격과 포기-연루의 동맹 딜레마[4]

어원론적인 의미에서 딜레마는 두 개의 만족스럽지 못한 대안 중에서 어느 하나를 선택하는 것으로 정의할 수 있다.[5] 딜레마의 개념을 이렇게 정의했을 경우, 안보 딜레마에 관한 논의는 서로 관련을 맺으면서 다음과 같은 네 개의 형태로 나타날 수 있다. 첫째, 자국의 안보

---

3 지난 냉전시대 미국과 EU의 안보관계는 구체적으로 미국과 유럽공동체(European Community)의 회원국인 서유럽 국가들을 의미한다.

4 이수형, 『북대서양조약기구: 이론·역사·쟁점』(서강대학교출판부, 2012), pp. 321-328.

5 Ernest Klein, *A Comprehensive Etymological Dictionary of the English Language* (Amsterdam: Elseiner Publishing Company, 1966), p. 449.

를 강화하기 위해 군사력을 증강했을 경우, 이것이 적성국가나 주변국의 안보를 약화시키는 뜻하지 않는 상황에서 나타나는 안보 딜레마이다. 둘째, 군사력의 증대를 통해서 자국의 안보를 강화시켰을 경우, 적성국가나 주변 국가들 역시 이와 동일한 방법으로 대응할 때 나타나는 상황이다. 셋째, 군사력의 증강을 통해 자국의 안보를 강화시켰을 경우, 이것은 적성국가나 주변 국가들에게 그 의도의 불확실성을 심어준다는 측면이다. 그리고 마지막으로 자국의 안보상황을 해결하기 위한 적절한 정책이 부재함으로써 나타나는 안보 딜레마를 상정할 수 있다.[6]

국제체제에서 흔히 등장하는 이러한 안보 딜레마는 기본적으로 국제체제의 무정부성에서 연유한다고 볼 수 있다. 반면, 이와 유사하면서도 안보 딜레마의 원천과 성격이 다른 것이 바로 동맹 내에서 발생하는 회원 국가 간의 안보적 갈등 양상을 설명하는 동맹의 안보 딜레마(alliance's security dilemma)이다. 모든 군사동맹에서 알 수 있듯이, 회원 국가들은 각자의 안보이익, 동맹에 대한 의존성의 정도, 그리고 동맹에 대한 안보 공약의 정도에 따라 기회비용의 편차를 경험하게 된다. 이러한 기회비용의 편차는 회원 국가들의 국력 규모와 지리적 차이로 인해 특정 위협을 상이하게 인식할 수도 있고 설사 공통적으로 인식한 위협에 대해서도 위협해소 방법을 둘러싸고 상이한 입장을 보일 수도 있다. 특히, 회원 국가들은 위기상황에서 회원국의 일국이 동맹을 탈퇴할 가능성과 그 자신이 원치 않는 갈등에 휩쓸릴 가능성에서 발생하는 긴장감에 직면하게 된다. 이러한 긴장감이 바로 포

6 Alan Collins, "The Security Dilemma," in M. Jane Davis (ed.), *Security Issues in the Post-Cold War World* (Cheltenham U. K.: Edward Elgar, 1996), pp. 181-195.

기와 연루의 위험성이자 동맹의 안보 딜레마를 구성하는 것이다.[7] 동맹의 안보 딜레마를 구성하는 이러한 포기와 연루의 위험성은 국제체제의 극성(polarity)에 따라 성격을 달리할 수 있다.

• 다극체제와 포기-연루의 위험성

다극체제라는 국제안보환경에서 회원국이 보여주는 포기는 다른 동맹 회원국에 대한 일종의 기만행위로 다양한 형태로 나타날 수 있다.[8] 포기의 주체국가는 단순히 동맹에 대한 명시적 공약을 철회하거나 동맹 계약을 파기할 수도 있고, 더 나아가 이전의 적성국가와 동맹을 체결할 수도 있다. 그러나 보다 일반적인 포기의 행태는 위협국가와 갈등관계에 있는 다른 동맹 회원국에게 그 동맹국이 기대하고 있던 외교적 지지를 보이지 않는 것이다. 한편, 포기의 주체국가는 자신으로 인해 포기의 두려움을 느끼는 회원국에게 동맹에 남아 있겠다는 확고한 약속을 함으로써 포기의 위험성을 완화할 수 있다. 그러나 이것은 포기의 두려움을 가졌던 동맹국가로 하여금 적성국가에 대해 보다 호전적이고 위험을 무릅쓸 정도의 강경입장을 취할 수도 있기 때문에 역으로 포기의 주체 국가가 원치 않는 갈등에 연루될 위험성을 증대시킨다.[9]

---

7 포기와 연루의 위험성과 두려움은 행위의 주체와 객체가 상반되지만 서로 연계되어 있다. 한 동맹에서 동맹국 A가 그 동맹을 포기하고자 하는 행위(포기의 위험성)는 동맹국 B에게 포기의 두려움을 갖게 한다. 마찬가지로 한 동맹에서 동맹국 A가 적성국가와 갈등상황을 조성한다면(연루의 위험성) 동맹국 B는 연루의 두려움을 갖게 된다. 요컨대, 한 동맹에서 포기와 연루의 위험성은 능동적 행위자(A)가 조성한다면, 그 두려움을 느끼는 것은 수동적 행위자(B)이다.

8 Glenn Snyder, "The Security Dilemma in Alliance Politics," *World Politics* 36-4 (July 1984), p. 466.

9 이것은 마치 연쇄연루(chain gangs)-책임전가(buck passing) 모델에서 1차 세계대전의 원인을 설명하고 있는 연쇄연루의 논리와 유사하다. 연쇄연루-책임전가 모델에 대해서는

연루는 동맹의 어느 회원국이 공유하지 않거나 단지 부분적으로만 공유하는 다른 회원국의 이익 때문에 분쟁에 휩쓸리는 것을 의미하며 다른 회원국의 이익을 위해 분쟁에 참여하는 희생보다 동맹에 남아 있는 가치가 더 큰 경우에 발생한다.[10] 연루의 위험성은 연루의 두려움을 느끼는 동맹의 회원국가가 동맹에 대한 일반적 공약을 약화시키거나 특정 쟁점에 대한 지지를 철회함으로써 완화될 수 있다. 그러나 이것은 동맹국가에 대한 동맹의 가치를 희석시키는 결과를 가져오기 때문에 역으로 포기의 위험성을 증가시킨다.

이와 같이 하나의 위험성을 완화시키고자 하는 조치들은 역으로 또 다른 위험성을 유발하는 경향이 있다. 따라서 포기와 연루의 두려움 간에 균형을 이루는 것은 엄격히 말해 딜레마라기보다는 하나의 교환이다. 문제는 포기와 연루 사이에서 가장 효과적으로 행동하는 것이다.[11] 이러한 포기와 연루의 위험성은 동맹 회원 국가들이 동맹 내에서 그들의 비용과 위험을 최소화하고 이익과 혜택을 최대화하고자 하는 끊임없는 흥정과정으로도 생각할 수 있다.

• 양극체제와 포기-연루의 위험성

양극체제라는 국제안보환경에서 동맹에 참여하는 국가 간의 안보적 상호작용은 체제의 구조가 이들 관계에 미치는 영향이 보다 크기 때문에 다극체제에서 나타난 역동적 독립성은 상대적으로 낮다. 따라

Thomas J. Christensen and Jack Snyder, "Chain Gangs and Passed Bucks: Predicting Alliance Patterns in Multipolarity," *International Organization* 44-2 (Spring 1990), pp. 137-168 참조.

10 Glenn Snyder (1984), p. 467.

11 Glenn Snyder, "Alliance Theory: A Neorealist First Cut," *Journal of International Affairs* 44-1 (Spring/Summer 1990), p. 113.

서 양극체제에서는 다극체제에서와는 달리 포기의 위험성이 적다.[12] 왜냐하면 동맹에 참여하는 국가들이 기존 동맹에서 탈퇴해 다른 동맹에 가입할 수 있는 동기를 제공할 만큼 다른 강력한 국가가 존재하지 않기 때문이다. 그럼에도 양극체제에서도 포기의 위험성은 존재한다. 정치적 수준에서 포기의 가장 극단적인 방법은 초강대국 간의 공모(condominium)나 상대적 약소국들의 핀란드화(finlandization)이다. 초강대국 간의 공모란 초강대국들이 상호 공동 이익과 경쟁적 이익을 유지하고 현존 국제질서를 유지하고자 긴밀하게 협력하는 행위를 의미한다.[13] 지난 냉전시대 서유럽 국가들의 입장에서 보았을 때, 이것은 미국이 서유럽의 안보이익을 충분히 고려하지 않고 소련과 기꺼이 군비통제협정을 맺고자 한다는 두려움을 유발시킨다. 반면, 서유럽의 핀란드화는 소련이 전쟁 없이 서유럽을 지배할 수 있는 상황을 의미한다.[14] 핀란드화된 서유럽은 시민의 자유, 서구의 민주주의적 제도, 그리고 자국의 영토 내에서 합리적인 정치적 선택을 할 수 있다. 그러나 서유럽 국가들은 소련의 군사력 때문에 대외관계에서 소련이 설정한 방침을 따라야 한다는 것이다.[15]

---

12 Glenn Snyder (1990), p. 118.

13 Glenn Snyder (1984), p. 486.

14 Adam M. Garfinkle, *Finlandization: A Map to a Metaphor* (Philadelphia: Foreign Policy Research Institute, 1978); George Kennan, "Europe Problems, Europe's Choices," *Foreign Policy* 14 (Spring 1974), pp. 3-16. 소련과 비교해보았을 때, 서유럽 국가들은 핀란드처럼 약하지 않았다. 노르웨이의 북쪽지역을 제외하고는 서유럽의 어떠한 지역도 소련과 국경을 접하고 있지 않다. 집단적으로 보았을 경우, 서유럽 국가들은 소련보다 경제적·산업적 능력이 뛰어나고, 인구면에서도 소련의 인구를 상회한다. 그러나 핀란드화와 관련해서 보다 중요한 것은 서유럽 국가들은 소련의 영향력을 적절히 극복할 수 있는 군사능력이 절대적으로 부족했다.

15 이러한 경우는 오히려 미국이 포기의 두려움을 느끼게 된다. 일례로 1970년대에 있어서 미국은 서유럽의 핀란드화라는 문제를 놓고 외교정책 논쟁을 벌였다. 1973년 당시 미 국무차관이었던 케네스 러쉬(Kenneth Rush)는 유럽에서 미 군사력의 감축을 우려했다.

양극체제에서 연루의 위험성은 다극체제에서와 마찬가지로 그 가능성이 크다. 연루의 위험성은 초강대국들에게보다는 약소국가들에게 더 큰 관심 중의 하나이다. 왜냐하면 일반적으로 약소국가들은 초강대국들의 지구적 이익의 일부분을 공유하고 있고, 초강대국들의 행위를 제재할 만한 동맹 국가들의 능력이 훨씬 떨어지기 때문이다.[16] 특히, 핵무기와 관련하여 핵 포기와 핵 연루 간의 긴장은 궁극적으로 억지와 전쟁 사이에서 나타나는 긴장과 동일하다. 유럽인들은 억지를 선호하고 전쟁은 있을 수 없다는 입장인 반면, 미국은 억지를 원했지만 억지가 실패했을 경우 제한핵전쟁 전략을 선호하는 경향을 보여주기도 하였다.

이처럼 양극체제에서의 동맹의 안보 딜레마 역시 포기와 연루의 위험성에서 발생되는 긴장의 연속체라고 볼 수 있다. 그러나 다극체제에서와는 달리 동맹 자체는 안정적이다. 왜냐하면 동맹은 기본적으로 체제의 구조와 거기에서 발생된 공동 안보이익의 산물이기 때문이다. 따라서 양극체제에서 동맹국가 간의 안보적 상호작용은 다극체제에서와 같은 흥정과정이라기보다는 문제해결과정의 성격이 강하다. 또한 다극체제에서의 동맹은 정책결속력의 정도와 동맹의 안정성 간에 상당한 연관성이 존재하지만, 양극체제에서의 동맹은 그러한 연관성이 상대적으로 미흡하다고 볼 수 있다.[17]

"우리가 유럽에서 병력을 철수하고, 지중해에서 6함대를 철수시킨다면, 우리는 더 이상 유럽의 동맹국들을 확신시킬 수 없고 소련의 위협으로부터 유럽의 평화를 위한 핵우산을 제공할 수 없을 것이다. 그 결과 서유럽 국가들은 소련의 비위를 맞추기 위해 서로 경쟁을 하게 될 것이다." Kenneth Rush, "The Nixon Administration's Foreign Policy Objectives," remarks before the national foreign policy conference for editors and broadcasters at the Department of State, March 29, 1973, *Department of State Bulletin* 68, 1765, April 23, 1973, p. 478.

16 Glenn Snyder (1984), p. 484.

17 Kenneth N. Waltz, *Theory of International Politics* (Reading, Mass.: Addison Wesley, 1979), pp.

미국-EU 관계에서 안보 딜레마의 요인

동맹관계에서 나타나는 회원 국가 간의 긴장과 갈등의 상징인 동맹의 안보 딜레마는 다양한 측면에서 살펴볼 수 있을 것이다. 즉, 동맹 회원국의 수적 규모, 지리적 위치, 회원 국가 간의 국력의 편차, 특정 안보환경에서 위협에 대한 인식과 위협해소 방법에 대한 입장차이, 주요 국제문제를 바라보는 회원 국가 간의 인식 및 군사전략문화의 차별성, 그리고 동맹 형성의 근간이 되는 당사자들 간의 안보 계약이라 할 수 있는 동맹 조약에서 규정하지 않은 문제 등에서 동맹의 안보 딜레마를 야기하는 원인이나 주요 변수들을 찾을 수 있을 것이다.

이런 측면에서 냉전체제의 출발과 더불어 본격적으로 작동하기 시작한 미국과 EU의 대서양관계에 있어서 안보 딜레마를 유발하는 주된 변수는 일차적으로 지리적 차이와 국력의 편차에 따른 문제이다. 지리적 차이와 국력의 편차에 따른 미국과 EU의 안보 딜레마는 지난 냉전시대 NATO 안보 딜레마의 핵심 변수로 소련의 군사적 위협을 억지하는 과정에서 미국과 EU는 주기적인 대립과 갈등 양상을 노출시켜왔다. 특히, 서유럽 국가들은 동맹에 대한 자율성이 상대적으로 낮으면서도 미국과의 안보협력에 대한 전략적 이익을 높게 인식하고 평가했기 때문에 미국과 소련 간의 안보적 변화 양상에 따라 포기와 연루라는 안보 딜레마를 주기적으로 경험하였다. 이러한 안보 딜레마는 서유럽 국가들에게 동맹에 대한 상대적 자율성을 증진시킬 필요성을 깨닫게 하는 주요 계기를 마련해주었다.

그러나 냉전체제의 붕괴라는 국제안보환경의 근본적 변화와 더불어 미국과 EU의 안보 딜레마는 과거와는 근본적으로 다른 양상을 보여주었다. 이는 기본적으로 안보환경의 변화에 따른 NATO의 성

169-170.

격 변화에 대한 미국과 EU의 인식과 정책의 차이에 따른 것이고 또 다른 변수는 유럽 자신만의 독자적 안보 정체성을 구현하기 위한 EU의 안보정책의 발전과 변화에서 연유하는 것이었다. 특히, EU의 독자적인 안보정책의 발전과 변화는 지난 냉전시대에 크게 나타나지 않았던 미국과 EU 간의 전략문화의 차별성을 부각시키면서 NATO와 EU 안보정책 간의 구조적 연계성 문제, 집단안보 역할 강화를 추진하고 있는 NATO의 역외(out of area) 활동에 대한 회원 국가 간의 입장 차이 등을 노정시키면서 21세기에 들어와 미국과 EU 간의 안보 딜레마를 야기하는 주요 변수로 작동하게 되었다.

3. 냉전시대 미국-EU의 안보 딜레마

안보 딜레마의 본질로서의 핵문제

지난 냉전시대 미국과 EU 국가 간에 주기적으로 표출되었던 안보 딜레마는 무엇보다도 지정학적 상이성과 소련의 군사적 발전에서 비롯되었다. 먼저, 지정학적 차원에서 비롯된 안보 딜레마는 대륙간탄도미사일(ICBM)이 발명되지 않았던 전후 초기와 미국의 전략핵무기가 소련보다 절대적 입장에 있었던 1950년대 중반까지는 크게 부각되지 못했다. 왜냐하면 미국은 소련에 대한 전략적 억지 때문에 유럽의 전진기지시스템(FBS)을 필요로 했고, 또한 유사시 미국의 전략핵무기 사용으로 서유럽에 대한 소련의 군사적 위협을 억지할 수 있었기 때문이었다.

그러나 1950년대에 들어와 대륙간탄도미사일과 해상발사탄도미사일의 발명으로 미국은 전략적 의미에서 더 이상 유럽의 전진기지시스템을 필요로 하지 않게 되었고, 1950년대 중반 이후 소련의 핵전략이 발전함에 따라 지정학적 차이에서 비롯된 미국과 EU 국가 간의 안보 딜레마는 아주 중요하게 되었다. 소련의 전략핵무기의 발전은 안보 딜레마에 있어서 지정학적 차이에서 연유하는 미국과 서유럽 안보 간의 분리(de-coupling)라는 쟁점을 부각시켰기 때문이다. 그 결과 미국과 서유럽 국가들은 지리적 위치 때문에 전략적이란 의미를 상이하게 바라보게 되었고, 미국과 서유럽 국가 간의 지리적 억지의 일체성이 끝나면서 핵 억지 딜레마가 발생하였다.[18] 따라서 미국과 서유럽 국가들은 서유럽 안전에 대한 소련의 군사적 위협을 공통적으로 인지함에도 그 대응책을 모색하는 데 있어서는 서로 자국의 입장에 유리한 측면에서 대응전략을 구상하고자 했다. 이것이 바로 냉전시대 미국과 서유럽 국가 간의 안보 딜레마의 본질이었다.

미국과 서유럽 국가 간의 안보 딜레마와 관련해서 또 다른 차원은 소련의 군사력 증강에서 비롯되는 안보 딜레마이다. 이것은 자국의 군사력 증강이 적성국가의 군사력 증강을 가져오는 안보 딜레마에 내재해 있는 상호성(reciprocity)의 차원이다.[19] 즉, 소련의 군사력 증대는 일반적으로 서유럽 국가들이 회원으로 있는 NATO의 억지력 증대를 야기할 것이다. 그러나 1, 2차 세계대전을 경험한 서유럽 국가들은 이제는 유럽에서 어떠한 일이 있더라도 전쟁만은 피해야 한다는 생각을 갖게 되었다. 만약 미국과 소련 간의 갈등이 전쟁으로 비화된다면 주전장은 바로 유럽 영토가 될 것이다. 따라서 서유럽 국가들의 영토는 잠재적인 전장이었다. 그러나 미국의 본토는 적어도 지리적으로는 유럽의 전장에서 떨어져 있다. 따라서 NATO의 회원

---

18 Christoph Bertram, "The Implications Of Theater Nuclear Weapons In Europe," *Foreign Affairs* 60-2 (Winter 1981/1982), p. 287.

19 Robert Lieber, *No Common Power* (NY: Harper Collins, 1991), pp. 5-6.

국가인 미국과 서유럽 국가들은 유럽에 대한 소련의 정치·군사적 위협을 상이하게 해석하는 경향을 보여왔다.

더군다나 미국과 서유럽 국가 간의 상이한 역사적 경험은 지정학적 요인을 더욱 중요하게 만들었다. 서유럽 국가들은 자신의 영토에서 1, 2차 세계대전을 경험했기 때문에 전쟁을 피하고자 하는 바람이 강했다. 미국 역시 전쟁을 피하기를 원했으나 남북전쟁(Civil War) 이후 미국은 자국 영토에서 전쟁을 치른 적이 없었다. 또한 미국은 1, 2차 세계대전에 참전하게 된 것도 유럽 국가들이 평화에 대한 위협을 제대로 다루지 못했기 때문이라고 생각하는 경향이 있었다. 따라서 미국인들은 소련의 위협을 막고자 하는 서유럽 국가들의 태도를 유약하다고 여기는 경향이 있었다. 반면 서유럽 국가들은 미국의 태도를 경솔하다고 파악하였다.[20] 또한 서유럽 국가들의 역사적 경험은 공산주의냐 죽음이냐(red or dead)의 이분법적 선택에서 공산주의를 택하고자 하는 경향을 보여 왔다.[21] 오늘날 정치적 자유와 경제적 번영을 누리고 있는 대부분의 서유럽 국가들은 점령이나 종속을 일시적인 것으로 생각하며, 저항과 회생이 가능하지만 죽음은 끝이라고 생각하였다. 그러나 무한한 개척의 역사와 외부의 침략이나 정복을 당해보지 않은 미국은 주어진 한계를 극복하고 새로운 가능성을 찾고자 하는 경향을 보이면서 소련과의 경쟁에서 서유럽 국가들이 받아들이고자 하는 한계를 넘어서는 경향을 보여왔다. 이러한 미국의 행동은 서유럽 국가들에게는 경솔하고 부주의한 행동으로 비춰졌다.

따라서 서유럽 국가들의 정책과 전략의 일차적 목적은 어떠한 종

---

20 Stanley R. Sloan, "Crisis in NATO: A Problem of Leadership?" *NATO Review* 30-3 (June 1982), p. 14.

21 Stanley R. Sloan (1982), p. 14.

류의 전쟁발발도 회피해야 한다는 강한 확신이다. 전쟁에 대한 서유럽 국가들의 이러한 혐오감은 소련의 위협을 막기 위한 NATO의 정책 전개에 심오한 영향을 미쳐왔으며, 소련의 위협과 유럽에서 재래식 혹은 핵전쟁을 피하고자 하는 서유럽 국가들의 바람을 조화시키기 위한 서유럽의 대응책은 전후 서독의 안보정책의 주류로 유형화되었다.[22] 1960년대 후반 이래로 서독은 자국의 안보를 미국의 핵무기에 의존하면서도 전쟁을 일으킬 수도 있는 동·서 간의 긴장을 완화시키려는 정책을 추진해왔다. 이러한 정책방향은 국가들마다 정도의 차이는 있을지라도 모든 서유럽 국가들의 한결같은 입장이었다. 결국 미국과 서유럽 국가 간의 안보 딜레마의 핵심 요인은 지정학적 상이성과 소련의 군사적 발전에서 비롯되는 안보 딜레마에 내재해 있는 상호성의 결합으로 발생한 것이었다. 특히, 미국과 서유럽 국가 간의 이러한 안보 딜레마 때문에 약소국가의 입장에 있었던 서유럽 국가들은 포기와 연루라는 안보적 두려움을 주기적으로 갖게 되었다.

소련의 중거리핵무기와 포기-연루의 딜레마

미국이 전략적으로 우위를 누리던 시대에는 소련의 중거리핵무기(INF)[23]의 규모와 성격은 서유럽 국가들에게 심각한 위협이 되지 못

22 Wolfgang E. Heisenberg, "The Reception of American Deterrence Theory in the Federal Republic of Germany and the German Nuclear Debate of 1950s," *The Journal of Strategic Studies* 9-4 (December 1986), pp. 70-83.

23 중거리핵무기(INF)는 미국의 전략핵무기와 유럽에 있는 전장핵무기 간의 연계(coupling)를 강조하기 위해 미국의 관료들이 만들어낸 용어이다. 이 용어의 원뜻은 장거리전장핵무기(LRTNF)이다. 오늘날에는 교전지역무기(battlefield weapons)를 제외한 모든 전장핵무기를 포함하는 의미로도 사용된다. 이 장에서는 사정거리상 단거리핵무기(500km 이하)와 장거리핵무기(5,500km 이상) 사이의 500-5,000km에 해당되는 모든 미사일을 지칭한다. 때때로 중거리핵무기는 유로전략(Euro-strategic)미사일 또는 회색지대무기라는 명칭으로도 사용된다.

했다. 그러나 1970년대 중반까지 미국과 소련의 군사적 균형상의 변화로 서유럽 국가들은 NATO의 유연반응전략의 신뢰성을 의심하였다. 1977년 초반부터 소련이 기존의 SS-4, SS-5 미사일을 대체하여 SS-20 중거리핵미사일을 배치하기 시작함에 따라, 유럽에서 유지되어왔던 동·서 간의 군사적 균형이 무너지기 시작하였다.

다탄두핵미사일인 소련의 SS-20 미사일은 최대사정거리가 5,000km에 달했다. 따라서 SS-20 미사일은 미국 본토를 공격할 수는 없어도 유럽 전역을 공격할 수 있었다. NATO는 이에 비교될 만한 중거리핵미사일이 없었다. 따라서 SS-20 미사일은 전술핵무기로 선제공격할 NATO의 능력을 위협했다. 만약 NATO가 전술핵무기를 사용한다면[24] 소련은 SS-20 미사일로 유럽의 주요 목표물들을 공격할 것이고, 동시에 소련은 미국의 전략핵무기 공격을 억지하기 위해 자국의 전략핵무기를 예비로 남겨둘 것이다. SS-20 미사일은 NATO의 서유럽 국가들에게 억압적인 효과를 가졌다. 특히 소련의 SS-20 미사일은 핵무기를 보유하지 못한 서유럽 국가들을 위협했던 것이다.[25] 만약 소련이 SS-20 미사일을 사용하겠다고 위협한다면, NATO는 미국의 전략핵무기를 사용하겠다고 위협함으로써만 대응할 수 있을 것이다. 그러나 이것은 미국의 본토가 공격당할 개연성이 있기 때문에 미국의 대통령이 취하기를 주저하는 조치이다.

---

24 전술이라는 용어는 전장 혹은 전략과는 구별되는 것으로 교전지역(battlefield)과 관련이 있다. 따라서 전술핵무기는 적의 본토나 적 지역을 공격하기보다는 적군과의 교전을 위한 무기이다. NATO의 전장핵무기에서 사정거리상 최하 수준에 해당되는 무기가 바로 전술핵무기인 것이다. 전술핵무기는 사정거리가 500km 이하인 단거리핵무기(SNF)를 지칭하는 것이다.

25 물론, 영국과 프랑스는 자신들의 핵무기로 소련의 SS-20 미사일 사용을 억지할 수는 있지만, 이것은 다른 서유럽 국가들의 방위를 전혀 고려하지 않은 조치일 뿐만 아니라 자신들의 영토를 황폐화시키는 조치가 될 것이다.

이러한 상황에서 카터 행정부 기간에 NATO의 대응정책은 미국과 서유럽 국가 간의 주요 마찰의 원천이었다.[26] 특히 미·소 간의 제2차 전략무기제한협상(SALT II)이 진행되고 있는 상황에서 미국과 서유럽 국가들은 크루즈(cruise)미사일 문제를 놓고 첨예하게 대립하였다. 동시에 크루즈미사일은 소련의 SS-20 미사일 배치에 대항할 수 있는 NATO의 중거리핵무기에 해당되었기 때문에 서유럽의 안보이익에 아주 중요하였다. 따라서 미·소 간의 전략무기제한협상은 서유럽 국가들의 안보이익과 밀접하게 연계되었다. 그렇기 때문에 크루즈미사일은 미·소 간의 전략무기제한협상에서 중요한 쟁점이었다. 당시 미·소 간에 진행되고 있었던 2차 전략무기제한협상의 주요 내용을 살펴보면 다음과 같다.[27] 첫째, 미국과 소련은 전략핵무기 발사수단을 2,400기로 제한하며, 1980년이나 1982년까지 2,200기로 감축할 것이다. 둘째, 독립다탄두대륙간탄도미사일(MIRVed ICBM), 잠수함발사탄도미사일(MIRVed SLBM), 그리고 중거리크루즈미사일을 적재하는 폭격기의 발사 장치를 1,320개로 제한한다. 셋째, 소련의 백화이어 폭격기는 전략핵무기 발사 수단에서 제외한다. 넷째, 3년간 유효한 의정서에 의거, 2,500km가 넘는 크루즈미사일의 개발과 배치를 금지하고 600km가 넘는 항공발사 크루즈미사일의 배치는 중폭격기로 한정한다. 그리고 600km가 넘는 해상, 지상발사 크루즈미사일을 개발할 수는 있으나 배치는 금지한다는 것이다.

26 Ronald E. Powaski, *The Entangling Alliance: The United States and European Security, 1950-1993* (London: Greenwood Press, 1994), p. 117.

27 Harry G. Gelber, "SALT And The Strategic Future," *Orbis* 22-2 (Summer 1978), p. 283. 1972년부터 2009년에 이르기까지 미국과 소련(러시아) 간에 진행된 전략무기 군비통제와 군축 협상에 대해서는 이수형, 「미국과 러시아의 군비통제와 군축: 전략무기감축조약(START)을 중심으로」, 『외교안보연구』 5권(2009), pp. 67-95 참조.

이러한 미·소 간의 제2차 전략무기제한협상 내용을 고려했을 경우, 서유럽 국가들의 관심은 몇 가지로 정리될 수 있다. 첫째, 미국은 2,500km가 넘는 크루즈미사일에 대한 옵션을 보유해야만 한다. 둘째, 지상발사크루즈미사일처럼 유럽에 배치된 전진기지시스템은 600km 이하로 한정되어서는 안 된다. 셋째, 그 협정은 크루즈미사일 기술을 NATO의 서유럽 국가들에게 이전하는 것을 금지하지 말아야 한다는 것이다.[28] 미·소 간의 전략적 핵 균형이 이루어진 상황에서 NATO는 유럽 전장의 재래식 전력과 전장핵무기(TNF)[29] 분야에서 바르샤바조약기구(WTO)보다 열세에 있었다. 따라서 대다수의 서유럽 국가들은 미·소 간의 2차 전략무기제한협상이 유럽의 안보에 미치는 영향을 심각하게 우려하였다. 특히, 서유럽 국가들은 미·소 간의 전략핵무기가 대등해졌기 때문에 유사시 미국과 서유럽 국가들의 안보가 분리될지도 모른다고 우려했다.

더군다나 미·소 간의 2차 전략무기제한협상에서 카터 행정부는 크루즈미사일을 전략핵무기 차원에서 그리고 2차 전략무기제한협상이라는 맥락에서만 파악하여 서유럽 국가들에게 크루즈미사일 기술을 이전하지 않으려는 의향을 보였다. 따라서 서유럽 국가들은 미국은 서유럽의 안보를 강화하기보다는 미국 본토에 대한 소련의 핵위협을 완화하는 데 더 큰 관심이 있다고 생각했다.[30] 서유럽 국가들은

---

28 Harry G. Gelber (1978), p. 286.

29 NATO의 전장핵무기는 유럽 전장에 배치 혹은 할당된 핵무기를 의미하기 때문에 잠재적으로 모든 핵무기는 전장핵무기에 속한다고 볼 수 있다. 그러나 현실적으로 전장(theater)이라는 의미가 지역적으로 유럽을 지칭하는 의미로 사용되기 때문에 중거리핵무기와 전술핵무기를 지칭하는 것으로 이해된다. 여기에서 전장핵무기는 중거리핵무기를 의미한다. NATO의 전장핵무기에 대해서는 Oliver Ramsbotham, *Modernizing NATO's Nuclear Weapons: No Decisions Have Been Made* (London: Oxford Research Group, 1989), pp. 3-19 참조.

30 Jacquelyn K. Davis, Charles M. Perry, and Robert L. Pfaltzgraff, Jr., *The INF Controversy:*

미국이 서유럽의 입장을 충분히 고려하지 않고 유럽의 안보에 직접적인 영향을 미치는 군비통제협정을 체결할 것이라고 우려했다. 또한 서유럽 국가들은 기술이전 금지조항은 크루즈미사일 기술에 대한 유럽의 접근을 차단할 것이라고 우려했다. 결국, 서유럽 국가들은 미·소 간의 2차 전략무기제한협상의 진행과정과 결과에 보다 예민하게 되었다. 협상이 진행될수록 서유럽 국가들의 우려감은 한층 고조되었다. 미국이 크루즈미사일 프로그램의 추진을 꺼리면 꺼릴수록, 서유럽 국가들은 크루즈미사일을 더욱더 원했다. 이러한 상황과 맞물려 소련의 군사적 위협에 직면해 있던 서유럽 국가들의 우려감이 증대되는 시점에서 서독의 슈미트 수상은 대다수의 서유럽 국가들이 가지고 있던 포기의 두려움을 공개적으로 표출하였다. 슈미트 수상은 1977년 10월 28일 영국의 국제전략연구소(IISS)에서 미·소 간의 전략적 핵능력이 대등하게 되었기 때문에 NATO는 더 이상 미국의 우월한 전략핵무기에 의존할 수 없게 되었다고 주장했다.

> 전략무기제한협정은 미·소 간의 전략적 핵 균형을 명문화한다. 달리 표현하면, 전략무기제한협정은 초강대국들의 전략적 핵능력을 중립화시킨다. 이것은 유럽에 배치된 전술핵무기와 재래식 무기에 있어 동·서 간의 불균형이라는 중요성을 증대시킨다. … 전략적 핵무기의 제한과 감축에 관한 초강대국 간의 협상은 계속되어야 하고, 지속적인 협정을 이끌어내야 한다는 점은 우리 유럽인들에게 있어서 사활적 관심 중의 하나이다. 한편으로 우리 유럽인들은 이러한 협상으로 NATO의 억지전략이 무시되지 말아야 한다는 점을 확실히 하는

Lesson for NATO Modernization and Transatlantic Relations (Washington, DC.: Pergamon Brassey's International Defense Publishers, 1989), p. 8.

데 특히 유의해야만 한다. … 미국과 소련에 한정된 전략적 군비제한은 필연적으로 서유럽 국가들의 안보를 해칠 것이다.[31]

유럽에서 전장핵무기 균형상의 변화에 주목해야 한다는 슈미트 수상의 연설은 기본적으로 당시 미·소 간에 진행 중에 있었던 2차 전략무기제한협상에서 유럽의 안보이익을 보장받고자 하는 동기에서 나온 것이었다. 따라서 미국은 서유럽 국가들의 우려감을 불식시키고, 소련의 SS-20 미사일 배치와 관련된 소련의 군사적 위협에 대한 대응책을 모색하기 위해 서유럽 국가들과 문제 해결을 위한 협상을 벌여나갔다. 그 결과 미국과 서유럽 국가들은 NATO의 안보 딜레마를 해결하기 위한 방안으로 1979년 12월 이중결정(double track decision)을 탄생시켰다. NATO의 이중결정은 소련의 SS-20 미사일에 대항하여 서유럽에 지상발사 크루즈미사일과 퍼싱 투(Pershing II) 탄도미사일을 배치하는 동시에 유럽에서 동·서 간의 중거리핵무기 균형을 가능한 한 최저 수준으로 유지하기 위해 미·소 간의 군비통제협상을 진행시키는 결정이었다.[32] 즉, 군비증강과 군비통제라는 외형상 상호 모순적이지만 상당한 합리성을 갖는 대응책을 마련했던 것이다.

그러나 1979년 소련의 아프가니스탄 침공을 계기로 1980년대에 들어와 상황이 급변하게 되어 1970년대 동안 미·소 간에 지속되었던 데탕트가 끝나게 되었다. 따라서 1980년대 초반의 국제환경은 NATO의 이중결정이 논의되었던 상황과는 달랐다. 특히, 1980년 8월

---

31 Helmut Schmidt, "The 1977 Alastair Buchan Memorial Lecture," *Survival* XX-1 (January/February, 1978), pp. 3-4.

32 NATO, *The North Atlantic Treaty Organization: Facts and Figures, 1949-1989* (Brussels: NATO Information Service, 1989), p. 33, pp. 101-103.

카터 행정부는 대통령 결정인 PD-59를 발표하였다.[33] PD-59의 핵심적인 내용은 유사시 제한핵전쟁을 가정하여 광범위한 군사적·정치적·경제적 목표물들을 제시한 것이었다. PD-59는 NATO의 억지력을 강화하기 위해 미국의 핵전력을 진보적으로 수정한 것이지 미국이 핵전쟁을 수행할 수 있고, 또한 승리할 수 있다는 사상에 기반을 둔 것은 아니었다. 그럼에도 서유럽 국가들은 PD-59를 미국의 정책이 억지에서 전쟁수행전략으로 전환된 것으로 해석하였다. 또한 새로 들어선 미국의 레이건 행정부는 군비통제를 경시하는 경향을 보이면서 미국의 전략적 우월성 확보를 추구하였다. 특히 1981년 후반 레이건 행정부는 핵무기배치에 관한 국가안보결정지침-13(NSDD-13)과 1982년 초반에 주요 군사정책지침을 마련하였다. 이러한 정책지침에서 중요한 변화는 효과적인 억지는 효율적인 전쟁수행력을 필요로 한다는 가정 하에 소련과의 장기적인 핵전쟁이나 재래식전쟁을 수행할 수 있는 필요조건들을 표명한 것이었다.[34]

이러한 상황변화로 NATO의 이중결정에서 군비통제결정이 실행에 옮겨질지는 미지수였고 아울러 서유럽 국가들은 또 다른 안보적 두려움인 연루의 두려움을 갖게 되었다. 1980년대 초반 서유럽에서는 유럽 대륙 전체에 걸쳐서 반핵·평화운동이 전개되었고, 이에 따른 소련의 정치공세도 강화되었다. 따라서 서유럽 국가들은 미국에게 이중결정에 따른 소련과의 군비통제협상을 시작하라고 강력히 촉구하였다. 결국, 미국은 1979년 NATO의 이중결정에 따라 서유럽에 중

33 "President Carter's Address Before the Annual Convention of the American Legion in Boston," August 21, 1980, in Sam C. Sarkesian with Robert A. Vitas, *US National Security Policy And Strategy: Documents and Policy Proposals* (NY: Greenwood Press, 1988), p. 312.

34 Raymond L. Garthoff, *The Great Transition: American-Soviet Relations and the End of the Cold War* (Washington, DC.: The Brookings Institution, 1994), p. 37.

거리핵무기 배치를 위해서는 서유럽 국가들의 지지가 필수적이라고 파악하였다. 따라서 미국은 중거리핵무기 배치를 위한 서유럽 국가들의 지지확보와 중거리핵무기 배치에 따른 정치적 부담감을 줄이기 위해 1981년 11월 30일 제네바에서 소련과 중거리핵무기 협상을 시작하게 되었다.

4. 탈냉전시대 미국-EU의 안보적 이해관계

NATO의 변화와 미국-EU

지난 냉전시대 미국과 서유럽 국가 간의 안보 딜레마는 지리적 상이함과 국력의 비대칭성으로 인해 서유럽에 대한 소련의 군사적 위협을 억지하는 과정에서 연유했다면 탈냉전시대 미국과 EU는 우선적으로 국제안보환경의 변화에 따른 NATO의 변화과정을 놓고 주기적인 갈등과 대립 양상을 노출시켜왔다. 특히, 냉전 종식 이후 NATO와 EU가 동시적으로 회원국을 확대해감에 따라 탈냉전시대 미국과 EU 간의 안보 딜레마는 회원 국가의 다양성과 맞물리면서 집단안보를 강조하는 NATO의 군사역할의 변화에 따른 역외 활동 문제를 중심으로 전개되었다.

먼저, 회원 국가들의 다양성에 따른 미국과 EU의 안보 딜레마 문제이다. 2013년 8월 현재 NATO 회원국은 28개국이고, EU 회원국은 27개국이다. 이 중 NATO와 EU 회원국 모두에 속하는 국가들은 21개국이다. 특히, NATO와 EU에 공통적으로 속하는 21개 유럽 국가들의 안보정책은 통일적인 입장을 갖고 있지 않을 뿐만 아니라 NATO와 EU와의 관계에 대해서도 매우 다양한 입장을 갖고 있다. 즉, 미국 및 NATO와의 안보협력 강화를 강조하는 영국, 포르투갈, 스페인, 그리고 탈냉전시대에 NATO와 EU 회원국이 된 중·동유럽 국가들로 대표되는 소위 대서양주의 국가들, 전통적으로 유럽의 독자 안보를 강조하면서 EU의 안보정책을 우선시하는 프랑스로 상징되는 유럽주의자들, 중립적인 양상을 보이면서도 EU의 안보정책을 지지하는 독일, 그리고 상황에 따라 입장 변화를 달리하는 중립적 성향을 갖고 있는 유럽의 군소 국가들이 존재한다.

이처럼 NATO와 EU에 공통적으로 속하는 유럽 국가들의 다양한 입장 차이는 주기적으로 NATO의 발전에서뿐만 아니라 EU의 안보정책 및 NATO와 EU와의 관계설정에 주요 갈등 요인으로 작용하고 있다. 일례로, 미국과의 안보협력 및 NATO의 역할 강화를 지지하는 대서양주의자들은 소위 연성안보 위협을 다루는 데 있어서 NATO의 옵션 및 NATO의 신속대응군을 선호하는 반면, EU를 선호하는 국가들은 EU의 옵션 및 전투그룹을 선호하는 경향을 보인다.

NATO와 EU 회원국의 다양성은 NATO의 군사적 역할 변화에 따른 역외 활동 문제를 놓고 미국과 EU, 그리고 EU 회원 국가 간의 안보 딜레마를 유발하고 있다. 특히, 2001년 9·11테러 이후 NATO 동맹국인 미국과 EU 국가들의 안보 딜레마는 중동 지역에 대한 접근 방법을 둘러싸고 극대화되는 양상을 보여주었다. 비록 미국과 유럽 국가들은 중동에 관련된 많은 공동이익이 있지만, 공동의 비전이나 전략은 부재한 상태이다. 냉전 종식과 사막의 폭풍 작전 이래로 미국은 페르시아만 지역에서 우월한 외부 강대국이 되었다. 실제로 미국은 그 지역의 최종적인 안보 관리자이며, 이러한 역할을 통해 그 지역으로부터 원유공급의 안전을 확보하는 데 도움을 주고 있다. 그러나 이란과 이라크로부터 군사적 위협에 대처하기 위한 미국의 계획에서 유럽의 NATO 동맹국들에게 의미 있는 군사적 지원을 받지 못했다. 이는 기본적으로 일부 유럽 국가들은 걸프지역에 대한 위협을 미국과 다르게 인식하고, 위협에 대해 동일한 인식을 하는 나라들조차도 미국의 해결방법에 대해 공감하지 않기 때문이다.[35]

중동지역에 대한 미국의 접근방법이 주로 미국과 이스라엘의 특수한 관계, 그리고 자신의 군사안보적 측면의 전략적 입장에 따라 중동정책을 펼치는 반면, 유럽 국가들의 중동지역에 대한 접근방법은 보다 구체적이고 직접적인 이해관계에서 연유한다. 유럽 국가들의 중동지역에 대한 이해관계는 역사적으로 제국주의 정책에서 연유하지만 냉전 종식 이후 유럽 국가들의 입장은 무엇보다도 유럽과 중동지역 간의 지리적 근접성에서 연유하는 다양한 쟁점에 따른 민감성과 취약성에서 기인한다고 볼 수 있다. 이러한 지리적 근접성에 따른 민감성과 취약성의 문제는 크게 경제문제·이민문제·안보문제의 상호작용에서 발생하며 이로 인해 유럽 국가들은 중동지역의 상황변화에 지대한 이해관계를 가질 수밖에 없다.

먼저, 경제적 측면에서 EU 국가들은 중동지역으로부터 경제성장에 필수적인 원유를 최소 30% 이상 수입하고 있으며, 중동에 대한 천연가스의 의존도도 증가하고 있는 상황이다. 따라서 EU는 중동지역에서의 불안정에 매우 민감할 수밖에 없다. 만약 원유 생산지역에서 분쟁이 일어나 핵심 원유생산 및 수송시설 등이 파괴된다면, 또는 극단주의자 집단들이 석유를 통제하고 주요 수입국들에 대한 무기로 사용한다면 석유공급이 단절될 수도 있다. 이러한 상황은 중동지역에 대한 EU의 투자 감소 및 에너지 수입의 차질로 이어져 EU 국가들의 경제성장에 심대한 타격을 입힐 것이다.

또 다른 문제는 중동지역의 불안정으로 인한 유럽으로의 이민이나 난민 유입의 증가이다. 사하라 하부지역 다음으로 중동지역은 세

---

35 이수형 (역), 『미국과 유럽의 21세기 국제질서』(한울 아카데미, 2000), pp. 274-275.

계 어느 지역보다 높은 인구 증가를 보이고 있다. 따라서 중동지역의 불안정은 지리적 근접성으로 인해 유럽으로의 엄청난 이주자를 발생시켜 리비아, 알제리, 이집트, 모로코, 튀니지 출신의 유럽으로의 이민이 지속해서 늘어나고 있는 상황을 보다 악화시킬 것이다. EU로 유입되는 중동지역의 이주자로 인해 EU의 이해당사국들은 중동의 극단주의가 유럽으로 파급될지도 모른다는 우려감을 가질 수 있다. 아울러 테러리즘의 확산은 중동지역에서의 불안정과 밀접한 관계가 있으며, 특히 이슬람의 관여와 유럽에 근거한 아랍 네트워크와 연계된 2001년 9·11테러는 중동의 문제가 유럽의 심장부와 직접적으로 연계된 위협감을 추가했다.[36] 요컨대, 중동지역에 대한 미국과 유럽 국가들은 많은 측면에서 공동의 이해관계를 가지고 있지만, 그럼에도 중동지역에 대한 미국과 유럽 국가들의 서로 다른 입장과 해결방법 모색은 NATO 역외 활동에 대한 미국과 EU 간의 안보 딜레마를 주기적으로 야기하였고, 그러한 안보 딜레마는 지난 2003년 미국의 이라크전쟁을 계기로 가장 논쟁적으로 표출되었다.[37]

안보 정체성과 미국-EU

탈냉전시대 미국과 EU 간의 안보 딜레마를 촉발시키는 또 다른 변수는 EU 자체의 독자적인 외교안보정책의 발전에서 비롯된다. EU는 1991년 마스트리히트조약(Maastricht Treaty)을 통해 공동외교안보정책

---

36 Roland Dannreuther, "The Middle East: Towards a substantive European role in the peace process?" in Roland Dannreuther (ed.), *European Union Foreign and Security Policy: Towards A Neighbourhood Strategy* (London and NY: Routledge, 2004), p. 152.

37 2003년에 일어난 이라크전쟁을 둘러싼 미국과 유럽 국가 간의 첨예한 안보 갈등에 대해서는 Philip H. Gordon and Jeremy Shapiro, *Allies at War: America, Europe, and the Crisis Over Iraq* (NY: McGraw-Hill, 2004) 참조.

을 출범시켰고, 1998년 12월 영국과 프랑스의 생말로(St. Malo) 정상회담을 통해 공동외교안보정책의 약점을 보완하는 차원에서 EU의 자율적 군사행동능력을 확보하는 유럽안보방위정책을 구체화시켜 나갔다. 더 나아가 EU는 2003년 12월 브뤼셀 유럽정상회담을 통해 유럽안보전략(ESS)을 승인하여 역사상 처음으로 공동안보전략을 갖게 되었다. EU의 유럽안보전략은 미국의 국가안보전략에 해당하는 것으로 EU의 정치적 프로젝트 및 EU의 희망과 야망을 종합한 것이다.[38]

EU는 2009년 리스본조약(Lisbon Treaty)을 통해 지구적 안보 행위자로서 EU의 응집력과 능력을 증대시키기 위한 일련의 조치들을 취하였다. 먼저, 리스본조약은 기존의 유럽안보방위정책의 명칭을 공동안보방위정책으로 개칭했고, 대외관계와 안보정책의 고위 대표직을 신설하여 공동외교안보정책의 고위 대표직과 대외관계와 유럽근린정책을 담당하는 집행이사회 위원을 폐지하였다. 고위대표(HR/VP)는 집행위원회의 부의장이자 EU의 대외업무와 안보정책을 책임지며 임기는 5년이다. 고위대표는 기존의 공동외교안보정책을 위한 고위대표, 순번제의 유럽이사회 의장국의 외무장관, 그리고 대외관계 집행위원으로 각각 나뉘어 있었던 대외정책의 권한과 기능을 하나로 통합한 것이다.[39]

이처럼, EU가 독자적인 외교안보정책(공동외교안보정책, 공동안보방위정책)과 그에 필요한 하부 구조와 제도들을 점진적으로 발전시켜 자신의 안보 정체성을 확립해 나가는 것은 역설적으로 60여 년 이상

---

38 Sven Biscop, "Odd Couple or Dynamic Duo? The EU and Strategy in Times of Crisis," *European Foreign Affairs Review* 14-3 (2009), pp. 367-384.

39 Derek E. Mix, "The European Union: Foreign and Security Policy," *CRS Report for Congress, R41959* (August 15, 2011), p. 6.

유럽안보의 근간으로 작동해왔던 NATO에 미칠 영향을 둘러싸고 미국과 EU, 그리고 EU의 대서양주의자와 유럽주의자 간의 주기적이고도 지속적인 안보 딜레마 논쟁을 일으키는 촉진제가 되어왔다. 비록 NATO와 EU는 1996년의 베를린 합의, 2002년 12월 유럽안보방위정책에 대한 나토-유럽연합 선언을 통한 전략적 동반자관계 구축, 2003년 베를린 플러스 협정, 그리고 2003년 7월의 서부 발칸에 대한 협조접근 등을 통해 타협점을 모색해왔지만, 1990년 이후 EU의 외교안보정책의 발전과 그에 따른 NATO의 장래, 그리고 EU와 NATO와의 관계 등을 둘러싼 미국과 EU, EU의 대서양주의자와 유럽주의자 간의 안보 논쟁은 주기적인 갈등과 대립양상을 지속시키고 있다.

특히, EU의 외교안보정책의 발전에 따른 미국과 EU 간의 안보 딜레마 근저에는 양자 간에 합의하기 어려운 서로 다른 전략문화가 깔려 있다. 무엇보다도 NATO와 EU 회원국가 중에서 미국과 유럽 국가들의 전략문화는 매우 다르다. 미국과 유럽 국가 간의 전략문화의 상이성은 직접적으로는 1, 2차 세계대전의 결과에서 기인하였다.[40] 1, 2차 세계대전의 결과로 미국은 때때로 심각한 자국의 국내적 문제에도 자국의 이익은 본토에서가 아니라 전 세계에 걸친 정치적·군사적 그리고 경제적 개입이 필요하다는 것을 깨닫게 되었다. 군사적 개입에 대한 인지된 필요성, 때때로 상당한 전력을 해외 국가들의 영토에 전진 배치할 필요성, 그리고 미국의 지도력을 중심으로 구축되어 온 자신의 전략문화 때문에 미국은 자국의 협소한 국가안보의 필요성과 초강대국으로서 자국의 인지된 세계적 책임성 모두를 지탱할

40 미국과 유럽 국가 간의 전략문화의 차이에 관해서는 Robert Kagan, *Of Paradise and Power: America vs Europe in the New World Order*, 홍수원 (역), 『미국 vs 유럽: 갈등에 관한 보고서』(세종연구원, 2003) 참조.

수 있는 재래식과 핵전력을 위한 이용 가능한 자원들을 보유해왔다. 따라서 미국의 방위예산은 영토방위의 원칙이 아니라 해외에서 미국의 이익을 보호하기 위한 전력투사 원칙을 근거로 이루어진다. 오늘날 미국 방위예산의 소규모만이 영토방위에 할당되고 다량의 방위비가 해외에 있는 미국의 이익과 가치를 보호하는 전력투사능력을 위해 지출된다.

한편, 냉전 동안 유럽의 전략문화는 서로 다른 요소들과 역사적 경험들에서 형성되어왔다. 그중에서도 가장 근본적인 것은 정책과 전략의 일차적 목적은 어떠한 종류의 전쟁발발도 회피해야 한다는 강한 확신이다. 따라서 유럽 국가들은 미국과는 대조적으로 해외 공약을 감축하고 실용주의적 태도로 전환해왔다. 그 결과 유럽 국가들은 지역적·국제적 안보를 위한 필수적 구성요소로서의 군사력의 균형보다는 안정성을 창조하고 국가이익을 보호하기 위한 정책의 비군사적 수단을 보다 더 강조하는 방향으로 나아갔다. 따라서 대다수 유럽 국가들의 군사체제는 미국과는 정반대이다. 유럽의 국가적 전력들은 주로 자신들의 영토와 일부 경우에서 자신들과 인접한 NATO 주변 국가들의 영토를 방위하기 위해 조직화되었다. 지난 냉전 동안 영토방위는 유럽의 주된 급선무였고, 유럽 군사력의 훈련과 장비는 이러한 임무 수행에 적합하도록 기획되었다. 물론 1980년대 초반 유럽주의자의 부각과 냉전 종식으로 유럽의 전략적 시야가 과거보다는 넓어졌으나, 넓어진 유럽의 전략적 시야는 기껏해야 두 개의 지리적 호형(geographic arcs)에만 집중되어 있다.[41]

---

41 두 개의 지리적 호형은 동쪽의 호형과 남쪽의 호형이다. 동쪽의 호형은 독일과 발칸반도를 지난 러시아 사이의 북유럽의 발트해에서 흑해에까지 미친다. 남쪽의 호형은 북아프리카와 지중해를 거쳐 터키에 이르고 더 넓은 중동지역을 포함한다. Ronald D. Asmus, Richard L. Kugler, and F. Stephen Larrabee, "Building a New NATO," *Foreign*

미국과 서유럽 국가 간의 이러한 전략문화의 상이성은 NATO의 군사전력에 있어서 회원 국가 간 전력투사능력의 비대칭성을 보다 부각시키고 있다. 회원 국가 간의 전력투사능력의 비대칭성은 유럽 국가 간의 관계와 미국과 EU 국가 간의 관계라는 이중적 성격을 갖고 있다. 유럽 국가들 사이에서 프랑스와 영국만이 실제적으로 전력투사 능력을 보유하고 있다. 독일은 역사적 이유뿐만 아니라 냉전 동안 자국의 지정학적인 전략 조건 때문에 그러한 입장에 반대하고 자국의 전력구조의 조정을 매우 완만하게 진행시키고 있다. 유럽 국가 간의 전력투사능력의 이러한 비대칭성으로 인해 많은 유럽인들은 사활적 이익의 방위는 자국의 국경선을 넘어서거나 심지어는 자국에 바로 인접한 동맹 국가들의 국경선을 넘어서까지 필요하다고는 당장 생각하지 않는다. 그리고 대부분의 유럽 국가들이 식민지를 보유했었고 식민지전쟁에 관여했었지만, 유럽 국가들은 적어도 반세기 동안 그러한 경험이 없었다. 해외에서 전력을 전개하는 것은 그러한 식민지시대의 함축성을 가지고 있고, 기껏해야 낡은 것으로 인식되고, 최악의 경우 비도덕적인 신식민주의로 인식된다.[42]

회원 국가 간의 전력투사능력의 비대칭성이 갖는 또 다른 성격은 미국과 EU 국가들 간의 관계이다. 미국과 유럽 국가 간의 전력투사능력의 비대칭성으로 미국은 제한적인 전력투사 능력을 가진 유럽 국가들을 진지하게 동반자로서 대우하지 않을 것이라는 점이다. 오늘날 유럽인들은 내부지향적 태도를 여전히 유지하고 있으며, 또한 유럽 국가들은 미국이 유럽을 동등한 전략적 동반자로 취급하거나 공동

Affairs 72-4 (September/October 1993), pp. 28-40.

42 이러한 인식의 가장 대표적인 예는 1994년 6월 프랑스가 르완다에서 인도주의적 개입을 제안했을 때 다른 유럽 국가들은 그것을 신식민주의적 함축성을 갖는 것으로 의심하면서 프랑스의 제안을 반대한 경우이다.

의 사활적 이익이 걸려 있는 지역들에서 미국의 영향력을 유럽과 공유할 것이라고 믿지 않는다. 마찬가지로 미국인들은 때때로 유럽의 근시안적 사고를 불평하지만 유럽 국가들을 그러한 쟁점들에 개입시키고자 하는 진지한 노력을 보이지 않는다. 왜냐하면 미국은 자국과 유럽의 우선순위들이 똑같지 않을 것이라는 점을 두려워하거나 아니면 만약 유럽이 보다 적극적으로 활동한다면 필연적으로 자국의 정책이 제한을 받거나 영향력이 상실되는 것을 두려워하기 때문이다.

동아시아 정책과 미국-EU[43]

21세기에 들어와 동아시아 안보질서를 형성하는 데 가장 큰 영향력을 행사하고 있는 미국과 중국의 관계는 군사안보적 균형전략에 무게중심이 쏠리는 양상을 보이고 있다. 중국은 무엇보다도 남중국해 주변의 해양 분쟁을 대만 및 티베트에 비견할 정도로 동일한 전략적 중요성을 부여하면서 자신의 핵심이익의 관점에서 정의하고, 이를 위해 해군력 건설에 매진해가는 행동을 보여주었다.[44] 이와 마찬가지로 미국은 2011년 11월 동아시아 지역에 대한 오바마 대통령의 순방을 계기로 아시아로의 재균형(rebalancing)정책을 공식화하고 이를 군사적으로 뒷받침하는 차원에서 2012년 1월 신국방전략지침을 공표하였다.[45]

이러한 미·중 간의 군사적 다툼 양상은 양국의 정치전통, 가치체계, 그리고 정치문화의 근본적 차이로 서로에 대한 전략적 불신에서

---

43 이 부분에 대한 논의는 이수형, 「유럽연합의 동북아전략과 한반도정책」, 『한국과 국제정치』 29권 1호(2013 봄), pp. 171-179 참조.

44 Michael Yahuda, "China's Recent Relations with Maritime Neighbours," *The International Spectator* 47-2 (2012), pp. 30-44.

45 US Department of Defense, *Sustaining US Global Leadership: Priorities for 21st Century Defense* (Washington, DC.: Department of Defense, 2012).

파생되는 상호 의구심에 따른 것이라 볼 수 있다.[46] 즉, 미국은 부상하는 중국이 자국의 이익에 도움이 될 것인지 아니면 서서히 다가오는 위협이 될 것인지를 생각하듯이, 중국 역시 미국이 자신을 돕기 위해 아니며 자신을 해하기 위해 권력을 행사할 것인지에 대해 큰 신경을 쓰고 있다.[47] 서로에 대한 이러한 상호 의심으로 동아시아 지역을 중심으로 펼쳐지는 미·중 간의 전략적 이해관계는 깨지기 쉬운 불안한 균형을 유지할 가능성이 높다.[48]

이러한 양상의 미·중 관계는 동아시아의 안정적 안보질서의 전개에 영향을 미치고자 하는 EU에게 기회와 제약을 동시에 부과하고 있다. 우선, 긍정적 측면에서 이 지역의 안정과 번영에 대한 미·중의 공유된 공동이해관계는 연성권력과 다자주의의 증진을 통한 동아시아에 대한 유럽의 강화된 관여를 환영할 것이고, 미·중은 유럽을 아시아에서의 지정학적 경쟁상대로 보지 않고 또한 유럽의 관여가 동아시아 안보 딜레마를 악화시킬 것이라고도 생각하지 않는다. 특히, 동아시아 국가(중국과 일본) 간의 민족주의적 감정과 상호 불신은 EU의 다자주의적 관여를 통해 긴장을 완화시키기 위한 협력 혜택을 확장시킬 수 있다.[49] 그러나 부정적 측면에서 보았을 때, EU 자체의 구조적 한계와 이 지역에 대한 EU의 경제적 관점이라는 협의적 접근방법은 미·중의 경쟁적 성격이라는 맥락에서는 아시아 안정을 위해 EU

---

46 Kenneth Lieberthal and Wang Jisi, *Addressing US-China Strategic Distrust* (Washington, DC.: The Brookings Institution, 2012), pp. 7-38.

47 Andrew J. Nathan and Andrew Scobell, "How China Sees America: The Sum of Beijing's Fears," *Foreign Affairs* 91-5 (2012), p. 33.

48 Aaron Friedberg, "Bucking Beijing: An Alternative US China Policy," *Foreign Affairs* 91-5 (2012), pp. 48-58.

49 Elena Atanassova-Cornelis, "Reshaping the East Asian Security Order: US-China Hedging and the EU's Strategic Choices," *Ritsumeikan International Affairs* 10 (2011), pp. 234-235.

가 기여할 수 있는 역할을 제한시킨다. 비록 EU가 자체의 안보전략과 그에 따른 외교안보정책을 추진하고는 있지만, 자신의 독자적인 경성권력 능력은 제한적이고 그 임무 역시 주로 유럽의 근린정책 위주에 국한되어 있다. 이러한 EU의 결핍은 EU가 지구적 행위자로 보다 확장되고 확대된 역할을 할 것이라는 EU의 다양한 선언을 비판적으로 인식하게 만드는 주요 원천이 되고 있다.[50]

동아시아 정책을 둘러싼 미국과의 관계에서 EU는 지난 2011년 가을 미국과의 정상회담을 통해 처음으로 아시아·태평양 지역에 대한 중요성을 언급하였고 이에 기초하여 2012년 7월에는 아시아·태평양 지역에 대한 EU와 미국의 공동선언을 발표하였다.[51] 이미 미국이 아시아로의 복귀를 재천명했기 때문에 EU와 미국의 공동선언은 EU에게 큰 부담으로 작용할 여지도 있지만 그럼에도 EU는 아시아·태평양 지역에서도 미국과의 전통적인 대서양관계를 발전시켜 나가겠다는 강한 의지를 표현하였다. 특히, EU와 미국은 이번 공동선언에서 동아시아의 주요 해양 분쟁으로 떠오른 남중국해 문제에 대한 공통의 인식을 나타냈다. 즉, EU와 미국은 아세안(ASEAN)과 중국이 행동지침(Code of Conduct)을 만들어 평화적·외교적·협력적 해결을 통해 영토와 해양 분쟁이 해결될 수 있도록 이들을 계속 고무시켜 나가기로 하였다. 또한 공동선언에서 EU와 미국이 강조하고 있는 민주주의와 인권 증진, 그리고 지적재산권 보호 등에 대한 언급은 중국 공산당이 통제하고 있는 중국 사회와 정치체제에 대해 간접적으로 비판하는 메시지를 중국 측에 전달한 것으로도 해석될 수 있다.[52] 이와 더

---

50 Elena Atanassova-Cornelis (2011), p. 236.

51 European Union, "Joint EU-US Statement on the Asia-Pacific Region," A 328/12 (Phnom Penh, Combodia, July 2012).

52 Nicola Casarini, "EU Foreign Policy in the Asia Pacific: Striking the Right Balance

불어 이번 공동선언을 통해 EU와 미국은 대량살상무기 확산 방지에 대한 공동 노력과 북한이 국제적 의무와 약속에 따라 행동할 것을 촉구하였다.

그럼에도 아시아·태평양 지역에 대한 EU의 안보적 이해관계와 접근방법, 그리고 대중 정책은 미국의 그것과는 사뭇 다르다. 미국의 아시아 정책은 기본적으로 전략적 관점에서 추진되고 그 핵심은 중국의 부상에 대한 영향력 및 파급효과에 초점이 맞추어져 있어 관여와 균형이라는 연성·경성 권력 모두를 포함하고 있다. 그러나 EU는 중국의 미래에 대해 전략적 관점에서 사고한다고 볼 수 없다.[53] 즉, 미국이 동아시아 지역에 대한 미국의 이해관계에 대한 중국의 잠재적 위협이라는 중국의 외적 태세에 초점을 두고 있다면, EU는 중국의 국내 전환과 지속가능한 발전을 지원하는 것을 모색하는 중국의 내적 상황에 초점을 두고 있는 것이다.[54] 따라서 EU의 대중 접근방법은 무역을 통해 중국체제를 변화시킬 수 있다는 자유주의적 국제주의자 의제를 증진시켜 나가고자 하는 것이다.[55] 그렇기 때문에 EU는 비서구적 전통과 가치에 맞지 않는 중국의 사회체제에 대해 일정 정도의 의구심과 불만이 있다 하더라도 전략적 관점에서 중국을 자신에 대한 잠재적 위협세력으로까지는 인식하지 않는 것이다.[56]

Between the US, China and ASEAN," *ISS Analysis*, September (Paris: EU Institute for Security Studies, 2012), p. 2.

53 Frederic Grare, "Europe and Security in Aisa," Carnegie Endowment for International Peace (October 11, 2012).

54 Elena Atanassova-Cornelis (2011), p. 236.

55 Nicola Casarini (2012), p. 61.

56 이에 반해 중국은 EU와의 관계를 자신의 포괄적 국력을 극대화하고자 하는 전략적 관점에서 인식하고 있다. 즉, 중국은 자신의 산업적·군사적 영역에서의 현대화를 촉진시키기 위한 방법으로 EU의 자본재와 첨단기술을 중요한 원천으로 생각하고 있으며, 또한 다극체제를 지향한다는 측면에서 EU의 다자주의적 국제협력을 받아들이고, 나아가

5. 결론

냉전체제의 등장과 더불어 본격적으로 작동하기 시작한 미국과 EU라는 대서양관계는 일찍이 로렌스 프리드만(Lawrence Freedman)이 지적했듯이 수많은 크고 작은 대립과 갈등을 겪어왔기 때문에 역설적으로 NATO를 중심으로 펼쳐진 변천사는 위기의 역사[57]라 할 수 있으며, 그 본질은 안보 딜레마였다. 미국과 EU의 대서양관계에 있어서 안보 딜레마 문제는 지난 과거와 마찬가지로 오늘날에도 지속해서 나타나고 있다. 그럼에도 미국과 EU의 관계가 국제정치에서 흔히 목격되는 일반적인 국가 관계와는 달리 상대적으로 특별한 관계의 양상을 보여주었던 것은 미국과 EU 관계를 끈끈하면서도 구조적으로 연결시켜주고 있는 NATO라는 동맹이 작동하고 있기 때문이었다.

그러나 오늘날의 상황에서 보았을 경우, 향후 미국과 EU라는 대서양관계가 과거와 마찬가지로 상대적으로 특수한 관계를 지속시켜나갈 수 있는지에 대해서는 어느 정도 의구심이 드는 것도 사실이다. 무엇보다도 피리드 자카리아(Fareed Zakaria)의 지적대로 21세기에 들어와 그 어느 때보다도 구조적 차원의 힘의 전환이 일어나고 있다는 점이다. 즉, 상대적으로 미국의 패권이 쇠퇴하는 양상을 보이는 반면 소위 나머지 국가들과 특히, 중국의 부상으로 국제정치의 전략적 영역이 과거 유럽에서 아시아 지역으로 이동하고 있다는 점이다. 이에 따라 미국의 최우선적 전략적 관심은 유럽에서 아시아로 대서양관계

미국의 세계적 영향력 상쇄 차원에서 EU의 통화통합과 우주 공간에서의 유럽 독자적인 GPS 체제 구축의 일환으로 추진되고 있는 갈릴레오(Galileo) 프로젝트에 협력하고 있는 것이다.

57 Lawrence Freedman, "The Atlantic Crisis," *International Affairs* 58-3 (Summer 1982), pp. 395-412.

보다는 중국과의 관계를 중시할 수밖에 없는 현실을 맞이하고 있다는 점이다.

미국과 EU의 대서양관계에 의구심을 갖게 만드는 또 다른 문제는 NATO의 변화와 EU의 독자적인 안보 정체성의 발전에서 연유한다. 미국과 EU라는 대서양관계를 상대적으로 특수한 관계로 만들었던 것은 무엇보다도 냉전이라는 국제체제의 특수성 때문이었다. 따라서 냉전체제의 종식은 역설적으로 대서양관계를 구조적으로 연결시켜주었던 NATO의 정체성을 희박하게 만드는 동시에 그동안 상대적으로 부각되지 못했던 EU의 안보 정체성을 강조하게 만드는 의도하지 않은 결과를 야기하고 있다. 즉, 국제체제의 근본적 변화로 인해 미국과 EU 관계를 끈끈하게 연결시켜주었던 NATO의 정체성에 의문부호가 생기면 생길수록 역으로 EU의 독자적 안보 정체성은 강화되는 현상이 보다 부각되고 있다는 점이다.

물론, 지난 역사를 통해 미국과 EU는 사회적 정체성을 공유하고 보다 확대시켜왔으며, 또한 그 작동기제 역시 근본적으로 변화된 것은 아니다. 그럼에도 모든 국가 행위자는 자신의 독자적 주권을 유지시켜 나가고자 하는 것이 현실 국제정치의 기본적 속성이다. 또한 유럽통합의 방향이 미국으로부터 독립하여 하나 된 유럽을 추구하는 것이라면 향후 미국과 EU의 안보적 이해관계는 특별한 관계로부터 어느 정도 탈피될 가능성과 현실성이 상대적으로 높은 것이라 할 수 있다.

8장

사회모델의 다양성: 미국과 유럽[1]

장선화

1. 서론

로베르트 닐센(Robert Nielsen)은 11년간 국가에서 지급받는 복지수당으로 살았다. TV 토크쇼에 출연해 하고 싶지 않은 일은 그만두고 복지 혜택으로 살았다고 당당하게 밝혀 유명인사가 되었다. 광고출연과 강연으로 소득원이 생긴 지금, 그는 더 이상 최저생계보장 대상자가 아니지만 오히려 수입은 줄었다고 털어놓는다. 덴마크에서 "게으른 로베르트(Lazy Robert)"로 유명인이 된 한 중년 남성의 '복지국가 시민으로 일하지 않고 당당하게 살기'가 2013년 10월 세계적 관심사가 되었다.[2] 이미 20세기 후반부터 유럽 경제 문제로 지목되어온 복

1 이 글은 부분적으로 2013년 정부의 지원으로 한국연구재단의 지원을 받아 수행된 연구임(NRF-2013S1A3A2054311).

2 Andreas Jakosen, "Who is...Dovne Robert?" *The Copenhagen Post,* http://cphpost.dk/who/who-dovne-robert#disqus_thread; "Denmark's 'Lazy Robert' fuels welfare criticism," *France 24,* Oct 24, 2013, http://www.france24.com/en; Suzanne Daley, "Danes Rethink a Welfare State Ample to a Fault," *The New York Times* (April 20, 2013), http://www.nytimes.com/2013/04/21/world/europe/danes-rethink-a-welfare-state-ample-to-a-fault.html?_r=0 (검색일: 2013. 11. 5.).

지수혜자의 도덕적 해이와 노동윤리 약화를 둘러싼 논쟁이 재현되고 있음은 물론이다. 일할 능력은 있으나 일하려는 의지가 없는 장기 실업자들, 이민자들, 청년 실업자들은 복지국가의 오래된 골칫거리이다.

미국에서도 '복지' 이슈가 뜨거운 감자가 되고 있다. 미국의 오바마 행정부는 2010년 전통적으로 시장영역에 맡겨두었던 건강보험을 정부가 공동 부담하여 전 국민이 건강보험에 가입하도록 하는 개혁안, 이른바 "오바마케어(Obamacare)"법을 어렵게 통과시켰다.[3] 법안의 의회 통과로 미국의 자유주의적 복지제도 전통이 전환하는 계기가 될지 세계의 이목이 집중되었다. 하지만 2013년 10월 예산안 통과를 둘러싸고 민주·공화 양당 간 첨예한 대립 끝에 연방정부 부분업무정지(shut down)가 선언되었을 정도로 복지정책을 둘러싼 관점의 차이와 정치적 갈등이 여전히 지속되고 있다. 최근 유럽대륙과 미국에서 발생한 이 두 사건은 단지 지나가는 에피소드로 치부하기 어려운 화두를 던져주고 있다. 다시 세계는 성장과 분배에 대한 오래된 논쟁을 시작하고 있는 것이다.

이 장은 대서양을 사이에 두고 마주하고 있는 두 대륙에서 성장, 발전한 사회모델에 대한 논쟁에서 출발한다. 프랑스 귀족 출신이었던 토크빌은 지금으로부터 180여 년 전 미국을 방문하고 평등한 사

---

3 오바마케어법의 정확한 명칭은 환자보호 및 부담적정보험법(Patient protection and Affordable Care Act, PPACA)이다. 줄여서 부담적정보험법(Affordable Care Act, ACA)이라고 통상적으로 표기한다. 2014년 3월 31일까지(현재 민간 혹은 직장 건강보험에 가입되지 않은) 온라인 건강보험거래소를 통한 미국 국민의 건강보험 구입 의무화, 50인 이상 사업장 고용주의 건강보험 제공을 의무화하는 법안으로 미가입시 가구별로 일정 금액 혹은 소득의 특정비율 합산액을 비교해 더 큰 액수의 벌금이 부과된다(액수 및 비율은 2014년부터 해를 넘기면서 더 커짐). 불법체류자, 종교적 신념에 따른 가입 거부자는 가입대상에서 제외된다. OBAMA CAREFACTS, http://www.obamacarefacts.com(검색일: 2013. 11. 8.). 2013년 10월 1일부터 가입의무화가 실시되었으나 2013년 10월 각각 공화, 민주 양당이 장악한 상·하 양 원간 대립이 첨예화되어 16일간 연방정부 부분업무정지(shut down)의 홍역을 치른 바 있다.

회적 환경과 자발적 민주주의 조직화에 놀라움을 금치 못했다. 기회의 평등을 위한 가장 중요한 조건인 보통교육은 미국에서 가장 먼저 제도화되었다. 한편으로 미국은 급격한 자본주의 발전에도 노동자 계급의식과 이에 기반한 정치적 노동운동이 성장하지 못한 예외적인 사례였다. 신분적 질서라는 낡은 족쇄가 없었던 사회, 그리고 노동계급이라는 새로운 연대의 틀이 만들어지지 않은 사회로서 미국은 유럽대륙과 분명 달랐다. 선진산업국가들 가운데에서도 미국은 사회적 유동성과 기회의 평등이 계급적 불평등을 압도한 자유주의적 자본주의 사회질서를 유지해온 특수성으로 인해 언제나 '미국예외주의'라는 별개의 설명을 필요로 했다. 이데올로기의 격전장이었던 유럽에서는 다양한 가치와 이념이 경쟁하며 정치·사회적 실험을 거듭해온 반면 미국 사회를 지배한 것은 대체로 — 1930년대 뉴딜 등 몇몇 시기를 제외하고는 — 자유 민주주의였다. 미국의 물질적 부와 군사력에 기초하여 재편된 2차 세계대전 이후의 세계는 미국식 시장 자본주의와 유럽 대륙에서 형성된 다양한 조정형 자본주의로 대비되어왔다.[4] 특히 냉전시대 미국의 자유민주주의가 이데올로기적 배타성과 제국주의적 시장 지배로 인해 내외적 비판에 직면한 반면 자본주의 체제 하에서 노동의 탈상품화와 평등 사회를 현실화할 수 있는 타협의 가능성을 북유럽의 사회민주주의 복지국가들이 보여줌으로써 '유럽'으로 포괄되는 지역 내의 다양성 또한 주목받기 시작했다.

---

4 1990년대 초 한국에서도 소개되어 큰 반향을 일으킨 바 있는 미셸 알베르, 『자본주의 대 자본주의』(소학사, 1993)에서 그는 1980년대 이후 영국의 보수당 집권으로 실시된 대처 정부의 신자유주의적 정책전환으로 보다 유사성이 커진 소위 앵글로색슨 자본주의, 즉 영미형 시장자본주의와 정부의 조정적 역할과 계급타협이 보다 특징적인 독일식 라인형 자본주의를 대비해 자본주의가 동일한 형태로 제도화되지 않다는 점을 설득력 있게 제시한 바 있다.

이처럼 미국과 유럽은 국민국가형성과정, 정치제도 및 행태, 사회조직원리, 국민의식 등 정치·사회·문화 전반에 걸쳐 비교의 대상이었다. 양 지역에서 자본주의 정치·경제와 사회유형의 상이한 발전경로는 유럽과 미국에 대한 전형적 관점을 형성했다. 유럽의 비판적 지식인들은 미국을 무한 시장 경쟁과 자본주의적 계급 불평등의 천국이라고 비판하는 한편 복지와 사회 연대 지향적인 유럽 사회모델의 수월성을 내세워왔다. 반면 미국식 시장경제 옹호자들은 높은 복지유지비와 경직적 노동시장으로 인해 유럽이 실업자와 연금생활자의 천국이 되어가고 있으며 유럽의 성장지체는 '복지병'에서 비롯된 것으로 진단해왔다.

산업혁명 이래 유래 없이 자본주의 정치경제가 전 세계적으로 지배적이 된 21세기, 양 대륙에서 성장과 복지 논쟁이 다시 점화되었다. 달라진 점이 있다면 이 논쟁의 불꽃이 내부를 향하고 있다는 점이다. 미국발 경제위기가 미국 내에 신자유주의적 경제 질서에 대한 경종을 울렸다면 남유럽 재정위기는 EU 내에 복지국가의 '도덕적 해이'에 대한 비판을 증폭시키는 기폭제가 되었다. 경제위기에 대한 원인진단과 처방에 대한 관점의 상이성은 양 지역에서 구축되어온 복지국가 유형과 사회모델의 차이를 반영하고 있다. 그렇다면 글로벌 경제시대에 양 지역에서 나타나는 복지와 사회모델의 차이는 무엇에서 비롯되는가? 미국과 유럽의 사회모델에 차이가 존재한다면 유럽통합의 심화와 확대 속에서 EU 차원의 사회모델이 존재하는가? 경제위기에 대한 세계적 차원의 공동 관리와 상호연관된 경제질서 속에서 유럽 내에 다양한 복지국가와 사회모델의 차이는 줄어들고 있는가?

이 장에서는 미국과 유럽 복지 및 사회모델의 역사적 형성과 발전 과정을 살펴봄으로써 이 질문들에 답하고자 한다. 2절에서는 선진산업국가의 복지국가 형성과정에 대한 역사적 전개와 복지자본주의 유형에 관한 기존의 접근을 제시하고 미국과 비교적 관점에서 유럽 사회모델 접근에 대해 살펴본다. 노동운동과 노동계급정당에 의해 현대 복지국가가 형성되고 계급타협을 통해 유지되어온 유럽 선진 민주주의국가 사회모델의 특징과 정치적 보수주의와 시장 자유주의적 전통이 지배적인 미국의 차이를 비교한다. 3절에서는 미국과 유럽의 사회모델의 지속과 변화를 경험적 자료를 통해 확인한다. 글로벌 경제의 확산과 유럽통합의 영향력이 양 지역과 개별 국가들의 사회모델에 어떠한 영향을 미쳤으며 2000년대 경제위기가 이들 국가의 정책에 어떠한 변화를 초래했는지 구조, 제도, 행위자 차원에서 살펴볼 것이다. 구조의 영향력 속에서 제도를 형성하고 변화시키는 행위자의 역할은 정치적 동학 속에서 드러나게 된다. 선거제도, 정당체제, 이익집단의 대표성, 의회 내 의사결정방식 등 정치제도는 특정한 사회모델의 형성과 발달에 지대한 영향을 미치지만 변화를 설명하기는 어렵다. 따라서 이 장에서는 제도형성과 변화를 매개하는 주요 변인으로 정치적 요인에 주목한다. 정치과정 내 주요 행위자들의 이익구조의 변화는 복지 및 사회정책에 큰 영향을 미치지만 정책형성과정에서 이를 매개해 경제위기에 대한 해법을 제시하는 주체는 정치적 헤게모니를 장악하고 있는 정책결정집단 — 즉 집권당과 경제 아이디어 핵심 집단 — 이다. 미국과 유럽에서 구축된 사회모델과 제도들은 각기 처한 구조적 조건과 제도적 제약 속에서 상이하게 발전해왔으나 변화한 시대적 상황 하에서 문제에 대한 처방을 어디에서 찾는가에 따라 21세기 사회모델은 변화할 가능성이 충분하다.

미국과 유럽 국가들의 사회모델이 구축된 역사적 경험은 현재 경로 의존적 영향력을 미치고 있으며 미국과 유럽 국가들의 사회모델들에서 나타나는 상이성은 여전히 존재한다. 하지만 글로벌 경제의 확산과 국가 간 정책적 상호연관의 증대로 점차 주기가 짧아지고 있는 경제위기의 세계화 경향은 각국에 사회적 보호망 구축의 필요성을 증대시키고 있다. 그런 의미에서 '게으른 로베르트'와 '오바마케어'는 하나의 에피소드로 남는 것이 아니라 새로운 변화의 전조로 볼 수 있다. 다시 성장과 분배의 갈림길에서 새로운 길을 만들어야 하는 역사적 분기점에 와 있는 것이다.

2. 복지자본주의 모델과 사회모델

복지자본주의의 형성과 발전[5]

1950년대 이전 유럽의 국가들은 비스마르크적 복지국가에 머물러 있었고 비교적 유사한 양상을 보이고 있었다.[6] 1960년대 북유럽의 보편적 혹은 사회민주주의적 복지모델이 자본주의적 불평등에 대한 대안으로 주목받기 전까지 복지제도는 국가의 체제 유지 및 자본주의적 시장경제의 원활한 작동을 위해 '위로부터' 구축된 법적·제도적 장치였다고 할 수 있다.

산업혁명 이후 19세기 근대국가에서 기초적 형태의 빈민구제법과 건강보험 및 연금제도가 시작되었다. 마르크스에 의해 신랄하게 비판되었던 초기 자본주의 노동계급의 비참한 상태는 보통선거권의 확대와 맞물려 계급정당의 체제 비판적 정치 동원의 동인이 되었고

---

5 복지자본주의는 2차 세계대전 전후 선진산업국가들에 나타난 자본주의의 특징적 형태로서 자본주의와 개혁적 복지국가의 다양한 결합형태를 포괄한다. 에스핑안데르센은 복지자본주의가 20세기 후반 선진경제 국가들에 지배적인 정치경제가 되었다고 설명하고 명확한 정의를 내리는 것에 큰 의미가 없다고 지적한 바 있다. G. 에스핑앤더슨, 『복지체제의 위기와 대응: 포스트 산업경제의 사회적 토대』(성균관대학교출판부, 2006), pp. 30-31.

6 Fritz W. Scharf, "The European Social Model: Coping with the challenges of diversity," *MPIfG Working Paper* 2-8 (2002), p. 2.

이는 지배세력에 강력한 도전이었다. 영국의 구빈법(1834년), 독일의 비스마르크 시기 사회보험법(1883년)은 이러한 맥락에서 도입되었던 일종의 '당근'이었다.[7] 비스마르크의 사회보험법은 현대 사회보험제도의 원형이 되었지만 당시의 사회적 위험에 대비하기에는 매우 미비한 수준이었다. 북유럽 사회정책 역시 영국과 유사하게 19세기 빈민정책으로부터 시작되었다.[8] 하지만 스칸디나비아 국가의 사회정책은 이미 세금 재정을 선호하는 연대적이며 보편주의적 성격을 띠고 있었다. 고령자 대상의 연금정책이 그 대표적 예였다. 덴마크는 1891년 고령자부조를 70세 이상 전체 고령자를 대상으로 확대 실시한 바 있고, 19세기 말 스웨덴에서 산재보험에 대한 검토가 있었으며 1913년 스웨덴에서는 연금보험이 도입되었다. 그러나 북유럽의 사회보장제도는 당시까지 유럽대륙에 큰 영향력을 줄 만큼 잘 알려져 있지 않았으며 당시 덴마크의 고령자부조는 소득조사를 거치고, 당시 70세 이상 고령자가 인구에서 차지하는 비중은 극히 적었다는 점에서 매우 제한적이었다.

이러한 의미에서 근대이후 복지국가 아이디어에 가장 큰 영향을 준 것은 영국의 베버리지 보고서(1943년)였다고 할 수 있다. 당시 베버리지 위원회는 보고서 발간으로 큰 반향을 일으켰지만 이후 실질적으로 정책에 반영되는 정도는 미미한 수준에 그쳤다. 그럼에도 베버리지 보고서는 복지가 보편적 차원에서 국가에 의해 보장되는 국

---

7 당시 프로이센의 총리였던 비스마르크는 노동계급의 불만을 정치적으로 동원할 것을 우려하여 한편으로 사회주의자(금지)법(1878년)을 도입함으로써 '채찍과 당근' 정책을 사용한 것으로 잘 알려져 있다.

8 Peter Baldwin, *The politics of Social Solidarity: Class bases of the European Welfare States 1875-1975* (Cambridge: Cambridge University Press, 1990), p. 52; G. 에스핑앤더슨, 『복지체제의 위기와 대응』(성균관대학교출판부, 2006), p. 165.

민의 기본적 권리임을 분명히 하고 있다는 점에서 이후 복지국가 원칙의 발전에 큰 영향을 미쳤다.[9]

20세기 전반기에 걸쳐 자본주의가 발전함에 따라 상시적으로 실업과 빈곤의 위험에 처할 가능성이 높아진 노동자 계급의 집단행동이 폭발적으로 증가했다. 자본주의 경제와 대의민주주의 제도가 정착되는 과정에서 노동계급을 정치적으로 대표하는 계급정당들에 의해 복지국가 형성 및 발전이 진행되면서 '복지'가 체제 재생산을 위해 시혜적으로 실시되는 필요악적인 제도에서 시장자본주의의 실패를 보완할 수 있는 체제적 대안으로 떠오르게 되었다.[10] 영국과 프랑스에서 국유화 프로그램을 중심으로 한 좌파 정당들의 경제적 실험 실패 이후 유럽 좌파 대중정당들 내에서 이념적 기초가 미약하고 실용주의적이며 체제순응적인 데다 권력 지향적이라는 비판에 직면하곤 했던 사회민주주의는 케인즈주의적 국가개입에 대한 계급타협 정치를 통해 실현가능한 유일한 정치적 대안이 되었다.[11]

그러나 이와 같은 설명은 유럽, 그리고 노동운동이 정당과의 연

9 연금제도의 예를 들면 독일의 연금 제도는 비스마르크식 사회보장제도의 전형으로 연금 급여가 주로 기여금과 취업 경력에 의해 결정되는 경향이 있다. 비스마르크식과 비교해 베버리지형은 연금이 주로 필요에 의해 결정되는 경향이 있다. 후자는 가난한 자에게 더 많은 연금을 지급하지만 전자에 비해 총량이 작다. Alberto Alesina and Edward Glaeser, *Fighting Poverty in the US and Europe: A World of Difference* (Oxford: Oxford University Press, 2004), pp. 28-29.

10 복지국가 형성과 진화과정에 대한 차이를 노동자계급의 정치적 동원과 노동계급 정당에 의한 사회민주적 대안의 형성에서의 다양성에서 비롯된 것으로 설명하는 권력자원론적 접근(Power Resource Approach)이 이러한 노동계급 세력 중심적 접근을 대표한다. 권력자원론적 접근에 대해서는 Walter Korpi, Power Resources and Employer-centered Approaches in Explanations of Welfare States and Varieties of Capitalism, *World Politics* 58-2 (2006), pp. 167-206 참조.

11 에스핑안데르센이 적절히 지적한 바와 같이 사민주의적 복지국가는 사회민주주의적 평등과 노동의 탈상품화, 이익집단의 집단적 연대를 통해 시장의 실패와 자본주의의 모순을 일정 정도 극복할 수 있었다 하겠다.

계 하에 정치적 성공을 거두고 노동자계급 정당의 지배가 일정기간 지속되었던 국가들에 한정된다는 점을 분명히 할 필요가 있다. 미국에는 급진주의 정당뿐 아니라 노동계급에 지지기반을 둔 사회주의 혹은 사회민주주의 정당이 성장하지 못했다. 미국은 영국과 유사한 앵글로색슨 제도적 특징 — 다수제 선거제도, 다원주의적 사회, 자유주의적 시장경제 등 — 을 갖는 국가로 알려져 있지만 사실상 노동조합의 전통, 이에 기반한 강한 노동당, 국민건강서비스(National Health Service, NHS)와 같은 보편적 의료서비스체계를 구축했던 영국과 구별되는 보다 개인주의적이고 시장자유주의적인 전통 하에 '미국예외주의'로 특수성을 인정받아왔다.[12] 미국에서는 사적 소유권을 침해하는 수준의 국가개입에 대한 사회저항이 강했고, 프로테스탄트적 종교와 강력한 정치적 보수주의 영향 하에 빈곤과 시장불평등의 해결을 위한 국가의 역할보다는 교회나 자선단체의 역할이 보다 효율적이라는 믿음이 강조되었으며,[13] 유럽보다 앞선 보통교육제도 구축으로 일찍이 기회의 평등이 주어져 — 인종적 차별은 여전히 존재했다 — 빈곤과 실업은 국가가 해결할 문제가 아니라 개인의 게으름이나 운에 의한 것이라는 노동윤리가 지배적이었다. 1930년대 대공황의 위기를 맞아 민주당의 뉴딜정책을 통해 사회정책이 확대되고 복지 재정이 팽창한 경험이 있었지만 이는 정당지지기반의 변동에 영향을 미쳤을 뿐 자유주의적 복지 레짐에 큰 변화는 없었다. 적어도 1970년대까지

---

12 립셋은 1996년 발간한 *American Exceptionalism*에서 미국에서 나타나는 다른 세계와 구별되는 특수성을 미국 예외주의로 명명하고 미국 예외주의의 다양한 측면(사회주의정당의 부재, 개인주의, 포퓰리즘, 삼권분립, 낮은 수준의 복지제도, 인종적 다양성 등)을 제시하고 있다. 세이무어 마틴 립셋, 『미국예외주의』(후마니타스, 2006) 참조.

13 Peter H. Lindert, *Growing Public: Social Spending and Economic Growth Since the Eighteenth Century* 1 (Cambridge: Cambridge University Press, 2004), p. 60.

대서양을 사이에 두고 구대륙과 신대륙 자본주의 국가들에서 정부의 역할과 정책적 차이가 두드러지게 나타났던 것이다.

전후 유럽복지국가의 한계는 1970년대 국내적 경제환경의 변화 — 경제위기 이후 성장의 둔화와 실업 증가, 노동계급의 계층적 분화에 따른 계급 응집성의 약화 — 와 글로벌 경제의 심화에 의해 촉발되었다. 글로벌 경제위기를 상호의존적으로 관리하기 위해 설립된 초국적 경제기구 — 국제통화기금(IMF)으로 대표되는 — 의 영향력 강화는 일국적 경제정책의 자율성을 제한하는 데 영향을 미쳤다. 특히 1990년대 이후 북유럽 복지국가들에서 보편적 연금구조, 실업자를 대상으로 한 직업훈련 프로그램, 높은 수준의 사회보험제도 등 복지제도 재편이 신자유주의적 구조조정의 흐름 속에 진행됨으로써 유럽 복지모델의 한계와 서구자본주의 정치·경제의 수렴에 대한 예측이 제기되기 시작했다.

그럼에도 글로벌 경제에서 나타나는 복지국가의 위기는 변화한 경제환경에 적응하는 데 실패한 "복지국가의 실패"가 유일한 원인이 아니라 근본적으로 노동시장이 제대로 기능하지 못함으로써 발생한 "시장의 실패"에서 비롯한다는 주장이 뒤따르고 있다.[14] 세계경제포럼(World Economic Forum)의 수석경제학자 로페즈-클라로스(Augusto Lopez-Claros)는 경제 역동성, 공공제도와 기술력의 질적 측면을 기준으로 선진국가들의 순위를 정했을 때 북유럽 국가들이 높은 순위를 차지한 결과를 바탕으로 "높은 조세율이 경쟁력을 잠식한다는 어떠한 증거도 없다"고 강조한다. 스칸디나비아 국가들이 높은 조세 수입

14 Gøsta Esping-Andersen, "After the Golden Age? Welfare State Dilemmas in a Global Economy," *Welfare States in Transition: National Adaptation in Global Economies* (London: Sage Publications, 1996), p. 2.

을 교육, 사회기반시설에 대한 투자 등의 방법으로 효율적으로 경제에 되돌리고 있다는 분석이다.[15] 즉, 보편주의적 복지에 드는 비용이 경제 성장에 저해된다는 주장은 오히려 글로벌 경제에서도 높은 수준의 복지를 유지하는 국가들에서 성장이 유지되고 있는 현실을 설명하지 못하고 있다. 1990년대 복지재편과정에서 북유럽 국가들과 유럽대륙 국가 간의 복지재정 편차는 줄어들었지만 여전히 제도적 격차는 크다는 점을 감안하면 자본주의 복지국가의 유효성에 대한 논쟁은 다양한 측면에서 여전히 현재진행형인 것이다.

복지자본주의 모델과 사회모델의 유형학

• 복지자본주의 모델

일찍이 티트머스는 복지모형에 대한 선구적 연구를 통해 복지제도 유형을 잔여적 모형, 산업적 성취 및 수행 모형, 제도적 재분배 모형으로 분류한 바 있다. 티트머스의 복지모형에 따르면 복지국가 유형을 잔여적 복지국가(residual welfare state)와 제도적 복지국가(institutional welfare state)로 나눌 수 있다. 잔여적 복지국가는 가정과 시장이 실패할 경우에만 국가가 책임지는 데 반해 제도적 복지국가는 제도적 복지를 제공하며 복지 이행의 범위가 포괄적이다. 제도적 복지국가는 시장 낙오자들을 최저 생계수준에서 보조하는 정부지출 차원에 그치는 것이 아니라 공통프로그램, 적격의 상태, 복지 혜택과 서비스의 질, 고용과 노동생활의 시민권 확장을 목표로 한다.

---

15 순위는 핀란드 1위, 미국 2위, 스웨덴 3위, 덴마크 4위 등으로 나타났다. Peter Gumbel, "The nor-dic Model Rules," *The Times* (October 2, 2005), http://www.time.com/time/magazine/article/0,9171,1112778,00.html(검색일: 2013. 5. 15.)

티트머스의 영향력 아래 유럽 각국에서 발전한 복지모델 유형에 대한 연구가 촉발되었다. 에스핑안데르센(Esping-Andersen)의 복지자본주의 유형분류는 현재까지도 가장 기본적인 복지모델 유형으로 널리 이용되고 있다.[16] 복지자본주의는 탈상품화와 계층화 지표를 기준으로 측정했을 때 크게 세 유형으로 나누어진다. 노동의 탈상품화는 노동이 하나의 상품으로 전락한 자본주의 사회에서 노동자가 자신의 노동을 팔지 않고도 인간으로서의 생계와 존엄을 유지할 수 있는 정도를 의미한다. 복지자본주의 세계는 크게 세 유형으로 나뉜다. 자유주의 복지국가(미국, 캐나다, 호주), 보수적·조합주의적 복지국가(오스트리아, 프랑스, 독일, 이탈리아), 사회민주주의적 복지국가(덴마크, 노르웨이, 스웨덴)로 분류된다. 자유주의 복지국가는 단정적으로 어떤 하나의 속성을 공유하는 특징적 복지국가라고 유형화할 수는 없다. 이 유형은 따라서 나머지 두 복지모형의 특징이 나타나지 않는 잔여적 성격을 갖는다. 엄격한 자격심사를 통해 사회 최하층에 최저수준의 복지를 제공하는 경향이 나타나며 노동 탈상품화 정도가 가장 낮다. 이 국가들에서는 중간계층이 세금 인상에 민감하게 반응하며 국가 개입에 부정적인 성향을 나타내는 경향을 보임에 따라 복지제도가 발전하기 어려운 특징을 보인다. 이에 비해 보수적·조합주의적 복지국가는 중간계급의 권익이 공고화되어 있어 실업보험 등이 자유주의 복지국가에 비해 제도화되어 있는 반면 사회지출 수준이 높은 편은 아니다. 사회보장 프로그램은 사회계층을 반영하여 차등적으로 적용된다. 노동의 탈상품화 수준이 가장 높은 사민주의적 복지국가들에서는 정부의 역할이 가장 크게 나타나며 평등과 사회연대가 강조되고 계층성

16 Gøsta Esping-Andersen, *Three Worlds of Welfare Capitalism* (Princeton: Princeton University Press, 1990).

이 약하게 나타난다.[17] 스칸디나비아 국가들은 노동계급의 지지에 기반한 사회민주주의 정당이 강하며 상대적으로 긴 집권기를 통해 보편적 복지를 제도화한 정치적 경험을 공유한다. 북유럽 복지모델이 산업자본주의 사회에서 인간 노동이 생존을 위해 노동시장에서 거래되는 상품으로 전락함으로써 비롯되는 인간소외 현상을 극복할 수 있는 대안으로 떠오를 수 있었던 것은 바로 사민주의 정당 집권기에 시행된 평등, 연대, 탈상품화를 핵심 가치로 하는 사회보장의 보편적 성격 때문이었다.

• 사회모델(Social Model)

복지자본주의 유형화가 1950년대부터 1980년대까지 선진산업민주주의 국가의 제도적 특성에 주목했다면 유럽의 사회모델에 대한 비교 분석은 비교적 최근의 연구 흐름에 속한다. 기존의 유럽 사회모델에 대한 연구에서는 개별국가 및 지역 수준의 사회모델 유형화와 유럽 차원의 유럽사회모델 논의가 혼재되어 있으므로 먼저 이 장의 주요 논의 대상인 사회모델(social model)에 대한 개념을 명확히 할 필요가 있다.

유럽 사회모델은 유럽 개별 국가들에서 나타나는 특정한 복지와 노동시장 배열의 복합적 혼합물로서 EU 차원에서 구축된 초국적 형태의 사회모델을 의미하는 것은 아니다. 이에 비해 유럽사회모델(the European Social Model, ESM)은 시장과 개인의 선택에 기초하고 있는 미국, 영국, 호주, 뉴질랜드 등 앵글로색슨 국가들에 비해 공적제도와

17 볼드윈은 성공적 복지국가 구축을 위한 조건으로 '사회적 연대'를 보다 강조한 바 있다. 2차 세계대전 종전 직후 '연대적 복지국가(Solidaristic Welfare State)' 창출에 성공한 사례로 영국과 스칸디나비아 국가들을, 연대적 복지국가 구축에 실패한 국가로는 프랑스와 독일 사례를 들었다. 자세한 내용은 Peter Baldwin (1990) 참조.

집합적 선택에 보다 의존하는 유럽 사회의 특징을 대표하는 것으로 완전고용, 평등, 보편적 사회보호, 사회통합 등을 강조하여 이를 지향점으로 유럽 차원에서 구축해온 사회적 대화(social dialogue), 사회정책, 노동시장 제도 등을 통칭하는 제도적 배열을 의미한다.

에스핑안데르센은 시장자본주의의 결과인 노동 상품화와 불평등을 조정하기 위한 국가들의 대응으로 구축된 복지자본주의 제도를 기준으로 복지자본주의 유형을 분류한 바 있지만 1990년대 이후 글로벌리즘과 유럽통합의 영향력에서 유럽 복지국가들도 제도적 재편 과정에 있다. 복지 및 노동시장 제도 재편의 성공 여부가 고실업 사회로 접어든 유럽에서 점증하는 경제위기와 사회적 불안정을 극복하는 데 중요하다는 인식이 확산되면서 1990년대 이후 경제·사회적 변화에 대한 각국 사회모델의 적응과정에 관심이 모아진 것이다. 이에 따라 EU 차원의 공통적 사회정책의 기준 수립을 위한 모색과 ESM의 수렴가능성에 대한 논쟁 속에서 유럽 사회모델에 대한 연구가 진행되었다. 유럽 사회모델은 노동시장제도와 사회정책에 보다 초점을 두고 유형화를 하고 있는데 이러한 연구의 흐름은 유럽에서 복지가 여전히 국가재정에 기반한 정책적 영역인 데 반해 유럽통합으로 인해 발생하는 노동과 사회문제에 대해서는 유럽 국가들의 사회 정책적 표준이 필요하다는 문제의식에 기반하고 있다.

유럽 사회모델 개혁에 대한 연구에서 앙드레 사피르(Andre Sapir)는 효율성과 형평성 측면에서 유럽의 지역적 분류에 따른 사회모델들을 EU 평균과 비교한다. 유럽의 사회모델을 지역적으로 노르딕(북유럽) 모델(덴마크, 핀란드, 노르웨이, 스웨덴, 네덜란드), 대륙형 모델(오스트리아, 벨기에, 프랑스, 독일, 룩셈부르크), 앵글로색슨 모델(아일랜드, 영국), 지중해식 모델(그리스, 이탈리아, 포르투갈, 스페인)의 네 가지 유형으로 나누어 형평성(빈곤의 위협 수준, 빈곤율)과 효율성(노동에 대한 충분한 동기부여, 고용율) 측면에서 EU 평균과 비교한 결과 노르딕 모델과 앵글로색슨 모델이 효율성 면에서 앞서 있는 것으로 평가되지만 앵글로색슨 모델은 형평성 면에서 뒤처지며, 노르딕 모델이 형평성과 효율성 측면에서 가장 뛰어나다. 지중해식 모델은 형평성과 효율성 양 측면에서 가장 낮게 나타나 개혁이 필요한 것으로 평가하고 있다.[18]

사피르의 사회모델을 일부 차용하여 더멋 맥칸(Dermot McCann)은 유럽의 사회모델을 유럽 개별 국가들에서 나타나는 특정한 복지와 노동시장 배열(arrangement)의 복합적 혼합물로 정의한다.[19] 사회모델은 복지제도뿐 아니라 개별국가의 시장-사회 관계를 지배하는 제도들의 구성을 포함한 개념으로 정부-시장-사회 제도에 대한 보다 포괄적인 비교가 가능하다(〈표 8-1〉 참조).

사피르의 사회모델은 EU 15개국을 대상으로 하고 있으며 지역적 특성을 강하게 나타낸다. 복지 개혁이 진행되고 있음에도 노르딕 국가들은 높은 세금 부담률, 보편적 건강보험제도, 광범위한 실업 보조, 노후 연금보장 등 국가가 제공하는 높은 수준의 복지제도, 노동자의 고용과 해고와 관련한 기업의 자유재량을 제한하는 다양한 조정과 규제가 특징적인 노동시장제도, 적극적 노동시장정책을 통한 실업정책, 임금 및 노동조건과 관련한 의사결정에 대한 노사 합의가 특징적인 산업관계의 특징을 유지하고 있다. 이에 반해 앵글로색슨 국가들은 가장 유연한 노동시장, 파편화된 노사 협상구조, 국가에 의한 낮은

---

18 André Sapir, "Globalization and the Reform of European Social Models," *Journal of Common Market Studies* 144-2 (2006), pp. 375-380.

19 Dermot McCann, *The Political Economy of the European Union* (Cambridge, Malden: Polity Press, 2010), p. 131. 각국의 복지제도뿐 아니라 노동법 등 공식적 노동시장 제도와 노동시장에서 특징적으로 나타나는 노사관계 양식을 포함하여 국가와 사회, 국가와 시장 결합의 제도적 배열에 따라 사회모델을 유형화할 수 있다고 하겠다.

수준의 복지 지원의 특징을 나타낸다. 앵글로색슨 국가들에서 노동시장의 주요 양상들은 미국과 보다 가깝다. 하지만 국민건강서비스를 포함한 사회지출의 측면에서 영국은 미국보다 훨씬 많은 재정지출을 하고 있다.(〈그림 8-1〉 참조) 국가가 시장의 힘이 사회구성원의 물질적 삶에 미치는 영향력을 완화시키는 역할을 한다는 측면에서 유럽 사회모델은 미국과는 분명히 다른 양상을 나타내고 있다.

사피르의 사회모델 유형화는 글로벌화가 가져온 경제구조 변화에도 효율성과 형평성의 측면에서 여전히 노르딕 모델이 앞서 있다는 점을 보여준다. 또한 티트머스의 복지모형, 에스핑안데르센의 복

〈표 8-1〉 EU 15개국 '사회모델'의 다양성: 주요 양상들

유형	노르딕	대륙	지중해	앵글로색슨
노동시장	규제된 노동시장	조정된 노동시장	규제된 노동시장	유연한 노동시장
	적극적 노동시장정책	다양한 수준의 고용보호	높은 수준의 고용 보호	제한적 고용 보호
산업관계	(높은 수준의) 중앙 집중적 노동조합과 사용자 연합 (높은 조직 가입률)	(중간 정도의) 중앙 집중적 노동조합과 사용자연합	파편화된 노동조합	파편화된 노동조합
	조정된 단체교섭	조정된 단체교섭	탈집중화된 단체 교섭-임의적 국가개입	분산적·개별적 단체교섭
	(비교적) 억제된 임금 구조	직장평의회	법 확장으로 국가- 노동조합 위기 협약	임금 분산 경향 광범위하게 증가
복지지원	보편주의적 모델 사회 서비스 지향	대부분 고용기반 보조	불균등한 범위의 제한된 지원	'last resort'로 사회적 원조에 크게 의존 활성화(activation) 경향 증가
	스웨덴, 핀란드, 덴마크, 네덜란드	오스트리아, 독일, 프랑스, 벨기에, 룩셈부르크	이탈리아, 스페인, 포르투갈, 그리스	영국, 아일랜드

* Dermot McCann (2010), p. 134, Table 6.1 참조, 저자 작성.

지자본주의, 사피르와 맥칸의 유럽 사회모델의 유형학에서 공통적으로 나타나는 점은 EU 국가 간에 유사성보다는 차이성이 두드러진다는 점이다. 따라서 유럽 사회모델에 대한 논쟁은 EU 차원에서 진행되는 ESM 수립 노력에 대한 비판적 검토인 동시에 유럽 내 여전히 존재하는 사회모델의 다양성에 대한 확인으로 귀결되는 경향을 보이고 있다.

이와 같은 경향은 한편으로 EU 차원의 사회정책이 특히 경제위기시 확대되는 경향을 보이고 있지만 사회정책은 여전히 국가의 영토적 경계 내에서 우선적으로 실시되는 것임을 확인시켜준다. 현재까지 EU의 사회정책은 '보충성의 원칙'과 '대응성의 원칙'에 따라 형성, 집행되어왔다. 더 나아가 사회정책은 사회 안정과 유지를 위해 자본주의 경제의 불평등을 완화시키는 기본적 목적과 경제위기를 극복하기 위한 목적으로 도입되지만 구조적 필요성으로 인해 자동적으로 도입, 발전되는 것이 아니라 정치엘리트들의 사회 비전 및 정치적 목적과 대중의 요구가 상호 갈등과 접합하는 정치적 동학에 의한 결과라는 점을 이해하는 것이 매우 중요하다. 사회정책이 EU 집행위원회를 중심으로 운영되는 EU 차원에서는 집권 유지나 정권 획득의 목적을 달성하기 위한 정치적 경쟁과 동원 과정에서 복지제도나 사회정책의 불가역성(irreversible)이 상당기간 지속되는 정치 동학이 작동할 수 없다. 시민에 의해 선출되는 유럽의회의 대표성과 권한은 매우 제한적이다. 이러한 점들이 EU에서 경제적 통합에 비해 사회적 통합이 뒤처지고 "유럽사회모델(ESM)"이라고 통칭할 수 있는 공통의 사회정책을 형성하기 어려운 이유이다.

미국과 유럽사회모델(ESM)

그렇다면 미국과 유럽의 복지모델 혹은 미국과 EU 사회모델의 상호 비교는 가능한가? 미국의 복지모델은 잔여적 복지모형, 자유주의 복지자본주의, 혹은 앵글로색슨 사회모델과 비교적 유사한 측면을 보이고 있다는 측면에서 유럽의 복지·사회모델의 한 유형(앵글로-색슨 혹은 앵글로-폰)과 유사성을 나타내고 있다.[20]

하지만 1990년대 대처리즘과 레이거노믹스의 신자유주의적 정책 공조로 인해 알려진 '영·미식 자유 시장경제'가 갖는 유사성 — 금융자본주의, 국가의 경제개입 축소 — 과는 달리 미국의 사회모델을 EU 차원의 공통 모델과 비교하기에는 어려움이 따른다. 앞 절의 복지모델과 사회모델 유형에서 제시된 바와 같이 EU 국가들에서 복지 및 사회 정책의 공통적 속성을 추출하여 EU 복지모델 혹은 사회모델로 추상화할 수 없기 때문이다. ESM은 2차 세계대전 이후 유럽 지역의 국가들에서 특징적으로 나타난 사회적 타협, 집단적 연대, 노동시장 조직들과 정부와의 협력 등을 유럽 차원에서 제도화하고자 하는 시도였다. 다소 선언적이며 정책적 순위에서 밀려나 있었지만 그럼에도 유럽통합이 진전되는 과정에서 유럽공통의 사회정책에 대한 고려와 필요성은 꾸준히 제기되고 한편으로는 소기의 성과를 거둔 것도 사실이다. 특히 경제위기시 유럽 차원의 사회 정책에 대한 관심이 높아지는 경향이 두드러지게 나타났다.

---

20 미국과 유럽의 앵글로색슨 모델(영국, 아일랜드)은 고용보호 측면에서 낮은 수준에 있다는 점에서는 유사하나 실업보험제도에서 차이가 난다. 미국은 실업보험제도가 거의 없고 대신 대기업을 중심으로 피고용인에 대한 사기업의 준보험적 혜택이 큰 반면, 영국을 비롯한 유럽의 앵글로색슨 모델은 이에 비해 노동조합의 전통이 — 약화되긴 했지만 — 보다 강하다. 영국의 경우 노동조합의 영향력은 약화되었으나 여전히 노동당내에 전통적 노동운동 세력의 정치적 압박이 비교적 강하다. 실업보험이 여전히 제도화되어 있으며 — 영국은 1911년 세계 최초로 실업보험을 도입한 국가이다 — 국민건강서비스(NHS)의 제도적 유산이 지속되고 있다. 'New Labor'를 내세워 노동당 현대화를 주창한 토니 블레어 시기 NHS 개혁의 진통을 겪기는 했지만 국민 복지에 대한 국가역할의 중요성을 인정하는 제도적 유산이 여전히 남아 있다.

1956년 유럽사회기금(European Social Fund, ESF)이 창설된 이래 현재에 이르기까지 EU 차원의 사회정책은 고용 촉진 및 실업 대책에 초점을 두고 확대되는 경향을 보여왔다. 유럽사회기금 조성 이후 1970년까지 전후 복구과정에서 국가 중심적 경제 안정화 정책의 성공과 유럽 경제의 호황으로 큰 진전이 없던 유럽 차원의 사회정책은 1970년대 경제위기로 전기를 맞았다. 1970년대 초 경제위기로 유럽에서 실업률이 점차 증가하자 청년실업 해소를 위한 직업교육 및 훈련 지원 목적으로 유럽사회기금의 역할이 증대되어 예산이 크게 늘어나게 되었다. 당시 유럽공동체(EC)는 유럽 차원의 공통된 사회적 조건의 기준을 형성하고자 노력했으나 각국의 노동시장제도 및 사회정책에서의 격차에 의해 좀처럼 진전을 이룰 수 없었다. 하지만 1980년대 중반 이후 단일시장의 추진과 형성, 1990년 자본 이동의 자유화 등 경제적 통합의 진전으로 기업과 노동자의 자유로운 이동이 가능해짐에 따라 유럽 차원에서 근로조건 및 사회보호, 단체교섭, 실업보조 등에 대한 각국의 제도적 최소합의를 필요로 하게 되었다. 1989년 '사회헌장(Social Charter)'의 채택 — 영국 제외 —, 1992년 마스트리트 조약에서 '사회정책의정서(Protocol on the Social Policy)', '사회정책합의(Agreement on Social Policy)' 채택을 계기로 1990년대에 ESM에 대한 관심이 증폭되었다. 유럽 사회정책은 단일시장의 출범과 유로의 도입으로 상대적으로 경쟁력이 떨어지는 남유럽 국가들이 단일 시장 가속화로 겪게 될 경제적 압박을 완화시키고자 하는 보조정책의 성격을 띠고 있었다.

2000년 3월 리스본 이사회에서 보다 많은 양질의 일자리와 사회적 응집력을 보유한 지속가능한 경제성장을 위해 세계에서 가장 경쟁력 있고 역동적인 지식기반 경제를 EU가 구축한다는 야심찬 기획으로서 소위 리스본 프로세스(Lisbon process)가 채택되었다.[21] EU는 ESM의 현대화를 목표로 내세우고 적극적 복지국가 건설, 인적 자원에 대한 투자, 결속 공고화, 일자리의 질과 양적 신장 등을 내용으로 하는 유럽사회정책 어젠다(Agenda for European Social Policy)를 추진했다.[22] 유럽사회정책 어젠다에 따라 EU 차원에서 2000년부터 2005년까지 각국 정부들에게 세금 감축, 건강보험 및 연금 체계의 개혁, 고용과 해고에 대한 기업의 재량권 확대 등을 요구하는 동시에 EU 회원국 간 경험과 '최고의 성과(best practice)' — 주로 노르딕 국가들의 개혁사례 — 를 교환함으로써 협력을 강화하는 공개적 방식의 협력(Open Method of Coordination, OMC)이 추구되었다.[23] 최고 성과의 공유가 표준을 제시하고 이를 회원국들에 강제하는 규제적 내용을 담고 있지는 않다. 보다 개방적인 형태로 협력을 유도함으로써 각국의 사회정책 개혁 필요성을 선언한 것이다. 2010년까지 ESM의 현대화를 통해 유럽경제의 체질을 개선하고 미국 경제를 뛰어넘는 성취를 이루고자 한 것이다.[24]

---

21 유럽연합 공식홈페이지, http://europa.eu/legislation_summaries/employment_and_social_policy/social_agenda/c10115_en.htm(검색일: 2013. 11. 8.).

22 EUR-Lex, http://eur-lex.europa.eu/smartapi/cgi/sga_doc?smartapi!celexplus!prod!DocNumber&lg=en&type_doc=COMfinal&an_doc=2000&nu_doc=379(검색일: 2013. 11. 8.).

23 구춘권은 OMC를 "개방적 조정방식"으로 표기하고 있다. 그에 따르면 21세기에 들어 EU의 사회정책과 관련된 초국적 조절양식의 변화가 두드러지게 나타난다. EU 초기에는 EU 차원의 노동관련 사회정책의 표준 형성을 기초로 개별국의 사회정책을 통합시키려했던 조화(harmonization)의 원칙이 지배적이었으나 마스트리히트조약 체결이후부터는 "사회적 유럽" 선언으로 "제어된 자기조절(regulated self-regulation)" 양식이 등장했고, 21세기 초국적 조절양식은 사회적 대화에 다양한 단위와 제도들의 참여를 허용하는 "개방적 조정방식(Open Method of Coordination)"으로 특징지어진다. 구춘권, 「'사회적 유럽'과 EU의 노동정책의 발전」, 『한국정치학회보』 42권 3호(2006), pp. 226-234.

24 2007년부터 2013년까지 유럽사회기금은 역내 각국 및 지역 공공 및 민간단체에 총 7,595,000만 유로를 지원할 계획에 있었다.

하지만 리스본 프로세스가 큰 성과를 거둔 것으로 평가되지는 않는다. 리스본 전략의 중간평가 결과 윔콕보고서(The Wim Kok Report)는 성장과 고용에 보다 초점을 둘 필요가 있다고 제안하고 있다. 네덜란드 총리인 윔콕은 BBC와의 인터뷰에서 "우리는 성장과 고용을 앞으로 EU의 최우선 과제로 삼아야 할 것"[25]이라고 주장한 바 있다. 2005년 3월 EU는 중간점검을 통해 리스본 프로세스 재정비를 마치면서 '성장과 일자리'를 강조하고 회원국에 더 많은 권한을 양도하는 방식을 채택하였다. 이와 발맞추어 EU 차원에서는 지속과 성장 협약(Stability and Growth Pact)의 개혁, 미래 EU 재정에 대한 협상 등이 잇따라 진행되고 있다. 2008년 3월 리스본조약 서두에 성장과 일자리에 앞서 '환경과 시민'을 강조하는 방향으로 변화하였고, 같은 해 7월 EU 집행위원회는 노동시장에서의 차별을 해결하고 노동자 권리와 국경의료 서비스 개선안을 상정하였으나 안건이 보류된 바 있다. 2009년의 경제 혼란으로 '일자리 창출과 경쟁력'이 최우선 어젠다로 채택되었다. 2009년 6월 EU 집행위원회는 새로운 일자리 계획을 공표하고 기술훈련과 일자리 이동을 돕는 190억 유로 지출을 허락하였다.[26]

2000년대 들어 동유럽으로의 EU 확대가 회원국 간 사회·문화적 이질성과 경제·사회적 격차를 보다 크게 할 것이라는 점을 염두에 두면 유럽사회정책의 확대 필요성이 더욱 커짐과 동시에 각국의 사회모델의 경로의존적 편차로 인해 ESM으로 포괄할 수 있는 유사성이 보다 줄어들 것이라 예측할 수 있다. 또한 앞에서 살펴본 바와 같이 EU 차원의 사회정책이 경제위기시 확대되는 경향을 보여왔지

---

25 *BBC News*, November 3, 2004, http://news.bbc.co.uk/2/hi/business/3977609.stm(검색일: 2013. 8. 15.).

26 Dick Lenard. *Guide to the European Union*, 10th edition (The Economist Newspaper Ltd, 2010) p. 23 참조.

유럽사회모델(The European Social Model, ESM)

복지정책과 노동시장제도 면에서 유럽 국가들은 시장과 개인의 선택보다는 공적 제도와 집합적 선택에 보다 의존한다고 알려져 있다. 이러한 측면에서 유럽사회모델은 앵글로색슨 모델과 대조되는 사회모델로 제시되어왔다. 유럽노동자연맹(European Trade Union Confederation, ETUC)이 정의한 바에 따르면 ESM은 시민들이 완전고용, 양질의 일자리, 평등한 기회, 모두를 위한 사회 보호, 사회통합(social inclusion), 그리고 그들에게 영향을 미칠 수 있는 결정들에 관여할 수 있는 사회모델이다. ETUC에 따르면 "사회적 대화(social dialogue), 단체교섭, 노동자보호는 혁신·생산성·경쟁력을 향상시키는 데 있어 핵심적 요소들"이며 "이 요소들이 전후 사회적 진보가 경제적 성장과 함께 해온 유럽을 소수의 개인들이 다수의 비용으로 혜택을 얻어온 미국과 구별시키는 것이다. 유럽은 세계 다른 국가들을 위한 사회적 비전의 예로서 이러한 사회 모델을 지속해서 유지해야만 한다." EU 집행위원회 역시 ESM이 EU 내 완전고용과 경제적 역동성, 보다 큰 사회 응집성과 공정성을 증진시키기 위해 고안된 것이라고 밝히고 있다. 그러나 한편으로 ESM을 통해 "지금까지 향상되어온 삶과 노동 조건을 지속가능한 경제적 성장과 결합시키는 사회 전망을 제시"하기에는 EU의 갈 길이 멀다. 경제통합의 필요성과 지속에 대한 유럽 국가들 간 합의가 진전되어온 것과는 달리 EU 공통의 사회정책 수립 혹은 성장을 위한 개혁의 일환으로 사회정책을 수립하고자 하는 시도에 대해 정파 간 갈등뿐 아니라 노동과 자본의 이해가 첨예하게 부딪히기 때문이다. EU 집행위원회는 노르딕 국가들의 성공적 복지개혁과정을 최고성과(best practice)를 거둔 모범사례로 제시하고 있지만 유럽 차원에서 사회정책의 표준을 수립하고 회원국들에 적용하는 데 비판적인 유럽의회 내 정파들에는 아이러니하게도 복지제도의 수준이 높은 북유럽 좌파들이 포함되어 있다. 공통의 사회정책은 사회정책 하향평준화의 위험이 있으므로 사회적 덤핑(social dumping)에 대한 우려가 지속해서 제기되고 있기 때문이다.

만 제한적이었으며, 국가 중심적 사회정책에 보충적 역할을 해온 것 역시 분명하다. EU가 소위 '유럽사회모델의 현대화'를 내세워 앞으로 EU가 추구해나갈 새로운 지향점으로 제시하고 각국 정부의 합의를 이끌어간다면 ESM은 기존의 경제·사회 정책에 대한 신자유주의적 개혁과 크게 다르지 않다는 우려가 커질 수밖에 없다.

3절에서는 미국과 유럽 사회모델 유형에 속하는 EU 15개국 가운데 (룩셈부르크를 제외한) 14개국과 EU 미가입국인 노르웨이를 포함한 15개국의 경험적 데이터와 사례를 통해 미국과 유럽 사회모델의 차이 및 사회모델의 지속과 변화에 대한 이론적 접근의 현실 적합성을 살펴볼 것이다.

3. 사회모델의 지속과 변화: 구조, 제도, 행위자

구조-글로벌 경제, 자본주의 경제 수렴론, 혹은 복지국가 쇠퇴론의 신화와 현실

1970년대 오일쇼크와 1990년대 아시아 금융위기, 2008년 미국발 금융위기와 2010년 그리스발 EU 경제위기 등 점차 주기가 짧아지는 경제위기들이 의미하는 바는 전지구적 자본주의 경제질서가 상호연관되어 있다는 점이었다. 세계화, 글로벌 경제, 글로벌 자본주의에 대한 수많은 이론과 담론 속에서 1970년대 복지국가의 위기와 1990년대 냉전 종식, 그리고 신자유주의적 구조조정의 물결이 지나간 이후 선진 산업국들의 자본주의 정치경제 운영방식 및 거시경제정책 중심 아이디어가 점차 수렴되어가고 있다는 주장이 전개되어왔다.[27] 이에

27 Wolfgang Streeck, *Re-forming Capitalism: Institutional Change in the German Political*

따라 등장한 가설적 주장은 자본주의경제 수렴론으로 통칭할 수 있다. 세계화와 금융자본 탈규제, 국제금융기구의 영향력 강화의 결과 국가의 경제정책 운용의 자율성이 저하되어 유럽의 복지자본주의 경제들이 미국과 영국식 자유주의적 자본주의 경제로 수렴되어가는 경향에 있다는 것이다.

압축적으로 표현해 전후 복지국가를 지탱했던 것은 완전고용에 가까운 고용률과 지속적 성장이었다. 완전고용에 가까운 고용률이 안정적 정부 재정을 뒷받침하는 데 가장 중요한 경제적 전제조건이었다면 높은 고용과 낮은 이자율, 유효수요의 증가라는 생산과 소비의 선순환을 이끌어낸 경제적 아이디어를 제공한 것은 케인즈주의였다. 케인즈주의는 경제위기시 전통적 해법이었던 긴축재정을 통해 부채를 줄이고 재정 건전성을 높이는 처방 대신 국가가 공적 자금을 투입해 대규모로 고용을 확대하고 유효수요를 창출해 소비를 촉진시키며 낮은 이자율을 통해 소비와 투자를 촉진시키고 경제를 활성화함으로써 위기를 극복할 수 있다는 믿음을 확산시켰다.

1970년대 유럽 복지국가들에서 관찰된 실업률의 증가와 성장둔화는 따라서 케인즈주의적 경제정책에 대한 비판을 확산시킬 수밖에 없었다. 생산과 금융의 세계화의 구조적 환경 속에서 역내 시장 통합으로 가속화된 경쟁에 맞닥뜨리게 된 유럽 국가들은 복지의 혜택에 익숙해진 국민들의 불만을 최소화하면서 이미 국가의 규제를 벗어나고 있던 자본에 대한 규제를 완화하고 경제적 조정방식을 변화시켜야 하는 어려운 과제를 해결해야만 했다.[28] 성장과 분배 양 측면에서

Economy (Oxford: Oxford University Press, 2009).

28 세계화, 탈산업화와 경제성장의 둔화, 인구학적 변화(고령화), 가족구조의 변화 등 새로운 위험에 직면한 유럽 복지국가들의 정치경제적 대응과 변화에 대해서는 김영순, 「탈근대화와 유럽 복지국가의 변화」, 구춘권 외, 『서유럽의 변화와 탈근대화』(아카넷, 2011),

독보적인 위치를 차지하고 있던 사회민주주의 복지모델, 혹은 노르딕 사회모델로 분류되는 북유럽의 복지국가들도 예외는 아니었다. 1990년대 이후 미국의 자유주의적 시장경제의 성과와 유럽의 성장 지체를 대비시켜 유럽 대륙에서는 경직된 노동시장과 재정 적자의 근원으로 지목된 복지제도와 사회정책에 대한 비판이 지배적이었다. 복지혜택 축소(대부분의 유럽 국가들), 탈규제(독일), 민영화(영국, 프랑스), 부유세 폐지(2008년 스웨덴), 노동시장유연화(네덜란드) 등 국가마다 핵심적 변화부문에는 다소 차이가 있지만 복지개혁과 공공부문 고용 축소, 노동시장 협의 약화 등으로 사회모델의 변화가 진행 중이다. 그럼에도 노르딕 사회모델의 쇠퇴를 단언할 수 없는 경험적 증거는 여전하다. 북유럽 복지국가들은 다소 후퇴하는 경향을 보이고는 있으나 여전히 상대적으로 높은 수준의 보편적 복지를 시행하면서도 안정적인 경제성과를 보임으로써 성장과 분배라는 양립 불가능한 것으로 여겨졌던 난제를 해결한 것처럼 보이는 성과를 내고 있었던 것이다.

1990년대부터 2012년에 이르기까지 미국과 유럽 선진산업국가들의 산업생산성을 확인해보면 1990년대에 접어들어 국가들의 경제생산성이 비슷한 수준으로 증감하고 있음을 보여준다(이 시기 경제적 비약과 몰락을 단기간에 겪었던 아일랜드 제외). 그러나 EU가 글로벌 경제에 통합되었다는 증거는 크지 않다. EU가 제공한 EU 27개국의 타 지역과의 해외직접투자(FDI) 유출·유입 데이터를 확인해보면 남유럽 경제위기의 여파로 위축된 해외 직접투자의 흐름은 2011년도에 이르러 상당부분 회복되었으나,[29] 여전히 미국을 제외한 역외 국가에 대

pp. 291-325 참조.

29 Eurostat, "EU27 Foreign Direct Investment EU27 investment flows with the rest of the

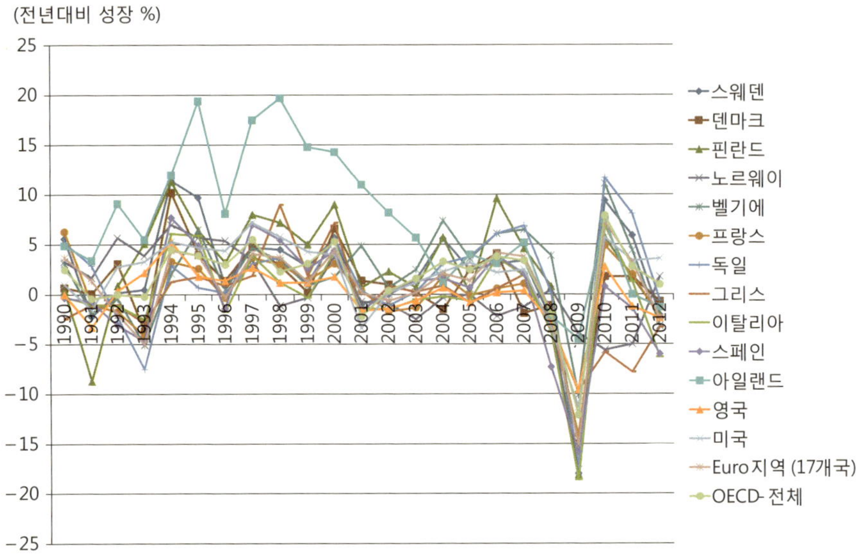

출처: OECD.StatExtrats 통계 참조, 저자 작성.

〈그림 8-1〉 미국과 유럽 국가들의 산업생산성: 1990-2012

한 FDI 규모는 그리 크지 않다. 헤이는 세계화 시대의 경제적 상호의존이 유럽 복지국가에 미치는 영향에 대한 실증 분석을 통해 유럽국가들의 경제가 영미식 자유주의 경제유형으로 수렴되고 있다는 주장을 정면으로 반박한 바 있다. 유럽 각국의 FDI의 증가는 유럽 역내 FDI의 증가에서 비롯된 것이며, 진정한 의미의 경제적 세계화 효과라고 볼 수 없다는 점에 주목할 필요가 있다.[30]

다음 〈그림 8-2〉는 전후 미국과 유럽 국가들의 실업률 변화를 시

world recovered in 2011," June 13, 2012, http://epp.eurostat.ec.europa.eu/cache/ITY_PUBLIC/2-13062012-BP/EN/2-13062012-BP-EN.PDF(검색일: 2013. 8. 15.).

30 Colin Hay, "What's Globalization Got to Do with It?: Economic Interdependence and the Future of European Welfare States," *Government and Opposition* 41-1 (2006), pp. 1-22.

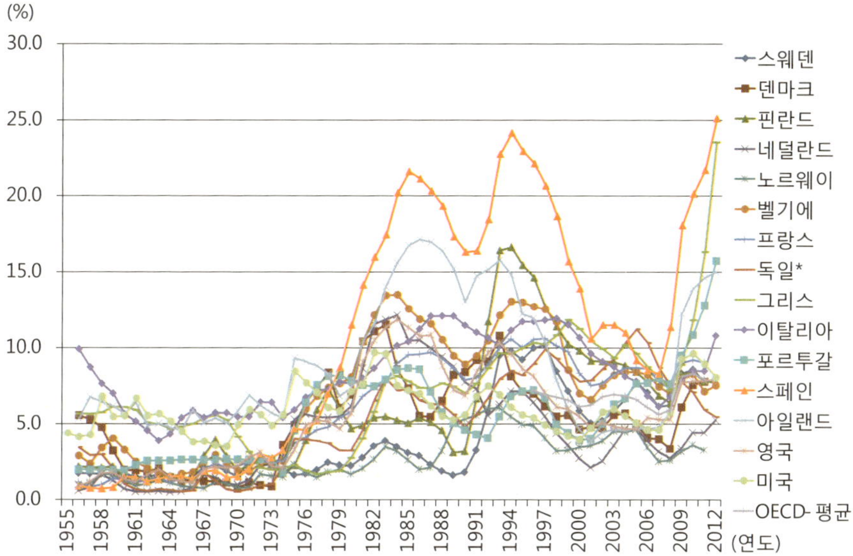

출처: OECD.StatExtrats 통계 참조, 저자 작성.
독일*: 1990년 이전 통계수치는 서독 실업률.

〈그림 8-2〉 2차 세계대전 후 미국과 유럽 국가들의 실업률 변화: 1955-2012

계열적으로 나타낸 것이다. 이 그림은 1950년대 이후 1970년대 초까지 유럽의 선진산업국들 가운데 일부(이탈리아, 포르투갈 등)를 제외하고 대부분의 국가들이 미국보다 낮은 수준인 3% 이하의 매우 낮은 실업률을 나타내고 있음을 보여준다. 실업률에 대한 논란 — 다양한 직업훈련 제도에 포함된 장기 실업자가 실질 실업률에 잡히지 않는 문제 — 에도 전후 유럽의 복지국가와 사회모델을 뒷받침하고 있었던 것은 노동시장에서의 고용안정성과 이를 지원한 국가의 사회정책이었다.

하지만 1970년대 오일 위기를 경유하면서 유럽 국가들의 실업률이 상승하기 시작한다. 대부분의 국가들이 미국과 비슷한 혹은 그를 상회하는 수준으로 실업이 증가하는 경향을 보이며 노르딕 국가들이 비교적 낮은 수준의 실업률을 유지하는 데 반해 스페인, 그리스, 포르투갈(2009년 이후 급증) 등 지중해식 모델에 속하는 국가들의 실업률은 매우 높게 나타나고 있다. 반면 미국의 경우 4-9% 범위 내에서 중간 정도의 실업률을 유지하고 있다. 과거 완전고용에 가까운 성과를 보였던 노르딕 및 대륙형 국가들에서 실업률은 미국과 유사한 수준으로 상향평준화된 반면 지중해 국가들의 실업률은 크게 차이가 남으로써 EU 내 지역별 차이가 보다 두드러진다.

또 하나의 주목할 만한 전환점은 2008년 미국발 경제위기이다. 1990년대 중반 이후 미국과 EU의 실업률을 비교해보면 상대적으로 미국의 실업률이 낮은 수준을 유지해왔으나 2008년 경제위기 이후 미국의 실업률이 EU 평균에 가깝게 올라갔음을 확인할 수 있다(〈그림 8-3〉 참조). 앞의 〈그림 8-2〉에서 확인한 바와 같이 유럽 각국의 실업률에서 큰 차이가 상쇄되어 EU 평균으로 나타냈을 때 전반적으로 실업률이 올라가는 것으로 나타난다.[31] 1970년대부터 상승하기 시작한 유럽의 실업률은 2000년대 중반까지 미국과 비교했을 때에도 높은 수준을 유지하고 있었다.[32] 유럽사회기금과 유럽지역개발기금을 중심으로 한 EU 차원의 고용 관련 사회정책 입안은 영국 등의 반대로 좀처럼 진전을 이루지 못했으며 유럽모델의 가장 큰 전제조건이었던 완전에 가까운 고용과 사회통합의 요소가 크게 흔들릴 수밖에 없는 상황에 있음을 확인할 수 있다. 1990년대까지 상대적으로 안정적인 실업률을 보이던 미국은 2008년을 기점으로 유럽에 가깝게 실업률이 올라감으로써 경제·사회적 불안정을 완화시키는 국가 역할의

31 즉, EU 평균 실업률로 나타내었을 때에는 유럽 내에서 여전히 존재하는 국가 간의 격차가 상쇄된다.

32 1970년부터 1986년 사이 EU의 실업은 6배 증가했고 1986년 실업률이 12%에 이르는 기록적 수준에 도달했다. Dick Lenard (2010) 참조.

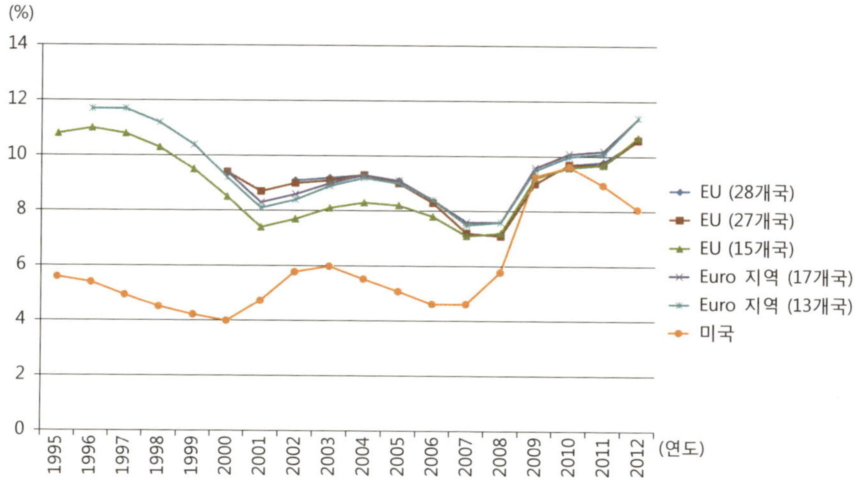

출처: EU 통계–eurostat, 미국 통계–OECD.StatExtrats 참조, 저자 작성.

〈그림 8–3〉 1990년대 이후 미국과 EU 실업률: 1995–2012[33]

필요성이 어느 때보다 커져 있는 상황이다.

실업률과 생산성, 두 지표를 기준으로 미국과 유럽 선진산업국가들을 비교했을 때 특정 지역을 제외하고는 세계 경제의 상호연관이 증대한 것으로 해석할 수 있다. 하지만 그러나 유럽 국가들의 경우 미국 경제와의 관계가 가장 강하게 나타나며 다른 지역과의 상관은 크지 않다. 보다 중요한 점은 EU 국가들이 역내 경제에 강하게 연관되어 있다는 점이다. 이 장에서 확인한 바와 유사하게 헤이는 자본주의 수렴론은 유럽 각국의 GDP 대비 사회이전(social transfer) 지출의 변화를 관측했을 때 근거가 없으며 오히려 국가 간 다양성이 증가하고 있다고 주장한 바 있다. 또한 유럽 각국의 해외직접투자(FDI)의

33 EU 15개국(1995. 1. 1.-2004. 4. 30.), EU 27개국(2007. 1. 1.-2013. 8.), EU 28개국(2013년 8월 크로아티아 가입).

증가는 유럽 역내 FDI의 증가에서 비롯된 것이며, 진정한 의미의 경제적 세계화 효과라고 볼 수 없음을 보여준다.[34]

미국 및 유럽 선진산업국가들의 경우 경제생산성 지표에서는 크게 차이가 나지 않는 경향을 보이고 있다. 그러나 실업률 면에서 특정한 사회모델에 속한 국가들을 유사한 위치에서 확인할 수 있다. 노르딕 국가들의 성장과 실업은 여전히 비교적 안정적이며 그에 비해 지중해 모델에 속하는 국가들은 성장과 실업 양자 면에서 좋지 않은 성과를 보이고 있다. 대륙형 국가들은 그 사이에 다소 분산적으로 위치하며 앵글로색슨 국가는 아일랜드의 부침을 제외하면 미국과 유사한 경향을 나타내고 있다.

제도-지역적 다양성의 근원

경제적 지표를 이용한 비교 분석을 통해서는 단지 경향적인 수렴과 개별적 차이만을 확인할 수 있을 뿐 미국과 유럽의 복지제도 및 사회정책의 발전 정도 및 양상의 상이성을 설명하기는 어렵다.[35] 특히 노동시장제도와 사회정책 영역은 정부가 경제세계화 혹은 경제위기와 같은 외부적 영향에 대한 보호의 대상이기 때문이다. 세계 경제 구조적 변동에 민감하게 반응하는 개방경제의 특성을 갖고 있는 12개 선진 복지국가의 1970년대부터 1990년대까지 경제위기시 정책 조정 방식을 비교한 결과 안톤 헤메레이크(Anton Hemerijck)와 마틴 슐루디

---

34 Colin Hay (2006), pp. 1-22.

35 경제학자인 알레시나와 글레이서는 재분배 정책이 저발전된 미국과 다른 국가 간의 차이를 설명하기 위해 기존의 주장들의 유효성을 검토한 바 있다. 결과적으로 경제체제상 소득의 평등 정도, 경제 개방성 여부, 사회적 유동성 차원에서 양자 간의 차이가 비롯된다고 보기에는 그 근거가 미약하게 나타났다. Alberto Alesina and Edward Glaeser, *Fighting Poverty in the US and Europe: A World of Difference* (Oxford: Oxford University Press, 2004), p. 4.

(Martin Schludi)는 특히 경제 세계화의 압력 속에서 정부가 정치적으로 보호하는 정책분야는 사회정책이었으며, 다음으로 노동시장 규제 수단이었다고 분석하고 있다.[36]

노동시장정책과 같이 정책 변화가 정치적 이슈로 부상하기 쉽고 사회 전체가 민감하게 반응하는 정책영역일 경우 정책결정자들은 정책 전환에 어려움을 겪는다. 경제 구조적 변화 혹은 경제위기에 직면해서 국가는 경쟁에서 뒤처진 사양 산업부문의 충격을 완화하고 시장에서 낙오된 실업자들을 위한 대책을 수립할 수밖에 없으며 경제가 회복된 이후에도 정책을 쉽게 철회하거나 변화시키기 어려운 정치적 입지에 놓이게 된다. 바꿔 말하면 노동시장정책과 사회정책의 경우 일단 형성된 이후에는 외적 경제환경의 변화보다 국내 정치적 조건의 변화로 인한 영향을 더 크게 받는 정책 영역인 것이다. 따라서 경제 개방 정도가 커지고 유사한 경제위기의 압력을 받는 가운데에서도 과거에 구축된 사회정책과 제도적 유산에 따라 각국의 정책적 대응은 다르게 나타난다. 이러한 차이는 미국과 유럽 국가의 사회지출을 비교했을 때 두드러지게 나타난다. 대륙형 모델로 분류되는 국가들과 노르딕 국가들의 사회지출은 평균 수준 이상의 사회지출 비중을 나타내고 있는 반면 앵글로색슨형 국가들은 사회지출 면에서 낮은 수준을 유지하고 있다. 1990년대 중반을 경유하면서 네덜란드를 비롯한 스웨덴, 핀란드 등 노르딕 국가들에서 복지개혁이 본격화되면서 사회지출의 감소가 두드러지게 나타남으로써 각국의 사회지출 격차는 다소 줄어드는 경향을 보이고 있다. 그럼에도 미국은 사회

36 Anton Hemerijck and Martin Schludi, "Sequences of Policy Failure and Effective Policy Responses," in Fritz W. Scharpf and Vivien A. Schmidt (eds.), *Welfare and Work in the Open Economy: Volume 1. From Vulnerability to Competitiveness* (Oxford: Oxford University Press, 2000).

지출 비중이 최저 수준에 해당하며 노르딕 혹은 대륙형 모델과 상당한 격차를 유지하고 있다. 미국과 아일랜드, 영국은 유럽대륙이나 특히 북유럽 국가와는 크게 대비되는 사회지출 비중을 나타내고 있다.

유럽 차원의 사회지출을 살펴보면 EU의 사회보호 관련 지출은 1990년대 이후 꾸준히 증가하고 있다. 2010년 OECD 통계에 따르면 EU는 영국, 이탈리아의 사회보호 지출 총액과 비슷한 수준의 사회보호 관련 지출을 하고 있다.[37] 국가별 경제 규모가 상이하므로 총액 비교가 아니라 각국이 사회지출 재정 비중을 얼마나 배분하고 있는지 살펴보면 GDP 대비 사회지출 비중은 2005년 미국이 15.8%, 영국 20.6%, 스웨덴 29.1%, 프랑스가 29.0%로 점차 오름세에 있으나 국가별 격차는 여전히 존재한다(〈그림 8-4〉 참조).[38] 사회지출 총액 면에서도 국가 규모가 작은 북유럽 국가들(노르웨이, 스웨덴, 핀란드)이 가장 많은 사회보호 지출 규모를 보이고 있으며 유럽 대륙국가들(프랑스, 독일)이 중간 규모의 지출을, 지중해 국가들(스페인, 그리스)이 가장 낮은 사회지출을 나타낸다.

이렇게 각국마다 상이한 사회보호 정책 규모의 차이는 실질적인 불평등 완화 효과를 낳는가? 미국과 유럽 국가들의 세전 소득과 세후 소득 불평등을 비교해 각국에서 실시되는 사회정책이 소득 불평등에 얼마나 영향을 미치는지를 간접적으로 확인해보도록 하자. 〈표 8-2〉는 OECD 데이터에 근거해 1990년부터 2010년까지 미국과 유

37 유럽연합 공식 통계수치는 http://epp.eurostat.ec.europa.eu/tgm/table.do?tab=table&init=1&language=en&pcode=tps00100&plugin=1(검색일: 2013. 8. 13.) 참조.

38 룩셈부르크 소득조사(Luxemburg Income Study)에 따르면 미국의 세금과 사회이전지출 이전과 이후를 비교한 빈곤율 감소수치는 13%인 반면 스웨덴은 82%였다. Torben Iversen and David Soskice, "Electoral Institution and the Political of Coalitions: Why Some Democracies Redistribute More Than Others," *American Political Science Review* 100-2 (2006), p. 16.

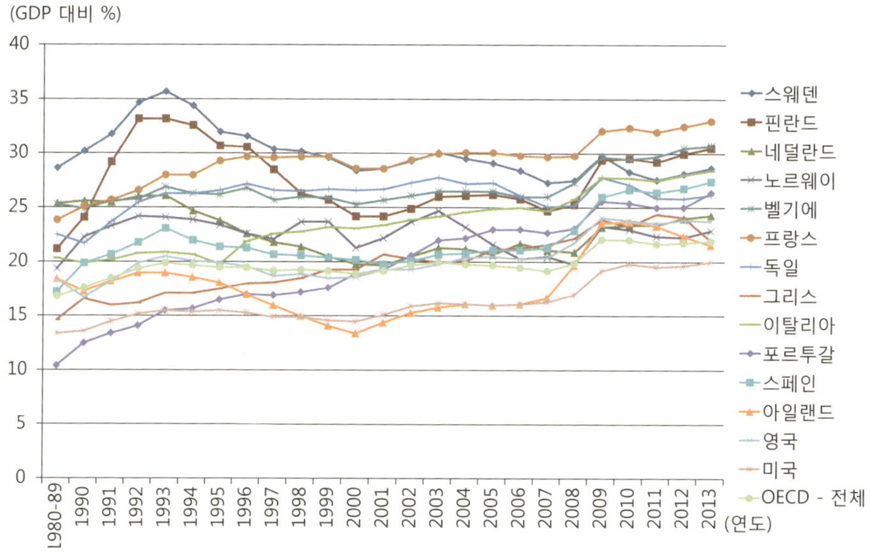

출처: OECD.StatExtrats 통계 참조, 저자 작성.

〈그림 8-4〉 미국과 유럽 국가들의 사회지출 비교: 1980-2013

럽 국가들의 소득불평등 정도를 세전소득과 세후소득 지니계수로 측정한 결과를 비교한 것이다. 세후소득은 세금과 사회이전지출을 정산한 이후의 가처분소득을 의미하는 것으로 세전소득과 세후소득을 비교함으로써 국가별 사회정책의 불평등 완화 효과를 측정·비교할 수 있다.

첫 번째로 눈에 띄는 점은 2000년대에 들어 미국의 세전 소득 불평등 정도가 유럽 주요국들과 큰 차이를 보이지 않는다는 점이다. 그에 비해 세후 불평등 정도는 확연한 차이가 드러난다. 따라서 사회적 소득 불평등의 정도가 낮기 때문에 미국의 복지 혹은 사회정책이 유럽 선진민주주의 국가들에 비해 상대적으로 되었다고 설명하기는 어렵다. 또한 세후 불평등 정도의 차이는 각국에서 시행되는 소득 재분배 정책의 차이가 1990년대 이후에도 여전히 존재하고 있음을 보여

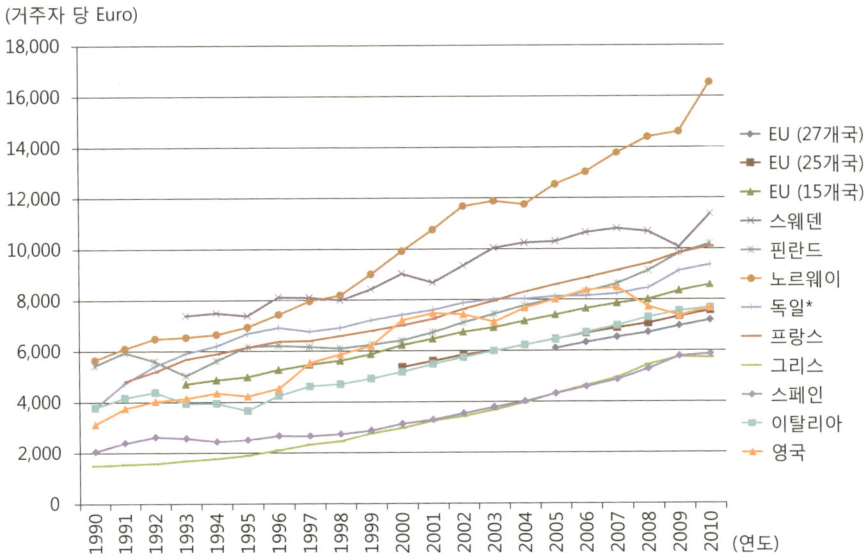

출처: eurostat 통계 참조, 저자 작성.
독일*: 1990년 이전 통계수치는 서독 실업률.

〈그림 8-5〉 EU 사회보호 지출: 1980-2013

준다. 유럽 노르딕 국가들의 세후 불평등 지수는 여전히 가장 낮게 나타나고 있다. 이에 반해 프랑스, 독일 등의 대륙형 국가들에 비교했을 때에도 앵글로색슨형 국가로 분류되는 영국과 미국의 소득불평등은 세전과 세후 차이가 상대적으로 적은 편임을 확인할 수 있다. 원래 소득 불평등이 높은 국가들에서 조정의 필요성에 의해 사회보호 정책이 실시된다기보다 경로의존적 효과에 의해 이전의 제도를 고수하는 경향이 나타난다. 21세기에 이르러서도 사회모델 유형별로 실질적인 정책적 차이와 사회적 결과가 지속해서 유지되고 있는 것이다.

그렇다면 이러한 정책적 차이는 불가역적인가? 글로벌화가 진전될수록 각국 경제는 국제적 경기변동의 영향을 크게 받을 것이고 이에 따라 과거보다 경제적 불확실성과 불안정성을 보다 크게 느끼는

〈표 8-2〉 미국과 유럽 국가들의 소득불평등 비교(지니계수)[39]: 1990-2010년

연도 / 국가명	1990		1995		2000		2005		2010	
	세전	세후	세전	세후	세전	세후	세전	세후	세전	세후
스웨덴			0.438	0.211	0.446	0.243			0.441	0.269
덴마크	0.396	0.226	0.417	0.215	0.416	0.227	0.416	0.232	0.429	0.252
노르웨이			0.404	0.243	0.426	0.261			0.423	0.249
핀란드			0.479	0.218	0.478	0.247			0.479	0.26
네덜란드	0.474	0.292	0.484	0.297	0.424	0.292	0.426	0.284	0.424	0.288
벨기에							0.482	0.269	0.478	0.262
프랑스					0.49	0.287	0.485	0.288	0.505	0.303
독일	0.429	0.256	0.459	0.266	0.471	0.264			0.492	0.286
그리스							0.471	0.34	0.522	0.337
이탈리아			0.465	0.326	0.472	0.321			0.503	0.319
포르투갈							0.498	0.373	0.522	0.344
스페인							0.463	0.324	0.507	0.338
영국	0.49	0.355			0.512	0.352	0.503	0.335	0.523	0.341
미국		0.349	0.477	0.361	0.476	0.357	0.486	0.38	0.499	0.38

출처: OECD StatExtracts 데이터 수치 참조, 저자 작성.

국민들은 재분배 프로그램 및 국가의 역할을 보다 크게 요구하게 될 것이다. 하지만 경제적 조건과 사회 구조적 조건으로부터 야기되는 필요성이 재분배 정책 혹은 사회정책의 도입으로 이어지지 않는다는 점은 미국과 유럽에서 형성, 발전되어온 사회모델의 차이를 통해서도 확인할 수 있다. 1990년대 이후 발생한 세 차례의 경제위기를 경

39 지니계수(GINI)는 소득 분배 상태를 나타내는 표준 지표로서 불평등이 클수록 값이 크게 나타난다(0=완전평등, 1=완전불평등). 따라서 지니계수를 소득평등화 지수라고 표기하기도 한다. 이 표는 세전 지니계수(세금과 정부의 보험급여 및 공적 부조 등의 이전소득이 계산되지 않은 소득의 격차)와 세후 지니계수를 병기함으로써 복지제도 및 사회정책의 차이가 불평등 정도에 영향을 미치는 정도를 나타내고자 했다.

험하면서 복지제도의 형성과 국가 역할이 증대될 필요성이 커졌으나 오바마행정부의 국민건강보험 도입 시도로 인해 부상한 미국의 정치적 갈등은 정책 변화가 제도 전환으로 이어지기 쉽지 않음을 보여주고 있다. 그리고 단지 지역적 위치, 산업구조뿐 아니라 노동시장 행위자들의 산업관계 유형, 사회적 요구를 정책으로 전환시키는 정치과정의 제도화 양식이 정책의 선택에 큰 영향을 미친다는 점을 잘 보여준다.

정책은 정치적 결정에 의한 것이지만 정책결정자들이 입안한 정책이 제도적 전환의 효과를 갖기 위해서는 사회 전반의 동의가 필수이다. 사회 구성원들은 재분배정책이 자신의 소득을 다른 사회 구성원에게 이전한다는 데에 민감할 수밖에 없으며 경제정책에 대한 불만은 따라서 정치적 지지의 철회로 나타나기 때문이다. 정부 정책은 제도의 영향력 하에 있으나 정부 정책을 비판하는 반대당으로의 정권교체는 정책 전환에 정당성을 부여하는 효과를 갖는다. 특히 근대 대중정당과는 달리 현대 정당들은 선거에서 표의 극대화를 위해 특히 고정된 충성적 지지층이 아니라 부동층을 형성하는 경향이 있는 중도층을 설득할 필요성이 크다. 따라서 이들이 부의 재분배 정책에 동의하는지의 여부가 매우 중요해진다.

토벤 이베르센(Torben Iversen)과 데이비드 소스키스(David Soskice)는 어떤 선거제를 채택하고 있는지가 정치적 중도의 선거연합 구성을 상이하게 함으로써 재분배정책의 도입에 상이한 결과를 보여주고 있다.[40] 다수제에서는 중도우파 내각이 출현하는 경우가, 비례제에서는 중도당이 좌파블럭과 연정을 구성하는 빈도가 높았고 비례제를 채택하는 국가들에서 재분배정책이 특징적이었다. 즉 개별 국가의 선거

40 Torben Iversen and David Soskice (2006), pp. 166-188.

제도가 단순다수제인지 혹은 비례제인지에 따라 정당경쟁구조와 의회 운용이 달라지며 이는 정책적 차이를 가져올 수 있다는 것이다. 뒤베르제의 법칙으로 잘 알려져온 바와 같이 영미식 단순다수대표제는 양당 경쟁구조를 고착화한 반면 유럽대륙의 비례대표제는 여러 정당의 경쟁구조와 연정구성을 불가피하게 함으로써 연립정부와 합의제적 의회제도가 발달하게 되었다. 권력구조가 대통령제인지 의원내각제인지에 따라, 의회 내 권력분립의 형태가 단원제인지 양원제인지에 따라, 그리고 의회 내 이익집단의 영향력이 제도화되어 있는지의 여부 등은 각국의 복지제도 및 사회정책의 유지 혹은 변화에 큰 영향을 미칠 수 있는 것이다. 또한 노르딕 모델에 속한 국가들에서 특징적으로 나타나는 바와 같이 정책결정과정에 이익집단이나 사회구성원의 참여가 제도화되어 있는가, 혹은 영국과 프랑스처럼 정치엘리트 중심적인 중앙집권적 정책결정구조가 제도화되어 있는가에 따라 변화의 방식이 달라질 수 있다. 이러한 정치제도적 특성의 차이가 정책적 결정에 미치는 효과는 유럽 사회정책 의사결정방식에서도 나타난다. 만장일치제에서 다수결제로의 변화는 농업정책에서는 프랑스, 사회정책에서는 영국의 거부 행사권(veto power)을 약화시킴으로써 정책입안을 보다 용이하게 할 수 있었다.

행위자-행위자, 집단, 아이디어

앞의 절에서 미국과 유럽 복지 및 사회모델의 지속과 변화를 살펴보는 과정에서 구조적 변화의 충격에도 제도의 경로 의존적 경향을 확인한 바 있다. 제도는 해당 사회의 역사적 경험에 의해 경로 의존적으로 진화하는 경향이 있으며, 거대한 외적 충격 혹은 혁명적 사회전환이 일어나지 않는다면 쉽게 변하기 어려운 속성을 지닌다. 공식적 제도뿐 아니라 비공식적인 제도 즉, 한 사회 내에 고착된 신념, 가치체계, 문화 역시 공식적인 법제도적 질서 못지않게 이후 발전하는 사회 모습에 큰 영향을 미친다. 미국과 유럽 양 대륙에 형성, 발전되어온 사회모델의 상이성과 현재를 비교하기 위해서는 근대국가 형성과정과 민주주의 제도 수립과정에 대한 이해가 필요하다. 유럽은 상호 연관된 불평등한 신분제적 사회질서 — 왕정과 봉건적 신분제 — 의 붕괴와 절대주권으로부터 인민주권으로의 이양과정에서 근대 민주주의 체제가 태동했으며 이 과정에서 다양한 사회 균열이 정치적 균열에 반영되는 형태로 민주주의 제도화가 진행되었다. 절대주의 국가 시대부터 민주주의 시대에 이르기까지 유럽에서는 경제위기와 사회적 불안정을 완화시키기 위한 국가의 역할이 존재했으며 이에 대한 구성원들의 기대가 형성되어 있었다. 이에 비해 미국은 봉건제적 유산이 없는 신대륙에서 동일한 이민자의 신분으로 비교적 평등한 지위, 재산, 종교적 신념을 공유하는 국민들에 의해 수립되었으며 자본주의적 소유와 이윤 추구에 대한 종교적 정당화와 국가로부터 개인적 재산권에 대한 보호를 중요시하는 가치체계가 지배적인 가운데 주로 소득격차에 따른 계층적 질서를 형성하였다. 국가의 소득재분배 역할에 대한 미국과 유럽 간의 인식 차이가 기저에 형성, 유지되어온 것이다.

하지만 유럽 각국에서 국민국가형성과정과 산업혁명과정을 통해 형성된 사회적 가치체계가 현대에 이르기까지 고착되어 변화하지 않았다고 단정할 수는 없다. 이때 중요한 역할을 하는 주체가 바로 정치엘리트 집단이라고 할 수 있다. 이들이 사회적 가치와 요구의 변화를 수렴하여 정책에 반영하며 어젠다 형성을 통해 사회쟁점으로 확산시키고 정책적 처방을 내리기 때문이다. 앞서 언급한 바 있듯이 각국의 경제정책이 일견 수렴한 듯이 보이는 것은 실질적으로 경제적 세계화 효과 때문이라고 볼 수만은 없다. 세계화에 대한 진단과 처방은 각국 정치엘리트들에 의해 내려지며 정책결정자들이 세계화의 영향력을 믿음으로써 이에 입각하여 정책적 가이드라인을 제시하기 때문이다.[41]

이러한 의미에서 각국 경제정책의 중심이 되는 경제아이디어의 전환을 유럽 사회민주주의적 복지국가 변화의 주요 요인으로 제시하기도 한다. 케인즈주의의 경제아이디어가 시효를 다하고 통화주의적 혹은 고전적 자유주의 경제아이디어로 대체됨으로써 각국 경제 운영 아이디어의 중심이 복지국가의 전형적 특징인 큰 정부에서 작은 정부로, 국가개입의 부정적 효과에 대한 믿음의 증대 등으로 나타난다는 분석 또한 1990년대의 신제도주의적 시각에서 설명력을 얻게 되었다. 일례로 스웨덴에서는 1976년 스웨덴 사민당의 총선패배 이후 1980년대부터 스웨덴의 보수당과 사용자연합의 연계 하에 연구소(비즈니스와 정책연구센터(SNS))와 출판사(Timbro) 등을 통해 사민당에 의해 구축된 스웨덴 모델에 대한 비판적 여론과 영·미식 신자유주의 아이디어에 기초한 정책의제를 형성해왔다. 이들은 정부와 노동조합의 연계 하에 구축된 경직적이고 중앙집중적인 코포라티즘(corporatism)적 관행을 비판하고 복지모델에 대한 경제적 조정의 필요성을 피력하는 보고서를 발간해왔다.[42] 이와 같은 경제적 아이디어의 전환은 특히 소득정책에 대한 케인즈주의적 완전고용의 제도적 기반이 상당 부분 와해된 상태에서 노동조합총연맹과 사용자연합의 중앙 합의에 의한 임금억제가 가능했던 경제조절 방식이 더 이상 불가능해짐에

41 Colin Hay (2006), pp. 1-22.

42 Mark Blyth, "The Transformation of the Swedish Model: Economic ideas, Distributional Conflict, and Institutional Change," *World Politics* 54-1 (2001); Johannes Lindvall, "The Politics of Purpose: Swedish economic Policy after the Golden Age," *Comparative European Politics* 38-3 (2006).

따라 국가에 의한 정책 운용의 자율성이 약화되면서 진전되어왔다. 특히 미국과 영국[43] 중심의 신자유주의적 경제정책, 마스트리트조약 이후 일국적 경계를 넘어 EU 차원의 사회정책 수립을 목표로 했던 EU의 시도 등으로 복지 및 사회모델에 대한 논의는 전통적인 "복지국가(welfare state)" 차원을 넘어서 초국적 차원의 논의로 확장되게 되었다. 1990년대 미국과 영국에서 공통적인 복지에 대한 관념은 1980년대 미국에서 무르익었던 복지정책 재고하기의 흐름을 이어 "일하는 복지(workfare)"를 추구하는 경향을 나타내고 있었다. EU 차원에서는 리스본 프로세스 등을 통해 '미국 따라잡기', '성장과 일자리' 등을 강조하는 등 각국 사회모델 개혁의 필요성을 강조하면서 지속가능한 성장의 아이디어를 제시해왔다.

하지만 2008년 발생한 미국발 경제위기로 이러한 흐름은 다시 역전되어가는 양상을 보이고 있다. 투기 자본주의와 다국적 금융자본에 대한 규제, 경기부양을 위한 국가 개입, 전 세계적으로 긴밀하게 연결된 글로벌 경제에 의해 보다 취약해진 국내 경제에 대한 보호의 필요성 등이 '국가'를 다시 불러들이고 '자본'에 윤리적 책임을 부과하도록 요구하며, '사회'적 보호망의 재구축을 요구하게 된 것이다. 국민국가 차원에서 국가 개입의 필요성과 자본 규제, 경제적 불평등 완화에 대한 요구는 신자유주의적 경제조정과 통화주의적 긴축경제를 강조하는 경제아이디어에 대한 도전이 되고 있다.

---

43 영국의 대처 전 총리는 1975년 보수당 대표가 된 이후 신우파(new right)적 사상적 기반하에서 특히 케인즈주의적 수요관리를 집중적으로 공격하여 코포라티즘과 관료주의의 "공모(collusive conspiracy)"라고 공격한 바 있다. 영국의 뉴라이트는 국가에 기대는 가난한 자들이 자립과 노동윤리를 되찾을 수 있도록 국가부조를 줄이고 사회의 '재윤리화'를 주창해왔다. Rodney Lowe, *The Welfare State in Britain since 1945* (Hampshire and NY: Palgrave macmillan, 2005), p. 320.

4. 결론: 미국과 유럽, 다양성의 유지?

2차 세계대전 종전 이후 전개되었던 20여 년간의 자본주의 황금기는 다시 말해 복지국가 전성기라 지칭해도 무리가 아니었다. 유럽 각국 정부들은 경제회복과 안정을 대전제로 경제복구과정을 주도했고 파시즘에 저항했던 좌파 정치세력들은 국민 다수의 지지를 얻어 전후 총선에서 승리해 집권당으로 정부를 이끌었다. 적어도 유럽에서는 노동자계급 정당과 사회민주주의 정당들의 집권과 시장의 실패로 인한 불평등과 인간소외를 정부 개입으로 해결할 수 있다는 믿음이 팽배했다. 좌파 혹은 중도좌파 정부가 제시한 복지의 확대와 사회정책의 필요성을 유권자들이 지지함으로써 이른바 '좌로부터의 전염'이 시작되었고 '악마의 맷돌(Satanic mills)'[44]을 적어도 파괴적이지 않은 방식으로 조정할 수 있는 가능성이 제시되었다. 케인즈주의적 '수정자본주의'는 국가와 사회의 개입을 통해 지속가능한 '인간의 얼굴을 한 자본주의'를 만들 수 있다는 정치적 기획이 내포되어 있는 개념이었다. '보이지 않는 손'의 자기조절적 능력에 대한 이상적 믿음은 시장이 모든 것을 해결해줄 장기적 시점에는 "… 우리는 모두 죽었다." 라고 단정한 케인즈의 현실인식 앞에서 잠시 뒤로 물러났다. 1830년대 노동자당의 짧은 경험이후 노동자계급 대중정당의 정치세력화에 실패한 미국에서마저 1930년대부터 1940년대 초 민주당 루즈벨트

44 칼 폴라니, 『거대한 변환: 우리시대의 정치적·경제적 기원』(민음사, 1991), p. 51. 폴라니는 윌리엄 블레이크의 시편 『밀턴』(1804) 서시의 은유적 표현 "dark Satanic Mills"을 인용해 산업혁명이 인간 사회에 미친 파괴적 혼란을 나타낸 바 있다. 폴라니는 1957년 발간한 위 책에서 "… 변화의 속도는 변화의 방향보다 중요할 수 있다. … 정부의 역할은 변화의 속도를 조정하여 경우에 따라 가속화시키기도 늦추기도 하는 데 있다"(p. 56)라고 강조한다.

행정부의 뉴딜정책, 1960년대 존슨 행정부의 '위대한 사회' 등 정부 주도적 사회정책 수립이 짧게나마 시도되었다.

1970년대 중반 이후 모든 것이 변화하였다. 1차적으로는 1971년 브레튼우즈 체제의 붕괴, 1973년 발생한 오일 위기가 큰 영향을 미쳤다. 유럽 국가들에서 인플레이션과 경기침체가 지속되는 스태그플레이션이 이어졌다. 저성장 국면에 접어든 경제와 높아진 실업률로 복지는 재정적 부담의 원인으로 지목되었고 이는 복지국가의 비효율성과 방만한 재정운영에 대한 비판으로 이어졌다. 좌파 정부들에 대한 정치적 지지가 하락하기 시작하는 한편 정치사회에서는 정당들이 상대 정치진영에서 성공적 정책 전략을 모방하는 경향을 보임으로써 사회정책 차원에서 좌-우 격차가 줄어드는 현상이 발생했다.[45] 선진산업국가들의 짧은 황금기가 지나고 1950년대부터 1960년대까지 "좌로부터의 전염"이 각국 경제 및 사회 정책의 지배적 흐름이었다면 1970년대 중후반부터 1990년대까지 "우로부터의 전염"이 관찰된 것이다. 유럽에서는 1975년 영국 노동당이 보수당에게 정권을 내어줬고, 1978년 총선에서 스웨덴 사민당은 44년 만에 처음으로 정부당의 위치에서 내려왔으며, 독일의 사민당 내각은 1982년 자민당과의 연정 해체로 총사퇴하였다. 미국에서는 1981년 레이건 정부의 출범 이후 신자유주의적 자본규제완화가 본격화되었다. 스웨덴 모델로 대표되는 북유럽 복지모델의 비효율성과 전후경제모델의 한계에 대한 비판적 연구가 증대하였고 이들 국가에서도 복지정책의 부분적 축소와 재편이 진행되었다.[46]

45 Andrea Volkans, "Policy change of European Social Democrats, 1945-98," in Giuliano Binoli (ed.), *Social Democratic Party Politics in Contemporary Europe* (London and NY: Routledge, 2004), pp. 20-42.

46 1970년대 복지국가는 경제적 비효율성의 원인으로 비난받았지만 그 필요성에 대한 대

유럽공동체 차원에서는 사회정책의 필요성에 대한 논의가 본격화되었다. 자크 들로르(Jacques Delors)의 주도 하에 EC 집행위원회는 "사회적 유럽(Social Europe)"의 목표를 제시했지만 대처리즘과 레이거노믹스로 표상되는 신자유주의 정책으로의 전환은 EC에도 영향을 미쳤다. 영국의 대처 총리는 1990년 의회연설에서 자크 들로르가 주도하는 집행위의 영향력 강화를 경계하면서 사회정책 도입, 유럽의회 강화, 단일화폐에 대한 반대를 천명하는 "No, No, No!"를 외치기에 이르렀다. 대처는 국가가 개인적 성과를 대체할 수 있다는 환상을 깨뜨려야 한다고 주장하는 한편[47] EC 집행위의 권한증대를 통한 유럽대륙의 통합심화에 거리를 두고 국내 지지자들에게 영국 의회민주주의의 수호와 통화주권의 필요성에 대해 호소했다. 대처 총리 재임 동안 영국 보수당 정부의 입장은 유럽 차원의 공동정책의 시행과 운영에 부정적 영향을 미쳤다.[48] 영국의 예외적 역할은 1997년 암스테르담조약에서 마스트리히트조약의 사회첨부서 규정을 조약 안으로 통합시킬 때까지 계속되었다.[49] 이처럼 서방 선진국가들에서 자유주의와 통화주의가 지배적 경제아이디어로 확산되는 가운데 1990년 소비에트연방의 몰락으로 현실 공산주의에 사망선고가 내려짐에 따라

중들의 동의가 철회된 것은 아니었다. 일례로 스웨덴에서 1976년 44년 만에 집권에 성공한 보수당 정부는 집권 초기 복지정책 축소에 대한 대중의 반발을 우려해 오히려 정부재정을 확대하는 모습을 보였다.

47 Rodney Lowe (2005), p. 3.

48 영국은 1988년 들로르가 제안한 유럽사회헌장(European Social Charter)에 승인을 거절한 바 있다. Andrew Moravcsik, *The Choice for Europe: Social Purpose and State Power from Messia to Maastricht* (Ithaca, NY: Cornell University Press, 1998), p. 452. 따라서 1989년 사회헌장은 영국을 제외하고 채택되었다. 하지만 국내정책적 측면에서는 공공연하게 복지에 비판적이었던 정치적 수사와는 별도로 경제위기 시기 유럽의 다른 국가들과 비교해서 영국의 대처 정부가 특히 정책적으로 자유주의적이었다는 증거는 사실 찾기 어렵다.

49 구춘권 (2006), p. 223.

자국 정부의 규제로부터 풀려난 글로벌 자본의 영향력은 동서를 가로질러 더욱 커지게 되었다.

이러한 흐름이 다시 역행하게 된 계기가 된 것은 2008년 미국발 금융위기로 인해 규제가 사라진 글로벌 금융자본주의의 문제점이 여실히 드러나면서였다. 2012년 프랑스 대선과 총선에서 지나친 긴축재정에 반대하는 사회당이 승리하였고, 미국의 오바마 대통령은 국민건강보험 법안을 (힘겹게) 통과시켰다. 복지국가 쇠퇴 논의가 줄어들고 북유럽 복지국가들의 비교적 성공적인 복지재편과정에 주목하는 연구가 다시금 증가하고 있다. EU 차원에서 마스트리트조약 이전과 이후에도 EU 보편적 복지모델이라고 할 만한 사회정책은 크게 진전되지 못하였으나 미국식 시장자본주의와 구별되는 ESM의 필요성은 여전히 꾸준히 제기되고 있다. EU에서는 다차원적인 행위 집단 간 연계 속에 초국적 대표협의체에 의한 사회적 대화가 진행되어왔으며 정책 결정권 면에서 여전히 미약한 수준이긴 하나 유럽시민에 의한 유럽의회 직접 선거가 시행되고 있다. 하지만 여전히 유럽은 국민 국가적 정체성에 의해 분할되어 있다. 북서 유럽 국가들은 남유럽 국가들을 일컬어 클럽 메드(Club Med) 국가라고 비난하며 자국의 세금이 EU를 통해 이들 국가에 대한 경제 지원으로 빠져나가는 데 불만을 표시해왔다. 특히 남유럽 재정위기로 유로존 존립의 위기까지 거론될 만큼 경제위기의 파장이 크게 나타나는 현 시점에서 이러한 비난은 더욱 커지고 있다.

경제위기시 EU 차원의 사회정책은 확대되는 경향을 보여왔다. 앞으로 EU의 사회정책이 진전될 가능성이 높은 이유는 그리스에서 시작되어 유럽 전역으로 확대된 재정위기로 EU 차원의 사회정책의 필요성이 더욱 커졌기 때문이다. 실제로 2008년부터 시작된 남유럽 경제위기로 EU의 일자리 창출을 위한 사회정책 지출은 보다 늘어나고 있다. 하지만 EU 차원의 노력은 보충성의 원칙에 따라 일자리 창출과 성장에 대한 일시적 지원에 그칠 뿐 보편적으로 적용되는 EU 사회정책 및 사회모델의 제도적 구축 가능성은 유보적이라고 할 수 있다. 또한 지중해식 복지모델에 속하는 국가들의 잇따른 재정위기로 이들 국가들은 노동시장제도와 비효율적 복지제도의 개혁을 요구받게 될 것이다. EU의 긴급 재정지원뿐만 아니라 IMF 등을 통한 국제적 지원을 필요로 하는 남유럽 국가들이 엄격한 긴축재정과 구조조정의 요구를 충족시켜야 한다는 점을 감안하면 지중해 연안 국가들의 복지제도 개혁이 북유럽 식의 높은 수준의 형평과 효율을 나타내는 모델로의 개혁이 아니라 앵글로색슨적 정책 모방을 통해 효율성은 높이되 보다 경쟁적이고 자유주의적 방향으로 진행될 가능성이 충분하다.

따라서 미국과 구별되는 ESM을 구축하기보다 유사한 성격을 갖게 되는 사회모델을 다른 한 축에서 형성하게 될 가능성 혹은 이후로도 복지재편과정에서 국가와 사회 간 갈등이 첨예하게 드러날 가능성이 엿보인다. 이러한 측면에서 지금과 같은 EU 차원의 ESM의 목표 설정과 발전 방향이 지속될 경우 미국과 구별되는 전후 유럽 사회모델의 중요한 특징인 노동의 탈상품화, 연대적 사회통합, 평등주의적 사회의 속성을 상실하게 될 가능성이 높다는 논란이 불가피하며 이를 둘러싼 ESM에 대한 논쟁이 앞으로도 지속해서 전개될 것이다.

9장

미국과 EU의 GMO 규제 갈등

고주현

1. 서론

유럽-미국 간 유전자변형식품(Genetically Modified Organism, GMO) 규제정책에는 상당한 차이가 있다. 유럽연합(EU)은 사전예방의 원칙에 입각하여 GM 작물과 식품에 대한 엄격한 승인절차와 의무적 표시제를 채택하고 있다. 반면 미국은 실질적 동등성의 원칙에 입각하여 GMO에 대한 느슨한 규제를 택하고 있다.[1] 미국과 EU는 정치, 경제

1 GMO 위험 평가에 대해서는 크게 엄격한 승인절차를 수반하는 규제정책 유형과 안전성 검사에 주로 의존하는 허용적 규제정책 유형으로 양분할 수 있다. 전자는 주로 GMO 수입국가들에서 발견되는 형태인데 대표적으로 EU는 사전예방원칙에 입각하여 GM 작물과 식품에 대한 엄격한 승인절차와 의무적 표시제를 채택하고 있다. 이렇게 강한 규제적 접근은 유엔환경계획(UNEP) '생물다양성협약'의 부속서인 '바이오안정성의정서(2001)'에 근거를 두고 있다. Robert L. Pearlberg, *The Politics of Precaution: Genetically Modified Crops in Developing Countries* (Baltimore and London: The Johns Hopkins University Press, 2001), p. 30; 전영평·이곤수, "유전자변형규제의 정치: 규제삼각형과 옹호연합모형의 결합을 통한 EU의 GMO 규제역동성 분석,"『행정논총』24권 1호(2008). p. 34. 이에 반해 GMO 수출국가인 미국은 후자의 접근방식을 채택하고 있다. 실질적 동등성(substantioal equivalence)은 새로운 식품, 특히 GM 식품이라도 안전성이 검증된 기존의 식품과 건강과 영양 상의 측면에서 유사하다고 판단될 경우 유전자조작을 가하지 않은 기존의 식품과 동일하게 취급한다는 것이다. 반면 사전예방의 원칙(precautionary principle)은 '어떤 활동이 환경 혹은

규모의 유사성에도 농업생명공학의 규제에서 매우 다른 접근을 택하였으며 이는 규제양극화로 지칭되며 양자 간 무역분쟁으로까지 이어졌다.

그런데 1980년대 말까지만 해도 식품안전 이슈에 관한 두 지역의 정책적 엄격성은 지금과는 반대였다. 미국이 더 엄격했고 유럽은 오히려 느슨했다. 무엇보다도 유럽은 과거 환경이나 보건 안전 이슈에 있어 사전 예방의 원칙보다는 자유주의적 원칙이 강했고, 식품 표시에서도 미국에 비해 약한 규제를 시행했으며, 유럽의 생명공학 산업 부문에도 일부 거대 생명공학기업이 존재했기 때문에 산업적 이해를 침해하는 새로운 규제의 도입과 강화는 쉽지 않은 상황이었을 수도 있다. 그러나 1980년대 후반, 특히 1990년대 들어와서 유럽에서의 정책기조와 공공여론은 확연히 달라졌다. 가장 큰 원인은 영국에서 1990년대 중반에 발생한 광우병(Bovine Spongiform Encephalopathy, BSE)[2] 정책실패가 정부정책과 과학적 근거에 대한 대중적 신뢰를 뿌리부터

인체에 위협을 가할 경우 비록 일부 원인-효과의 관계가 과학적으로 확실히 밝혀져 있지 않더라도 사전예방적 조치들을 취해야 한다는 원칙이다. 김환석, 「유전자변형식품에 대한 사회적 논쟁과 규제방향」, 『환경법연구』 22권(2000). p. 201. 사전예방원칙은 1985년 단일유럽의정서에서 EU의 법체계에 공식적으로 도입되었으며 1992년 마스트리히트 조약을 통해 '유럽공동체의 환경정책은 사전예방원칙에 기초하여야 한다'고 규정된 이후 EU의 각종 환경입법에 적극적으로 수용되고 있다. Wybe Th. Douma, "The Precautionary Principle in the European Union," *Review of European Community & International Environmental Law* 9-2 (2000), p. 133.

유럽의 경우 위험 정책에 있어 비용-편익의 합리성에 기반한 전통적인 기술관료주의적 접근에 대한 비판에서 출발했다. 그럼에도 유럽과 미국이 모든 위험관련 정책에 대해 GMO와 유사한 접근법을 취하는 것은 아니다. 예를 들어 대테러 정책에 대해서는 미국이 유럽보다 훨씬 더 강한 사전예방원칙을 적용하고 있다. 위험정책에 대한 사전예방원칙의 다양한 정책유형과 접근법에 대해서는 김은성, 「사전예방원칙의 정책유형과 사회문화적 맥락에 대한 고찰: 유럽 및 미국 위험정책을 중심으로」, 『한국행정학보』 45권 1호(2011년 봄), p. 73 참조.

2 소해면상뇌증(Bovine spongiform encephalopathy)을 이하에서는 일명 광우병으로 지칭한다.

흔드는 결과를 초래한 것으로 보인다. 반면 미국은 1990년대 들어 GMO 이슈에 관한 정당 간 경쟁이 줄어들고 1970년대 이후 지속되어왔던 이슈에 대한 미디어와 대중의 관심 역시 감소했다.

또한 GMO 이슈는 EU의 정책결정과정의 특수성을 잘 보여주는 분야이다. 미국의 연방체제도 매우 복잡한 정책결정의 양상을 보이지만 EU의 경우 이러한 복잡성의 정도가 더 크다고 할 수 있다. 특히 각 회원국의 개별 이해관계와 기업, 소비자, 환경 단체 및 EU 기구 등 다양한 정책행위자들이 여러 정책영역에 걸쳐 다층적으로 상호작용하는 양상을 보여준다. 나아가 GMO 이슈는 글로벌 거버넌스의 차원에서도 접근할 수 있다.[3] 2003년 미국이 유럽의 엄격한 GMO 규제기준을 압박하기 위해 WTO에 제소함으로써 오히려 EU는 그동안 침체되어 있던 GMO 규정을 재가동할 수 있는 근거를 얻게 되었다.

이 장에서 중점적으로 보려는 것은 크게 두 가지이다.

첫째는 유럽과 미국의 GMO 규제체제에 대한 양극화의 원인을 찾아보는 것이다. GMO 이슈에 관한 유럽과 미국의 규제체제 차이는 다양한 갈등 요인의 복합적인 상호작용을 원인으로 한다. 특히 두 지역 이익집단 정치과정의 차이, 규제제도의 구조적 차이를 비롯하여 GM 상품에 대한 안전성과 환경에 미치는 유해성에 대한 사회적 인식의 차이 등이 주요 요인이다.

---

3 EU의 경우는 국가하부 차원, 국가(회원국) 차원, 유럽(초국가) 차원, 국제적 차원 등 다양한 수준에서 이익집적과 이익표출의 상호작용이 일어난다. 즉 다양한 정치·경제·사회적 행위자는 다양한 차원의 정책과정 속에서 글로벌 거버넌스를 펼쳐나간다. 국제적 차원에서는 WTO나 생물다양성협정(Convention on Biodiversity) 및 카르테헤나 생물안전성의정서(Cartegena Protocol on Biosafety) 등과 같은 국제제도와 기구들이 행위자이자 제도적인 맥락에서 이해될 수 있다. 예를 들어 GMO 분쟁에서 유럽과 개도국들은 생물안전성의정서를 그들의 전략적 자원으로 활용한 데 반해 미국은 WTO 자유무역규정을 이용해 유럽의 엄격한 GMO 규제를 비판했다.

유럽의 반GMO 운동은 고도로 정치화된 반면 미국에서는 1990년대 후반에 들어서야 소비자 및 환경 NGO들을 중심으로 전개되었고 그 영향력도 GMO 정책영역에서 우월한 위치를 차지하고 있던 생명공학 기업들에 비해 상대적으로 약했다.[4] 유럽의 환경 및 소비자 NGO들의 영향력이 증대할 수 있었던 데에는 유럽의회의 입법적 권한 강화라는 제도적 환경이 마련되었기 때문이라고도 볼 수 있다.[5] 집행위원회는 EU 차원의 GMO 규제정책을 확립하여 회원국 간 거래비용을 줄이고 GMO에 관한 국제규정과 조화를 이루기 위한 노력을 지속해왔다. 그럼에도 회원국 정부들은 코미톨로지(comitology)나[6] 긴급수입제한(세이프가드) 같은 제도적 장치들을 이용하여 집행위원회의 규제권한을 제약할 수 있었다. 또한 각료이사회(Council of the

---

4 David Vogel, *The Politics of Precaution: Regulating Health, Safety, and Environmental Risks in Europe and the United States* (Princeton: Princeton University Press, 2012), p. 34.; 전영평·이곤수(2008), p. 37.

5 Greenpeace, Firends of the Earth, Euro Coop, Bureau Européen des Union de Consommateurs(BEUC) 등은 유럽에서 반GMO 여론을 형성하여 규제집단에 가장 많은 영향을 미친 단체들이다. 이들은 GMO 상품이 유럽시장에 유입되던 초기부터 Norvatis, AgrEvo, Zeneca, Aventix 등의 거대생명공학기업들을 상대로 GMO가 환경과 인체에 주는 위험성을 강조하며 활발한 반대운동을 벌여왔다. Thomas Bernauer and Eric Meins, "Technological Revolution Meets Policy and Markets: Explaining Cross-national Differences in Agriculture Biotechnology Regulation" (European Journal of Political Research 42-5 2003), p. 653; J. Ralph Blanchfield, "European Union Regulations with an Emphasis on Genetically Modified Foods," in Food Safety Handbook (John Wiley & Sons, Inc., 2003), p. 779. 마스트리히트조약 이후로 강화된 유럽의회의 입법적 권한이 NGO들로 하여금 그들의 정책적 목적을 달성하기 위해 의회에 로비를 하게 했고, 의회는 자신들의 입지를 확대하기 위해 NGO들의 참여를 적극 지지해왔다. 다양한 EU 정책분야 중 특히 환경과 소비자 문제 관련해서는 의회와 NGO의 관계가 더욱 돈독한 분야이다. 특히 GMO 관련하여 EU국민들이 가장 신뢰하는 기관으로 NGO가 가장 높은 점수를 받았다는 것도 이와 같은 단체들에 대한 의회의 지지와 후원의 근거로 볼 수 있다. ABE(Agricultural Biotechnology in Europe). "Crop Biotechnology: An Overview," http://www.monsantopakistan.com/news/Abe/crop.PDF, p. 5(검색일: 2013. 11. 5)).

6 코미톨로지에 관해서는 p. 179에 상세한 설명이 나와 있음.

European Union)는 GMO 승인 및 수입에 대한 실질적인 모라토리엄(moratorium) 선언을 통해 유럽에서 엄격한 규제체제를 형성하는 데 기여했다. 즉 EU의 다층적 거버넌스 구조가 개별 국가들로 하여금 EU 차원의 규제에서 상당한 거부권을 행사할 수 있게 하였고 또한 NGO들의 정책과정에 대한 접근을 용이하게 한 측면이 있다.

한편 미국에서 GMO 관련 정책은 식약청(FDA), 농무부(USDA), 환경보호국(EPA) 등 세 개 기관을 중심으로 중앙집권적으로 형성되었다. 그중에서도 식약청과 농무부가 미국 GMO 정치를 주도하고 있었는데 이들은 합리적 이해관계를 중심으로 시장지향적, 친기업적 표시정책을 지지했다. 그 배경에는 유전자변형작물을 재배하는 미국 농가의 수가 급속히 증가했고 GMO 생산기업들도 농민단체와 함께 생산자와 소비자 양측의 이득과 편익성을 강조해왔다.[7] 반면 소비자 단체들은 GMO 생산자 집단과 달리 관련 정책에 별다른 영향을 미치지 못했으며, 이는 GM 상품에 대한 정부의 지속적인 홍보와 식품 안전을 담당했던 정부기관에 대한 대중의 신뢰가 컸기 때문인 것으로 파악된다.[8]

둘째는 양 지역의 GM 분쟁이 유럽의 GMO 정책발전에 어떤 영향을 미쳤는지, 과연 EU차원의 규제기회로 작용할 수 있었는지, 만

---

7 2003년 미국의 GMO 농가 비율은 63.2%에 달했다. 농민을 대표하는 대규모 단체들에는 AFBF(American Farm Bureau Federation), ASA(American Soybean Association), NCGA(National Corn Growers' Association) 등이 있으며 이들은 GMO 구매의사에 부정적 영향을 미치는 표시제 등의 이슈화와 규제 도입에 지속해서 반대해왔다.

8 물론 미국에서도 GMO에 대한 반대 여론이 전혀 없었던 것이 아니고 소비자 단체의 반대운동도 있었지만 유럽에 비해 상대적으로 약했다는 측면이 있고 소비자단체의 GMO 상품 불매운동들을 통해 대규모 판매, 유통 기업들이 자발적으로 GMO 상품의 판매를 중지하는 형태로 나타났다. 따라서 연방차원에서의 엄격하고 의무적인 법안이 도입되지 않은 데에는 기업들의 자발적인 노력도 한 몫을 했다고 볼 수 있다.

약 분쟁이 규제정책 마련에 긍정적인 역할을 하였다면 왜 여전히 지역 간 상이성이 존재하는지에 관한 이유를 살펴보는 것이다. 일반적으로 규제정책과 관련하여 국제제도는 행위의 제약적 요인으로 이해될 수도 있겠지만 GMO 이슈에 있어서 유럽에서는 WTO나 생물다양성협정과[9] 같은 국제제도가 오히려 전략적 자원으로 이용된 측면이 있다. 이는 결국 글로벌 GMO 거버넌스와도 연관되는데 무역갈등으로 확대된 미국과 유럽 간의 제도적 긴장이 둘 중 누구에 의해 글로벌 GMO 거버넌스를 주도하게 하였는가라는 중요한 질문을 던지게 한다.

이 장에서는 유럽과 미국의 GMO 규제정책의 발전과정과 정책적 차이 및 쟁점이슈에 대한 현황 및 논의를 소개하고 두 지역의 정책발전과정을 행위자, 제도 및 사회적 인식과 아이디어의 차이를 중심으로 살펴보고자 한다. 나아가 두 지역 GMO 규제의 차이가 국제분쟁으로 이어지기까지의 과정과 특히 유럽의 GMO 규제체제에 미친 영향을 살펴보고자 한다.

---

9 생물다양성협정은 1992년 브라질 리우에서 개최된 세계 환경회의에서 체결되었으며 당시 이 협정에서 제기된 생물안전 이슈는 국제적으로 후속협상이 이루어졌고 이 결과 2000년 1월 캐나다에서 생물안전성의정서가 채택되었다. 조현석, 「생명공학의 글로벌 거버넌스: 미국-유럽 GMO 무역 분쟁 사례」, 『21세기 정치학회보』 18권 2호(2008), p. 215.

2. 미국과 EU의 GMO 규제정책의 차이

유럽: 여러 분야에 걸쳐 있는 복잡한 GMO 규제[10]

EU의 생명공학 규제는 상당히 복잡한 다분야 간 정책영역이다. 얼핏 판단해도 우선 단일시장 이슈와 공동농업정책, 환경정책, 소비자정책과 연관된다. 좀 더 들어가보면 무역정책, 산업정책, 연구·기술 정책 등과도 관련 있다. 따라서 GMO 이슈는 어떤 측면에서 접근하느냐에 따라 다른 프레임으로 보이기 마련이다. 게다가 상이한 정치 행위

〈표 9-1〉 GMO 접근방법에 따른 EU 정책분야

분야	내용
단일시장	역내 GM 종자와 작물, 식품의 자유로운 유통 등 EU의 GMO 규정에 관한 최우선의 법적 기반
산업정책	미국과의 경쟁에서 유리한 입지를 점유하기 위한 유럽생명공학 산업의 규제환경 조성
연구기술개발정책	회원국 간 과학기술협력 증진
환경정책	생물다양성 위협과 같은 환경에 미치는 부정적 영향 EU 생명공학정책 입안에 있어 주도적 역할 유럽의회가 해당 이슈에 긴밀히 관여하도록 함
소비자정책	GM 식품에 대한 규제와 마케팅, 식품안전과 소비자보호 및 알권리 보장
공동농업정책	GM 작물의 구체적인 생산과정을 포함하여 EU 규제가 작물의 경작방식과 동물의 사육방식 등에 미치는 영향
국제무역정책	GM 관련 상품의 수입 WTO 체제 하에서 EU 정책의 정당화 필요성은 지난 수십 년간 EU 생명공학 정책에 대한 상당한 개혁을 초래

출처: Mark Pollack and Gregory Shaffer 2010 in Helen Wallace and Mark Pollack (eds.) pp. 333–334 참고하여 저자 재구성

---

10 이 장의 내용 중 EU의 GMO 규제정책에 관한 내용은 고주현, 「EU의 예방주의적 GMO 규제정책에 대한 연구」, 『유럽연구』 31권 3호(2013)에서 일부 발췌 및 수정한 것임을 밝힌다.

자들이 각각의 정책영역에 포진해 있다. 다음은 각 정책영역별 GMO 규제에 관한 접근시각을 정리한 표이다.

이와 같이 다분야적 이슈로서 GMO 규제는 EU 규제의 다양한 목표와 접근시각을 갖는 정치행위자들 간의 수평적인 정책 조율이라는 도전에 직면해왔다. 집행위원회와 이외 EU 기구들이 여러 이슈영역에 걸쳐 정책결정을 조율하는 과정은 상당히 복잡하고 어렵다. 집행위원회는 설립 이후 지속적인 개혁을 거쳐왔고 다분야 간 실무그룹(working group)들은 각 총국별로 정책영역에 관한 각자의 이익과 이해를 반영하려 애써왔다.

GMO에 대한 공동체 차원의 규제 필요성이 집행위원회에 의해 처음 제기된 1980년대 중반에는 회원국 간의 규제격차가 컸다.[11] 자체적으로 엄격한 기준을 가지고 있던 회원국들이 있었던 반면 관련 규제가 전무했던 회원국도 있었다. 따라서 GMO에 대한 단일시장 형성을 촉진하기 위해 집행위원회가 처음으로 EU 차원의 관련 규제안을 제안하였다.

1990년 GMO에 관한 첫 번째 EU 규제인 GMO의 "의도적 방출에 관한 지침(Deliberate Release Directive 90/220)"이 각료이사회에 의해 채택되었지만[12] 이는 GMO에 관한 연구와 산업적 활동에 관한 규정

---

11 European Commission Report, "A Community Framework for the Regulation of Biotechnology" (1986).

12 EU법은 크게 1차 입법과 2차 입법으로 나뉜다. 1차 입법은 유럽연합조약과 유럽연합운영조약, 기본권헌장과 회원국 가입을 위해 체결하는 가입조약 등으로 구성되며 EU의 헌정구조를 구성하는 상위입법이다. 2차 입법에는 규정(regulation), 지침(directive), 결정(decision), 권고(recommendation)와 견해(opinion)가 있다. 규정은 EU가 회원국과 법인 및 개인에게 일괄적으로 부과하는 조치로 회원국은 EU가 부과하는 규정에 대한 수용예외나 부분적 수용을 주장할 수 없으며 회원국과 법인 및 개인에게 직접 적용된다. 지침은 규정과 달리 EU가 제시한 정책목적과 내용을 각 회원국이 국내 법률시스템과 사회구조에 맞게 입법화하며 직접효력의 원칙이 적용된다. 결정은 부과 시 그 적용대상이 명시

만을 담고 있었다.[13] 1997년에는 유럽의회와 각료이사회가 GMO를 이용해 만든 식품을 새로운 식품(Novel Foods)으로 규정하고 GM 식품에 대한 승인 및 감독 절차와 의무 표시제를 내용으로 하는 "새로운 식품에 관한 규정(Novel Foods Regulation 258/97)"을 제정하였다. 이 규정을 통해 수입업자와 생산업자들은 GM 식품이 인체와 환경에 유해하지 않다는 점을 증명해야 하는 승인절차가 도입되었고 승인된 상품에 대해서는 GMO의 포함여부와 원료로서의 사용여부를 의무적으로 표시하도록 했다. 1998년 3월에는 모든 GM 콩과 옥수수를 대상으로 유전자조작 표기를 의무화한 Regulation 1139/98이 채택되었다. 1998년 말, GMO의 유해 가능성에 대한 새로운 증거들로 새로운 GM 작물 승인에 대한 사실상의 모라토리엄이 시작되었고[14] 1999년 6월 각료이사회는 보다 강력한 GMO 표시제와 추적제가 마련될 때까지 GMO에 대한 승인유예를 선포하였다.[15]

GMO에 대한 이와 같은 반대 환경 속에서 2000년 1월 Regulation 49/2000과 Regulation 50/2000이 제정되어 표시제의 대상을 GM 첨가물과 향료를 포함하는 식품첨가물로 확대하였다. 또한 비의도적 혼입률의 기준을 1%로 규정하여 제품에 1% 이상의 유전자조작원료가 포함되어 있다면 '유전적으로 조작된'이라는 표시를 의무적으로 넣도록 했다.[16] 이러한 일련의 제도적 발전을 통해 사전예방원칙에

되며 권고와 의견은 법적 구속력이 없는 일종의 자문 및 의견제기이다.

13 이 지침은 농업생명공학의 환경적 영향 측면을 우려하여 만들어졌고 주로 GM 종자에 대한 EU 내 수입과 유통의 승인 절차를 규정하였다. 이 지침은 1997년 새로운 식품에 관한 규정(Regulation 258/97)이 채택될 때까지 GMO 작물에 대한 승인도 담당하였다.

14 Kristin Rosendal, "Govering GMOs in the EU: A Deviant Case of Environmental Policy-Making?" *Global Environmental Politics* 5-1 (2005), pp. 82-104.

15 1999년 6월 EU환경이사회에서 프랑스, 그리스, 이탈리아, 덴마크, 룩셈부르크가 GMO 승인을 거부한 국가들이다. Mark Pollack and Gregory Shaffer (2010), pp. 342.

16 Thomas Barnauer and Eric Meins (2003); Kristin Rosendal (2005); 전영평·이곤수(2008)

기반을 둔 포괄적인 EU 차원의 GMO 단일규제가 마련되었다. 2001년 4월에는 바이오안전성의정서에 따라 EU의 첫 번째 GMO 관련 규범이었던 Directive 220/90이 개정되었다. 이제는 GMO 유통의 모든 단계에서 GMO를 포함하거나 사용할 경우 그 사용여부를 의무적으로 표시하도록 표시제도를 강화하였다. 유럽의회 및 이사회 지침 Directive 18/2001은 GMO 이력추적제도 또한 새롭게 도입하였다.[17] 이러한 규제 개혁은 생명공학으로 만들어진 모든 식품과 사료의 전체 생산과정을 포괄하기 위한 것이다. 바이오안전성의정서에 의거, 기존의 Regulation 258/97을 대폭 수정하여 제정된 "GM 식품 및 사료에 관한 EC 규정 Regulation 1829/2003"은 GM 식품의 승인과 표시제에 대해 더욱 엄격한 요건을 두고 있었다. 또한 Regulation 1830/2003은 표시제도와 이력추적제에 관한 실행내용을 규정하고 있다. 이들 규정에 의해 EU는 최종 생산물에서 GMO를 추적할 수 없는 경우라 하더라도 생명공학을 통해 생산된 모든 생산물에 표시제를 적용하도록 하였다.[18]

이렇게 세계에서 가장 엄격한 수준의 GMO 표시제가 EU 차원에 도입된 이후에야 회원국들은 1998년 이후 지속되었던 모라토리엄을 철회하였다.

2004년 5월 EU는 6년 만에 처음으로 해충저항성 옥수수 1종에 대한 역내 수입 및 유통을 승인하였다. 그렇지만 EU의 이와 같은 엄

---

pp. 41-44.

17 수정내용에는 새로운 GMO에 대한 승인의 시간적 제한, 각 단계별 승인과정의 명확한 절차와 스케줄과 이력추적제 등 책임과 표시에 관한 엄격한 입법적 요구들이 담겨 있었다.

18 Elsa Tsioumani, "Genetically modified organisms in the EU: Public attitudes and regulatory developments," *Review of European Community & International Environmental Law* 13-3 (2004), pp. 150-152.

〈표 9-2〉 EU GMO 규제정책 추진과정[19]

연도	법령	주요 내용
1990	Directive Deliberate Release of GMOs 90/220	GMO의 의도적 환경방출 승인에 관한 최초 지침
1993	Maastricht Treaty	유럽의회의 공동결정 권한 부여, 환경정책의 사전예방원칙 규정
1997	Regualtion 258/97 on Novel Foods and Novel Food Ingredients	GM 식품 및 GMO으로부터 유도된 식품에 대한 의무적 표시규정
1998	Regulation 1139/98	GMO 의무적 표시방식 규정
1999	GMO 생산 및 승인에 대한 모라토리엄 선언(승인유예) 프랑스, 덴마크, 그리스, 이탈리아, 룩셈부르크	
2000[19]	Regulation 49/2000 Regulation 50/2000	식품첨가물이나 향신료에 대한 표시제 실시 비의도적 혼입률 1%로 규정
2001	Directive 2001/18 on Deliberate Release of GMOs	GMO의 의도적 방출(환경방출, 재배, 시장출시)에 관한 단계적 승인과정과 승인의 시간적 한계 규정; GMO와 GMO로부터 유도된 식품에 대해 표시제 실시
2003	Regulation 1829/2003 on GM Food and Feed Regulation 1830/2003 on labelling and tracebility	GM 식품 및 사료의 시장출시에 관한 규정 GMO 표시제 및 이력추적제에 관한 규정/ 비의도적 혼입률 0.9%로 하향조정; 최종산물에서 GMO 단백질이나 DNA가 발견되지 않아도 표시제 실시
2004	GMO 모라토리엄 해제	

출처: Mark Pollack and Gregory Shaffer (2010), p. 338; Kristin Rosendal (2005), p. 87에서 수정 재작성됨

격한 규제체제로 인해 극히 소수의 GM 작물과 식품만이 상업화 승인을 받았고 사실상 EU에서 표시된 GM 상품의 생산과 유통은 여전히 매우 제한되어 있다.

19 2000년은 생물다양성과 생물안정성에 관한 카르타헤나 의정서(Cartagena Protocol on Biosafety in the Convention on Biological Diversity)가 마련된 해이기도 하다.

미국

미국에서는 1992년에 처음으로 GMO 관련 표시제 규정이 발표되었다.

기업의 GMO 상업화를 위해 식약청에 의해 만들어진 초기 문건들은 GMO의 안전성에 대한 확신과 GMO 식품을 기존 식품의 연장선상에서 이해해야 함을 분명히 했다. 따라서 GMO에 대한 규제 역시 기존 식품과 동등한 차원에서 실시할 것임을 제시하고 있었다.[20] GMO는 기존의 식품규제법에 의해 규제받았다. 이 법안은 식품의 속성을 구성물질을 중심으로 파악했는데 예를 들어 식품의 구성재료가 적절히 표시된 경우에는 옳은 표시제이지만 그렇지 않은 경우는 잘못된 표시제임을 명시했다. 또한 GMO를 기존 식품과 동등하게 보았기에 기존에 사용하던 명칭이 있을 경우 그 구성물질이 기존 성분과 같다면 다른 표시를 하지 않고 기존의 명칭을 그대로 사용하도록 했다.

1992년 정책지침을 발표한 이후 식약청은 GMO와 관련한 대중의 의견 수렴을 위해 1999년 11월부터 총 세 번의 공청회를 실시하였다. 이를 통해 소비자들은 GMO 정보 전달의 기회 증가와 기업의 자발적 표시제를 대체로 요구했던 것으로 확인되었다. 또한 이미 시장에 출시된 GMO 제품의 위해성에 대해서는 큰 우려가 없는 것으로 조사되었다. 이러한 분위기 속에 식약청은 GMO의 의무표시제가 필요하지 않다는 입장을 더욱 확고히 할 수 있었다.

2001년 식약청은 GMO에 대한 기업의 자발적 표시지침을 발표하였다. 특히 소비자들이 잘못된 정보에 현혹되지 않도록 식품의 속

---

20 "Statement of Policy: Foods Derived from New Plant Varieties" (FDA 2001), pp. 1-6; 조성은·김선혁, 「정책결정요인으로서의 제도, 이해 그리고 아이디어: EU, 한국, 미국의 GMO 표시정책 비교연구」, 『행정논총』 44권 3호(2006), p. 135.

성이 변하거나 안전도가 문제되는 경우에 한해 생산자가 자발적으로 표시제를 시행할 수 있도록 규정하였다.[21] 이를 통해 볼 때 미국에서는 GMO 규제체제가 만들어지게 된 계기 자체가 애초에 소비자 안전보호 차원이 아닌 생산자의 GMO 상업화를 위주로 시작되었다는 것을 알 수 있다. 또한 유럽이 GMO의 생산과정을 규제하는 것과는 달리 미국의 식품규제법은 제품의 구성재료를 중심으로 하고 있고 GMO 역시 기존 식품과 구성물질이 동일하다면 기존 식품과 동등한 식품으로 취급된다는 것을 알 수 있다.

3. 미국과 EU의 GMO 규제정책의 발전

생명공학정책의 역사적 기원

• 유럽

1957년 로마조약에는 환경보호와 식품안전에 관한 어떠한 내용도 명시되어 있지 않았다. 1970년대에 들어 EU는 생명공학과 R&D, 농업과 식품안전 및 내부시장 관련 정책들을 도입하기 시작했고 이는 GM 식품과 작물의 내용과 표시제에 대한 규제로 확산되었다.

유전자조작 기술은 1970년대에 유럽 각국뿐만 아니라 국제 규제자들의 관심사안이 되기도 했지만 당시 rDNA 연구는 생명공학기술에 있어서 중요한 발전을 이루어내는 분야로 인식되었다.[22] 1970-

21 또한 GMO라는 표현 대신 Bioengineered Food라는 용어를 사용할 것과 유전자재결합을 통해 생산된 제품이 아닌 유전자재결합이 사용되지 않은 이라는 표시가 될 수 있도록 했다. FDA (2001), pp. 135-136.

22 Mark Cantley, The Regulation of Modern Biotechnology: A Historical and European

1980년대 중반까지 GM 식품과 작물의 개발과 마케팅은 먼 미래의 목표였으며 유럽의 규제자들은 연구 중심의 경쟁적인 생명공학산업의 발전에 주로 중점을 두어왔다. 1978년 DGⅫ인 과학·연구·발전 총국은 공동체 내에 분자생물학에 관한 R&D 프로그램을 제안했고 생명공학 연구의 착수를 위해서는 국내당국에서 사전허가를 받도록 하는 지침의 초안을 제안했다. 그러나 1980년 집행위원회는 이 제안을 철회하였고 국내당국에 rDNA 연구에 대한 허가제가 아닌 신고제를 골자로 하는 1982년 이사회의 비의무적 결의안이 채택되었다. EU 생명공학산업의 경쟁력에 대해 여전히 우려하던 집행위원회는 1983년 생명공학 분야를 연구와 기술발전을 위한 다년간의 프로그램에 포함시켰다.

1980년대 중반에 이르러 유전자조작기술이 급속도로 발전하자 집행위원회는 보다 적극적으로 생명공학 규제의 공동체 프레임워크를 고안했다. 새로운 규제체제의 도입과 정책공조를 위해 '생명공학 자문위원회(Biotechnology Steering Committee)'와 '생명공학 규제서비스간 위원회(Biotechnology Inter-service Committee)'라는 부서 간 조율기관이 집행위원회 내에 설립되었다. 생명공학 관련 이슈의 무게중심은 초기 과학·연구·발전 총국(DGⅫ)에서 1980년대 후반 점차 유전자조작상품의 생산 및 판매 등의 이슈로 확대되자 자연스럽게 환경총국(DGⅪ)으로 이동했고 이후 환경총국이 분야에서 집행위원회 내 주도적인 역할을 맡았다.

Perspective: A Case Study in How Societies Cope with New Knowledge in the Last Quarter of the Twentieth Century (Wiley-VCH Verlag GmbH, 1995); Lee Ann Patterson, "Biotechnology Policy," in Helen Wallace & William Wallace (eds.), *Policy-making in the European Union* (Oxford: Oxford University Press, 2000).

• 미국

미국에서는 전통적으로 식품에 대한 규제를 각 주정부가 담당해왔다. 20세기에 들어와 주 상호 간 상업활동과 교역량이 증가하면서 식품안전에 대한 규제 역시 주 상호 간 경계를 넘어 연방 차원에서 수립의 필요성이 대두되었다. 미 의회는 1906-1907년에 헌법상의 주 상호 간 교역에 대한 조항을 토대로 연방수준의 첫 식품규제법안을 도입하였다.[23]

미국에서 유전자변형작물에 대한 규제적 관심이 일기 시작한 것은 DNA 조작기술 발전의 도약기인 1970년대 들어서부터이다. 당시에는 생명공학의 혜택뿐만 아니라 유전자 조작생물에 대한 경고와 국가적 논쟁도 있었지만 1970년대 말 미국이 생명공학 분야에서 세계 선두가 되자 이 분야에 대한 대중의 우려도 감소하기 시작했다. 이러한 상황이 새로운 하이테크 산업의 발전을 위한 미 의회의 지원으로 이어졌다.

1980년대에 들어 생명공학기술이 상업화되어가자 미국의 해당분야 규제가 어떤 방향으로 움직일지는 불확실해졌다. 과거처럼 예방적인 원칙을 고수할지, 해당산업분야의 성장을 우선으로 할지는 불명확했다. GMO 정책과 관련된 각 기관들도 다른 이해관계를 보였는데 예를 들어 환경보호국은 과정에 기반한 유전자변형규제를 원했다. 인위적으로 만들어진 새로운 생물과 자연적인 생물 간의 구별은 생산과정에 대한 구분으로 보았던 것이다. 환경보호국 관료들은 유해물질 관리 법안 아래 유전자변형작물을 규제할 수 있는 유일한 기관은 환경보호국이라 주장했다. 이런 내부 문건이 레이건 행정부에

23 식품의약법(Pure Food and Drugs Act)과 연방식육검사법(Federal Meat Inspection Act)은 식품안전에 대한 연방기준과 관련 기구들을 지정하였다.

의해 입수되자 논란이 일어났다. 당시 하원 위원회의 의장직을 맡고 있던 고어는 GMO의 환경적 영향에 대한 청문회를 열고 1984년 제출한 보고서를 통해 환경청이 관련 문제를 담당하도록 제안하였다. 당시에는 연방법원에서도 국가보건위원회(National Institute of Health)를 통해 유전자변형작물의 승인을 금지하도록 하였다. 이렇게 1980년대 초반까지도 미국은 유전자조작 생물에 관해 보다 예방주의적이고 엄격한 방향으로 나아갈 것만 같았다.

하지만 레이건 행정부는 의회의 법안 제출을 막고 환경청 활동도 제한하였다. 1985년 생명공학 위원회를 열어 관할에 대한 의문을 없애고 공통적인 규제, 제품에 기반한 규제접근을 원칙으로 내세웠다. 결과적으로 GM 이슈에 있어서 환경청의 역할은 제한되었고 농무부와 식약청의 권한이 강화되었다. 1986년 레이건 행정부의 과학기술정책사무소는 생명공학 규제를 위한 공동체제를 발표하였고 이는 미국에서 여전히 유효하다. 여기서는 생명공학이 근본적으로 유해한 것이 아니고 기존의 연방기관과 법안에 의해 규제할 수 있다고 보았다. 공동체제는 또한 미국의 세 가지 규제기관 간 책임분담을 규정했다. 식약청은 유전자변형식품의 규제자로서, 농무부는 작물의 재배를 감독하고, 환경보호국은 유전자변형작물이 가지고 있는 살충제 내성이 환경에 미치는 영향에 대해서만 관리하는 것으로 제한했다. 이 세 기관은 유전자변형작물이 기존 작물과 근본적으로 다르지 않다고 보았기에 유럽의 기관들에 비해서 운신의 폭이 좁았다.[24]

이러한 규제 경향은 미국에서 아직도 영향력이 있다. 의회 위원

24 식량과 생명공학을 위한 퓨 이니셔티브(Pew Initiative on Food and Biotechnology)의 2004년도 보고서가 보여주듯이 공동체제의 중심은 생명공학이 특수한 위험이 있는 게 아니며 유전자조작 제품들은 기존의 제품과 유사하게 규제되어야 한다는 것이다.

회들의 농업생명공학에 대한 관심은 줄어들었고 관련 청문회에서도 해당 기술의 위험성보다는 기술발전의 이익에 집중하였다. 즉 미국의 생명공학 정책은 무역기회와 국제경쟁력이라는 특징에 중점을 두었던 것을 보여준다. 레이건 행정부는 농무부에 규제책임을 넘기면서 관리감독 책임 역시 의회 내 농업위원회들로 이동시켰다. 1990년대에는 미국 경쟁력 위원회에서 생명공학 정책을 이끌게 되었다. 이러한 일련의 선택들은 유전자변형 회의론자들이 기존의 규제와 정치체제 아래 승인을 지연시키는 것을 어렵게 만들었다.

정책행위자

• 유럽

유럽 집행위원회 내에서 농업생명공학 관련 법안을 담당할 부서는 환경총국과 농업총국이었다.[25] 그중에서도 환경총국이 GM 작물의 환경에 대한 영향력 평가를 주도하였다. 농업총국은 공동농업정책과 잉여 농산물 관리를 더 중요시했다. 환경총국은 과학총국의 정책영향력을 견제하였고 과학총국은 환경총국의 정책방향을 비과학적이고 중복적이라는 이유로 비판하였다. 이러한 부서 간 갈등은 심각하게 지속되었다. 환경총국이 이 분야 규제를 주도하면서 집행위원회는 1986년 '생명공학 규제에 대한 유럽연합 체제'라는 성명서를 통해 유럽 차원의 규제체제의 필요성과 구체적인 계획을 발표하였다. 이때까지만 해도 유럽의 생명공학 산업계는 잘 조직되지 않았기 때문

25 1980년대까지 생명공학분야에 대해서는 과학총국의 역할이 주도적이었지만 이제 GMO가 실험실에서의 연구개발 차원이 아닌 재배와 판매단계로 확대되자 다수의 관련 분야 정책 간 공조가 필요했고 그 무게중심도 과학부서가 아닌 환경 및 농업부서로 이동했다. Mark Cantley (1995) 참조.

에 환경적 접근에 기반한 GMO 규제를 막지 못하였다. 집행위원회의 제안에 따르면 GM 작물을 재배하고자 할 경우 해당기관에 위험평가서를 우선 제출해야 했다. 그리고 '해당작물이 재배되는 국가'에서 작물을 평가하여 지침에의 부합여부를 확인한 후 거부 혹은 승인해야 했다. 평가서는 다른 회원국들에게도 공개되어 반대가 없다면 집행위원회에서 최종 승인을 했다. 집행위원회의 잠정평가는 회원국 대표들로 구성된 코미톨로지(Comitology) 자문위원회의 승인을 받게 되고[26] 집행위원회는 그들의 의견을 최대한 반영해야 했다. 그러나 최종 결정은 집행위원회가 맡았다. 마지막 과정에서 집행위원회는 회원국들의 권한을 인정하여 긴급수입제한(세이프가드) 절차를 통해 GM 상품이 인체나 환경에 심각한 영향을 줄 경우에 회원국은 해당 상품에 대한 재배와 판매를 금지할 수 있는 권한을 부여받았다. 하지만 이 경우에도 회원국들은 세이프가드 발동 사실과 원인을 집행위원회에 보고할 의무를 갖고 집행위원회는 이에 대한 가부를 결정하도록 했다.

1988년 집행위원회의 제안으로 도입된 "GMO의 의도적 방출에 관한 지침(Deliberate Release Directive)"은 회원국 간 규제적 차이점들을 지적했는데 예를 들어 지침이 도입될 당시 독일과 덴마크에서는 GMO에 대한 의도적인 방출을 원칙적으로 금지하였고[27] 영국, 프랑스, 벨기에, 네덜란드, 룩셈부르크에서는 각각의 GM 상품에 대해 개별적으로 접근한 반면 아일랜드, 그리스, 이탈리아, 스페인, 포르투갈에는 아직 관련 법안이 없었다(Mark Pollack and Gregory Shaffer 2009: 60).

---

26 Mark Pollack and Gregory Shaffer, *When Cooperation Fails: The International Law and Politics of Genetically Modified Foods* (Oxford: Oxford University Press, 2009), p. 61.

27 덴마크의 경우 1986년 이미 환경과 유전자기술법(Environment & Gene Technology Act)이 효력을 발휘하고 있었다.

집행위원회는 유전자변형의 과학적 불확실성에 집중하여 새로운 유전자변형작물이 생태계에 추가되는 것에 대한 개별적 평가와 승인을 제안하였다. 특히 GM 상품의 최종결과물에 집중하는 미국과는 달리 EU는 GM 작물재배과정까지도 엄격히 규정했다.

유럽의회는 지난 20년간 생명공학규제에 대한 엄격한 지지자의 역할을 해왔다. 집행위원회의 정책제안을 자유주의적 성격이 강한 너무 느슨한 규제라고 비판하며 철저한 수정안을 제안하였다.[28] 집행위원회가 Regulation 258/97을 처음 제안할 당시 그 초안에는 표시제에 대한 내용이 포함되지 않았다. 이에 대해 유럽의회가 강력한 거부의사를 표명하여 표시제가 포함된 안을 제시하면서 표시제에 대한 논의가 시작되었다. 그러나 이사회는 공동정책안에서 표시제에 대한 내용을 삭제하였고 의회는 2차 검토 시 다시 거부권을 행사했다. 그리고 1996년 11월 중재기간에 의회와 각료이사회가 합의하면서 GMO에 대한 의무적 표시제가 제정되었다. GMO 규제에 있어서 NGO가 의회에 미치는 영향, 의회가 규제를 형성하는 모습은 이후 비의도적 혼입률의 기준치를 정하는 과정에서 다시 확인할 수 있다.

각료이사회는 집행위원회의 제안을 대체적으로 수용하였으며 극단적인 미국의 주장이나 의회의 주장은 거부하였다. 하지만 각료이

---

28 미국은 집행위원회와 의회의 제안 모두를 지나치게 엄격하다고 비판했는데 특히 제품 특성에 관계없이 모든 유전자변형작물을 규제하는 것에 반대하였다. 유럽의 GMO 규제에 대한 미국의 공식적인 입장은 다음과 같다. "생물의 변형 기술을 기반으로 규제함으로써 유럽은 해당과정으로 생산된 생물들을 규제하는 것이다. 이는 생물의 특징과 관련된 분야가 아니다. 미국은 생산기법이 아닌 제품을 규제한다. 이러한 접근의 차이점이 국제규제일원화를 이루는 데 장애가 될 것이라 우려된다." 다시 말해 미국은 1986년 미국 내 GMO 규제방향을 정한 후 국제규제도 자신들의 체제와 조화시켜 해당 무역에 대한 어떤 장애도 받고 싶지 않았던 것이다. 유럽의 규제는 이러한 미국의 노력을 위협하였다.

사회는 집행위원회가 GM 작물을 승인하는 과정을 수정하였다. 원안에서는 집행위원회 의견에 대해 회원국대표들로 구성된 자문위원회의 의견만 참조할 수 있도록 한 데 반해 최종본에서는 규제위원회에서 집행위원회의 결정을 가중다수결로 승인하도록 하였다. 만일 이사회가 3개월 안에 해결하지 못한다면 의도적 방출 지침 21조에 의거, 집행위원회가 채택하도록 하였다. 이와 같이 GMO에 대한 집행위원회 결정의 관리감독을 자문위원회가 아닌 규제위원회에 맡김으로써 회원국들에게 힘을 실어주었다. 하지만 거부의사에 대해서는 만장일치를 요구함으로써 이사회의 권한을 다소 제한한 측면도 있다.[29] 아울러 이사회는 집행위원회가 제안한 세이프가드 조항을 수정하여 회원국들이 잠정적으로 자국 내에서 작물의 판매를 금지할 수 있도록 하였다(동 지침 16조). 집행위원회는 규제위원회와의 협력 하에 회원국들의 조치를 승인 혹은 거부할 수 있다. 규제위원회는 추후 회원국들이 세이프가드 조항을 발동해 이미 허가된 GM 작물의 승인을 거부하자 이에 도전한 집행위원회의 의견에 반대하였다. 이사회는 1999년 프랑스, 그리스 등 5개의 회원국을 주축으로 GMO 모라토리엄을 선언하였고 엄격한 GMO 표시제가 제정될 때까지 모라토리엄 해제를 거부하였다. 이와 같은 행동은 이후의 Directive 2011/18과 Regulation 1829/2003, 1830/2003 등이 제정되는 데 직접적인 영향을 미쳤다.

이와 같이 EU GMO 규제체제는 미국과는 달리 정치인들이 세 가지 측면에서 깊숙이 개입하고 있다. 우선 GM 식품과 작물의 재배

29 하지만 규제위원회가 결정을 지지하지 않는다면 이사회로 보내져 다수결로 채택되거나 만장일치로 거부하도록 하였다. 코미톨로지와 각각의 위원회에 대해서는 p. 296에 더 상세한 설명이 나와 있음.

와 판매를 위한 규제정책을 도입한 것은 정치인들이다. 각각의 GM 작물에 대한 승인 여부를 결정하는 기관은 회원국 정부로부터 임명된 정치관료들로 구성된 집행위원회이다. 아울러 집행위원회의 결정은 회원국 대표들로 구성된 규제위원회와 각료이사회의 검토를 받아야 했다. 이와 같이 고도로 정치화된 EU 규제체제는 미국의 경우와는 큰 차이가 있다. 미국 시스템과 비교하여 EU 규제체제는 정치적이고 복잡하며 분권화되어 있다. 회원국들이 GM 작물을 승인 혹은 거부할 수 있다는 데서 분권화되어 있고 정치인들이 승인과정에 개입한다는 데서 정치적이며, 여러 정책결정단계에서 거부권을 행사할 수 있는 여지가 있다는 데서 복잡하다. 이 장에서 말하는 정치성은 미국의 기술관료주의적인 방식과 대비되는 방식을 의미한다. 즉 유럽에서의 GMO 규제는 정치적인 결과물이라 할 수 있다.

• 미국: 3자 규제기구의 출현 및 역할

미국에서는 크게 세 개 기관이 식품안전 관련 정치를 주도해왔다. 하나는 1970년에 설립된 환경보호국(Environmental Protection Agency, EPA)인데[30] 같은 해에 통과된 국가환경정책법(Natioanl Environmental Policy Act, NEPA)을[31] 토대로 연방기구들이 정책결정과정에서 환경관련 사항들을 고려하도록 의무화했다. NEPA는 그 이후 유전자변형작물에

---

30 미국 환경보호국은 농업으로 인해 발생한 환경문제에 일차적인 책임을 갖고, 식품안전에 대해서도 권한이 있다. 특히 해충제의 사용과 같은 이슈들을 규제하는데 예를 들어 식품에 잔류하는 해충제의 양도 규제한다.

31 미국의 환경에 관한 기본법으로 환경영향평가의 의무화 등 강력한 내용을 담고 있다. 환경계획의 통일성과 조정의 수단을 부여하려는 의미로 입법되었다. 대통령직속으로 환경심의회를 조정수단 기구로 설치하고 매년 그 심의결과를 의회에 제출하도록 의무화하고 있다. 이 법은 종래 환경보호의 책임이 분산되어 있었던 것을 종합화했다는 데 의미가 있다.

관한 이의를 제기하는 법적 기반으로 사용되었다.

첫 연방수준의 식품규제법안인 순수식품의약품법(Pure Food and Drug Act, PFDA)은 이후 미국연방식품의약품화장품법(Federal Food, Drug, and Cosmetic Act, FFDCA)으로 발전하였다. 이 법안은 연방기구인 식약청(Food and Drug Administration, FDA)에[32] 식품안전 규제의 책임을 지도록 했고 특히 미국에서 유전자변형 제품에 대한 허가를 맡도록 했다.

식약청 체제와 더불어 보다 엄격한 농업과 축산업 규제기관이 바로 농무부(US Department of Agriculture, USDA)이다. 미국 농무부는 농축산물에 대한 국내 소비자의 신뢰를 얻는 데 꽤 성공적이었으며 식약청과 함께 미국산 소고기의 성장호르몬 사용을 허가하는 데 주도적인 역할을 하기도 했다.

마지막으로 주정부와 지방정부 관료들은 연방기관의 업무를 지원하며 식품안전 정책에 있어서 실질적인 집행의 역할을 맡는다. 미국의 식품안전시스템은 이와 같이 다층적이며 다수의 연방기관과 지방정부, 그리고 생산자들의 협력을 요구한다.

그중에서 농무부는 유전자변형작물을 승인하는 제1기관이다. 농무부는 동식물검역청(Animal and Plant Health Inspection Service, APHIS)을 통해 작동하며 다른 기구들보다 농업생명공학 규제에 깊이 관여해왔다. 연방식물보호법 하에서 2000년부터 APHIS는 GM 식물들을 잠정 식물병해충으로 분류했다. GM 식물이 식물병해충임이 밝혀지면

32 식약청은 식품과 약품, 화학제품, 화장품과 의료기기를 시험, 검정, 승인하고 안전기준을 정할 권한을 가진다. 그러나 식약청이 시장에 출시된 모든 제품들을 테스트하는 것은 아니고 기준을 정해 각 제품 생산자들이 책임의 의무를 지도록 한다. 식약청 단속에 의해 기준위반이 적발될 경우 식약청은 위험한 식약품의 판매를 중지하고 책임자를 처벌한다.

규제가 되고 그렇지 않다면 규제대상에서 제외되었다. 규제는 GM 작물의 개발자들이 신고 및 허가하는 방식으로 이루어졌다. 실제로 의학 및 산업적 용도가 아닌 GM 작물에 대해 전체 실험의 90%가 신고방식으로 이루어졌다.

환경주의자를 포함한 일부 비판가들은 생명공학 규제에 있어 농무부가 중추적인 역할을 맡는 것을 비판했는데 농무부의 규제권한은 해충으로 인한 작물의 피해에 집중하며 환경피해는 고려 대상이 아니었기 때문이다. 게다가 농무부의 주요 역할은 미국 농민의 이익을 대변하는 것으로 환경에 우선순위를 두지 않았다. 반면 대규모 농가들은 전체 농업생산량을 늘려 농산업이 농무부에 갖는 영향력을 증대시켰다. 나아가 농무부와 생명공학 산업 간에는 서로 인사를 교환하는 회전문인사가 관례화되어 있는 등 밀접한 관계가 유지되고 있다.[33] 다시 말해 미국 농무부는 농업생명공학의 확실한 지지자였다.

반면 환경보호국의 GM 작물 규제 책임은 제한되었으며 유럽의 환경총국과 비교하면 그 영향력은 더욱 미미했다. 환경보호국은 살충특성을 가진 GM 작물만 규제할 수 있다. 2001년에 환경보호국은 유전자조작을 통해 해충에 저항성을 갖는 식물에 대한 규제항목을 신설하였다. 하지만 해당항목에 있어서도 이 작물들이 살충제가 아니라는 이유로 규제권한을 제한받을 수 있다.

연방식품의약품화장품법은 식품안전 관리책임을 식약청에 부여한다. 생산자들이 유전자변형 식품과 작물에 대한 허가를 신청하자 식약청은 1992년 정책선언문을 발표하여 유전자변형식품들이 기존

33 예를 들어 주요 정부기관과 생명공학산업 협회에서 그런 사례들이 있는데 발 기딩스(Val Giddings)는 미국농무부에서 생명공학규제를 담당하다가 생명공학 산업협회의 부사장이 되었다. 몬산토의 변호사로 7년간 재직했던 마이클 테일러(Michael Taylor)는 식약청의 유전자변형 약품 규제기준을 담당하는 부위원장이 된 사례도 있다.

식품들에 비해 현저한 차이가 나지 않으므로 개별제품의 위험성을 기반으로 규제하고 생산과정에 기반한 평가는 하지 않는다는 것을 분명히 했다. 1992년 식약청은 기존 작물과 상당한 부분에서 동일한 GM 제품에 대하여 특별한 시험과정이나 표기를 요구하지 않기로 하고 "대체적으로 안전한 것이 확인된" 것으로 인정하였다. 즉, GM 작물이 해로운 특징을 나타냈을 때만 규제하고 식품이 유전자조작에 의해 만들어졌다는 사실 자체로는 규제하지 않기로 한 것이다. 또한 식약청은 모든 GM 작물에 별도의 표기요구를 의무화하지 않았다. 추후에 생산자들이 자발적으로 표기를 하도록 하였지만 미국에서는 유전자조작 사실을 소비자에게 알려줘야 할 의무가 없다. 식품표기 규제를 담당하는 식약청은 유전자조작이 없는 상품임을 표기하는 동시에 해당호르몬이 해당기관의 안전검증을 받았다는 내용도 반드시 표기하도록 했다.[34]

요약하자면 미국의 법안은 GM 작물만을 특정하여 규제하지 않는다.[35] 미국의 GM 규제는 주로 연방정부가 담당하며 주정부는 보조역할을 한다. 또한 농업생명공학 규제가 미 의회에서 관심을 받지 못하기 때문에 연방규제기구들은 상대적으로 정치적 압력에서 자유롭다. 이 결과 미국의 규제체제는 강한 연방기구와 정치적 영향력으로부터의 독립성, 과학에 기반한 평가를 중요시하며 이는 유럽의 분권화되고 정치화된 식품안전 시스템과 대비된다.

---

34 긍정적 표기는 상품의 긍정적 특성인 유전자 조작을 가하지 않았다는 것을 말하고 부정적 표기는 소비자들에게 상품의 부정적 특성인 유전자조작을 가했다는 것을 말한다. 후자의 표기는 중립적으로 보일 수 있으나 유전자변형 기술 지지자들은 이러한 표기가 제품이 위험하다는 잘못된 인상을 줄 수 있다고 한다.

35 미국의 규제기구들은 유전자변형작물에 대해서도 기존의 규제 권한을 기초로 해충과 해초, 살충제와 식품첨가제를 규제하듯이 한다.

농무부(USDA)	식약청(FDA)	환경보호국(EPA)
• GM 관련 제1 규제기관 • 농업이익대변 • 생명공학기업과 긴밀한 관계 • 생명공학 지지자	• 식품표기 규제기관으로 식품에 유전자조작이 가해지지 "않은" 경우에만 표기 • 이 경우에도 해당호르몬의 안전성을 함께 표기해야 함	• 해당 분야에 있어 가장 엄격성을 갖는 규제기관이지만 GM 규제에 있어서 규제권한 이 상대적으로 약함 • 유전자조작 식품 자체가 아닌 살충성분만을 규제가능

출처: Mark Pollack and Gregory Shaffer (2010) 참조, 저자 재구성

〈그림 9-1〉 미국 GMO 규제기관

제도적 차이

• 유럽: GMO 정책결정과정의 제도적 특수성

GMO 이슈에서 특히 눈여겨봐야 할 부분은 EU의 독특한 제도적 특성이다. 유럽에서는 초국가적 차원에서 공동의 GMO 정책이 마련되었음에도 해당 이슈 관련 개별국가의 권한이 여전히 크게 남아 있는 것으로 보인다. 두 가지 측면에서 회원국 정부의 권한을 뒷받침할 만한 근거를 들 수 있다.

우선 EU에서는 GMO 승인의 모라토리엄을 결정하는 개별 국가의 정책을 초국가적 차원에서 막는 것이 사실상 불가능하다. 이는 EU의 정책결정구조가 권한과 책임이 분산된 다층적 거버넌스의 구조를 가지기 때문이다. 유럽은 Directive 90/220과 Regulation 258/97을 통해 각각의 GMO 이슈가 회원국의 이해에 민감한 사안일 경우 각 회원국이 세이프가드를 발동할 수 있는 조항을 마련하였다. 따라서 개별 국가들이 EU 차원의 규제에 대해 상당한 거부권을 행사할 수 있다고 볼 수 있다.

둘째는 EU의 공동입법결정과정인 코미톨로지와 연관된다. 코미톨로지란 집행위원회와 회원국 정부 관료가 공동으로 정책을 결정하

는 EU의 정책결정방식이다.[36] 코미톨로지 위원회는 공동결정을 위해 집행위원회와 회원국 정부관료들로 구성된 정책결정 및 집행기구를 말한다. 집행위원회의 권한을 제어하기 위한 목적으로 만들어진 코미톨로지 위원회에는 정책영역에 따라 관리위원회, 규제위원회, 자문위원회가 있다. 각각의 위원회는 고유한 기능과 정책결정방식을 갖는데 예를 들어 자문위원회가 집행위원회가 제안한 정책어젠다에 대한 자문의 역할만을 수행하는 반면,[37] 규제위원회의 의견은 집행위원회의 어젠다 초안에 반드시 반영되어야 한다는 보다 엄격한 규칙이 적용된다. 만약 그렇지 못할 경우 규제위원회는 이 사실을 각료이사회에 보고하도록 되어 있다. EU GMO 관련이슈는 규제위원회를 통해 다루어진다.[38]

아울러 유럽에서 GMO 규제정책이 완강한 형태로 발전 유지될 수 있었던 데에는 유럽의회의 입법적 권한이 강화된 측면도 들 수 있다. 유럽의회는 약하고 상징적인 기관에서 점차 이사회의 명실상부한 입법파트너로 성장해가고 있다. 1980-1990년대 의회는 유럽 차원의 조약의 수정을 통해 지속해서 권한이 확대되었다. 1980년대 자문과 협력절차를 부여받던 데서 1992년 마스트리히트조약을 통해 공동결정절차가 채택되면서 의회의 정책참여기능은 더욱 강화되었다.

---

36 구체적으로 '코미톨로지'라는 용어는 집행위원회와 EU 기구에 회원국의 관료가 개입하는 경우를 말한다. 유럽통합 초기에는 집행위원회의 규모가 작고 전문성도 결여되었기 때문에 회원국 관료들이 특히 기술적 문제에서 유럽공동체의 정책결정 및 집행과정에 대한 관여도가 높았다. 코미톨로지 위원회의 주요 임무는 집행위원회 결정이 기존의 법률에 근거하여 적절한 내용을 담고 있는가를 심사하고 이후 정책집행에 따른 문제를 감시하며 이를 각료이사회에 통보하는 것이다. 만약 코미톨로지 위원회의 주장이 집행위원회의 제안과 불일치하는 경우 최종결정은 각료이사회에서 이루어진다.

37 Mark Pollack and Gregory Shaffer, "The opinion of an advisory committee of member-state representatives would have to take utmost account," (2009), p. 61.

38 Mark Pollack and Gregory Shaffer (2009), p. 57

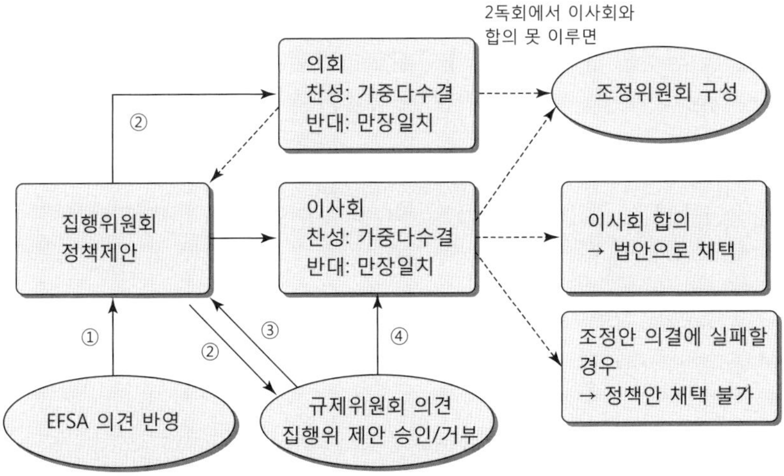

〈그림 9-2〉 EU GMO 정책결정과정

GMO 규제정책도 의회와의 공동결정절차를 통해 형성되었다.[39] GMO 규제정책의 결정과정은 다음과 같다. 집행위원회는 유럽식품안전청(European Food Safety Agency, EFSA)과 관련이해집단의 자문을 거쳐 정책안을 작성한다. 제안된 안은 유럽의회에서 검토되고 농업이사회나 환경이사회에서는 의회의 검토결과와 집행위원회의 정책안을 바탕으로 공동정책안을 수립한다. 그리고 의회에 2차 검토를 요청한다. 이때 의회가 동의할 경우 안은 이사회의 결정을 거쳐 최종정책으로 확정된다. 그러나 의회가 수정을 요청했을 때는 다음의 두 가지 경우로 나누어진다. 의회의 수정요청안에 이사회가 찬성할 경우, 집행위원회도 수정내용에 동의하면 이사회는 가중다수결로 최종정책

39 마스트리히트조약 제189B조는 소비자보호, 기술개발, 환경보호 등 15개 분야에 의회와의 공동결정절차를 제시하고 있다. 1997년 암스테르담조약을 통해 그 적용범위가 고용, 양성평등권, 세관협력 등 23개 범위로 확장되었으며 의회의 정책참여권을 더욱 강화시켰다. 조성은·김선혁(2006), p. 130.

을 확정한다. 집행위원회가 의회의 요구를 거부하면 이사회는 만장일치로 의회의 수정내용을 수용할 수 있으나 그렇지 못하면 정책이 채택되지 못한다. 만일 이사회가 의회의 수정요구를 거부하면 의회와 동수로 조정위원회를 구성한다. 조정안 의결에 실패할 경우 정책안은 채택되지 못한다.

• 미국: 법체계의 차이

유럽이 분권화된 결정구조와 회원국들의 지위 강화로 다수의 거부권 행사가 가능한 제도적 장치가 마련되어 있어 GMO 승인에 대한 모라토리엄이 가능했던 데 반해 미국의 중앙화된 연방제도는 보다 신속하고 비정치적인 승인제도를 만들어낼 수 있었고, 대중의 신뢰를 받는 식약청과 환경보호국, 농무부가 관련 이슈를 담당하도록 했다. 미국이 느슨한 식품안전 규제를 시작하게 된 분기점이었던 1980년대 중반 미국의 생명공학산업은 강하고 조직화되어 있었으며 레이건 정부의 적극적인 지지를 받고 있었다. 미국에도 반GMO 세력이 없었던 것은 아니지만 그들의 방해운동은 유럽에 비해 미미했다. 레이건 행정부는 이에 맞춰 기존 규제기구에 기반하여 관할기관을 지정하였고 이를 통해 입법부의 개입을 회피하고 산업의 요구에 부합하는 체제를 만들어낼 수 있었다.

미국에서의 유전자변형 규제가 유럽과 다른 제도적 요인 중 하나는 위험제품의 생산자들에게 손해배상 청구를 쉽게 할 수 있는 제도적 장치가 마련되어 있다는 것이다. 미국에서는 집단소송이 성사 사례금 기반으로 진행되어 저소득 계층도 쉽게 소송을 제기할 수 있다. 이러한 손해배상제도와 법적 절차는 GM 작물 판매자들로 하여금 주의를 요하게 하며 스스로 예방주의 원칙을 따르게 한다. 반면 유럽의 사법체계 상에서는 집단소송이 어려워 손해배상 건수도 적다.[40] 이는 유럽의 규제자들이 처음부터 엄격한 규제를 적용해야 했던 이유 중 하나로 보인다.

그러나 미국에서도 식약청이 GM 식품의 안전성을 이미 보장한 경우에는 해당식품의 생산자들은 손해배상 소송에서 이길 수 있다는 측면도 있다. 이 결과 일부에서는 식약청이 허가를 내리면 기업들의 제품 안전성에 대한 책임이 감소한다고 비판한다. 미국과 유럽 간 사법 절차 상의 차이점은 정치적·사회적 평가에서 그동안 간과되어왔다. 미국의 행정법은 유럽에 비해 정치적으로 중앙화되어 있을지라도 집행은 보다 법적으로 분권화되어 있다. 손해배상의 위협은 시장에서 아래로부터의 압력이 될 수 있다. 따라서 미국에서 GM 상품에 대해 중앙에서 완강하게 법적 책임을 묻는 제도적 필요성은 줄어든 반면 유럽에서는 책임법령을 입안하게 한 하나의 원인으로 작용했다고도 볼 수 있다.

사회적 인식과 아이디어의 차이

정책행위자의 이해관계와 제도 외에도 특정한 사건과 경험에 의해 구성된 사회적 인식과 아이디어 등이 유럽과 미국의 GMO 규제의 차이를 설명해줄 수 있다. 양 지역의 문화적 특징은 제도적 선택을 통해 이익집단들의 정치적 상호작용과 연관된다. 미국과 유럽의 정치인들과 관련 이익집단들은 생명공학의 혜택과 위험성에 대해 각자의 이해에 따른 프레이밍을 적극적으로 시도했다. 또한 GMO에 대한 평가는 해당시기에 일어난 사건들에 영향을 받았다.

미국에서 농업생명공학은 새로운 기회를 만들어내고 위험은 기술적으로 관리될 수 있는 것이라 정의되었다. 반면 유럽에서는 해당

40 Mark Pollack and Gregory Shaffer (2009), p. 53.

기술이 새롭게 등장한 것이고 또한 사회적 문제를 수반하기에 과학적 평가는 정치적 결정의 일부일 뿐이라고 정의하였다. 이러한 정책 관점과 아이디어는 두 지역 GMO 규제의 도입과정에서 분기점으로 작용했으며 제도의 자기공고화 과정에 의해 변화를 어렵게 했다.

• 유럽의 반GMO 아이디어와 지지연합

GMO에 관한 일련의 새로운 규정들이 초국가 차원에 수립되자 회원국들은 거부권을 행사하여 EU 정책결정을 방해하기 시작했다. 이와 같은 움직임은 1990년대 유럽을 강타한 광우병 위기와 식품안전 스캔들과 연관되었다. 1996년 영국 정부는 크로이츠펠트-야콥병과 광우병 사이의 연관성을 밝혔다. 영국에서는 당시 광우병 발병으로 15만 마리의 소가 감염되었고 EU 차원에서도 영국산 소고기 판매금지 처분과 함께 소비자들의 신뢰가 훼손되는 결과를 가져왔다. 2000년, 2001년에는 프랑스와 독일에서도 유사한 스캔들이 번졌다.

광우병 사건은 식품안전을 정치권의 주요 이슈로 부상시켰다. 대중은 식품안전과 관료들의 규제에 대해 불신하기 시작했다. 광우병 사건에 관해 EU는 과학수의사위원회의 자문을 받았는데 이 위원회는 영국 농축산부와 과학자들의 의견을 주로 반영하였고 이는 결국 틀린 것으로 판명되었다. 따라서 과학적 의견에 대한 자문역할을 하던 EU 과학수사위원회의 정치적 독립성도 의심받게 되었다. 대다수의 유럽시민은 규제기관에 대해 불신을 갖게 되었고 이는 미국이 해당 정부기관에 보낸 높은 신뢰도와 대비된다. 그리고 이는 결국 GMO 반대주의자들이 대중의 지지를 기반으로 적극적인 반대운동을 펼칠 수 있도록 한 배경이 되었다.

미국에서 생산한 유전자 조작 작물이 새롭게 유럽으로 수입된 때가 바로 이 시기였다. GM 작물에 대한 관심과 광우병 사건이 겹치

〈표 9-3〉 프랑스와 독일의 GMO 반대여론 변화추이[41] (단위 %)

	1996	1998	1999	2002
프랑스	46		65	75
독일	75	80		

출처: Gaskell et al. (2003) 참조, 저자 재구성

면서 두 가지는 같은 정치적 이슈가 되었다. 유럽시민들은 GMO의 위험성에 대해 생각할 때 광우병과 식품안전사건, 그리고 과학자들의 오류 사례를 함께 연관지었다. 미국과는 달리 당시 유럽시민들은 위험성에 대한 관심이 상당히 높았다.[42]

GMO와 식품안전위기, 관료들에 대한 불신, 생명공학 윤리와 환경문제 그리고 국제무역에서의 미국의 영향력은 곧 유럽인들의 사고에 깊이 박혔고 GMO에 대한 반대는 환경주의자와 소비자, 소규모 농민들이 해당정책에 있어서 지지연합을 형성하게 했다. 이는 유전자변형에 대한 규제를 정치적 이슈로 만들었다. 미디어와 회원국 국내 정치, 의회를 통한 NGO들의 로비 등을 통해 반대운동이 점차 거세졌고 GMO에 대한 유럽인들의 인식은 점차 악화되었다.

이러한 상황 속에서 집행위원회는 1997년 유전자조작 옥수수의 수입과 판매를 승인하였다. 오스트리아와 룩셈부르크를 포함한 일부

41 2001년 유로바로미터(Eurobarometer) 조사에 의하면 "GMO 음식을 원하지 않는다"라고 답한 응답자가 71%에 달했고, "GMO 식품은 위험하다"고 답한 경우는 56%에 이르렀다. Robert Falkner (ed.), *The International Politics of Genetically Modified Food: Diplomacy, Trade, and Law* (Basingstoke: Palgrave Macmillan, 2007), p. 77.

42 1996년에는 돌리라는 양이 성공적으로 복제되어 생명공학의 윤리적 문제가 제기되었다. 미국과 캐나다는 유럽의 호르몬 투여 소고기 금지에 대해 WTO에 제소하였고 결국 승소하였으며 유럽에 대한 무역보복조치를 단행해 유럽의 농부들과 반세계화주의자들의 반발을 샀다. WTO 사건은 프랑스 영세농민그룹인 Confédération Paysanne에 의해 강력한 GMO반대 운동으로 이어졌으며 이는 반세계화와 반WTO운동의 상징이 되었다. Mark Pollack and Gregory Shaffer (2009), p. 66.

회원국들은 집행위원회의 결정을 받아들이지 않고 세이프가드 조항에 의거하여 회원국 내에서 해당작물의 경작 및 유통을 금지시켰다.

그린피스(Greenpeace)나 지구의 친구(Friends of Earth) 같은 반GMO NGO들은 정치적 과정에서 뿐만이 아니라 시장에서의 반대운동도 적극적으로 펼쳐나갔다. NGO들은 GM 제품의 판매를 방해하기 위해 소비자들에게 제품에 대한 정보알리기에 집중하였다.[43] 이에 다농이나 네슬레, 유니레버 같은 유통기업들은 GM 작물을 사용하지 않기로 했고 영국(Sainsbury's)과 프랑스(Carrefour)의 수퍼마켓 체인들도 소비자들의 보이콧을 우려해 역시 같은 조치를 취하였다. 몬산토(Monsanto)는 유럽에서 미디어 캠페인을 통해 GM 작물에 대한 지지를 이끌어내려 했지만 이 또한 실패하고 오히려 상품에 대한 경계심만 키웠다.[44]

GM 콩과 옥수수는 유럽과학위원회의 승인을 받고 허가되었음에도 회원국들에 의해 금지되었다. 과학위원회는 여러 우호적인 의견을 제출했지만 이러한 추천들은 모두 무시되었다.

유럽에서 NGO들을 주축으로 가치를 중심으로 한 반GMO 아이디어와 사회적 인식이 주를 이룰 수 있었던 데에는 상대적으로 약하고 느슨한 유럽의 생산자 집단을 원인으로 들 수도 있다. 유럽의 생명공학 산업은 보다 강하고 경쟁력을 가질 수 있었지만 유럽에서 관련 규제가 강화됨에 따라 점차 미국으로 투자처를 옮겨갔다.[45] 또한

---

43 예를 들어 GMO표기를 잘 볼 수 있도록 돋보기를 나눠주는 등의 운동도 전개해나갔다. Mark Pollack and Gregoru Shaffen (2009), p. 67.

44 Christopher Ansell and David Vogel (eds.), *What's the Beef?: The Contested Governance of European Food Safety* (Cambridge, MA: MIT Press, 2006.), p. 105.

45 당시 미국의 특허건수는 3035개였던 반면 같은 기간 유럽에서는 774개의 특허만이 출원되었다. 2007년 집행위원회의 기업과 투자 총국(DG Enterprise and Investment)은 유럽의 생명공학에 대한 투자가 감소하고 타국가에서 연구개발이 진행되고 있다고 보고했다.

유럽에서 생명공학산업이 일찍 승인을 받지 못하고 농민들도 관련 작물의 재배가 어려웠기에 농업 로비스트들도 GM 작물을 변호할 유인이 적었다. 유럽농민들은 GM 작물에 대한 규제와 반대가 심해지자 유통업자와 소비자들의 저항을 우려해 관련 작물의 재배를 꺼렸다. 미국의 대규모 농장들은 규모가 컸기에 기존 작물과의 완충지대를 적은 비용에 만들 수 있었지만 유럽농민들은 그렇지 못했다. 만약 유럽의 유통업자들이 GM 작물의 판매에 적극적이었다면 농민들의 정치적 참여도 증가했을 것이다. 나아가 경제적 이익을 중심으로 한 정치적 압력은 보다 약한 규제로 이어졌을 것이다.[46]

유럽 정부와 소비자들은 전통적인 식품의 안전성은 의심하지 않으면서 새로운 기술을 적용한 GM 식품은 반대하였다. 반면 미국인들은 전통적인 유럽식 방법을 의심하면서 새로운 식품보존과 가공방식에는 관대했다.[47]

---

46 이러한 과정은 유럽에서 유전자변형 효소와 관련된 규제에서 일어났는데 치즈와 맥주, 바이오연료를 만드는 과정에서 사용될 경우 예외적으로 승인되었다. 변형효소 생산에 있어서는 단연 유럽기업들이 세계 선두적 위치에 있었기에 효소는 표기규제에서 제외된 것이다(Pew Initiative on Food and Biotechnology, 2004).

47 더글라스와 윌라브스키에 의하면 문화적 차이가 위험에 대한 인식차이를 결정한다고 한다(Mary Douglas and Aron Wildavsky 1982). 예를 들어 위험관련 규제에 있어 위계주의적 관점을 갖는 프랑스 대중은 GMO 이슈에 있어서도 엘리트의 관리를 당연시했다. 1997년까지도 프랑스는 미국 다음으로 많은 GMO 작물실험을 실시했다. 유럽에서 오직 프랑스만이 GM 관련 기업들에 승인을 내주었으며 집행위원회의 GM 옥수수 승인을 인정한 유일한 국가였다. 하지만 그 후 얼마 지나지 않아 프랑스 내에서는 GM 옥수수 재배가 전면 금지되었다. 아이러니하게도 알렝 쥐페(Alain Juppé) 보수 정부 하에서 일어난 일이다. 이 결정은 1997년 리오넬 조스팽(Lionel Jospin)의 사회주의 정부가 들어서자 다시 철회되었다. 하지만 사회주의 정부 역시 다시 입장을 바꾸었는데 대중의 반대와 청문회, 그리고 GM 작물에 대한 관심이 높아지자 1998년 프랑스 식품안전청(Agence Française de Sécurité Sanitaire des Aliments)을 만들어 생물분자공학위원회(Commision de Genie Biomoléculaire)와 함께 변형작물을 심사하게 했다. 그리고 정부는 이 위원회에 GMO 비판론자들을 참가시켜 생명공학감시위원회를 출범시키고 그린피스와 반세계주의 단체인 Confédération Paysanne도 포함시켰다. 결국 프랑스 정부는 EU GMO 승인에 대한

이와 같이 유럽과 미국의 GMO에 대한 사회적 양극화는 두 지역 이익집단이 기존의 제도와 문화적 배경 그리고 관련 사건[48] 속에서 자신들의 이익을 추구해나가는 과정에서 비롯되었고 이들의 복합적인 상호작용이 GM 작물에 대한 현안을 정의하고 인식을 바꾸는 기회를 주었을 뿐만 아니라 반대로 그와 같은 사회적 인식의 차이가 제도적 변화를 이끌어내기도 했다.

• 미국-GMO 안전성에 대한 신뢰와 친기업주의적 지지연합

미국 정부는 GM 작물의 도입을 생명공학산업과 과학의 발전으로 생산자, 소비자 양측에 대한 혜택 측면에서 기정사실화하였으며 다수의 미국 농가가 GM 작물의 지지자가 되었고 따라서 의회에서도 규제강화의 필요성을 느끼지 못했다.

당시 식약청과 농무부가 출판한 여러 간행물은 GMO가 생산자뿐만 아니라 소비자에게도 혜택을 주며 특히 세계 식량문제를 해결할 수 있는 대안이 될 수 있으며 무엇보다도 기본적으로 GM 제품이 기존식품과 동일하며 과학적으로 안전하다는 주장을 하고 있다. 아

모라토리엄을 지지하였다. 즉 프랑스가 아무리 미국보다 위계주의적이고 식품에 대한 다른 태도를 가지고 있었더라도 그들의 인식을 바꾼 사건의 존재를 인지해야 한다. 문화는 정체되어있는 것이 아니며 규제에 대한 태도를 결정하는 유일한 근거가 될 수는 없다. 문화성향은 사건의 관점을 정하는 기회를 제공하는 측면이 있긴 하지만 이 관점 역시 이슈와 시간에 걸쳐 변화한다고 볼 수 있다. Sato, Kyoko, "Politics and Meaning of Genetically Modified Food: The Case of Policy Change in France," *Biennial Conference of Europeaninsts* (Chicago 2006).

48 유럽의 식품안전 사건들은 대중의 관심을 높이고 정부에 대한 신뢰를 추락시켰다. 또한 미국의 WTO 제소가 성공한 것 역시 미국이 유럽인들에게 GM 작물을 강제한다는 인식을 심어주었고 이에 대한 반감을 증폭시켰다. 이와 같은 사건들은 외부충격으로 작용해 행위자들에게 기회와 제약으로 작용했다. 유럽에서 전략적행위자들은 광우병과 식품안전, 대중의 신뢰하락을 이용해 자신들의 정치적 분쟁에 이용하였으며 대중의 인식에 영향을 주고 유럽차원의 법안을 만들어나갈 수 있었다.

울러 이는 무엇보다도 GMO 표시제가 도입될 당시 소비자 단체들이 GMO 기술의 유용성이나 GMO의 안전성에 대해 별로 의심하지 않았던 것으로 보인다.

특히 미국에서는 유럽의 광우병 위기와 같은 충격적인 식품안전 사고가 발생하지 않았었다는 것도 부분적인 원인이 될 수 있다. 광우병 정책실패 발발 직후 실시한 여론조사에서 유럽의 식품안전 회원국 관할 부서에 대한 유럽시민들의 신뢰는 12%에 그쳤던 반면 미국의 농무부에 대한 신뢰는 90%에 달했다. 나아가 식약청에 대한 미국인의 신뢰도 역시 유럽에 비해 훨씬 높았다. 2000년대에 들어와 과거에 비해 GMO에 대한 대중의 신뢰는 약화된 측면이 있지만 식품 및 생명공학에 관한 퓨 이니셔티브(Pew Initiative on Food and Biotechnology)가 실시한 조사(2006)에 따르면 2001년부터 2005년까지 미국인의 GM 식품에 대한 인식은 과거에 비해 큰 변화가 없었다. GM 식품을 지지하는 응답은 2001년 25%에서 2006년 26%로 다소 증가했고 반 GMO 의견은 각각 58%에서 46%로 감소하였다.[49] 또한 GM 상품에 대한 미국인의 관심 역시 유럽인들에 비해 적었는데 응답자 중에 26%가 여태껏 한 번이라도 GM 식품을 섭취한 적이 있다고 답한 데 반해 60%는 그렇지않다고 답했다.[50] 게다가 30%의 응답자만이 수퍼마켓에서 GM 식품이 판매되는 것을 인지하고 있다고 답했다.[51] 이는 GM 식품이 이미 오랫동안 미국의 식품시장에 유통되어온 것을 감안할 때 미국인의 GM 상품에 대한 낮은 관심도를 보여준다. 2003년 조사에서는 43%가 "GMO에 대해 잘 모르거나 전혀 들어본 적이

49 David Vogel (2012), p. 84.

50 2001년 Starlink 옥수수의 리콜 사건 이후 대중의 GMO에 대한 인지도는 잠시 증가하는 듯 했지만 곧 이어 하락하였다.

51 Mark Pollack and Gregory Shaffer (2009), p. 84.

없다"고 답했다. 이와 같은 사실을 통해 볼 때 유럽과는 달리 미국에서는 GMO 이슈가 정치적으로 큰 논쟁거리가 되지 않았었다는 것을 파악할 수 있다. 그러나 미국에서 GM 식품에 대해 별다른 우려감이 없는 것은 위험성에 대한 인식의 부족이라기보다는 미국인들이 기본적으로 신기술을 이용한 식품안전체제에 대해 두터운 신뢰감을 갖고 있는 것이라 볼 수 있다.[52] 2005년 조사에서는 63%의 응답자가 "미국 규제당국의 생명공학기술에 대한 설명을 다소 혹은 많이 신뢰한다"라고 답했다. 예를 들어 GM 식품이 미국의 수퍼마켓에서 합법적으로 판매되고 있다면 해당식품의 안전성을 신뢰할 수 있다는 것이다.[53] 실제로 미국 유통시장에서 GM 식품이 판매되고 있다는 정보를 접한 소비자들의 안전에 대한 신뢰도는 27%에서 44%로 증가하였다. 분명한 것은 미국의 소비자들이 EU 소비자들보다 농업생명공학과 GMO에 대해 긍정적 인식을 가지고 있다는 것이다.[54]

4. 대서양 간 GMO 규제 갈등: 규제권력 '유럽' 대 미국

유럽-미국 GMO 무역분쟁의 전개과정

유럽과 미국의 GMO 규제체제의 차이 혹은 양극화는 두 지역 무역분쟁의 주요 요인이었다. GMO 무역분쟁은 1990년대 후반 GM 농산물의 생산 및 소비에서 엄격한 규제제도를 채택하고 있는 유럽이

---

52 Adam Sheingate, "Promotion Versus Precaution: The Evolution of Biotechnology Policy in the United States," *British Journal of Political Science* 36-2 (2006), p. 127.

53 Adam Sheingate (2006), p. 121.

54 Thomas Bernauer, *Genes Trade and Regulation: The Seeds of Conflict in Food Biotechnology* (Princeton, NJ: Princeton University Press, 2005), p. 91.

보다 느슨한 규제체제를 시행하고 있는 미국의 GM 작물의 수입을 엄격히 제한하면서 촉발했다.[55] 이로 인해 미국의 GM 농산물의 수출량 감소가 가장 큰 분쟁의 요인이 되긴 했지만 그 이면에는 유럽정부의 엄격한 GMO 규제모델이 다른 국가들에 확산되는 것을 우려한 측면도 있었다. 미국의 지속적인 비난에도 유럽국가들은 GM 상품 허가와 수입에 대한 모라토리엄을 선언하기에 이르렀고 이는 미국으로 하여금 아르헨티나와 캐나다의 지지 아래 2003년 5월 WTO에 EU를 제소하도록 했다. 미국은 유럽의 GM 작물에 대한 불법적인 수입금지가 큰 경제적 손실을 야기한다고 보았다. 결국 2006년 9월 WTO는 미국의 손을 들어주었지만 미국과 유럽의 GMO 규제제도의 차이는 여전히 남아 있다. 게다가 미국과 유럽은 각자 자신들의 이익을 반영한 방향으로 WTO 중재가 이루어졌다고 해석하였지만 실은 유럽의 GM 상품 수입 및 허가금지의 결과에 대한 정당성이 아닌 그와 같은 결정이 이루어지기까지의 과정에 대한 절차상의 합법성을 판결함으로써 여전히 모호한 부분을 남겨놓고 있다.[56]

---

55 이러한 결과 유럽에 대한 미국의 농산물 수출 중에서 대표적인 GM 농산물인 콩과 옥수수의 유럽에 대한 수출이 크게 줄었다. 옥수수 수출의 경우 1990년대 중반 4억 2000만 달러 수준에서 2002년 300만 달러로 급감했다. 또한 유럽의 옥수수 수입에서 미국의 점유비는 1995년 86%에서 2000년 10%로 감소했다. Thomas Bernauer (2003), pp. 8-9; 조현석(2008), p. 217.

56 예컨대 미국은 EU의 GMO 상표제와 추적제 같은 입법체제 자체에 도전한 것이 아니라 다음의 세 가지를 비난했다. ① GM 작물의 새로운 허가에 대한(회원국의) "전반적인 모라토리엄", ② EU 자체의 과학기구가 안전성을 평가한 "특정 GM 작물에 대한 회원국의 모라토리엄", ③ EU 전문가들이 안정성을 보장한 GM 종들에 대해 일부 EU 회원국들이 "세이프가드조항을 지속적으로 남용"하여 허가를 막는 행위. WTO는 이 세 가지 사례를 들어 EU가 SPS 협정 5조 1항에 명시된 과학적위험평가를 기반으로 한 규제정책 마련에 실패하였으며, 이는 WTO 규정에도 위배된다고 주장했다. 반면에 EU는 유럽에서의 GMO 정책결정의 지연은 회원국들의 모라토리엄 때문이 아니라 필연적으로 오랜 시간이 소요되는 EU 정책결정제도의 특수성 때문이라고 반박했다. 또한 SPS 협정이 GMO 규제이슈에 적용되어질 수 없다고 주장했다.

2006년 9월에 WTO 분쟁조정패널은 다음과 같은 최종판결을 내리게 된다.[57] 주목해야 할 점은 WTO 패널이 논쟁의 중심이 되는 생명공학기술 상품의 안전성과 유전자변형을 가하지 않은 기존의 상품과 실질적으로 동등한 지에 관한 핵심쟁점 이슈들에 대한 대답은 회피한 채 EU의 해당 규제정책이 '부당한 지연(undue delay)'을 통해 수립되지 못하고 있는 부분에 대해 SPS 협정에 위배된다는 점을 재차 강조하였다.[58] 이는 한편으로 EU 차원에서 대기 중이던 여러 GMO 관련 정책제안이 빠른 시한 내에 통과되어야만 하는 압력으로 작용했다. 패널은 또한 EU 회원국들의 GM 작물 승인 금지를 위한 세이프가드 발동에 대해서도 "과학적 위험평가"에 기반하지 않았다는 이유로 SPS 협정 5조 1항을 위반했다고 판결했다. 아울러 EU 차원의 과학위원회는 잠재적인 위험을 평가했고 이미 상품의 무해성을 증명했다"고 덧붙였다. 나아가 패널은 회원국의 GM 작물 수입 및 허가 금지가 EU의 WTO 준수의무를 지키지 못한 점을 지적했다. WTO의 이와 같은 판결은 결국 EU 집행위원회가 GM 작물에 대한 회원국의 세이프가드 금지 행위를 막고 또한 허가절차를 재개하여 정상화하는 데 기여했다고도 볼 수 있다.[59]

모라토리엄의 종식

아이러니하게도 GMO에 관한 미국과의 법적 분쟁이 결국 집행위원회로 하여금 6년간 지속되었던 회원국의 모라토리엄을 종식시켰고

---

57 Mark Pollack and Gregory Shaffer (2009), pp. 177-234.

58 Article 8 and Annex C of the SPS Agreement. Helen Wallace, Wallace William and Mark Pollack (eds.), *Policy-making in the European Union* 4 (Oxford: Oxford university press, 2000), p. 341.

59 Helen Wallace (2000), p. 347.

EFSA가 안전성을 보장한 상품에 대한 EU 차원에서의 허가가 이루어졌다. 그러나 주목해야 할 점은 EU의 새로운 규정을 적용하는 데 있어서 여전히 일부 회원국과 여러 이익단체의 반발이 잇따랐고 이는 규제위원회와 각료이사회 내에서의 반대투표로 이어졌다. 다시 말해 미국과의 분쟁이나 WTO의 외부적 압박도 EU의 GMO 규제체제의 완성을 가져오진 못했다.[60]

2004년 EU는 새로운 GM 작물의 승인을 재개했다. 당시 집행위원회는 22개 GM 작물의 승인을 요청받고 있었다.[61] 2003년 11월에 집행위원회는 GM 옥수수(Bt-11 sweet corn)의 수입과 판매에 대한 승인허가를 제안했으며, 이 작물은 이미 EFSA에 의해 안전성을 검증받은 상태였다. 그러나 집행위원회의 제안서가 규제위원회에 의해 거부되자 이는 다시 이사회로 보내졌다. 2004년 4월 농업이사회는 이 사안에 대해 합의를 이루어내지 못했다.[62] 이사회 결정이 난항을 겪자 집행위원회는 바로 다음 달에 제품에 대한 유럽차원에서의 승인을 허가하였다. 이로 인해 회원국들이 모라토리엄을 선언한 지 6년 만에 처음으로 새로운 GM 작물이 유럽에서 승인될 수 있었다. 그러나 이후 2004년부터 2008년까지 EFSA의 자문을 받아 작성된 집행위원회의 GM 작물 승인 제안서는 매번 규제위원회 혹은 각료이사회 내의 의사결정에 의해 부결되는 사례가 반복되었다. 규제위원회와 같은 EU 전문가 위원회가 이렇게 교착상태에 빠진 경우는 매우 드문데 예를 들어 2005년 코미톨로지 보고서에 의하면 당해 총 2,637건

---

60 Mark Pollack and Gregory Shaffer (2009), pp. 245-261.

61 11개는 수입과 판매에 대해, 나머지 11개는 경작에 관한 허가. Mark Pollack and Gregory Shaffer (2009), p. 348.

62 6개국 찬성, 6개국 반대, 3개국은 기권했다(Commission's Press Release IP/04/663 of 19 May 2004).

의 집행위원회 정책제안이 있었는데 그중 이사회가 검토를 요청받은 수는 11건으로 전체의 0.5%로 해당한다. 그중에서도 6건이 GM 식품과 작물의 승인에 관한 것이었다. 결국 2004년부터 2008년까지 유럽 차원에서 총 17개의 새로운 GM 작물이 승인되고 이는 그동안의 모라토리엄을 사실상 종식시키긴 하였으나 GM에 관한 전 유럽 차원의 논쟁은 여전히 지속되고 있다는 것을 알 수 있다.

5. 결론

지금까지 유럽과 미국의 상이한 GMO 규제제도와 그 원인에 대해 살펴보았다. 두 지역 모두 과학에 기반하여 GMO 규제체제를 채택하였다고 하지만 둘의 실제 모습은 크게 다르다. 이 장에서는 GMO 정책결정과정에 참여하는 행위자와 그들 간의 상호관계, 이익집단 간의 경쟁과 지지연합, 그들의 의사결정을 제약하는 구조적·제도적 측면과 사회전반에서 공유되는 아이디어와 신뢰의 차이를 주요 원인으로 보았다. 이와 같은 여러 요소의 상호작용을 통해 GMO 규제에 있어서 유럽의 사전예방적 원칙과 미국의 실질적 동등성 원칙이 성립될 수 있었고 현재까지도 그 상이성이 존재하고 있다.

특히 EU GMO 규제는 EU의 정책결정과정을 잘 보여줄 수 있는 분야이다. GMO와 같은 생명공학 분야는 다양한 정책영역 간에 수평적 조율을 요하는 분야이면서 동시에 회원국과 초국가기구 그리고 국제적인 차원 간의 수직적 조율 역시 필요로 한다. 여러 이해당사자가 다양한 이슈분야를 통해 각자의 이해관계를 표현하고 다양한 상호관계가 일어나는 분야이다. 또한 회원국별 이해관계 역시 다르기 때문에 그들 간의 조율뿐만 아니라 유럽 차원의 조화된 규제의 필요성에 의해 집행위원회의 역할이 부각되기도 한다.

앞에서 지적했듯이 미국과 유럽 간에 관할 정부기관과 초국가기구 외에도 생명공학기업, 농민, 유통업자와 소비자 및 환경단체라는 이익집단들의 구조와 영향력, 그리고 목적은 상이했다. 유럽에서는 생산자 집단이 느슨하고 약했던 반면 미국의 생산자 집단은 크고 강하게 결집했다. 반면 반GMO 진영의 NGO들은 유럽에서 강하게 정치화된 반면 미국에선 상대적으로 약했다. 이는 과학기술과 식품안전을 담당하는 정부 및 초국가기관에 대한 양 지역 대중들의 신뢰도의 차이에 기반한다. 또한 유럽 차원에서는 그들의 영향력을 증대시키는 제도적 환경이 마련되어 있었고 유럽의회의 입법권한 강화와 다층적 거버넌스 체제가 그 예로 지적되었다. 나아가 회원국들은 초국가기구의 규제입법강화 노력에 대해 여러 단계에서 개입할 수 있는 여지가 있었고 특히 코미톨로지와 세이프가드 조항을 통해 결국 GMO 승인에 대한 모라토리엄을 선언하기도 했다.

이와 같은 상황은 2003년 미국과 국제기구의 외부적 압력으로 이어졌고 WTO의 판결로 인해 EU 차원의 규제도입이 가속화될 수 있었다. 미국과의 분쟁이 한편으로 회원국들이 모라토리엄을 철회하는데 일조한 측면이 있는 것이다. 그럼에도 양안 간의 무역분쟁은 유럽에서 회원국들의 저항을 가속화시키고 생명공학에 대한 국내논쟁을 재가열시켰다. 시민단체들은 무역분쟁을 이용해 오히려 더 높은 수준의 규제를 요구하였다. 안정적인 규제체제 확립을 위해 관할기관은 해당 이슈에 대한 과학적 논리에 기반한 경제적 목표와 사회적 신뢰의 논리를 포괄할 수 있어야 했다. 유럽에서는 이와 같은 두 종류의 논리를 찾아가는 과정에서 기존과는 다른 GMO에 대한 사회적 규범을 만들어냈다. 이와 같은 과정과 예방중심의 규제체제는 자유시장의 효율성을 보장받기 위한 차원에서 오히려 엄격한 형태로 발전하였다. EU 차원의 전문가 자문과정은 안전성 보장을 강화시켰고 초국가 기구들의 정치적 권위를 일정부분 증가시켰으며 예방원칙을 EU 차원에 수립할 수 있도록 했다. EU는 보다 엄격한 기준으로 GM 작물의 승인을 허가할 때 소비자 권리를 증진시킬 수 있다는 것을 주지하고 있었고 이를 통해 GMO를 포함한 농업생명공학에 대한 급진적인 반대논리로부터 벗어날 수 있었다.

따라서 EU 차원의 GMO 규제는 한편으로 국제무역 분쟁에서의 원만한 합의를 위해 그리고 역내무역장벽을 없애고 생명공학 분야의 경쟁력 향상을 위해 최소한의 조화된 그리고 엄격한 예방적 성격을 갖는 규제정책이 도입된 것을 알 수 있다.

3부

미국-EU 관계의 전망

10장

21세기의 지정학과 미국-EU 관계의 전망

안병억

역사적인 요인 때문에 안보공동체를 형성한 미국과 EU는 이 책에서 제시했듯이 국제사회가 직면한 공통의 문제에 대해 다른 시각과 정책을 보여왔다. 기후변화와 국제분쟁의 해결방안, 복지 자본주의 시스템에서 양자의 입장은 자주 대립하기도 했다. 1990년대 냉전의 붕괴로 양자를 결속해온 이념적 요소가 느슨해지고 경제와 외교안보가 밀접하게 연관되면서 미국과 EU 간의 주요 정책 차이는 더 크게 주목받아왔다. 일부는 탈냉전시대에 미국과 '유럽'이 세분화된 정체성을 형성해왔다고 평가하기도 한다.[1]

그러나 양자 간의 이런 정책 차이에도 미국과 EU는 많은 점을 공유한다. 민주주의와 시장경제, 법치, 인권 등에서 양자는 공통의 규범을 갖고 있다. 그리고 이런 공유점은 위기 때 양자를 규합하는 요소로 작용해왔다. 2차 세계대전 후 미국이 서유럽에 NATO를 설립하고 유럽통합을 지지하는 대전략을 구사해왔듯이 21세기의 글로벌 도전에 직면해 양자는 대립보다 협력을 강화해야 할 필요성을 느끼고 있다.

1 Asle Toje, *America, the EU and Strategic Culture: Renegotiating the Transatlantic Bargain* (Abingdon and NY: Routledge, 2008).

이런 관계 강화는 구체적으로 경제 분야에서 드러나고 있다. 2000년대 들어 다양한 형식의 지역 무역협정이 협상되거나 체결되었다. 가장 최근의 예는 미국과 호주, 일본 등이 협상 중인 환태평양경제동반자협정(Trans-Pacific Partnership, TPP), 미국과 EU의 대서양무역투자 동반자협정(Transatlantic Trade and Investment Partnership, TTIP)이다. 반면에 중국은 동남아시아국가연합(Association of Southeast Asian Nations, ASEAN) 회원국들과 양자 무역협정을 체결했고 아세안과 한국, 일본, 호주, 뉴질랜드, 인도 등을 포괄하는 역내 포괄경제동반자 협정(Regional Comprehensive Economic Partnership, RCEP)에 집중해왔다.[2] 이런 협정은 표면적으론 경제적 현상이지만 다분히 지정학적인 게임이다. 미국이 협상 중인 TPP와 TTIP는 중국 부상을 견제하는 미국의 외교정책적 목표를 담고 있다. 두 개가 협상이 완료되어 효력을 발한다면 회원국들은 전 세계 총생산의 2/3를 차지하게 된다.[3] 대전략가인 로버트 죌릭(Robert Zoellick)은 TPP와 TTIP를 "유라시아의 동쪽 및 서쪽 국경을 연결하는 미국 경제의 다리가 될 수 있다"고 지정학적인 의미를 평가했다.[4] 〈그림 10-1〉은 이런 구도를 잘 보여준다.

FTA라는 경제를 도구로 지정학적인 체스 게임이 벌어지는 가운데서 국제정치의 가장 큰 도전의 하나인 중국의 부상에 직면하여 대

---

2 중국의 FTA 전략에 관해서는 Song Guoyou and Yuan Wenjin, "China's Free Trade Agreement Strategies," *The Washington Quarterly* (Fall, 2012), pp. 91-108 참조.

3 Timothy G. Ash, "Welcome to the geopolitics of trade, where Dr Pangloss meets Machiavelli," *The Guardian* (July 10, 2013). 미국과 EU 관계 전문가인 티모시 가튼 애시 교수(영 옥스퍼드대학교)는 TTIP를 대서양파트너십(Transatlantic Partnership, TAP)으로 부르자고 제안했다. TAP가 더 명확하고 TPP와도 상호 보완적인 미국의 전략을 잘 보여줄 수 있기 때문이다. 중국은 특히 TPP를 중국의 경제적 부상을 견제하고자 하는 미국의 외교정책 수단으로 보고 있다. Song Guoyou and Yuan Wenjin (2012).

4 The Trans-Pacific Partnership: New Rules for a New Era, Wilson Center의 국제 세미나(2013. 6. 19. 개최) www.wilsoncenter.org/.../the-trans-pacific-partnership(2013. 9. 11. 방문).

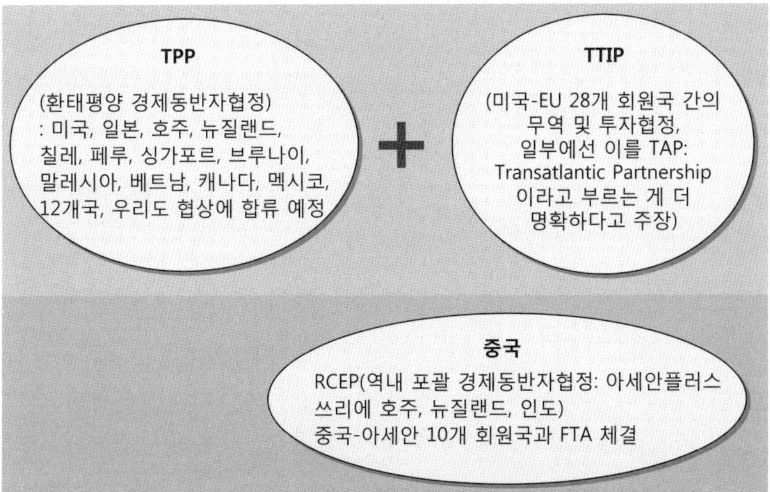

출처: 저자가 여러 자료를 종합하여 작성
TPP와 RCEP가 겹치는 나라(7개국에서 우리의 TPP 협상 가입으로 8개국으로 늘어날 듯): 호주, 뉴질랜드, 베트남, 말레이시아, 싱가포르, 브루나이, 일본, 대한민국

〈그림 10-1〉 FTA의 정치·경제[5]

서양 공동체는 기존의 관계를 더 강화해야 한다는 당위성을 인정하고 있다. 대전략가인 즈비그뉴 브레진스키(Zbigniew Brzezinski)가 주장하듯이 미국과 유럽이 중심이 된 서구는 경제의 활력을 되찾고 복지제도를 개혁해야 자신을 업그레이드할 수 있다. 서구가 이처럼 갱생을 해야 다른 국가들을 끌어당기는 '자석'으로서 사회모델을 지속할

5 우리나라의 TPP 가입에 대한 입장은 아직 명확하지 못하다. 그러나 가입 시기를 저울질하고 있다는 게 정확하다. 조원동 경제수석은 파이낸셜타임스와의 인터뷰에서 이 점을 확인했다. "South Korea lays out Trans-Pacific Partnership ambitions" *Financial Times* (2013. 10. 28); TPP에 관한 미국과 중국의 상호 대립되는 입장은 『매일경제』, "10조 달러(TPP 역내 규모) 亞 경제패권 미·중 대전 "한국 G2 사이서 딜레마"(2013. 10. 25); 『매일경제』, "日 경제회생 위해 TPP에 사활"(2013. 10. 25); 『매일경제』, "G2 통상 전문가 인터뷰" TPP 설전: 슈워브(미 USTR 대표), "중국 견제 목적 아니다," 쑤장웬(中 상무부 연구원), "한중 FTA 무력화 의도"(2013. 10. 25); 빅터 차, "TPP 가입으로 한국이 얻을 수 있는 것들," 중앙일보(2013. 10. 23).

수 있고 이런 기반에서 21세기 국제무대에서도 주요 행위자로 역할을 지속할 수가 있다.[6] 존 아이켄베리(John Ikenberry)도 미국 중심의 서구 자유주의적 체제가 21세기에도 지속하기 위해선 WTO 체제의 강화, 국제통화체제가 부상한 신흥국들의 경제력을 제대로 반영하는 거버넌스 개혁 등 다자주의적 질서 체제를 강화해야 가능하다고 진단했다.[7] 21세기 결정적인 투쟁이 미국과 중국이라면 중국이 유리하겠지만 중국과 서구의 투쟁이라면 갱생된 서구가 승리할 것이라고 그는 진단했다.

미국과 EU는 상호 보완적으로 국제사회의 주요 문제를 해결하는 데 협력을 강화할 수 있다. 미국이 국제분쟁의 해결방식으로 무력 사용을 주저하지 않는다면 EU는 아프가니스탄 재건에서 보여주었듯이 전쟁 후 국가형성(nation-building)에 상당한 경험을 보유하고 있다.[8] EU는 공동안보 및 국방정책(Common Security and Defense Policy, CSDP)을 통해 레바논 남부지역에서의 평화 유지, 소말리아 해안에 해적 감시선 파견, 보스니아-헤르체고비나에서의 경찰 훈련과 치안 유지 감독, 콩고 민주공화국에서의 평화 유지 등 세계 각지의 분쟁지역에서 평화 유지 활동을 맡고 있다.[9] 중국의 급부상에 따라 미국은 동아시아에서 점차 더 많은 역할을 요구받고 있고 '아시아로의 귀환'을 선

6 Zbigniew Brzezinski, *Strategic Vision: America and the Crisis of Global Power* (NY: Basic Books, 2012); Balancing the East, "Upgrading the West: US Grand Strategy in an Age of Upheaval," *Foreign Affairs* 91-1 (January/February, 2012), pp. 97-104.

7 John Ikenberry, "The Rise of China and the Future of the West," *Foreign Affairs* 87-1 (January/February 2008), pp. 23-37.

8 Christopher Hill, "Renationalizing or Regrouping? EU Foreign Policy Since 11 September 2001," *Journal of Common Market Studies* 42-1 (February 2004), pp. 161-163.

9 EU의 안보 연구소인 파리주재 EUISS(European Union Institute for Strategic Studies) 해마다 공동안보 및 국방정책 연감을 펴내고 있다. EU의 공동안보 및 국방정책의 세부 내용은 EUISS Yearbook of European Security 2013 (Paris: EUISS, 2013).

언해 이 지역에서 균형자로서 그 역할을 확대해왔다. 동중국해를 둘러싸고 중국과 필리핀, 말레이시아 등 동남아시아국가연합(ASEAN) 회원국들이 갈등을 빚어왔고 앞으로도 이 분쟁은 지속될 것으로 보인다. 미국은 이 분쟁을 다자화하여 동아시아정상회담에서 다루려 하지만 중국은 이를 양자 차원의 문제로 접근하면서 뚜렷한 접점을 찾지 못하고 있다. EU는 이 문제의 당사자는 아니지만 오랫동안 아세안과 지역 간 대화를 통해 다자주의적 안보 레짐 형성에 기여해왔다.[10] 앞으로 EU는 미국과 긴밀한 협의를 통해 동아시아 영토분쟁에서 주도적인 지지자 역할을 할 수 있다. 양자는 동아시아 지역에서 비핵화와 군축, 항해의 자유, 무역자유화 등의 목표에 공감한다. 미국은 이 지역에서 양자 안보협정을 통해 주로 전통적인 안보에 주력해왔고 EU는 연성안보 해결책에 집중해왔다. 미국과 EU 지식인들은 양자의 동아시아 지역에서의 안보정책을 비교 검토한 후 양자가 이 분야에서 상호협력을 강화해야 한다고 결론지었다.[11] 글의 서두에서 지적했듯이 힐러리 클린턴 국무장관은 미국이 동아시아에서 맺을 관계의 역할모델로 미국과 '유럽'과의 관계를 제시했다.

2013년 7월 협상이 개시된 대서양 무역 및 투자 파트너십(TTIP)도 미국과 EU의 중국 부상 대응책의 하나로 볼 수 있다. 1990년대에도 비슷한 제안이 있었지만 양자가 협상조차 시작하지 못했다. 그런

---

10 EU는 아세안지역안보포럼(ARF: ASEAN Regional Forum)에 정식 회원으로 참여해왔다.

11 Patryk Pawlak (ed.), *Look East, Act East: transatlantic agendas in the Asia Pacific,* Report No. 13 (December 18, 2012, Paris: European Union Institute for Security Studies, 2012). 이 보고서는 미국과 EU의 대중국, 아세안 정책 등을 비교, 검토하며 EU가 좀 더 동아시아에 전략적 관여를 해야 한다고 권고했다. 또 미국과 EU가 동아시아 정책에서 상호 협력을 강화할 것도 제안했다. 2013년 7월 15일 벨기에 브뤼셀에서 열린 한국유럽학회와 유럽안보연구소(EUISS)가 공동개최한 한국과 EU 수교 50주년 기념 세미나에 참석한 EU 대외관계청(EEAS)의 한 고위인사도 비슷한 취지의 발언을 했다.

데 이 협상이 2013년 급물살을 탄 것은 2008년 미국발 글로벌 경제위기 이후 양자는 경제위기를 극복한다는 경제적인 필요성 이외에 중국을 견제하려는 정치·경제적인 의도도 중요한 동인이다. 물론 지난 2005년 도하개발 어젠다(DDA) 협상이 결렬된 상황에서 세계 교역의 절반을 차지하는 미국-EU의 FTA 협상은 양날의 칼이다.[12] 다자주의 지지자들은 미국-EU FTA 체결이 다자주의를 심각하게 훼손할 것이라며 비판한다. 반면에 미국과 EU 정책결정자들은 양자 FTA가 거의 빈사 상태에 빠진 DDA 협상을 소생시키는 디딤돌이 될 수 있다는 논리로 대응한다.[13]

2008년 글로벌 경제위기 이후 미국과 비교해 매우 저조한 경기 회복세를 보이고 있는 EU는 양자 FTA가 다자주의를 소생시킬 수 있다는 논리를 적극 펼쳐왔다. 2010년부터 본격화한 유로존 위기가 4년이 넘게 지속되면서 국제무대에서 지역주의의 성공적 모범이자 규범적 권력으로서 EU의 영향력과 입지는 많이 줄어들었다. EU는 이런 영향력과 입지의 축소를 완화하고 주요 행위자로 남기 위해서라도 유로존 위기를 극복해야 한다. 유로존 위기 극복은 따라서 단순히 경제 분야만의 개혁이 아니라 국제무대에서 EU가 아직도 주요 행위자임을 보여줄 수 있는 과정의 하나로 인식되고 있다. 이런 시각에서

12 자세한 내용은 이 책의 5장 참조.

13 "Transatlantic trade talks near lift-off," *Financial Times* January 8, 2013; Philip Stephens, "The threats to Asia's fragile balance of power," *Financial Times* (May 3, 2013); Zaki Laïdi, "Trade deals show power politics is back," *Financial Times* (April 1, 2013). 프랑스 파리 정치대학교(Sciences Po) 교수인 저자는 TPP나 TTIP 모두 지역 무역협정의 하나로 사실상 WTO로 대표되는 다자주의에 심각한 위협이 될 것이라고 주장한다. 같은 주장의 글로 Marcel Fratzscher, "EU-US free trade deal could be costly," *Financial Times* (February 21, 2013); Philip Stephens, "Transatlantic pact promises bigger prize," *Financial Times* (February 15, 2013). 이 글은 TTIP의 중국 견제라는 지정학적인 목표를 강조한다.

일부 정책결정자들은 지정학적인 고려를 유로존 위기 극복의 주된 이유로 제시한다. 2013년 6월 중국의 시진핑 국가주석과 버락 오바마 대통령이 미·중 정상회담을 개최해 '신형 대국관계' 밑그림을 그렸다.[14] 바로 이때 중국과 EU는 태양광 산업의 보조금을 두고 무역분쟁을 벌이고 있었다. EU가 중국에 고율의 반덤핑 관세 부과를 위협하자 중국은 "EU가 아직도 시대의 변화와 힘의 변화를 인식하지 못했다"며 EU산 포도주에 보복 관세를 부과하겠다고 맞섰다. 결국 EU는 중국의 태양광 패널의 수입 물량을 조정하는 선에서 타협했다. 이런 사례는 EU가 국제무대에서 무의미한 존재가 되지 않으려면 유로존 위기를 극복하고 미국과 TTIP를 체결할 수밖에 없음을 유럽의 정책 결정자들에게 깊이 각인시켰다.[15]

중국의 부상이 기존 국제질서를 교란시키지 않고 중국을 국제사회의 책임 있는 국가로 관여시키는 외교정책을 입안하고 시행한다는 점에서 미국과 EU는 이익을 공유한다. 이런 점에서 미국과 EU는 긴밀하게 협력할 수밖에 없다. 미국은 압도적인 군사력을 바탕으로 전통적인 안보에서 계속하여 리더십을 행사할 것이고, EU는 공동외교안보정책의 역량-기대 간의 차이 때문에 앞으로도 연성안보에 더 주력할 것이다. EU 및 EU 회원국들은 전 세계 공적개발원조(ODA)의 절반 정도를 차지하는 최대 공여국이다. 미국과 EU는 역사 및 이에 유래하는 시각 차이 때문에 서로 다른 다양한 권력의 차원에 주력하면서 서로에게 상호 보완적인 파트너로 활동해왔다. 양자의 이런 파트

---

14 2013년 6월 미·중 정상회담에 관한 분석은 Sheena Chestnut Greitens, "US-China Relations and America's Alliances in Asia," Brookings Northeast Asia Commentary (2013. 6. 11.), Jnnell, 2013 미 브루킹스 연구소, http://www.brookings.edu/research/opinions/2013/06/11-us-china-relations-asia-alliances-greitens (2013. 9. 12. 방문) 참조.

15 "China is giving Europe a harsh lesson in geopolitics," *Financial Times* (June 13, 2013).

너십은 점차 대중국 정책에서 정책적 수렴을 가져올 가능성이 크다.

헨리 키신저(Henry Kissinger)는 2차 세계대전 종전 후 세계 질서를 구축했던 미국과 서유럽 지도자들의 가장 큰 업적으로 '대서양공동체(Atlantic Community)' 형성을 강조했다.[16] 양자는 안보공동체를 넘어 경제와 문화 등 다양한 분야에서 정부 간, 시민사회 간 중첩적인 관계를 맺고 있다. TTIP의 체결은 이런 관계를 좀 더 제도화하고 촘촘하게 만들 것이다.

미국과 EU의 중국 대응책은 우리의 외교정책에도 매우 중요한 정책적 시사점을 던져 준다. 북한의 핵 문제를 슬기롭게 해결하면서 분단을 관리하고 극복하는 것은 동아시아 차원에서 가능하다. 한반도, 나아가 동아시아는 미국과 중국의 G2가 각축전을 벌이고 있는 지역이다. '고래 싸움에 등이 터진 새우'가 되지 않도록 우리는 치밀한 중장기 외교전략을 마련해야 한다. 지난 60년간 우리의 안보를 지켜준 한·미동맹을 군사분야뿐만 아니라 정치·경제·문화 등 각 분야로 확대 유지하면서 중국과도 전략적 동맹을 업그레이드해야 한다. 우리는 미국, EU와 각 분야에서 긴밀한 협력을 유지하고 있다. 이런 협력을 기반으로 미국, EU와 대중국 정책에서 지속해서 협력하고 공동 대응할 수 있어야 한다. 한·미, 한·중 등의 양자관계를 확대하고 공고하게 하면서 동아시아라는 지역적 차원에서도 동남아시아국가연합(ASEAN)과도 지역주의 확대를 위해 협력을 강화해야 한다.[17] 한반도 통일은 동북아시아, 나아가 동아시아의 세력균형에도 영향을 미칠 수 있는 지정학적인 사건인 만큼 지역적 차원의 외교 역량 확대

---

16 Henry Kissinger, *On China* (NY: Penguin Books, 2012), pp. 527-530.

17 조영남, 『중국의 꿈』(민음사, 2013). 이 책은 우리의 바람직한 대중국 정책으로 '정책 3중주'(중국과의 적극적인 관계 강화, 위험분산을 위한 한·미 동맹의 강화, 동아시아 지역정책의 강화)를 제시했다.

도 필수적이다. 분단국 서독은 통일정책과 유럽통합 정책을 동전의 양면으로 여기고 실천해왔고 이것이 독일 통일을 가능하게 했다. 서독은 통일이 유럽통합을 강화하는 틀 안에서 이루어지고 통일 이후에도 다자주의 외교정책을 지속할 것임을 미국, 프랑스 등에게 설득시켜 통일 후 강대국 부상을 우려하는 프랑스와 영국 등 동맹국들을 안심시켰다. 우리도 통일정책과 동아시아 지역통합 정책을 좀 더 긴밀하게 연계시켜 정책적 시너지 효과를 낼 수 있도록 노력해야 한다. 글로벌 차원의 노력도 빼놓을 수 없다. 우리는 2010년 11월 비서방선진 7개국(G7) 가운데 처음으로 G20 정상회의 개최하여 국제 정치·경제의 주요국들과 네트워크를 촘촘하게 만들었다. 이런 축적된 자산을 십분 활용해 글로벌 차원에서도 우리의 외교 역량 축적과 활용에 정진해야 한다. 양자의 지역적·글로벌 차원의 외교전략이 상호 보완적으로 작용하여 국익을 극대화할 수 있는 외교 역량의 구축이 매우 필요하다.

참고문헌

1장

김용구, 『세계외교사』, 서울대학교출판부, 2006.

안병억, 「1960년대 초 대서양주의와 유럽주의: 드골의 '유럽' 대 미국의 '유럽'」, 『유럽연구』 26권 1호 (2008).

안병억 (역), 『통일을 이룬 독일 총리들』, 한울, 2000. Guido Knopp, *Kanzler* (Muenchen: Bertelsmann, 1999)

이수형, 『북대서양조약기구(NATO): 이론, 역사, 쟁점』, 서강대학교출판부, 2012.

최형식, 「한국전쟁이 서독 재무장의 원칙적인 결정에 있어서 서방 강대국들에게 미친 영향」, 『한국정치학회보』 30권 4호 (1996).

황영주·이승근, 「초기 유럽통합과정과 냉전의 영향: NATO의 성립과 EDC의 실패를 중심으로」, 『대한정치학회보』 13권 1호 (2005).

Adler, Emanuel and Michael Barnett (eds.), *Security Communities*, Cambridge: Cambridge University Press, 1998.

Andrews, David, *The Atlantic Alliance Under Stress: US-European Relations after Iraq*, Cambridge: Cambridge University Press, 2005.

Biscop, Sven and Jan J. Andersson (eds.), *The EU and the European Security Strategy: Forging a Global Europe*, London: Routledge, 2007.

Blair, Alistair, *Dealing with Europe: Britain and the Negotiation of the Maastricht Treaty*, Aldershot: Ashgate, 1999.

Blasius, Rainer A., Michael Lindemann and Ilse O. Pautsch, *Akten zur Auswärtigen Politik Deutschland 1963*, Band I, Munich: R. Oldenburg, 1994.

Brzezinski, Zbigniew, Balancing the East, "Upgrading the West: US Grand Strategy in an Age of Upheaval," *Foreign Affairs* 91-1(January/February, 2012).

———, *Strategic Vision: America and the Crisis of Global Power,* NY: Basic Books, 2012.

Calleo, David, *The German Problem Reconsidered: Germany and the World Order 1870 to the Present*, Cambridge: Cambridge University Press, 1980.

Casarini, Nicola and Costanza Musu (eds.), *European Foreign Policy in an Evolving International System: The Road towards Convergence,* Basingstoke and NY: Palgrave Macmillan, 2007.

Clinton, Hilary, "America's Pacific Century," Remarks at East-West Center, Honolulu, Hawaii (November 10, 2011), http://www.state.gov/secretary/rm/2011/11/176999.htm(검색일: 2013. 6. 1.).

Craig, Gordon, *Germany: 1866-1945*, Oxford: Clarendon Press, 1978.

De Gaulle Charles, *Mémoires D'Espoir,* 샤를 드골 지음, 심상필 옮김, 『드골, 희망의 기억』, 은행나무, 2013.

De Gaulle, Charles, "President Charles de Gaulle, Press Conference," Reproduced from WEU, Political Union of Europe, January 14, 1963.

DePorte, Anton W., *Europe between the Superpowers: The Enduring Balance,* 2nd edition, New Haven and London: Yale University Press, 1986.

Deutsch, Karl and Sidney A. Burrell, Robert A. Kann, Maurice Lee Jr., *Political Community and the North Atlantic Area: International Organization in the Light of Historical Experience*. Princeton: Princeton University Press, 1958.

Dinan, Desmond, *Ever Closer Union: An Introduction to European Integration,* 3rd edition, Lynne Rienner Publisher: London, 2005.

"Draft Treaty-Fouchet Plan I (November 2, 1961), Draft Treaty-Fouchet Plan II (January 18, 1962)," Alternative Treaty drawn up by France's Five Partners (January 20, 1962), http://www.cvce.eu/obj/the_fouchet_plans-en-c7c2b3f9-cf51-4a8e-874a-d6c3eda51 25a.html(검색일: 2013. 6. 15.).

European Union Institute for Security Studies, *EUISS Yearbook of European Security 2013*, Paris: EUISS, 2013.

Forster, Anthony, *Britain and the Maastricht Negotiations*, London: Palgrave Macmillan, 1999.

Frideman, Lawrence, "The Atlantic Crisis," *International Affairs* 58-3 (Summer 1982).

Gaddis, John L. *George Kennan: An American Life,* NY: Penguin Press, 2011.

George, Stephen, *Awkward Partner: Britain in the EU,* Oxford: Oxford University Press, 1998.

Giauque, Jacques, "The United States and The Political Union of Western Europe, 1958-1963," *Contemporary European History* 9-1 (2000).

Gillingham, John, *Coal, Steel, and the Rebirth of Europe, 1945-1955: The Germans and French from Ruhr Conflict to Economic Community*, Cambridge: Cambridge University Press, 1991.

Green Cowles, Maria, "The EU Committee of AmCham: The powerful voice of American firms in Brussels," *Journal of European Public Policy* 2-3 (1996).

Hill, Christopher, "The Capability-Expectations Gap, or Conceptualizing Europe's International Role," *Journal of Common Market Studies* 31-3 (1993).

______, "Renationalizing or Regrouping? EU Foreign Policy Since 11 September 2001," *Journal of Common Market Studies* 42-1 (February 2004).

Hocking, Brian and McGuire Steven, "Government-Business Strategies in EU-US Economic Relations: The Lessons of the Foreign Sales Corporations Issue," *Journal of Common Market Studies* 40-3 (2002).

Hoffmann, Stanley, "Comment on Moravcsik," *Journal of Cold War Studies* 2-3 (Fall 2000).

Joffe Josef, ""Bismarck" or "Britain"? Toward an American Grand Strategy after Bipolarity," *International Security* 19-4 (1995).

______, "Europe's American Pacifier," *Foreign Policy* 54 (Spring 1984).

______, "Europe's American Pacifier," *Survival* 26-4 (1984).

Jones, Erik, "Debating the Transatlantic Relationship: Rhetoric and Reality," *International Affairs* 80-4 (2004).

Katzenstein, Peter, *Tamed Power: Germany in Europe,* NY: Cornell University Press, 1998.

Keeler, John, "A Response to Andrew Moravcsik," *Journal of Cold War Studies* 2-3 (Fall 2000).

Keynes, John M., *The Economic Consequences of Peace*, London: Empire Books, 2013.

Kissinger, Henry, *On China*, NY: Penguin Books, 2012.

Kupchan, Charles A. and Clifford A. Kupchan, "Concerts, Collective Security, and the Future of Europe," *International Security* 16-1 (Summer, 1991).

Layne, Christopher, *The Peace of Illusions: American Grand Strategy from 1940 to the Present*, NY: Cornell University Press, 2007.

Leffler, Melvyn P., "The Emergence of an American Grand Strategy, 1945-1952" in Leffler, Melvyn P., and Odd Arne Westad (eds.), *The Cambridge History of the Cold War, Volume 1: Origins,* Cambridge: Cambridge University Press, 2010.

Leffler, Melvyn P. and Westad Odd Arne (eds.), *The Cambridge History of the Cold War* Vol. 1: *Origins,* Cambridge: Cambridge University Press, 2010.

"Let Croatia lead the Balkans into the EU," *Financial Times* (July 1, 2013).

Lynch, Frances M. B., "De Gaulle's First Veto: France, the Rueff Plan and the Free Trade Area," *Contemporary European History* 7-1 (2000).

Manners, Ian, "Normative Power Europe: A Contradiction in Terms?" *Journal of Common Market Studies* 40-2 (June 2002).

Mearsheimer, John, "The Future of the American Pacifier," *Foreign Affairs* 80-5 (September/October 2001).

Miall H., *Shaping the New Europe*, London: Pinter Publishers, 1993.

Moravcsik, Andrew, *The Choice for Europe, Social Purpose and State Power From Messina to Maastricht*, Ithaca, NY: Cornell University Press, 1998.

Nuttall, Simon J., *European Political Cooperation*, Oxford: Clarendon Press, 1996.

______, *European Foreign Policy*, Oxford: Oxford University Press, 2000.

Nye, Jr, Joseph S., "The US and Europe: Continental Drift?" *International Affairs* 76-1 (2000).

Pawlak, Patryk (ed.), *Look East, Act East: Transatlantic Agendas in the Asia Pacific*, Report - No. 13 (December 18, 2012), Paris: European Union Institute for Security Studies.

Peterson, John, "America as a European Power: The End of Empire by Integration," *International Affairs* 80-4 (2004).

______, "Europe, America and Iraq: Worst ever and Ever-worsening," *Journal of Common Market Studies* 42-5 (September 2004).

Peterson, John and Maria Cowles, "Clinton, Europe and Economic Diplomacy: What Makes the EU Different?" *Governance* 11-3 (1998).

Pond, Elizabeth, "The dynamics of the feud over Iraq," in Andrews David M. (ed.), *The Atlantic Alliance Under Stress: US–European Relations after Iraq,* Cambridge: Cambridge University Press, 2005.

Rummel, Reinhardt, *Toward Political Union: Planning a Common Foreign and Security Policy in the European Community*, Baden-Baden: Nomos, 1992.

Sarotte, Mary E., *1989: The Struggle to Create Post-Cold War Europe*, Princeton, NJ: Princeton University Press, 2009.

Schake, Kori, "NATO after the Cold War, 1991-1995: Institutional Competition and the Collapse of the French Alternative," *Contemporary European History* 7-3 (November 1998).

Schweiger, Christian, "British-German Relations in the European Union after the War on Iraq," *German Politics* 13-1 (March 2004).

Simms, Brendan, *Europe: The Struggle for Supremacy, from 1453 to the Present,* London: Allen Lane, 2013.

Solana, Javier, "A Secure Europe in a Better World: European Security Strategy," Brussels: The Council of EU, 2003, *The European Union: Annual Review, Journal of Common Market Studies* 42-6 (2004).

Stern, Fritz, *Five Germanys I have Known*, NY: Columbia University Press, 2006.

Stirk, Peter and David Weigall (eds.), *The Origins and Development of European Integration*, London: Pinter, 1999.

Swan, Dennis (ed.), *The Single European Market and Beyond: A Study of the Wider Implications of the Single European Act,* London: Routledge, 1992.

"Upheaval in the East; Excerpts From Baker's Speech on Berlin and US Role in Europe's Future," *The New York Times* (December 13, 1989), http://www.nytimes.com/1989/12/13/world/upheaval-east-excerpts-baker-s-speech-berlin-us-role-europe-s-future.html?pagewanted=all&src=pm(검색일: 2013. 6. 19.).

Urwin, Derek W., *The Community of Europe: A History of European Integration since 1945*, 2nd edition, London: Longman, 1995.

US State Department, *The National Security Strategy*, Washington, DC, 2002.

Verheyen, Dirk, Christian Soe, Anthony Glees, Robert R King, and Gian Enrico R. *The Germans and Their Neighbors*, NY: Westview Press, 1993.

Wallace, William, "The Sharing of Sovereignty: The European Paradox," *Political Studies* 47 (1999).

Yannopoulos, George N. (ed.), *1992: US-EC Economic Relations and the Single Market,* Manchester: Manchester University Press.

Zelikov, Philip and Rice Condoleezza, *Germany Unified and Europe Transformed: A Study in Statecraft*, Cambridge, MA: Harvard University Press, 1997.

2장

김명섭, 「프랑스의 문화외교: 미테랑대통령 집권기를 중심으로」, 『한국정치학회보』 37권 2호 (2003).

로버트 케이건, 『미국 vs 유럽: 갈등에 관한 보고서』, 세종연구원, 2003.

박선희, 「유네스코 『문화다양성협약』과 프랑스의 전략」, 『한국정치학회보』 43권 3호 (2009).

통합유럽연구회, 『인물로 보는 유럽통합사』, 책과함께, 2010.

Aron, Raymond. *L'Age des Empires et l'avenir de la France*, Paris: Editions de la Defense nationale, 1946.

Birnbaum, Jean, "Enquête sur une détestation française," *Le Monde* (November 25, 2001).

Bitar, Karim E., "France-Etats-Unis," *L'ENA hors les murs revue de l'Association des anciens élèves de l'ENA* 425 (October 2012).

Borger, Julian and Richard Norton-Taylor, "Rumsfeld Steps up Irak War Talk," *The Guardian* (August 21, 2002).

Castries, Duc René de, *La France et l'indépendence américaine,* Paris: librairie académique Perrin, 1975.

Charette, Hervé de, "Nicolas Sarkozy et la politique étrangère de la France," *La revue internationale et stratégique* 70 (été, 2008).

Chevènement, Jean P., "Prendre date sur l'Irak," *Libération* (October 16, 2002).

Chinard, Gabriel. *Thomas Jefferson, the Apostle of Americanism,* Boston: Little Brown and Company, 1929.

"Chirac: la guerre n'est pas inévitable" *Le Nouvel Observateur* (January 25, 2003).

Cogan, Charles, *French Negotiating Behavior: Dealing with La Grande Nation,* Washington: United States Institute Press, 2003.

______, "Les grands axes de la présidence Sarkozy à l'international," *Revue internationale et stratégique* 77-1 (2010).

Colombani, Jean M., "Nous sommes tous Américains," *Le Monde* (September 13, 2001).

Costigliola, Franck, "L'image de la France aux Etats-Unis," Images et Imaginaire dans les relations internationales depuis 1938, *Cahiers de l'IHTP* 28 (Juin, 1994).

Council on Foreign Relations, *Renewing the Atlantic Partnership*, NY: Council on Foreign Relations, 2004.

De Gaulle, Charles, *Le fil de l'épée*, Genéve: Edito-Service, 1972.

De Montbrial, Thierry, "Franco-American relations: a Historical-Structural Analysis," *Cambridge Review of International Affairs* 17-3 (2004).

DePorte, Anton W., "Charles de Gaulle, observations d'outre-Atlantique," *Politique étrangère* No. 1 (1986).

Duroselle, Jean B., *France and the United States*, Chicago: The University of Chicago Press, 1978.

Fox News, "Nicolas Sarkozy, Pro-American, Elected as France's New President" (May 7, 2007), http://www.foxnews.com/story/0,2933,270503,00.html(검색일: 2013. 9. 19.)

"France will be punished" *The Telegraph* (June 2, 2003).

"French to lend us a rare exhibit," *The New York Times* (October 17, 1947).

Gaffney, John, "Highly Emotional States: French-US Relations and the Iraq War," *European Security* 13-3 (2004).

Hoffmann, Stanley, "Deux universalismes en conflit," *La Revue Tocqueville* 21-1 (2000).

Hubert, Philippe, "Les deux-tiers des Français approuvent l'intervention militaire en Afghanistan," *Ipsos* (October 15, 2001).

Ignatius, David, "France's Constructive Critic," *The Washington Post* (February 22, 2002).

Jim Oberstard, "A story of French-American History," Embassy of France in Washingotn, http://www.ambafrance-us.org/spip.php?rubrique100(검색일: 2013. 10. 17.)

Kagan, Robert, "Power and Weakness," *Policy Review* 113 (June/July, 2002).

Kelly, Michael, "As good as Doctrine Gets," *The Washington Post* (February 13, 2002).

Kolodziej, Edward, *French International Policy under de Gaulle and Pompidou*, NY: Cornell Univeristy Press, 1974.

Laurent, Samuel, "Je veux être votre ami, votre allié, votre partenaire," *Le Figaro* (November 7, 2007).

Lepri, Charlotte, "Le paradoxe américain du président Sarkozy," *Revue internationale et stratégique* 77-1 (2010).

Moore, David W., "Majority of Americans view France as Ally or Friend: Say 'Freedom Fries' a Silly Idea," Gallup News Service (March 20, 2003).

Nagourney, Adam and Janet Elder, "Threats and Responses: The Poll:More Americans now faulting UN on Iraq, Poll finds," *The New York Times* (March 11, 2003).

Rachman, Gideon, "Welcome to Berlin, Europe's new capital," *Financial Times* (October 22, 2012).

Roberts, Joel, "Europe Polled on Why 9/11 Happened," CBS News (August 28, 2002), http://www.cbsnews.com/2100-500249_162-520058.html(검색일: 2013. 9. 26.)

Sairt G., Laurence, "La culture comme levier de la puissance: le cas de la politique culturelle de la France aux Etats-Unis pendant la Guerre-Froide," Histoire, économie & société 28-4 (2009).

Vaïsse, Maurice, "France and NATO: an History," *Politique Etrangere* 2009-5, Hors serie (2009).

______, *La Puissance ou l'influence? La France dans le Monde Depuis 1958*, Paris: Fayard, 2009.

Vaïsse, Justin, "A Gaullist by any other name," *Survival* 50-3 (June/July 2008).

______, "American Francophobia Takes a New Turn," *French Politics, Culture & Society* 21-2 (Summer 2003).

3장

고상두, 「독일통일 이후 대서양 동맹의 변화」, 『유럽연구』 27권 3호 (2009 여름).

______, 「통일 이후 독일의 국제적 역할변화: 논쟁과 실천」, 『국제정치논총』 44권 2호

(2004).
박채복, 「탈냉전시대 유럽안보질서의 변화와 전망」, 『세계지역학회보』 19권 (2002).
이규영, 「통일 이후 독일 외교정책의 변화: 패권국가 가능성을 중심으로」, 『정치·정보연구』 14권 1호 (2011).
이수형, 「유럽연합의 안보정책과 동맹 딜레마」, 『국제관계연구』 16권 2호 (2011).
장준호, 「현실정치 패러다임과 독일외교정책: 슈뢰더 정부의 외교정책과 조기총선 이후 전망」, 『국제지역연구』 10권 1호 (2006).
Algieri, Franco, "Deutsche Außen- und Sicherheitspolitik im europäischen Kontext: Das abnehmende Strahlen der Integrationsleuchttuerme," in Thomas Jäger, Alexander Höse, and Kai Oppermann (eds.), *Deutsche Außenpolitik,* Wiesbaden: VS Verlag für Sozialwissenschaft, 2011.
Anderson, Jeffrey, John Ikenberry, and Thomas Risse (eds.), *The End of the West. Crisis and Change in the Atlantic Order*, Ithaca/London: Cornell University Press, 2008.
______, "The Sovereign Foundations of Transatlantic Crisis in the Post-9/11 Era," in Jeffrey Anderson, John Ikenberry, Thomas Risse (eds.), *The End of the West. Crisis and Change in the Atlantic Order*, Ithaca/London: Cornell University Press, 2008.
Baumann, Rainer, "Multilateralismus: Die Wandelung eines vereintlichen Kontinuitätselements der deutschen Außenpolitik," in Thomas Jäger, Alexander Höse and Kai Oppermann (eds.), *Deutsche Außenpolitik*, Wiesbaden: VS Verlag für Sozialwissenschaft, 2011.
Besson, Waldemar, *Die Außenpolitik der Bundesrepublik Deutschland*, München: Piper Verlag, 1982.
Bierling, Stephan, *Geschichte der amerikanischen Außenpolitik: Von 1917 bis Gegenwart*, München: Verlag C. H. Beck, 2007.
______, "Sicherheitspolitik," in Werner Widenfeld and Karl-Rudolf Korte (eds.), *Handbuch zur Deutschen Einheit*, Frankfurt am Main: Campus Verlag, 1996.
Bierling Stephan and Ilona Steiler, "Die Deutsche Amerikapolitik" in Thomas Jäger, Alexander Höse, and Kai Oppermann (eds.), *Deutsche Außenpolitik*, Wiesbaden: VS Verlag für Sozialwissenschaft, 2011.
Bundesministerium der Verteidigung, *Weißbuch 2006 zur Sicherheitspolitik Deutschland und zur Zukunft der Bundeswehr*, Berlin: Bundesministerium der Verteidigung, 2006.
Colschen, Lars, *Deutsche Außenpolitik*, Paderborn: UTB, 2010.
Cornish, Paul, and Geoffrey Edwards, "Beyond the EU/NATO Dichotomy: The Beginnings of a European Strategic Culture," *International Affairs* 77-3 (2011).
Czempiel, Ernst-Otto, *Wohin mit der Bundeswehr?*, Frankfurt a. M: Hessische Stiftung

Friedens-und Konfliktforschung, 1996.

DeRort, Anton W., *Europe Between the Superpower: The Enduring Balance*, New Haven: Yale University Press, 1979.

Dettke, Dieter, *Germany Says No. The Iraq War and the Future of German Foreign and Security Policy*, Washington, DC: Johns Hopkins University Press, 2009.

Fröhlich, Stefan, "Deutsche Außen- und Sicherheitspolitik im Rahmen der EU," *Aus Politik und Zeitgeschichte* 43 (2008).

______, *Die EU als globaler Akteur: Eine Einführung*, Wiesbaden: Nomos, 2008.

Gareis, Sven B., "Militärische Auslandeinsätze und die Transformation der Bundeswehr," in Thomas Jäger, Alexander Höse, and Kai Oppermann (eds.). *Deutsche Außenpolitik*, Wiesbaden: VS Verlag für Sozialwissenschaft, 2011.

Hamilton, Daniel S., "Obama und Europa," *Aus Politik und Zeitgeschichte* 4 (2010), pp. 20-24.

Hanrieder, Wolfram F., *Germany, America, Europe: Forty Years of German Foreign Policy*, New Haven and London: Yale University Press, 1989.

Händcke-Hopp, Maria, and Erika Lieser-Triebnig (eds.), *40 Jahre innerdeutsche Beziehungen*, Berlin: Ullstein, 1990.

Jäger, Thomas, Alexander Höse, and Kai Oppermann (eds.), *Deutsche Außenpolitik*. Wiesbaden: VS Verlag für Sozialwissenschaft, 2011.

Kaim, Markus, "Präsident Obama und die transatlantischen Sicherheitsbeziehungen," *Aus Politik und Zeitgeschichte* 15-16 (2009), pp. 9-15.

Korte, Karl-Rudolf, *Geschichte der deutschen Einheit. Deutschlandpolitik in Helmut Kohls Kanzlerschaft: Regierungsstil und Entscheidungen 1982-1989*, München: Deutsche Verlag-Anstalt, 1998.

Leblond, Laurent, *Frankreich und Deutschland. Chronik einer besonderen Beziehungen*, Leipzig: Leipzig Universität, 1999.

Loth, Wilfried *Der Weg nach Europa*, Göttingen: Vandenhoeck & Ruprecht, 1996.

Manfrass, Klaus, *Paris – Bonn. Eine dauerhafte Bindung schwieriger Partner*, Sigmaringen: Thorbecke Jan Verlag, 1984.

Mearsheimer, John J., "Back to the Future: Instability in Europe after the Cold War," *International Security* 15-1 (1990).

Meissner, Boris (ed.), *Die Deutsche Ostpolitik 1961-1970: Kontinuität und Wnadel – Dokumentation*, Köln: Verlag Wissenschaft und Politik, 1970.

Obama, Barack, "Renewing American Leadership," *Foreign Affairs* (July/August 2007).

Oppermann, Kai, and Höse Alexander, "Innenpolitischen Restriktionen deutscher

Außenpolitik," in Thomas Jäger, Alexander Höse, and Kai Oppermann (eds.), *Deutsche Außenpolitik*. Wiesbaden: VS Verlag für Sozialwissenschaft, 2011.

Philippi, Nina, *Bundeswehr Auslandseinsätze als Außen – und Sicherheitspolitisches Problem des geeinten Deutschland*, Frankfurt/M, Berlin, Bern, NY: Peter Lang, 1997.

Ritterberg, Volker, "Nach der Vereinigung-Deutschlands Stellung in der Welt," *Leviathan* 20-2 (1992).

Roth, Magrit, *Zwei Staaten in Deutschland: Die sozialliberale Deutschlandpolitik und ihre Auswirkungen 1969-1978*, Opladen: Westdeutscher Verlag, 1981.

Schröder, Gerhard, "Germany Looks at Eastern Europe," *Foreign Affairs* 44-1 (October 1965), pp. 15-25.

Schulze, Hagen, *Kleine Deutsche Geschichte*, München: C. H. Beck, 1996.

Schöllgen, Gregor, *Angst vor der Macht. Die Deutschen und ihre Außenpolitik*, Berlin: Ullstein, 1997.

______, "Deutsche Außenpolitik in der Aera Schröder," *Aus Politik und Zeitgeschichte* 32-33 (2005), pp. 3-8.

Weske, Simone, *Deutschland und Frankreich. Motor einer Europäischen Sicherheits- und Verteidigungspolitik?* Baden-Baden: Nomos, 2006.

Wiggerhaus, Nobert, *Die Entscheidung für einen westdeutschen Verteidigungsbeitrag*, München: Oldenbourg Wissenschaftsverlag GmbH, 1982.

4장

김상수,「2010년 총선이 영국의 유럽연합 정책에 끼친 영향: 보수당의 집권과 연립내각의 형성을 중심으로」,『영국연구』24호 (2010. 12), pp. 75-96.

______,「영연방을 중심으로 한 영국 내 유럽회의주의 담론의 강화: 1960년대와 2010년대의 보수당의 유럽연합에 대한 태도 비교」,『영국연구』28호 (2012. 12), pp. 261-290.

김영준,「영국 외교정책의 변화와 정치엘리트 집단의 인지적 한계: 미국·유럽과의 정책공조와 협력의 선택판단을 중심으로」,『국제정치논총』46-1 (2006), pp. 291-311.

______,「영국의 외교정책, 1979-97: 집권 보수당 정부의 대 미국, 영연방 유럽과의 외교관계를 중심으로」,『국제논총』38-2 (1998), pp. 291-311.

조홍식,『유럽통합과 '민족'의 미래』, 푸른길, 2006.

안병억,「유럽과 '함께' 그러나 유럽에 '속하지 않은' 영국」, 통합유럽연구회 편,『인물로 보는 유럽통합사』, 책과함께, 2010, pp. 185-200.

대처, 브뤼지 연설, 1988, http://www.margaretthatcher.org/document/107332(검색일: 2013. 9. 20).

Barber, Anthony, *Taking the Tide: A Memoir*, Norwich: Michael Russell, 1996.

Boffey, Daniel and Toby Helm, "56% of Britons would vote to quit EU in referendum, poll finds," *The Observer* (November 17, 2012), http://www.theguardian.com/politics/2012/nov/17/eu-referendum-poll(검색일: 2013. 9. 10.).

Brown, Yasmin A., "The Special Relationship is Over, At Long Last!: We would be saner about our own destiny without this sad dependency on the US," *The Independent,* (1 September 1, 2013), http://www.independent.co.uk/voices/comment/the-special-relationship-is-over-at-long-last-8793227.html(검색일: 2013. 9. 10.).

Chancellor, Alexander, "The yankee poodle," *The Guardian* (February 16, 2002), http://www.theguardian.com/politics/2002/feb/16/britainand911.world?INTCMP=SRCH (검색일: 2013. 8. 8.).

Charmley, John, *Churchill's Grand Alliance: The Anglo-American Special Relationship 1940-57*, London: Hodder & Stoughton, 1995.

Cho, Eunjeong, *EURATOM: Nuclear Norm Competition between Allies, 1955-1957,* PhD thesis, Department of Politics and International Studies, University of Warwick, Coventry England, 2012.

Chorley, Matt, "'The British aren't coming!': US Media Mock Cameron's Failure to Deliver on Promise to Back Obama in Strikes against Syria', *The Daily Mail* (August 30, 2013), http://www.dailymail.co.uk/news/article-2406572/The-British-arent-coming—US-media-mock-Camerons-failure-deliver-Syria-promise-Obama.html (검색일: 2013. 9. 9.).

Churchill, Winston, Speeches: "Sinews of Peace" (the Iron Curtain Speech) at Westminster College in Fulton, Missouri on March 5, 1946, http://www.winstonchurchill.org/learn/speeches/speeches-of-winston-churchill/1946-1963-elder-statesman(검색일: 2013. 7. 27); Speech at the Council of Europe, August 17, 1949. Strasbourg; http://www.winstonchurchill.org/learn/speeches/speeches-of-winston-churchill/1946-1963-elder-statesman(검색일: 2013. 7. 27); Speech in Zurich on September 19, 1948, http://www.churchill-society-london.org.uk/astonish.html(검색일: 2013. 10. 10); Speech in Paris 1951, http://www.churchill-society-london.org.uk(검색일: 2013. 10. 11.).

Clemons, Steve, "Could a New 'Commonwealth of Nations' Lead the Developing World?" *The Atlantic* (February 24, 2012).

Crowson, N. J., *The Conservative Party and European Integration Since 1945: At the Heart of Europe?* Abingdon and NY: Routledge, 2007.

Danchev, Alex, 'On Specialness', *International Affairs* 72 (1996) pp. 737-751.

De Gaulle, Charles, translated by Terence Kilmartin, *Memoirs of Hope: Renewal and Endeavor*, NY: Simon & Schuster, 1972.

Denman, Roy, *Missed Chances: Britain and Europe in the Twentieth Century*, London: Cassell, 1996.

Deyoungs, Karen, "White House: Obama can go it alone on Syria," *The Washington Post* (August 30, 2013), http://www.washingtonpost.com/blogs/ask-the-post/wp/2013/08/30/todays-front-page-august-30-2013(검색일: 2013. 9. 10.).

Dickie, John, *'Special No More': Anglo American Relations: Rhetoric and Reality*, London: Weidenfeld and Nicolson, 1994.

'Don't Count on Us.', *The Times*, http://www.thesundaytimes.co.uk/sto/news/focus/article1307842.ece(검색일: 2013. 9. 11.).

Dumbrell, John, *A Special Relationship: Anglo-American Relations in the Cold War and After,* Basingstoke and NY: Palgrave Macmillan, 2001.

______, "The US-UK Special Relationship: Taking the 21st-Century Temperature," *British Journal of Politics and International Relations* 11 (2009).

______, "The US-UK 'Special Relationship' in a World Twice Transformed," *Cambridge Review of International Affairs* 17-3 (2004).

EU Referendum by You Gov., http://d25d2506sfb94s.cloudfront.net/cumulus_uploads/document/nqf0ycudkh/YG-Archives-Pol-Trackers-Europe-220113.pdf(검색일: 2013. 9. 10.).

Evans, Geoffrey, "Euroscepticism and Conservative Electoral Support: How an Asset Became a Liability," *British Journal of Political Science* 28 (1998).

Foreign and Commonwealth Office (FCO) 7-769 (January 23, 1967).

Foreign Relations of the United States (FRUS) 1946 Vol. 1. Washington, DC: US Government Printing Office, 1972.

Foreign Relations of the United States (FRUS) 1961-63 Vol. 13. Washington, DC: US Government Printing Office, 1961.

George, Stephen, *An Awkward Partner: Britian in the European Community,* 2nd edition, Oxford: Oxford University Press, 1994.

Gifford, Chris, "The Rise of Post-imperial Populism: The Case of Right-wing Euroscepticism in Britain," *European Journal of Political Research* 45 (2006).

Gowland, David and Arthur Turner, *Reluctant Europeans: Britain and European Integration 1945-1998*, London: Longman, 1999.

Grayling, Christopher and Christopher Langdon, *Just Another Star? Anglo-American Relations since 1945*, London: Harrap, 1988.

Green, Charles J., "The Balance of Payments," in Michael Artis (ed.), *The UK Economy,* Oxford: Oxford University Press, 1996.

Hames, Tim, "The Special Relationship" in Andrew Adonis and Tim Hames (eds.), *A Conservative Revolution? The Thatcher-Reagan Decade in Perspective,* Manchester: Manchester University Press, 1993.

Hansard, HC Deb. (December 9, 2010), c. 41WS.

Hansard (Official Report of the Proceedings of the House of Commons and Lords), http://www.theyworkforyou.com(검색일: 2013. 9. 14.).

HC Deb. (August 3, 1965).

HC Deb. (July 12, 1971), Vol. 821, c. 14.

Hill, Christopher, "The Historical Background: Past and Present in British Foreign Policy," in Michael Smith, Steve Smith and Brian White (eds.), *British Foreign Policy: Tradition, Change and Transformation,* London: Unwin Hyman, 1988.

Hodder-Williams, Richard, "Reforging the "Special Relationship": Blair, Clinton and Foreign Policy" in Richard Little and Mark Whickham-Jones (eds.), *New Labour's Foreign Policy: A New Moral Crusade?*, Manchester: Manchester University Press, 2000.

Hope, Christopher, "Lord Lawson: David Cameron Must Lead Britain out of the EU," *The Telegraph* (May 7, 2013), http://www.telegraph.co.uk/news/worldnews/europe/eu/10040506/Lord-Lawson-David-Cameron-must-lead-Britain-out-of-the-EU.html(검색일: 2013. 10. 17.).

______, "Special Relationship with USA 'Permanently Downgraded' if UK Exits European Union, Labour Warns," *The Telegraph* (March 25, 2013), http://www.telegraph.co.uk/news/politics/9951444/Special-relationship-with-USA-permanently-downgraded-if-UK-exits-European-Union-Labour-warns.html(검색일: 2013. 10. 17.).

Hughes, Geraint, "Britain, the Transatlantic Alliance, and the Arab-Israeli War of 1973," *Journal of Cold War Studies* 10-2 (2008).

Hutchinson, George, *The Last Edwardian at No. 10*, London: Quartet, 1980.

Landler, Mark, David E. Sanger and Thom Shanker, "Obama set for limited strike on Syria as British vote no," *The New York Times* (August 30, 2013), http://www.nytimes.com/2013/08/30/us/politics/obama-syria.html?pagewanted=all(검색일: 2013. 9. 10.).

Lea, Ruth. "As the EU squabbles, the Commonwealth looks even more enticing," *The Columnists: Conservativehome* (October, 30 2011), http://conservativehome.blogs.com(검색일: 2013. 9. 10.).

Lee, Carol E., Adam Entous and Siobhan Gorman, "US prepares for Solo Strike on Syria After Britain Balks," *The Wall Street Journal* (August 30, 2013), http://online.wsj.com/article/SB10001424127887324463604579042913385135196.html(검색일: 2013. 9. 10.).

Leppard, David, Marie Woolf, and Toby Harnden, 'Obama: No Syria Attack Without Vote', *The Sunday Times* (September 1, 2003), http://www.thesundaytimes.co.uk/sto/news/uk_news/Defence/article1308075.ece(검색일: 2013. 9. 10.).

Monnet, Jean, translated by Richard Mayne and George Ball, *Memoirs*, NY: Doubleday & Company, 1978.

Northedge, Frederick S., "Britain's Place in the Changing World" in Michael Leifer (ed.), *Constraints and Adjustments in British Foreign Policy*, London: George Allen and Unwin, 1972.

"Nous sommes tous américains," *Le Monde* (September 13, 2001), http://www.lemonde.fr/idees/article/2007/05/23/nous-sommes-tous-americains_913706_3232.html(검색일: 2013. 8. 2.).

Parsi, Vittorio E., *The Inevitable Alliance: Europe and the United States beyond Iraq,* NY: Palgrave Macmillan, 2006.

Philippart, Eric and Pascaline Winand (eds.), *Ever Closer Partnership, Policy-making in US-EU Relations,* Brussels: Peter Lang Public Inc., 2002.

Pollack, Mark and Gregory Shaffer (eds.), *The New Transatlantic Dialogue: Intergovernmental, Transgovernmental and Transnational Approaches*, Oxford: Rowman and Littlefield, 2010.

Public Papers of the Presidents of the United States-John F Kennedy, 1962, 1964, July 4, 1961.

Public Papers of the Presidents of the United States: William J. Clinton, 1997 Vol. 1, Washington, DC: US Government Printing Office, 1998.

Radice, Giles, *Offshore: Britain and the European Idea*, London: I. B. Tauris, 1992.

Reynolds, David, "A 'Special Relationship'? America, Britain and the International Order since the Second World War." *International Affairs* 62-1 (1985), pp. 1-20.

______ "The Special Relationship: Rethinking Anglo-American Relations," *International Affairs* 65 (1989), pp. 89-111.

Russell, Benjamin, "'Special relationship is safe...US has no better partner than UK', says John Kerry," *Daily Express* (September 9, 2013), http://www.express.co.uk/news/world/428072/Special-relationship-is-safe-US-has-no-better-partner-than-UK-says-John-Kerry(검색일: 2013. 9. 27.).

Sharp, Paul, *Thatcher's Diplomacy: The Revival of British Foreign Policy,* Basingstoke:

Macmillan, 1999.

Spaak, Paul-Henri, translated by Henry Fox, *The Continuing Battle: Memoirs of a European 1936-1966*, London: Weidenfeld and Nicolson, 1971.

"Statement by Tony Blair and Gordon Brown," *The Independent* (October 14, 1999).

Steffenson, Rebecca, *Managing EU-US Relations: Actors, Institutions, and new Transatlantic Agenda*, Manchester and NY: Manchester University Press, 2005.

Steve Richards, "Europe will be One of the Great Regrets of Cameron's Career," *The Independent* (October 6, 2009).

Thatcher, Margaret, "Speech in Bruge," 1988, http://www.margaretthatcher.org/document/107332(검색일: 2013. 9. 20.).

Toje, Asle, *America, the EU and Strategic Culture: Renegotiating the Transatlantic Bargain*, Abingdon and NY: Routledge, 2008.

Traynor, Ian and Nicholas Watt, "David Cameron in U-turn over Fiscal Policing of Eurozone: Government Signals it will not Challenge Fiscal Enforcement Role for European Commission and European Court of Justice," *The Guardian* (January 27, 2012).

Tsoukalis, Loukas (ed.), *Europe, America and the World Economy*, Oxford: Briar and Blackwell, 1986.

Wallace, William and Tim Oliver, "A Bridge Too Far: The United Kingdom and the Transatlantic Relationship," in David M. Andrews (ed.), *The Atlantic Alliance Under Stress: US-European Relations After Iraq,* Cambridge: Cambridge University Press, 2005.

Wilkes, George and Dominic Wring, "The British Press and European Integration: 1948 to 1996" in David Baker and David Seawright (eds.), *Britain For and Against Europe: British Politics and the Question of European Integration,* Oxford: Clarendon Press, 1998, pp. 185-205.

Wolf, Martin, "UK Rushes Needlessly towards the EU Exit: The Country shold be Patient and not Act in Haste," *Financial Times* (November 2, 2012), http://www.ft.com/intl/cms/s/0/2e9eb33e-241b-11e2-94d0-00144feabdc0.html#axzz2hxINNsNm(검색일: 2013. 10. 17.).

Ziegler, Philip, *Wilson: The Authorised Life*, London: Weidenfeld & Nicolson, 1993.

5장

강준하, 「한국-미국 FTA 환경챕터에 관한 연구」, 『홍익법학』 11권 1호 (2010), pp. 427-447.

금혜윤, 「주요국의 FTA 동향과 시사점」, 『KIEP 지역경제 포커스』 6권 33호 (2012), pp. 1-12.
김남두·황상인, 「EU FTA의 수산부문 사례연구」, 『지역발전연구』 8권 2호 (2009), pp. 301-323.
김대원, 「한국-EU 자유무역협정(FTA) 분야별 쟁점」, 『국제경제법연구』 7권 1호 (2009), pp. 21-38.
김대인, 「한-EU FTA의 법적 쟁점」, 『유럽헌법연구』 10권 (2011), pp. 37-64.
김동성, 「미국 대외무역 정책의 목표와 역할」, 『정책연구』 2006-61, 경기개발연구원 (2007), pp. 1-83.
김상기, 「미국과의 자유무역협정이 회원국의 직접투자유입에 미치는 영향」, 『국제경제연구』 18-1 (2012), pp. 1-25.
김정수, 「범대서양 무역투자동반자협정(TTIP)과 그 시사점」, 『KERI Brief』 13권 5호 (2013), pp. 1-12.
김치욱, 「네크워크 이론으로 본 미중 자유무역협정(FTA) 경쟁」, 『국제정치논총』 52권 1호 (2012), pp. 161-190.
김호철, 「한미자유무역협정의 미국 국내적 효력 및 이행절차 검토」, 『통상법률』 82권 (2008), pp. 117-141.
김흥종, 「한-EU FTA의 경제적 효과와 추진전망」, 『경기논단』 9권 3호 (2007), pp. 93-108.
김흥종·이창수, 「한-EU FTA 서비스 자유화의 경제적 영향 평가」, 『국제통상연구』 13권 2호 (2008), pp. 65-94.
대한민국 정부 FTA허브, http://www.ftahub.go.kr/kr/situation/fta/03/index02.jsp(검색일: 2013. 6. 1.)
미국무역대표부, http://dataweb.usitc.gov/scripts/cy_m3_run.asp(검색일: 2013. 6. 1.)
미국외교협회, http://www.cfr.org/publication/10890/rise_in_bilateral_free_trade_agreements. html(검색일: 2013. 7. 3.)
미국외교협회, http://www.cfr.org/trade/us-trade-policy/p17859#(검색일: 2012. 6. 15.)
박석재·이종원, 「한-EU FTA의 필요성과 한국경제에 대한 시사점」, 『2007년 춘계학술발표대회 발표논문집』 한국무역학회 (2007. 4.), pp. 193-206.
박은정, 「미국의 FTA 협상 전략 이해하기」, 『국제지역정보』 132 (2004), pp. 64-65.
박현회, 「지역통상정보: 한-EU FTA 협상에서 관세환급제도에 대한 논의와 경제적 효과」, 『통상정보연구』 12권 2호 (2010), pp. 213-237.
방청록, 「EU-FTA 정책」, 『한국의 FTA 정책과 한-EU FTA: 평가와 전망』, 한국유럽학회 및 한국EU학회, 서울대학교 국제대학원 (2006. 8. 25.).
변재웅, 「한-EU FTA 체결의 산업별 관세효과」, 『관세학회지』 10권 4호 (2009), pp.

263-282.
______, 「한국-EU FTA 체결에 따른 대구자동차 부품산업 효과 분석」, 『무역학회지』 36권 1호 (2011), pp. 349-372.
변재웅·이종원, 「한-EU FTA 추진 평가와 과제에 관한 연구」, 『한독사회과학논총』 18권 1호 (2008), pp. 187-316.
손수석, 「한-EU FTA의 원산지기준과 원산지증명제도에 관한 연구」, 『국제상학』 26권 4호 (2011), pp. 263-288.
송백훈·정철, 「미국, EU와의 FTA가 우리나라 산업에 미치는 영향분석」, 『사회과학연구』 34권 1호 (2008), pp. 105-135.
세계무역기구, http://www.wto.org/french/news_f/news06_f/tnc_dg_stat_24july06_f.htm(검색일: 2013. 5. 10.).
신환대서양관계 어젠다, http://eeas.europa.eu/us/docs/new_transatlantic_agenda_en.pdf (검색일: 2013. 10. 7.).
신봉섭, 「오세아니아: 호주 미국과 FTA체결」, 『국제지역정보』 128 (2004), pp. 17-29.
안상욱, 「EU의 동아시아 정책 및 무역정책 변화와 한-EU FTA」, 『유럽연구』 28권 2호 (2010), pp. 351-379.
______, 「EU의 양자간 무역협정 전략변화와 한-EU FTA」, 『유럽연구』 30권 3호 (2012), pp. 213-240.
에버넷, 사이먼 J., 「무역정책: 신개념의 무역정책이 필요한 시점」, 앙드레 사피르 (편). 연세-SERI EU 센터 (역), 『기로에선 경제거인 EU』, 삼성경제연구소, 2010.
여택동·이춘근, 「한-EU FTA가 대구경북 지역산업에 미치는 영향과 대응방안」, 『국제상학』 26권 2호 (2011), pp. 207-227.
연합뉴스(2007년 5월 10일).
연합뉴스(2013년 10월 1일), http://www.yonhapnews.co.kr/international/2013/10/01/0609000000AKR20131001196800098.HTML(검색일: 2013. 10. 7.).
유럽연합 집행위원회 무역총국(DG Trade), http://trade.ec.europa.eu/doclib/html/122530.htm(검색일: 2013. 7. 8.).
유원근, 「한-EU FTA 추진에 따른 지역경제의 당면과제」, 『통상정보연구』 10권 3호 (2008), pp. 407-436.
윤성욱, 「한국의 자유무역협정(FTA) 협상파트너 선택의 정치경제학적 분석」, 『국제정치논총』 49권 4호 (2009), pp. 107-137.
윤여강, 「한국, EU FTA 타결에 따른 한국 지리적표시 보호에 대한 평가」, 『국제통상연구』 15권 1호 (2010), pp. 1-26.
이남주, 「한미 FTA와 동아시아질서: 동맹과 다자주의의 기로」, 『동향과 전망』 67권 (2006), pp. 184-204.

이영기, 「한-EU FTA의 대응 과제와 전망」, 『한독사회과학논총』 16권 2호 (2006), pp. 345-369.

이용기·이동명, 「한-EU FTA의 돼지 삼겹살 시장에 대한 영향 분석」, 『무역학회지』 36권 1호 (2011), pp. 25-47.

이재득, 「한국-EU FTA에 따른 한국의 EU시장 경쟁력과 동학적 비교우위 분석」, 『유럽연구』 30권 1호 (2012), pp. 1-41.

이종원, 「EU의 FTA정책과 한-EU FTA에 대한 시사점」, 『경상논집』 20권 2호 (2006), pp. 65-81.

______, 「한-EU FTA가 한국 자동차업계에 주는 정책적 시사점」, 『유럽연구』 28권 1호 (2010), pp. 281-303.

______, 「한-EU FTA의 농업부문에 대한 연구」, 『유럽연구』 25권 2호 (2007), pp. 205-222.

이한영, 「미국 FTA의 통신기술표준 규범」, 『통상정보연구』 8권 1호 (2006), pp. 1-19.

임정빈, 「한미 자유무역협정(FTA) 체결이 농업부문에 미치는 예상효과에 대한 연구」, 『국제지역연구』 6권 1호 (2002), pp. 159-187.

전창환, 「한미 FTA협상 결정의 배경과 그 파장」, 『동향과 전망』 67권 (2006), pp. 157-183.

정봉민·하영석, 「한-EU FTA를 대비한 해운, 물류분야 주요 쟁점분석」, 『해운물류연구』 52권 (2007), pp. 129-152.

정분도, 「한-EU FTA 분석을 통한 수출중소기업의 경쟁력 강화방안에 관한 연구」, 『무역연구』 5권 2호 (2009), pp. 1-21.

정인교, 「한-EU FTA의 한국 경제에 대한 파급영향」, 『무역학회지』 32권 5호 (2007), pp. 223-245.

정인교·조정란, 「한-EU FTA의 한국 경제에 대한 파급영향」, 『무역학회지』 32권 5호 (2007), pp. 223-245.

주EU미국대표부, http://useu.usmission.gov/transatlantic_relations.html(검색일: 2013. 10. 7.)

채형복·황해륙, 「한EU FTA 원산지규정에 관한 연구」, 『법학논고』 32 (2010), pp. 599-630.

황기식, 「한-EU FTA 발효에 따른 역외가공지역 규정의 유럽적 인식」, 『통일정책연구』 20권 2호 (2011), pp. 99-124.

EU 집행위원회 보도자료(2006년 10월 4일), (IP/06/1303), http://europa.eu/rapid/pressReleasesAction.do?reference=IP/06/1303&format=HTML&aged=0&language=FR&guiLanguage=fr(검색일: 2013. 7. 20.)

EU 집행위원회 보도자료(1997년 10월 27일), http://europa.eu/rapid/pressReleases-

Action.do?reference=IP/97/917&format=HTML&aged=1&language=EN&guiLanguage=en(검색일: 2013. 6. 20.).

FTA종합지원포털, http://www.ftahub.go.kr/kr/situation/fta/03/index02.jsp(검색일: 2013. 7. 8.).

KDI경제정보센터, http://www.eiec.kdi.re.kr/click/click/include/clickdownload.jsp?cid=725(검색일: 2013. 11. 9.).

European Commission, *Global Europe: Competing in the World*, Communication from the Commission to the Council, the European Parliament, the European Economic and Social Committee and the Committee of the Regions, COM(2006) 567 final, Brussels, 2006.

______, *Perspectives et priorités du processus ASEM pour les dix années à venir*, COM(2000) 241 final, Bruxelles, 2000.

______, "Relations Between the European Community and the Republic of Korea," Communication of the Commission to the Council, un-published document, Brussels, 1993.

______, *The Global Challenge of International Trade: A Market Access Strategy for the European Union, Communication from the Commission to the Council, the European Parliament, and the Committee of the Regions*, February 14, Brussels, 1996.

______, *Toward a New Asia Strategy*. COM (94) 314 final. Brussels, 1994.

______, *Trade Policy in the Prodi Commission 1999-2004. An Assessment*, November 19, Brussels, 2004.

______, *Un cadre stratégique pour renforcer les relations de partenariat Europe-Asie,* COM (2001) 469 final, Bruxelles, 2001.

Horng, Der-Chin, "Reshaping the EU's FTA Policy in a Globalizing Economy: The Case of the EU-Korea FTA," *Journal of World Trade* Vol. 46 Issue 2 (2012), pp. 301-326.

Lamy, Pascal, "Stepping Stones or Stumbling Blocks?: The EU's Approach Towards the Problem of Multilateralism vs Regionalism in Trade Policy," *World Economy* Vol. 25 (2002), pp. 1399-1413.

LG경제연구원보고서, http://www.lgeri.com/uploadFiles/ko/pdf/pub/lgeri_report_20080717_ 20080717085424.pdf(검색일: 2013. 7. 20.)

Mansfield, Edward and Helen Milner (ed.), *The Political Economy of Regionalism,* Columbia University Press, 1977.

Pollack, Mark, *The Political Economy of the Transatlantic Partnership*, European University Institute, 2003.

The Guardan (Jual 10, 2013), http://www.theguardian.com/commentisfree/2013/jul/10/

geopolitics-transatlantic-trade-deal/print(검색일: 2013. 10. 7.).

Webber, Douglas, "Two funerals and a wedding? The ups and downs of regionalism in East Asia and Asia-Pacific after the Asian crisis," *The Pacific Review* 14-3 (August 2001), pp. 339-372.

WTO RTA Database, http://rtais.wto.org/UI/PublicSearchByMemberResult.aspx?MemberCode=918&lang=1&redirect=1(검색일: 2013. 8. 5.).

WTO RTA Database, http://rtais.wto.org/UI/PublicShowMemberRTAIDCard.aspx?rtaid=180(검색일: 2013. 7. 5.)

Yamazawa, Ippei, "Whither East Asian regionalism," *Asian-Pacific Review* 8-2 (2001), pp. 18-27.

6장

박선희, 「유럽연합과 교토의정서: 교토의정서의 비준과 이행 과정 속에서 보여준 유럽연합의 역할과 위상변화를 중심으로」, 『유럽연구』 26권 3호 (2008).

손병권, 『기후변화 대처와 미국 패권의 딜레마: 국제적 공공재 창출에 대한 국내적 저항』, 서강대학교출판부, 2012.

신범식, 「탈위기 지구질서와 환경의 국제정치: 기후변화 대응체제의 현재와 미래」, 『EAI 국가안보패널보고서: 경제위기 이후 세계질서』, 동아시아연구원, 2011.

임성진, 「EU의 기후변화정책과 정책결정과정의 특성: 배출권거래제와 한국에의 시사점을 중심으로」, 『한국동북아논총』 53권 (2009).

정하윤, 「유럽연합의 기후변화 리더십에 대한 연구: 이해관계, 아이디어 그리고 제도를 중심으로」, 『국제정치논총』 53권 3호 (2013).

______, 「기후변화 국제규범과 미국의 국내 선호형성 과정」, 『미국학논집』 43권 3호 (2011).

최원기, 『미국의 기후변화 협상전략 연구: 국내 정치경제적 제약 요인을 중심으로』, 현지정책연구과제 2011-1, 외교안보연구원, 2011.

Bodansky, Daniel, "Transatlantic Environmental Relations: The Growing Rift between US and European Climate Change Policies," in Mark Pollack and John Peterson (eds.), *Europe, America and Bush: Transatlantic Relations after 2000*, London: Routledge, 2003.

Busby, Joshua, "Bono Made Jesse Helms Cry: Jublee 2000, Debt Relief and Moral Action in International Politics," *International Studies Quarterly* 51 (2007).

______, "Climate Change Blues: Why the United States and Europe Just Can't Get Along," *Current History* (March, 2003).

Busby, Joshua and Alexander Ochs, "From Mars and Venus Down to Earth: Understanding the Transatlantic Climate Divide," in David Michels (ed.), *Beyond Kyoto: Meeting the Long-Term Challenges of Climate Change*, Washington, DC: Center for Transatlantic Relations, Johns Hopkins University, 2005.

Cass, Loren, "Measuring the Domestic Salience of International Environmental Norms: Climate Change Norms in America, German and British Climate Policy Debate," in Mary E. Pettenger (ed.), *The Social Construction of Climate Change*, Burlington, VT: Ashgate, 2007.

______, *The Failure of American and European Climate Policy*, Albany, NY: State University of NY, 2006.

Gray, C. Boyden and David B. Rivkin, Jr., "A 'No Regrets' Environmental Policy," *Foreign Policy* (Summer 1991).

Grimeaud, David J. E., "Convergence or Divergence in the Use of 'Negotiated Environmental Agreements' in European and US Environmental Policy: An Overview," in Norman J. Vig and Michael G. Faure (eds.), *Green Giants? Environmental Politics of the US and the EU*, Cambridge, MA: MIT Press, 2004.

Gupta, Joyeeta and Michael J. Grubb (eds.), *Climate Change and European Leadership: A Sustainable Role for Europe?* (Berlin: Springer, 2000).

Harrison, Kathryn and Lisa M. Sundstrom, "The Comparative Politics of Climate Change," *Global Environmental Politics* 7-4 (2007).

Harrison, Kathryn and Lisa M. Sundstrom (eds.), *Global Commons, Domestic Decisions: The Comparative Politics of Global Climate Change*, Cambridge, MA: MIT Press, 2010.

Kilian, Bertil and Ole Elgström, "Still a Green Leader? The European Union's Role in International Climate Negotiations," *Cooperation and Conflict* 45-3 (2010).

Krämer, Ludwig, "The Roots of Divergence: A European Perspective," in Norman J. Vig and Michael G. Faure (eds)., *Green Giants? Environmental Policies of the US and the EU,* Cambridge, MA: MIT Press, 2004.

Lisowski, Michael, "Playing Two-Level Game: US President Bush's Decision To Repudiate the Kyoto Protocol," *Environmental Politics* 11-4 (2002).

Oberthür, Sebastian and Hermann E. Ott, *The Kyoto Protocol,* Berlin: Springer, 1999.

Pettenger, Mary E. (ed.), *The Social Construction of Climate Change: Power, Knowledge, Norms and Discourses*, Burlington, VT: Ashgate, 2007.

Pew Research Global Attitudes Project, "Bush Unpopular in Europe, Seen As Unilateralist," http://www.pewglobal.org/2001/08/15/bush-unpopular-in-europe-seen-as-unilateralist(검색일: 2013. 4. 24.).

Schneider, Stephen H. and Kristin Kunz-Duriseti, "Uncertainty and Climate Change

Policy," in Stephen H. Schneider, Armin Rosencranz and John O. Niles. *Climate Change Policy: A Survey*, Washington, DC: Island Press, 2002.

Schreurs, Miranda, "The Climate Change Divide: The European Union, the United States and the Future of the Kyoto Protocol," in Norman J. Vig and Michael G. Faure (ed.), *Green Giants? Environmental Policies of the US and the EU*, Cambridge, MA: MIT Press, 2004.

______, "Global Environment Threats and a Divided Northern Community," *International Environmental Agreements* 5 (2005).

Schreurs, Miranda and Yves Tiberghien, "Multi-level Reinforcement: Explaining EU Leadership in Climate Change Mitigation," *Global Environmental Politics* 7-4 (2007).

Selin, Henrik and Stacy D. VanDeveer, "Multilevel Governance and Transatlantic Climate Change Politics," in Barry Rabe (ed.), *Greenhouse Governance: Adressing Climate Change in America*, Brooking Institution Press, 2010.

______, "Political Science and Prediction: What's Next for US Climate Change Policy?" *Review of Policy Research* 24-1 (2007).

The Guardian (Jual 10, 2013), http://www.theguardian.com/commentisfree/2013/jul/10/geopolitics-transatlantic-trade-deal/print(검색일: 2013. 10. 7.).

US Congress, *Congressional Record*, 105th Congress, Senate, 143: S8113-S8139 (July 25, 1997).

Vogler, John and Charlotte Bretherton, "The European Union as a Protagonist to the United States on Climate Change," *International Studies Perspectives* 7 (2006).

7장

이수형 (역), 『미국과 유럽의 21세기 국제질서』, 한울아카데미, 2000.

______, 「미국과 러시아의 군비통제와 군축: 전략무기감축조약(START)을 중심으로」, 『외교안보연구』 5권 (2009).

______, 『북대서양조약기구: 이론·역사·쟁점』, 서강대학교출판부, 2012.

______, 「유럽연합의 안보정책과 동맹 딜레마」, 『국제관계연구』 16권 2호 (2011).

______, 「유럽연합의 동북아전략과 한반도정책」, 『한국과 국제정치』 29권 1호 (2013 봄).

Asmus, Ronald D., Richard L. Kugler, and F. Stephen Larrabee, "Building a New NATO," *Foreign Affairs* 72-4 (September/October 1993).

Asmus, Ronald D., "Double Enlargement: Redefining the Atlantic Partnership after the Cold War," in David C. Gompert and F. Stephen Larrabee (eds.), *America and Europe: A Partnership for A New Era* Cambridge: Cambridge University Press, 1998.

Atanassova-Cornelis, Elena, "Reshaping the East Asian Security Order: US-China Hedging and the EU's Strategic Choices," *Ritsumeikan International Affairs* 10 (2011).

Bertram, Christoph, "The Implications Of Theater Nuclear Weapons In Europe," *Foreign Affairs* 60-2 (Winter 1981/1982).

Biscop, Sven, "Odd Couple or Dynamic Duo? The EU and Strategy in Times of Crisis," *European Foreign Affairs Review* 14-3 (2009).

Casarini, Nicola, "EU Foreign Policy in the Asia Pacific: Striking the Right Balance Between the US, China and ASEAN," *ISS Analysis,* September (Paris: EU Institute for Security Studies, 2012).

Christensen, Thomas J. and Jack Snyder, "Chain Gangs and Passed Bucks: Predicting Alliance Patterns in Multipolarity," *International Organization* 44-2 (Spring 1990).

Collins, Alan, "The Security Dilemma," in M. Jane Davis (ed.), *Security Issues in the Post-Cold War World*, Cheltenham U. K.: Edward Elgar, 1996.

Dannreuther, Roland, "The Middle East: Towards a substantive European role in the peace process?" in Roland Dannreuther (ed.), *European Union Foreign and Security Policy: Towards A Neighbourhood Strategy*, London and NY: Routledge, 2004.

Davis, Jacquelyn K., Charles M. Perry, and Rebert L. Pfaltzgraff, Jr., *The INF Controversy: Lesson for NATO Modernization and Transatlantic Relations,* Washington, DC: Pergamon Brassey's International Defense Publishers, 1989.

European Union, "Joint EU-US Statement on the Asia-Pacific Region," A 328/12 (Phnom Penh, Combodia, July 2012).

Freedman, Lawrence, "The Atlantic Crisis," *International Affairs* 58-3 (Summer 1982).

Friedberg, Aaron, "Bucking Beijing: An Alternative US China Policy," *Foreign Affairs* 91-5 (2012).

Garfinkle, Adam M., *Finlandization: A Map to a Metaphor*, Philadelphia: Foreign Policy Research Institute, 1978.

Garthoff, Raymond L., *The Great Transition: American-Soviet Relations and the End of the Cold War*, Washington, DC: The Brookings Institution, 1994.

Gelber, Harry G., "SALT And The Strategic Future," *Orbis* 22-2 (Summer 1978).

Gordon, Philip H. and Jeremy Shapiro, *Allies at War: America, Europe, and the Crisis Over Iraq*, NY: McGraw-Hill, 2004.

Grare, Frederic, "Europe and Security in Aisa," *Carnegie Endowment for International Peace* (October 11, 2012).

Heisenberg, Wolfgang E., "The Reception of American Deterrence Theory in the Federal

Republic of Germany and the German Nuclear Debate of 1950s," *The Journal of Strategic Studies* 9-4 (December 1986).

Kagan, Robert, *Of Paradise and Power: America vs Europe in the New World Order*, 홍수원 (역), 『미국 vs. 유럽: 갈등에 관한 보고서』, 세종연구원, 2003.

Kennan, George, "Europe Problems, Europe's Choices," *Foreign Policy* 14 (Spring 1974).

Klein, Ernest, *A Comprehensive Etymological Dictionary of the English Language*, Amsterdam: Elseiner Publishing Company, 1966.

Lieber, Robert, *No Common Power*, NY: Harper Collins, 1991.

Lieberthal, Kenneth and Wang Jisi, *Addressing US-China Strategic Distrust*, Washington, DC: The Brookings Institution, 2012.

Mix, Derek E., "The European Union: Foreign and Security Policy," *CRS Report for Congress*, R41959 (August 15, 2011).

Nathan, Andrew J. and Andrew Scobell, "How China Sees America: The Sum of Beijing's Fears," *Foreign Affairs* 91-5 (2012).

NATO, *The North Atlantic Treaty Organization: Facts and Figures, 1949-1989*, Brussels: NATO Information Service, 1989.

Powaski, Ronald E., *The Entangling Alliance: The United States and European Security, 1950-1993*, London: Greenwood Press, 1994.

Ramsbotham, Oliver, *Modernizing NATO's Nuclear Weapons: No Decisions Have Been Made*, London: Oxford Research Group, 1989.

Rush, Kenneth, "The Nixon Administration's Foreign Policy Objectives," remarks before the national foreign policy conference for editors and broadcasters at the Department of State, March 29, 1973, Department of State Bulletin 68, 1765 (April 23, 1973).

Sarkesian, Sam C. with Robert A. Vitas, *US National Security Policy and Strategy: Documents and Policy Proposals*, NY: Greenwood Press, 1988.

Schmidt, Helmut, "The 1977 Alastair Buchan Memorial Lecture," *Survival* XX-1 (January/February 1978).

Sloan, Stanley R., "Crisis in NATO: A Problem of Leadership?" *NATO Review* 30-3 (June 1982).

Snyder, Glenn, "Alliance Theory: A Neorealist First Cut," *Journal of International Affairs* 44-1(Spring/Summer 1990).

______, "The Security Dilemma in Alliance Politics," *World Politics* 36-4 (July 1984).

US Department of Defense, *Sustaining US Global Leadership: Priorities for 21st Century Defense,* Washington, DC: Department of Defense, 2012.

Waltz, Kenneth N., *Theory of International Politics*, Reading, Mass.: Addison Wesley, 1979.

Yahuda, Michael, "China's Recent Relations with Maritime Neighbours," *The International Spectator* 47-2 (2012).

8장

구춘권, 「'사회적 유럽'과 유럽연합의 노동정책의 발전」, 『한국정치학회보』 42권 3호 (2006).

김영순, 「탈근대화와 유럽 복지국가의 변화」, 구춘권 외, 『서유럽의 변화와 탈근대화』, 아카넷, 2011.

미셸 알베르, 『자본주의 대 자본주의』, 소학사, 1993.

세이무어 마틴 립셋, 문지영·강정인·하상복·이지윤 (역), 『미국예외주의』, 후마니타스, 2006.

에스핑앤더슨, G., 『복지체제의 위기와 대응: 포스트 산업경제의 사회적 토대』, 성균관대학교출판부, 2006.

칼 폴라니, 『거대한 변환: 우리시대의 정치적·경제적 기원』, 민음사, 1991.

Alesina, Alberto, Edward Glaeser, and Bruce Sacerdote, "Why Doesn't the Unite States Have a European-Style Welfare State?" *Brookings Papers on Economic Activity* 2001-1 (2001).

Alesina, Alberto and Edward Glaeser, *Fighting Poverty in the US and Europe: A World of Difference*, Oxford: Oxford University Press, 2004.

Baldwin, Peter, *The politics of Social Solidarity: Class bases of the European Welfare States 1875-1975,* Cambridge: Cambridge University Press, 1990.

BBC News, "EU 'failing' on economic promises," November 3, 2004. http://news.bbc.co.uk/2/hi/business/3977609.stm(검색일: 2013. 8. 15.).

Blyth, Mark, "The Transformation of the Swedish Model: Economic ideas, Distributional Conflict, and Institutional Change," *World Politics* 54-1 (2001).

Bradley, David, Evelyne Huber, Stephanie Moller, Francois Nielsen, and John D. Stephens, "Distribution and Redistribution in Postindustrial Democracies," *World Politics* 55-2 (2003).

Brooks, Clem and Jeff Manza, "Why do welfare Responsiveness in Developed Democracies," *American Sociological Review* 71-3 (2006).

Crouch, Colin, *Capitalist diversity and Change: Recombinant Governance and Institutional Entrepreneurs,* Oxford: Oxford University Press, 2005.

Crouch, Colin and Wolfgang Streeck (eds.), *Political Economy of Modern Capitalism: Mapping Convergence and Diversity*, London: Sage Publications, 1997.

Daley, Suzanne, "Danes Rethink a Welfare State Ample to a Fault," *The New York Times,*

April 20, 2013. http://www.nytimes.com/2013/04/21/world/europe/danes-rethink- a-welfare-state-ample-to-a-fault.html?_r=0(검색일: 2013. 11. 5.).

Esping-Andersen, Gøsta, *The Three Worlds of Welfare Capitalism*, Princeton: Princeton University Press, 1990.

EUR-Lex, http://eur-lex.europa.eu/smartapi/cgi/sga_doc?smartapi!celexplus!prod!DocNumber&lg=en&type_doc=COMfinal&an_doc=2000&nu_doc=379(검색일: 2013. 11. 8.).

Europa, http://europa.eu/legislation_summaries/employment_and_social_policy/social_agenda/ c10115_en.htm(검색일: 2013. 11. 8.).

Eurostat, http://epp.eurostat.ec.europa.eu/tgm/table.do?tab=table&init=1&language=en&pcode=tps00100&plugin=1(검색일: 2013. 8. 13.).

France24, "Denmark's 'Lazy Robert' fuels welfare criticism," October 24, 2013. http://www.france24.com/en(검색일: 2013. 11. 8.).

Gumbel, Peter, "The nor-dic Model Rules," *The Times,* October 2, 2005. http://www.time.com/time/magazine/article/0,9171,1112778,00.html(검색일: 2013. 5. 15.).

Hamann, Kerstin and John Kelly, *Parties, Elections, and Policy Reforms in Western Europe: Voting for social pacts*, London: Routledge, 2011.

Hancké, Bob, Martin Rhodes and Mark Thatcher (eds). *Beyond of Capitalism: Conflict, Contradictions, and Complementarities in the European Economy*, NY: Oxford University Press, 2007.

Hay, Colin, "What's Globalization Got to Do with It?: Economic Interdependence and the Future of European Welfare States," *Government and Opposition* 41-1 (2006).

Hemerijck, Anton and Martin Schludi, "Sequences of Policy Failure and Effective Policy Responses," Fritz W. Scharpf and Vivien A. Schmidt (eds.), *Welfare and Work in the Open Economy: Volume 1. From Vulnerability to Competitiveness*, Oxford: Oxford University Press, 2000.

Iversen, Torben, *Capitalism, Democracy, and Welfare*, Cambridge: Cambridge University Press, 2005.

Iversen, Torben and David Soskice, "Electoral Institutions and the Politics of Coalitions: Why Some Democracies Redistribute More than Others," *American Political Science Review* 100-2 (2006).

Jakosen, Andreas, "Who is … Dovne Robert?" *The Copenhagen Post,* http://cphpost.dk/who/who-dovne-robert#disqus_thread(검색일: 2013. 11. 8.).

Kitschelt, Herbert, *The Transformation of European Social Democracy*, Cambridge: Cambridge University Press, 1994.

Korpi, Walter, "Power Resources and Employer-centered Approaches in Explanations of Welfare States and Varieties of Capitalism," *World Politics* 58-2 (2006).

Lenard, Dick, *Guide to the European Union* (10th edition), London: The Economist in association with Profile Books, 2010.

Lindert, Peter H. *Growing Public: Social Spending and Economic Growth Since the Eighteenth Century* 1, Cambridge: Cambridge University Press, 2004.

Lindvall, Johannes, "The Politics of Purpose: Swedish economic Policy after the Golden Age," *Comparative European Politics* 38-3 (2006).

Lowe, Rodney, *The Welfare State in Britain since 1945*, Hampshire and NY: Palgrave macmillan, 2005.

______, *The Welfare State in Britain since 1945,* Houndmills, Basingstoke, Hampshire, NY: Palgrave macmillan, 2005.

McCann, Dermot, *The Political Economy of the European Union,* Cambridge, Malden: Polity Press, 2010.

Moravcsik, Andrew, *The Choice for Europe: Social Purpose and State Power from Messia to Maastricht,* Ithaca, NY: Cornell University Press, 1998.

Morel, Nathalie, Bruno Palier and Joakim Palme, *Toward a social investment welfare state?: Ideas, Policies and Challenges*, The Policy Press, 2012.

Pierson, Paul, *Dismantling the Welfare State?: Reagan, Thatcher, and the Politics of Retrenchment*, Cambridge: Cambridge University Press, 1994.

Rhodes, Martin and Yves Mény, *The Future of European Welfare: A New Social Contract?* Palgrave, 1998.

Rhodes, Martin, "Globalization and the Welfare State: A Critical Review of Recent Debates," *European Journal of Social Policy* 6-4 (1996).

Sapir, André, "Globalization and the Reform of European Social Models," *Journal of Common Market Studies* 144-2 (2006).

Scharpf, Fritz W., "The European Social Model: Coping with the challenges of diversity," *MPIfG Working Paper* 2-8 (2002).

Streeck, Wolfgang, *Re-forming Capitalism: Institutional Change in the German Political Economy,* Oxford: Oxford University Press, 2009.

Thompson, Noel, "Hollowing out the State: Public Choice Theory and the Critique of Keynesian Social Democracy," *Contemporary British History* 22-3 (2006).

Traxler, Franz, Sabine Blaschke, and Bernhard Kittel. *National Labour Relations in Internationalized Markets: A Comparative Study of Institutions, Change, and Performance*, Oxford and NY: Oxford University Press, 2002.

Volkans, Andrea, "Policy change of European Social Democrats, 1945-98," in Giuliano Binoli (ed.), *Social Democratic Party Politics in Contemporary Europe*, London and NY: Routledge, 2004.

Weiss, Linda (eds.), *States in the Global Economy: Bringing Domestic Institutions Back In*, Cambridge: Cambridge University Press, 2003.

———, "After the Golden Age? Welfare State Dilemmas in a Global Economy," Gøsta Esping-Andersen (ed.), *Welfare States in Transition: National Adaptation in Global Economies*, London: Sage Publications, 1996.

9장

고주현, 「EU의 예방주의적 GMO 규제정책에 대한 연구」, 『유럽연구』 31권 3호 (2013).

김은성, 「사전예방원칙의 정책유형과 사회문화적 맥락에 대한 고찰: 유럽 및 미국 위험정책을 중심으로」, 『한국행정학보』 45권 1호 (2011 봄).

김진수, 「GMOs 무역분쟁과 WTO 대응능력: EU-미국간 분쟁사례를 중심으로」, 『국제지역연구』 10권 1호 (2006).

김환석, 「유전자변형식품에 대한 사회적 논쟁과 규제방향」, 『환경법연구』 22권 (2000).

배영자, 「생명공학기술과 국제규제: 카르테헤나 생물안전성의정서 사례연구」, 『한국정치학회보』 39권 3호 (2005).

이윤정, 「WTO SPS 협정과 과학주의: 그 한계와 문제점들」, 『국제법학회논총』 54권 3호 (2009. 12.).

전영평·박기묵·최병선·최장원, 「유전자변형생산물에 대한 위험인지와 규제정책의 비교연구」, 『한국행정연구』 13권 4호 (2004).

전영평·이곤수, 「유전자변형규제의 정치: 규제삼각형과 옹호연합모형의 결합을 통한 EU의 GMO 규제역동성 분석」, 『행정논총』 24권 1호 (2008).

조성은·김선혁, 「정책결정요인으로서의 제도, 이해 그리고 아이디어: EU, 한국, 미국의 GMO 표시정책 비교연구」, 『행정논총』 44권 3호 (2006).

조현석, 「생명공학의 글로벌 거버넌스: 미국-유럽 GMO 무역 분쟁 사례」, 『21세기 정치학 회보』 18권 2호 (2008).

한국생명공학연구원, 『바이오안정성백서』, 한국생명공학연구원, 2005.

ABE(Agricultural Biotechnology in Europe), "Crop Biotechnology: An Overview," http://www.monsantopakistan.com/news/Abe/crop.PDF(검색일: 2013. 11. 5).

Ansell, Christopher, Rahsaan Maxwell and Daniela Sicurelli, "Protesting Food: NGOs and Political Mobilization in Europe," in Christopher Ansell and David Vogel, (eds.), *What's the Beef?: The Contested Governance of European Food Safety*, Cambridge, MA: MIT Press, 2006.

Ansell, Christopher and David Vogel (eds.), *What's the Beef?: The Contested Governance of European Food Safety*, Cambridge, MA: MIT Press, 2006.

Baron, David P., *Business and Its Environment*, Upper Saddle River, NJ: Prentice-Hall, 2000.

Bernauer, Thomas, *Genes Trade and Regulation: The Seeds of Conflict in Food Biotechnology*. Princeton, NJ: Princeton University Press, 2005.

Bernauer, Thomas and Eric Meins, "Technological Revolution Meets Policy and the Market: Explaining Cross-national Differences in Agriculture Biotechnology Regulation," *European Journal of Political Research* 42-5 (2003).

Blanchfield, J. Ralph, European Union Regulations with an Emphasis on Genetically Modified Foods. in Food Safety Handbook, John Wiley & Sons, Inc. (2003).

Cantley, Mark, *The Regulation of Modern Biotechnology: A Historical and European Perspective: A Case Study in How Societies Cope with New Knowledge in the Last Quarter of the Twentieth Century*, Wiley-VCH Verlag GmbH, 1995.

Chalmers, Damien, "Food for Thought: Reconciling European Risks and Traditional Ways of Life," *The Modern Law Review* 66-4 (2003).

Douglas, Mary and Aaron Wildavsky, *Risk and Culture, Berkeley*, CA: University of California Press, 1982.

Douma, Wybe Th., "The Precautionary Principle in the European Union," *Review of European Community & International Environmental Law* 9-2 (2000).

European Commission, "A Community Framework for the Regulation of Biotechnology: Communication from the Commission to the Council," *COM (86)* 573 (1986).

Falkner, Robert (ed.), *The International Politics of Genetically Modified Food: Diplomacy, Trade, and Law*, Basingstoke: Palgrave Macmillan, 2007.

FOOD US Drug Administration, "Guidance for industry: voluntary labeling indicating whether foods have or have not been developed using bioengineering," Center for Food Safety and Applied Nutrition (2001).

FOOD US Drug Administration, "Statement of Policy: Foods Derived From New Plant Varieties" in the Guidance for industry: voluntary labeling indicating whether foods have or have not been developed using bioengineering, Center for Food Safety and Applied Nutrition (2001). http://www.fda.gov/Food/GuidanceRegulation/GuidanceDocumentsRegulatoryInformation/Biotechnology/ucm096095.htm(검색일: 2013. 11. 5)

Gaskell, George and Martin W. Bauer (eds.), *Biotechnology, 1996-2000: The Years of Controversy*, NMSI Trading Ltd, 2001.

Gaskell, George, Nick Allum, and Sally Stares. Eurobarometer 58.0: A Report to the EC Directorate General for Research from the project 'Life Sciences in European Society', QLG7-CT-1999 — 00286, 2003.

Hunter, Rod, "European Regulation of Genetically Modified Organisms," MORRIS, Julian; BATE, Roger (eds.), *Fearing Food: Risk, Health and Environment*, Butterworth Heinemann, 1999.

Jasanoff, Sheila, *Designs on nature: science and democracy in Europe and the United States*, Princeton University Press, 2011.

Levidow, Les, "Precautionary Uncertainty Regulating GM Crops in Europe," *Social Studies of Science* 31-6 (2001), pp. 842-874.

Lynch, Diahanna and David Vogel, "Apples and Oranges: Comparing the Regulation of Genetically Modified Food in Europe and the United States," *American Political Science Association annual meeting* (2000).

______, "The Regulation of GMOs in Europe and the United States: a Case-study of Contemporary European Regulatory Politics," *Council on Foreign Relations* (2001).

Majone, Giandomenico, "What Price Safety? The Precautionary Principle and ITs Policy Implications," Giandomenico Majone (eds.), *Risk Regulation in the European Union: between Enlargement and Internationalization*, Florence: European University Institute, 2003.

Neyer, Jürgen, "The Regulation of Risks and the Power of the People: Lessons from the BSE Crisis," *European Integration online Papers (EIoP)*, 2000.

Patterson, Lee Ann, "Biotechnology Policy," in H. Wallace & W. Wallace (eds.), *Policy-making in the European Union*, Oxford: Oxford University Press, 2000.

Pearlberg, Robert L., *The Politics of Precaution: Genetically Modified Crops in Developing Countries*, Baltimore and London: The Johns Hopkins University Press, 2001.

Pew Initiative on Food and Biotechnology, Genetically Modified Crops in the United States, Pew Initiative on Food and Biotechnology Fact Sheet (2004).

Pollack, Mark and Gregory Shaffer, "The Opinion of an Advisory Committee of Member State Representatives Would Have to Take utmost Account" *When Cooperation Fails: the International Law and Politics of Genetically Modified Foods*, Oxford University Press, 2009.

Pollack, Mark and Gregory Shaffer, "Biotechnology Policy: Between National Fears and Global Disciplines," in Helen Wallace, William Wallace, and Mark Pollack (eds.), *Policy-making in the European Union* 4, Oxford: Oxford University Press, 2010.

______, *When Cooperation Fails: the International Law and Politics of Genetically Modified*

Foods, Oxford University Press, 2009.

Rosendal, Kristin, "Govering GMOs in the EU: A Deviant Case of Environmental Policy-Making?" *Global Environmental Politics* 5-1 (2005), pp. 82-104.

Sabatier, Paul A. and Hank C, Jenkins-smith, "Policy Change and Learning: An Advocacy Coalition Approach," *Bouldner: Westview* (1993).

Sato, Kyoko, "Politics and Meaning of Genetically Modified Food: The Case of Policy Change in France," *Biennial Conference of Europeaninsts*, Chicago (2006).

Schickler, Eric, *Disjointed Pluralism: International Innovation and the Development of the US Congress*, Princeton University Press, 2001.

Sheingate, Adam D., "Promotion Versus Precaution: The Evolution of Biotechnology Policy in the United States *British Journal of Political Science* 36-2 (2006).

Toke, Dave, *The Politics of GM Food: a Comparative Study of the UK, USA and EU*. Routledge, 2004.

Tsioumani, Elsa, "Genetically Modified Organisms in the EU: Public Attitudes and Regulatory Developments," *Review of European Community & International Environmental Law* 13-3 (2004)

Vogel, David, *The Politics of Precaution: Regulating Health, Safety, and Environmental Risks in Europe and the United States*, Princeton University Press, 2012.

Yee, Albert S., "The Causal Effects of Ideas on Policies," *International Organization* 50-1 (1996).

Young, Alasdair R., "European Consumer Group: Multiple Levels of Governance and Multiple Logics of Collective Action," Greenwood, Justin and Mark Aspinwall, (eds.), *Collective Action in the European Union: Interests and the New Politics of Associability*, London: Routledge, 1998.

______, "Political Transfer and "Trading Up"? Transatlantic Trade in genetically Modified Food and US Politics," *World Politics* 55-4 (2003).

10장

『매일경제』, "10조 달러(TPP 역내 규모) 亞 경제패권 미·중 대전 '한국 G2 사이서 딜레마'," 2013. 10. 25.

『매일경제』, "日 경제회생 위해 TPP에 사활," 2013. 10. 25.

『매일경제』, "G2 통상 전문가 인터뷰" TPP 설전: 슈워브(미 USTR 대표), "중국 견제 목적 아니다," 쑤장웬(中 상무부 연구원), "한중 FTA 무력화 의도," 2013. 10. 25.

조영남, 『중국의 꿈』, 민음사, 2013.

『중앙일보』, 빅터 차, "TPP 가입으로 한국이 얻을 수 있는 것들," 2013. 10. 23.

Ash, Timothy G., "Welcome to the Geopolitics of Trade, Where Dr Pangloss Meets Machiavelli," *The Guardian* (July 10, 2013).

Balancing the East, "Upgrading the West: US Grand Strategy in an Age of Upheaval," *Foreign Affairs* 91-1 (January/February, 2012).

______, *Strategic Vision: America and the Crisis of Global Power,* NY: Basic Books, 2012.

"China is Giving Europe a Harsh Lesson in Geopolitics," *Financial Times* (June 13, 2013).

European Union Institute for Security Studies, *EUISS Yearbook of European Security 2013* (Paris 2013).

Greitens Sheena Chestnut, "US-China Relations and America's Alliances in Asia," Brookings Northeast Asia Commentary (June 11, 2013), 미 브루킹스 연구소. http://www.brookings.edu/research/opinions/2013/06/11-us-china-relations-asia-alliances-greitens (2013. 9. 12. 방문).

Guoyou Song and Wenjin Yuan, "China's Free Trade Agreement Strategies," *The Washington Quarterly* (Fall 2012).

Hill Christopher, "Renationalizing or Regrouping? EU Foreign Policy Since 11 September 2001," *Journal of Common Market Studies* 42-1 (February 2004).

Ikenberry, John, "The Rise of China and the Future of the West," *Foreign Affairs* 87-1 (January/February, 2008).

Kissinger, Henry, *On China,* NY: Penguin Books, 2012.

______, "South Korea lays out Trans-Pacific Partnership ambitions," October 28, 2013.

Marcel Fratzscher, "EU-US free trade deal could be costly," *Financial Times* (February 21, 2013).

Patryk, Pawlak (ed.), *Look East, Act East: Transatlantic Agendas in the Asia Pacific,* Report — No. 13, December 18, 2012 (Paris: European Union Institute for Security Studies).

Stephens, Philip, "The threats to Asia's Fragile Balance of Power," *Financial Times* (May 3, 2013).

______, "Transatlantic Pact Promises Bigger Prize," *Financial Times* (February 15, 2013).

Strategy in an Age of Upheaval, *Foreign Affairs*, 91-1 (January/February 2012).

The Trans-Pacific Partnership: New Rules for a New Era, Wilson Center의 국제 세미나 (2013. 6. 19. 개최), http://www.wilsoncenter.org/.../the-trans-pacific-partnership (2013. 9. 11. 방문).

Toje, Asle, *America, the EU and Strategic Culture: Renegotiating the Transatlantic Bargain,* Abingdon and NY: Routledge, 2008.

"Transatlantic trade talks near lift-off," *Financial Times* (January 8, 2013).

Wilson Center, "The Trans-Pacific Partnership: New Rules for a New Era," Seminar on 19th June 2013, http://www.wilsoncenter.org/.../the-trans-pacific-partnership(2013. 9. 11. 방문).

"Zaki Laïdi, "Trade deals show power politics is back," *Financial Times* (April 1, 2013).

찾아보기

ㄹ

ㅁ

ㅂ

Transatlantic Relations: Its History and Political Issues

edited by PYEONGEOK AN

The West, the United States of America and the member states of the European Union (EU), has largely shaped international political economy since the Second World War. Yet, this crucial relationship faces such challenges as rising China, climate change and security in the post-cold war era.

This edited volume offers a bird's eye view of the transatlantic relations and analyzes the controversies between the two regions. After dissecting the relations between the US and the three major member states of the EU (France, Germany and Britain) in a broad European context, it gives a critical analysis of changing FTA strategies, the climate change policy, security dynamics of the two partners.

This book should be an ideal companion not only for academics, but also for practitioners, who are seeking to understand the crucial transatlantic relations.

저자 소개

안병억

현, 대구대학교 국제관계학과 교수

영국 케임브리지대학교 국제정치학 박사

논저: 『한눈에 보는 유럽연합』(높이깊이, 2008), 『지구촌 경제와 G20』(높이깊이, 2011), 「지역 패권국가와 지역주의: '독일문제' 및 '중국문제'를 중심으로」 『평화학연구』 14권 4호(2013) 외 다수.

박선희

현, 서울대학교 국제대학원 국제학연구소 EU센터 선임연구원

프랑스 파리8대학교 정치학 박사

논저: 「EU의 대중국 무기금수조치: 대중국 정책에 대한 EU회원국의 이견을 중심으로」 『국제관계연구』 17권 1호(2012), 「문화재 원소유국(country of origin) 반환과 프랑스의 입장」 『국제정치논총』 51집 4호(2011) 외 다수.

박채복

현, 숙명여자대학교 아시아여성연구소 연구교수

독일 마르부르크대학교 정치학 박사

논저: 『국제정치의 이해』(높이깊이, 2010, 공저), 『젠더정치학』(한울, 2011, 공저), 「EU 젠더 레짐의 형성 및 정책결정과정」 『정치 정보연구』 16권 1호(2013) 외 다수.

조은정

현, 서울대학교 국제문제연구소 선임연구원

영국 워릭대학교 국제정치학 박사

논저: "EURATOM: Bridging 'Rapprochement' and 'Radiance' France in the Post World War," *Journal of International and Area Studies*, 20-3(2013) 외 다수.

안상욱

현, 부경대학교 국제지역학부 조교수

프랑스 파리3대학교 유럽지역학과 경제학 박사(유럽지역학)

논저: 「러시아 천연가스 도입에 따른 문제점 및 전망: EU와 한국의 사례비교」, 『세계지역논총』 31권 3호(2013), 「다국적기업의 기업이전과 EU 소규모 국가경제」 『프랑스학연구』 60호(2012) 외 다수.

정하윤

현, 배재대학교 외래교수

이화여자대학교 지역학 박사

논저: 「기후변화 국제규범과 미국의 국내 선호형성 과정」『미국학논집』 43집 3호(2011), 「유럽연합의 기후변화 리더십에 대한 연구: 이해관계, 아이디어 그리고 제도를 중심으로」『국제정치논총』 53집 3호(2013) 외 다수.

이수형

현, 국가안보전략연구소 연구위원

한국외국어대학교 정치학 박사

논저: 『북대서양조약기구(NATO): 이론, 역사, 쟁점』(서강대학교출판부, 2012), 「제2기 오바마 행정부의 동아시아 전략과 미중관계」『국방연구』(국방대학교 국가안전보장문제연구소) 56권 1호(2013) 외 다수.

장선화

현, 연세대학교 국가관리연구원 연구교수

이화여자대학교 정치외교학 박사

논저: 「한국 국회의원 선거제도 개혁의 조건과 과제: 뉴질랜드 및 영국 사례와 비교적 관점에서」『비교민주주의연구』 제9집 2호(2013), 「정보사회 이슈정당의 성장과 지속가능성: 스웨덴 해적당 사례를 중심으로」『국제정치논총』 52집 3호(2012) 외 다수.

고주현

현 연세대학교 연세-SERI EU 센터 연구교수

이화여자대학교 유럽지역학 박사

논저: 『유럽연합의 문화정책과 유럽통합』(성진미디어, 2013), *Climate Change Action in the EU and Asia*(연세대학교출판부, 2013) 외 다수.